JN295211

教育における自由と国家

フランス公教育法制の歴史的・憲法的研究

今 野 健 一 著

信 山 社

　　　　　　　は　し　が　き

　本書の主な課題は，大革命期から現代に至るフランス公教育法制の歴史的な展開過程を，憲法学の見地から実証的に検討することである。もとより，フランス教育の歴史については，教育学・教育史の立場からの業績を中心として，既に多くの研究が積み重ねられてきているところである。今さら憲法研究者たる筆者がこの領域に参入する余地などないようにも見える。ただ，少なくとも，フランスの公教育法制における「国家」（特に共和制）の役割と「自由」の存在形態・意義が，憲法学的な関心の下に体系的に検討されることは，これまであまりなかったように思われる。

　なるほど，「教育権」論争が展開された時期には，国家の教育介入を批判して「教育の自由」を基本とする側（「国民教育権」論）から，しばしばフランスの経験が援用されたし，フランス公教育制度の歴史研究が教育学・憲法学の立場から進められていた。しかし，そこでは，「教育の自由」が「国家教育権」論に対抗するための概念として持ち出されたこともあり，フランスの国家（諸体制）が示してきた教育配慮・教育介入の内実（〈教育国家〉の伝統）は，必ずしも十分に対象化されなかったのではないか。フランスの教育における自由の基底性を語りうるとしても，それは，国家が公共的役割を独占する歴史的な過程のなかで形成されてきたはずであるから，その点の検討を抜きには十分に理解できないことになる。このため，教育の自由の理解についても，公教育の制度化にかかわる国家のありようについても，一定の問題が残されたように思われる。

　本書は，このような認識に基づき，また憲法学の問題関心を基礎に，フランスにおける「教育の自由」（および教育における自由）の意味を歴史的文脈のなかで位置づけ直すとともに，公教育の制度化に取り組んだフランス国家，特に共和制国家の歴史的・政治的な役割を分析しようとするものである（不十分ではあるが，〈共和制国家の揺らぎ〉にかかわるごく最近の諸問題をも検討の対象としている）。

　言うまでもなく，このような分析と記述を行うためには，憲法学はもとより，教育学・歴史学・政治学などの分野に属する多くの先行業績の基盤を必

要とした。それらの議論をきちんと理解し摂取できているか，心もとない部分も少なくない。不十分な点については，ご叱正を乞いたい。とまれ，フランス公教育法制にかかる本書の基礎的な研究が，学界での議論または社会的な議論に些かなりとも資するところがあるとするなら幸いである。

　ところで，本書は，単なるフランス公教育法制研究にとどまらず，かかる作業を通じて日本の問題を考察するための手がかりを得ることを最終的な目標としている。日本の問題として筆者が最近特に関心を寄せている事柄は 2 つある。①教育における国家の公共的役割を重く見る点で共通する最近の憲法学説の妥当性如何の問題，および，②教育基本法の改正提案を含めた一連の「教育改革」政治が公教育に及ぼす破壊的な影響の問題である。そこで問われているのは，畢竟，憲法・教育基本法の理念から，どのような国家の役割・あり方を導き出すべきか，また，社会協同の事業としての教育に市民がどのようにかかわるべきなのか，ということであるだろう。

　重要な問題であると思われるが，本書では，①について本文の結論部分でやや詳しい検討を行ったにとどまり，それ以外の問題は今後の検討に委ねている。①の論点については，樋口陽一先生ほかの有力な憲法研究者の議論を素材にさせていただいた。読み込み不足などにより思わぬ誤解をしている可能性があるかもしれない。忌憚のないご意見・ご批判を頂戴できれば幸いである。

　本書は，1999 年 6 月に一橋大学から博士の学位を授与された論文「フランス公教育制度の史的形成における自由と国家」を基礎にしているが，論文提出後の問題関心の深まりやフランス教育法制をめぐる事態の推移を踏まえて，これに大きな修正を加えている。歴史実証研究の部分は概ね維持しているが，第 5 部第 3 章の部分をほぼ書き下ろしたほか，序論および特に結論部分については，博士学位論文の記述に大幅な加筆・修正を行っている。(なお，博士学位論文は，「フランス公教育制度の史的形成における自由と国家(1)〜(7)」山形大学紀要（社会科学編）26 巻 2 号，27 巻 1 号，山形大学法政論叢 8，9，11〜13 号（1996〜1998 年）をもとにしている。)

　本書を書き上げるに当たっては，多くの方々のご支援・ご指導をいただいている。ここでは，特に学恩深いおふたりの先生にお礼を申し上げたい。

　一橋大学の浦田一郎先生からは，大学院博士後期課程で親しくご指導を受

けて以来，筆者が大学に職を得てからも，折に触れて懇切なアドバイスをいただいてきた。先生の，学問に対する真摯なご姿勢，厳正さとユーモアを取り混ぜた柔軟なご講義，緻密な思考に裏づけられた簡潔かつ明晰な文体によるご研究などは，筆者が目標とすべき模範であると心得ている。先生の辛抱強いご指導と励ましがなければ，この研究をまとめあげることは適わなかった。ここに深く感謝申し上げ，今後もこれまでどおりご指導をいただければと思っている。また，もうひとりの恩師として，新潟大学の成嶋隆先生のお名前を挙げたい。先生には学部生の頃からお世話になり，大学院進学を勧めていただいたことが研究者を志すきっかけとなった。大学院博士課程で本書の基礎となる研究を始めたとき以来，先生がかつて手がけておられたフランス公教育法制研究が，揺るぎないお手本であり，遥かな目標でもあった。本書は，先生のご研究の緻密さと重厚さには及ぶべくもないが，大学院修士課程で研究の手ほどきをしてくださった先生の学恩に些かでも報いるところがあるとすれば，これにまさる幸いはない。

　両先生をはじめ，ひとりひとりのお名前を挙げることはできないがお世話になった方々すべてに，改めて感謝申し上げたい。

　本書の出版に当たっては，信山社社長の渡辺左近さんに大変お世話になった。出版事情が厳しいなかで，地味な実証研究である本書の刊行を快くお引き受けいただいたうえ，親身で的確なご助言を頂戴することができた。いただいたご意見の咀嚼はまだまだ不十分であるが，筆者の思考に新鮮な印象が刻まれたように思う。また，編集担当の鳥本裕子さんには，注文の多い校正作業などで，大変ご苦労をおかけした。おふたりには，心からの感謝を申し上げたい。なお，本書の刊行に際しては，直接出版費の一部として，山形大学人文学部研究活動支援制度から「著書出版助成」を受けることができた。

　最後に，私事で恐縮であるが，筆者をこれまで支え見守ってくれた家族に感謝したい。

2006年5月

今 野 健 一

目　次

序　論　教育における自由と国家〜問題の所在〜

1　「国民教育権」論と「教育の自由」 …………………………… 3
  (1) 憲法教育論と《教育による憲法保障》
      〜立憲主義の擁護を目指すもの　3
  (2) 「国民教育権」論と「教育の自由」　6

2　フランスにおける「教育の自由」 ……………………………… 11
  (1) 総　説　11
  (2) 「教育の自由」の諸相　11
  (3) 教育の義務制と「教育への権利」　16

3　公教育・国家・自由〜本書の主題と構成 …………………… 17
  (1) 準拠国としてのフランス　17
  (2) フランス公教育をめぐる日本での議論
      〜近時の有力な問題提起について　19
  (3) 本書の主題と構成　22

第1部　フランス革命期における教育改革の構想と実践
　　　　〜国家の論理と自由の論理〜

第1章　革命の開始と革命初期の教育改革構想
〜タレイランとコンドルセ〜 ……………………………… 29
　第1節　アンシャン・レジームの国家構造・教育構造　29
　第2節　革命前夜の教育改革思想〜国家独占の論理　31

第3節　革命の開始から1791年体制へ
　　　　　〜アンシャン・レジームの清算　32
　　第4節　革命初期の公教育計画案
　　　　　〜タレイランとコンドルセ　35

第2章　国民公会における諸教育計画と教育政策 …………42
　　第1節　立法議会から国民公会へ　42
　　第2節　第1期：ジロンド派公会期
　　　　　　　　（1792年9月〜1793年6月）　43
　　第3節　第2期：モンターニュ派公会期
　　　　　　　　（1793年6月〜1794年7月）　45
　　第4節　第3期：テルミドール派公会期
　　　　　　　　（1794年7月〜1795年10月）　54

第3章　総裁政府期の教育政策 ……………………………59
　　第1節　総裁政府の発足と総裁政府初期の教育状況　59
　　第2節　総裁政府の巻き返しとその挫折
　　　　　〜革命最後のジャコバン主義的熱情　62

第4章　革命の教育理想と「教育の自由」
　　　　　〜第1部のまとめにかえて〜 ………………………67
　　第1節　フランス革命と近代国民国家　67
　　第2節　革命期の教育構想に見る「国民統合」理念の追求　68
　　第3節　「国民統合」と「教育の自由」　70
　　第4節　フランス革命の教育理想　72

第2部　国家による教育「独占」体制の構築
〜ユニヴェルシテ独占の構造と特色〜

第1章　執政政府期の教育再編事業
〜「教育の自由」と教育独占の萌芽〜 ……………79
　第1節　共和暦8年憲法の制定　79
　第2節　執政政府とカトリシスム　80
　第3節　「教育の自由」と教育独占の萌芽　83
　第4節　宗教勢力の復興と法律の失敗　88

第2章　第1帝制におけるユニヴェルシテ独占の構築
〜「独占」というナポレオン的解決〜 ……………90
　第1節　ユニヴェルシテ・アンペリアルの創設
　　　　　（1806年5月10日の法律）　90
　第2節　ユニヴェルシテの組織化
　　　　　（1808年3月17日のユニヴェルシテ組織令）　92
　第3節　ユニヴェルシテ体制における「教育の自由」　96
　第4節　ナポレオンにおけるユニヴェルシテ独占の意義　102

第3章　復古王制における「独占」の継承
〜「独占」の利益と「教育の自由」の要求〜 ………109
　第1節　1814年憲章とフランスにおける議会主義の生成　109
　第2節　ユニヴェルシテ体制の維持と教育の自由①
　　　　　〜ルイ18世治下の自由主義的君主制期
　　　　　　（1814〜1820年）　111
　第3節　ユニヴェルシテ体制の維持と教育の自由②
　　　　　〜ユルトラ反動期（1820〜1827年）　116
　第4節　ユニヴェルシテ体制の維持と教育の自由③
　　　　　〜復古王制末期の反教権主義的教育政策の展開
　　　　　　（1827〜1830年）　121

第5節　初等教育における発展　126
　　　第6節　復古王制における教育の再編成作業の結末　130
第2部のまとめ　……………………………………………131

第3部　「独占」の解体と「教育の自由」の法制化
　　　　～ギゾー法とファルー法～

第1章　7月王制における「教育の自由」と教育の国家化
　　　　　～ギゾーの教育思想とギゾー法～　………………139
　　　第1節　7月革命と1830年憲章　139
　　　第2節　7月王制の社会的・経済的背景と教育の関係　144
　　　第3節　1830年憲章における「教育の自由」と初等教育の
　　　　　　　非宗教化　148
　　　第4節　ギゾー法への道
　　　　　　　～抵抗派政府の教育政策とクーザン報告　151
　　　第5節　ギゾー法（1833年6月28日法）の成立
　　　　　　　～その制定過程における諸争点　155
　　　第6節　ギゾー法と7月王制における初等教育政策の意義　163

第2章　第2共和制における共和主義理念の挫折と中等教育
　　　　　の自由の法制化～ファルー法の制定～　……………174
　　　第1節　2月革命の勃発と第2共和制の成立　174
　　　第2節　公教育大臣カルノーとその教育政策　176
　　　第3節　1848年憲法における「教育の自由」　184
　　　第4節　ファルー法の成立とその意義　187

第3章　第2帝制期の教育政策のなかの国家と教会
〜ファルー法の運用過程〜 ………………………… 199

第1節　第2共和制の崩壊と第2帝制の成立
　　　〜〈共和派のいない共和制〉とクーデタ　199

第2節　ファルー法の運用過程における国家と教会
　　　〜法の成立から権威帝制期へ　204

第3節　自由帝制における反教権主義の高まり
　　　〜ヴィクトル・デュリュイの改革　210

第3部のまとめ ……………………………………… 213

第4部　第3共和制における近代公教育法制の確立
〜義務・無償・ライシテの原則〜

第1章　第3共和制の成立と共和派オポルテュニスムの展開
　………………………… 219

第1節　第3共和制の成立　219

第2節　1875年憲法体制の構造と特質　222

第3節　議会共和制の確立と共和派オポルテュニスムの展開　223

第2章　反教権主義闘争とフェリー教育改革
〜第7条問題と教育のライシテ〜 ………………… 227

第1節　「道徳秩序」の教育政策〜「高等教育の自由」の確立　227

第2節　共和派による反教権主義闘争の展開　229

第3節　フェリー教育改革の概要①〜無償制・義務制　238

第4節　フェリー教育改革の概要②〜ライシテ　243

第3章　フェリー教育改革における国家の論理 ……… 250

第1節　ジュール・フェリーの思想的背景　251

第2節　第3共和制における教育制度改革の背景要因　255
　　　第3節　フェリー教育改革における教育の「平等」と「自由」　260
　　　第4節　「道徳・公民教育」導入の意義
　　　　　　　〜教育のライシテを中心に　267

第4部のまとめ　………………………………………276

第5部　フランス公教育法制の現代的展開
　　　　〜教育改革の歴史と共和制国家の揺らぎ〜

第1章　第3共和制後半期の教育政策
　　　　　〜公教育のライシテを中心に〜　………………283
　　　第1節　公教育のライシテから国家のライシテへ　283
　　　第2節　政教分離法以後の教育をめぐる紛争　289
　　　第3節　第1次世界大戦後の教育「民主化」運動　290

第2章　第4・第5共和制下の教育改革法制の展開　………294
　　　第1節　第4・第5共和制における公教育の変容　294
　　　第2節　ミッテラン時代のフランス教育　301

第3章　共和制の揺らぎと学校教育の役割
　　　　　〜最近の教育改革とその傾向〜　………………310
　　　第1節　共和制／共和主義的学校モデルの揺らぎ　310
　　　第2節　市場主義と教育改革　313
　　　第3節　最近の教育改革の傾向〜共和主義的価値の宣揚　314

結　論　「国民教育権」の再定位と「教育の自由」
　　　　　～日本の憲法学説の再検討～

1　フランス教育史の捉え方をめぐって …………………327
　(1)　国民国家と教育　327
　(2)　フランス近代史のなかの国家と教育　329
　(3)　フランス教育史の捉え方と「教育の自由」　333

2　憲法学説のなかの《教育の公共性》と「教育の自由」
　　　　　………………………………………………335
　(1)　《教育の公共性》と憲法学説の最近の傾向　335
　(2)　教育の共和主義モデルへのコミットメント～樋口説の検討　336
　(3)　「主権者教育権」説の復権？～永井説をめぐる議論　341
　(4)　教育における「たたかう民主制」？～戸波説の検討　344
　(5)　憲法学説と教師の「教育の自由」～憲法学説の問題点　347

3　教育改革をめぐる政策と議論
　　　～公教育制度の将来像のために …………………349
　(1)　教育改革と教育の公共性　349
　(2)　公教育制度の将来像のために～変革の課題　351

主要参考文献一覧 ……………………………………………357
事項・人名索引 ………………………………………………373

〔凡例〕
　略称については以下のとおりである。

A.J.D.A. → Actualité juridique, droit administratif

A.P., 1.s. → Archives parlementaires, première série

A.P., 2.s. → Archives parlementaires, deuxième série

J.O. → Journal officiel de la République française

R.D.P. → Revue du droit public et de la science politique en France et à l'étranger

R.F.D.A. → Revue française de droit administratif

R.P.P. → Revue politique et parlementaire

序　論

教育における自由と国家

〜問題の所在〜

1 「国民教育権」論と「教育の自由」

(1) 憲法教育論と《教育による憲法保障》〜立憲主義の擁護を目指すもの
① 憲法教育論と憲法保障論

　1990年代の前半に，法学・教育学の学問分野を超えて，「憲法教育」をめぐる議論が活発に交わされ，久方ぶりに以前の活況を取り戻した観があった[1]。それは，1990年代における改憲論議の高まりと無関係ではない[2]。憲法教育論は，1950年代以来の政府による反憲法的政策と，それに連動する復古的・国家主義的教育政策に対する異議申立ての意識に底礎されていた。国家の教育支配を批判する人々は，《あるべき憲法教育像》を追求すると同時に，政府による解釈改憲や「反動的」な教育政策の展開に対抗して，《あるべき憲法像》や《あるべき立憲主義の形態》を想定し，その実現を目指して憲法教育の重要性を強調していた[3]。その課題意識ゆえに，憲法教育論は，後述するように，教育を通じた憲法・立憲主義の擁護，すなわち，《教育による憲法保障》の主張と結びつく可能性があった。

---

[1] 「憲法教育は戦後多くの実績を重ねてきた古いテーマであるが，方法論的に多くの問題があり，きわめて新しいテーマであるともいえるであろう」と坂本秀夫氏が述べたのは，1976年のことである（「憲法教育の方法について」教育330号93頁）。この70年代に，憲法研究者の間からも，永井憲一氏や播磨信義氏，星野安三郎氏らを中心に，「憲法教育」の重要性を提起する動きが現れた。憲法学以外の分野でも，憲法教育に関する議論が活発であった。ただ，憲法教育の理論的課題（定義の問題や，教育的価値と憲法的価値の関係など）への関心は，必ずしも高くはなかった。その後も，1980年代後半に，「本格的『憲法教育』論を展開するための前提的作業」を行うものとして自らを位置づける，和田進＝大野浩史「『憲法教育』に関する一考察」（神戸大学教育学部研究集録81集〔1988年〕21頁以下）が，憲法教育の諸論点を包括的に取り上げたのが目立つ程度で，「〔憲法教育が〕憲法学の専門領域で正面から論争されたことは……全くなかった」と永井氏が指摘するように（「憲法教育の変移と憲法学への期待」法律時報61巻8号〔1989年〕118頁。これは後に，樋口陽一＝杉原泰雄編『論争憲法学』〔日本評論社・1994年〕161頁以下に収録），憲法教育への憲法学界の対応は芳しいものではなかった。

[2] 荒牧重人「憲法教育の課題について」未来をひらく教育93号（1993年）14頁。

[3] 参照，播磨信義「憲法運動と憲法理論」ジュリスト515号（1972年）29頁。

他方,「憲法保障」は,憲法学の伝統的な研究課題の一である。従来の憲法学界の議論は,憲法秩序を客観的に保障する諸制度装置の有効性の比較検討を主眼としてきた。そこでは,現代国家で一般的に採用され,最も保障精度が高いと見られる違憲審査制を含めた諸制度装置にも限界があることが留保された後に,《憲法の最後の番人は国民である》という一般テーゼが導かれるのが普通であった。しかし,「このことは極めてしばしば―いささか安易に―指摘されている」[4]。「国民」＝「憲法の最後の番人」という定式が自明のものとされた結果,国民の現実態の把握と,その憲法意識の形成の問題への自覚的な理論的営為の不在か,それに近い状態が続いたと見られる。この,固有の憲法保障論の死角となっていた領域において,《教育による憲法保障》を期待する議論が成立することとなった。

　②　憲法的価値注入の正当性？

　憲法・教育基本法の理念に反する教育政策・教育行政の展開に伴い,主に教育内容の決定権能という意味に理解された「教育権」の帰属をめぐり,「国民」と「国家」が対峙する「教育権」論争が惹起することとなった[5]。子どもの「学習権」保障を機軸に,親・教師などの国民の教育の自由(教育権)を掲げる「国民教育権」論は,国家の教育統制を批判するための論理的支柱として憲法・教育基本法を前面に押し出すのであるが,国家権力にとって憲法が支配の「桎梏」であるという「特殊日本的」状況[6]から,憲法内在的な原理を強調することの意味が一段とクローズアップされた。その結果,教育内容の憲法適合性が重要な規範価値を担うものとして認識されることとなった。

　ところで,憲法教育は,「教育内容として憲法を扱う教育,言い換えれば憲法価値を教育価値として選択する教育」[7]と捉えられるが,憲法教育プロ

---

[4]　佐藤功「憲法の保障」宮沢還暦記念『日本国憲法体系・第1巻〔総論Ⅰ〕』(有斐閣・1961年)210頁。

[5]　論争の展開過程を的確に跡づけ,その意義を明らかにする論稿として,成嶋隆「国家の教育権と国民の教育権」ジュリスト1089号(1996年)230頁以下がある。

[6]　樋口陽一「比較憲法学における特殊日本的性格の位置づけ」ジュリスト515号23頁(後に,樋口『近代立憲主義と現代国家』〔勁草書房・1973年〕に収録)。

[7]　成嶋隆「教育と憲法」樋口陽一編『講座憲法学4―権利の保障(2)』(日本評論社・

パーの争点の考察はもとより,より一般的に憲法と教育との関係を考察するに際しても,憲法的価値と教育的価値の関係は,何らの論証も要しないほど明快なものではないはずであった[8]。しかし,その点を掘り下げた考察は十分になされなかった。むしろ,憲法と教育の無条件的な親和性を前提とし,憲法的価値を教育的価値と等価のものと捉え,憲法的価値の教育を憲法の規範的要求であるとする立場が現れることとなった。憲法の理念を体現する健全な主権者を育成するために,学校教育における憲法的価値の貫徹を国家権力に対して要求する,という方向性である(主権者教育権論・教育内容要求権論)[9]。この議論は,《教育による憲法保障》への志向を含んだものであると言える。また,これとは別に,正面から教育に憲法保障機能を期待する直截な議論[10]も現れた[11]。

これらの議論は,被教育者への憲法的価値の注入[12]を正当化し,さらには促進しようとするものである。その場合,学校教育を通じて国家権力が憲法的価値を注入・奨励するという事態は,懸念されるどころか,むしろ望ましいことと観念される可能性がある[13]。しかし,この点は,「国民教育権」論

1994年)122頁。

8 例えば,『地域住民と教育法の創造』〔日本教育法学会年報4号〕(1975年)164〜165頁〔討論〕の小林発言や,『戦後教育と憲法・教育法』〔日本教育法学会年報5号〕(1976年)200頁〔討論〕の牧発言を参照。

9 参照,永井憲一『憲法と教育基本権〔旧版〕』(勁草書房・1970年),同『憲法と教育基本権〔新版〕』(勁草書房・1985年),同『主権者教育権の理論』(三省堂・1991年)など。

10 参照,星野安三郎「日本国憲法と教育内容―教育による憲法の保障と破壊―」日本教育法学会編『講座教育法3・教育内容と教育法』(エイデル研究所・1980年)24頁,鈴木英一『現代日本の教育法』(勁草書房・1979年)3〜4頁。

11 教育に憲法保障機能を期待する議論が内包する問題点については,今野健一「憲法保障と教育」一橋研究19巻1号(1994年)59頁以下を参照。

12 参照,樋口陽一編『ホーンブック憲法〔改訂版〕』(北樹出版・2000年)217〜218頁〔内野正幸〕。

13 例えば,中野光氏は,フランス革命期の公教育組織化に関するタレイラン報告書が,憲法教育の重要性を強調していた点に着目し,タレイラン報告書には「民主主義革命によって組織された公権力が推しすすめるべき教育政策の論理が端的に示されていた」と評価している。参照,中野「戦後における憲法教育の目的と方法」永井憲一編

の基本前提である「教育の自由」と,本来,強い緊張関係に立つはずであった。

(2) 「国民教育権」論と「教育の自由」
① 「教育の自由」の意義

憲法教育の重要性を強調する論者は,国家が教育を支配すること,憲法教育を骨抜きにしようとすることを批判する見地から,憲法教育を国家支配から救い出し,国家から自由な,国民の自主的な「憲法教育」「憲法学習」を実施することを主張する[14]。この主張は,憲法教育や《教育による憲法保障》を重視する人々が,教育内容への国家介入を原則的に否認する「国民教育権」論の側に立っていることを示すものと一般に受け取られている[15]。すなわち,「国民教育権」論は,教育内容の決定権は親・教師を中心とする国民が有するとし,公権力の任務は教育の条件整備に限定され,公権力は公教育の内容・方法について原則として介入することは許されない,と説くのである[16]。

このような「国民教育権」論の中核的な内容は,普通,「教育の自由」という定式で示される。通説的な定義によれば,「教育の自由」とは,「教育内容に関し国家の介入を原則的に排除し,自ら決定する権利」[17]であり,権利

『学校の憲法教育』(勁草書房・1975年) 2〜3頁。

14 星野安三郎「憲法教育の今日的課題」前掲『地域住民と教育法の創造』133頁以下,船木正文「教科書問題と憲法教育」『教育行政の動向と教育法』〔日本教育法学会年報12号〕(1983年) 191頁などを参照。

15 しかし,この点については疑問がある。詳しくは結論で検討する。

16 教育内容に対する公権力の介入の限界については,学習指導要領の法的拘束力や教科書検定制度の合憲性をめぐって問題化してきた。教育法学説は,当初(1960年代),教育課程の「大綱的基準」という概念で国の権限の限界を画していた。しかし,その内容的曖昧さが問題とされ,その後,教育内容にかかる法規的な規律の範囲につき,各学校段階の教育編制単位である教科目等の法定までを意味する「学校制度的基準」の概念により把握すべきであるとの立場が打ち出されるに至った。現在もこの見解が通説的地位を占めていると見られる。「学校制度的基準説」については,兼子仁『教育法〔新版〕』(有斐閣・1978年) 383頁などを参照。

17 日本教育法学会編『教育法学辞典』(学陽書房・1993年) 184頁〔中村睦男〕。

を享有する主体によって，親の家庭教育の自由および学校（教育）選択の自由，教師の教育の自由，子どもの学習の自由，国民の教科書執筆および出版の自由，国民の私立学校開設の自由，私立学校の教育の自由など，異なる内容をもちながらも，「国家の具体的教育内容への介入を排斥するという点において共通の性格を有している」[18]。

② 裁判所の判断

「国民教育権」論は，国家による権力的な教育統制に対抗して，1950年代後半から活発な理論的展開を示してきた。これは，1950～70年代の，教科書検定や学力テスト，教員の勤務評定などをめぐる教育裁判[19]の展開過程と軌を一にしている。下級裁判所では，子どもの学習権保障を基礎に「国民の教育権」を認めた「杉本判決」（家永教科書検定第2次訴訟第一審判決・東京地判1970・7・17判例時報604号29頁）が出されたが，その一方で，「高津判決」（家永教科書検定第1次訴訟第一審判決・東京地判1974・7・16判例時報751号47頁）が，教育の私事性と教育の自由を否定し，国の教育内容決定権限を強調して，「国家の教育権」の立場を明らかにした。

その後，そのいずれの立場も「極端かつ一方的」として斥ける旭川学テ事件最高裁判決（最大判1976・5・21刑集30巻5号615頁）が示された。教育権の帰属に関するリーディングケースであるこの判決は，「国民教育権」論と「国家教育権」論を折衷させる見解を示し，各教育関係当事者の権能を確定するアプローチを採用したものと解されている[20]。最高裁は，憲法23条を根拠に普通教育の教師に対する一定の範囲における教授の自由，家庭教育や学校選択の自由を内容とする親の教育の自由，一定の範囲での私学教育の自由を認めつつ，「それ以外の領域においては，一般に社会公共的な問題について国民全体の意思を組織的に決定，実現すべき立場にある国は，国政の一部

18　中村睦男『社会権の解釈』（有斐閣・1983年）130～131頁。

19　教育裁判の構造分析として，榊達雄＝川口彰義「教育裁判の展開とその基盤」法律時報臨時増刊『憲法と教育』（1972年）136～137頁を参照。なお，1980年代以降の教育裁判の機能を分析する論稿として，市川須美子「教育裁判の展開と課題」日本教育法学会編『講座現代教育法1―教育法学の展開と21世紀の展望』（三省堂・2001年）163頁以下を参照。

20　樋口陽一ほか『注解法律学全集・憲法Ⅱ』（青林書院・1997年）170頁〔中村睦男〕。

として広く適切な教育政策を樹立，実施すべく，また，しうる者として，憲法上は，あるいは子ども自身の利益の擁護のため，あるいは子どもの成長に対する社会公共の利益と関心にこたえるため，必要かつ相当と認められる範囲において，教育内容についてもこれを決定する権能を有する」とした。

最高裁は，「高津判決」に見られた剝き出しの「国家教育権」論を排斥し，教育内容に対する国家的介入も「できるだけ抑制的であることが要請される」として，「子どもが自由かつ独立の人格として成長することを妨げるような国家的介入，例えば，誤った知識や一方的な観念を子どもに植えつけるような内容の教育を施すことを強制するようなことは，憲法26条，13条の規定上からも許されない」との歯止めを設けていた。その意味で，国家の教育内容決定権能を，緩やかに認める内容をもっている。しかし，この判決が実際に教育内容・方法への国家介入の歯止めたりうるかは疑問がある。この疑問は，判決が，国家の教育権力と国民の教育人権という，性質の全く異なる事柄を並列的に取り扱うことによって，国家の教育権力支配の側面が曖昧にされている点に根ざすものである[21]。

③　学説の展開

学説レベルでは，「国民教育権」論が圧倒的に優勢であったが，1980年代の初め以降，通説に対する懐疑的・批判的な見解が現れるようになった。

一方で，憲法学的には，学校設置者の機関たる教師の教育権は，制度的な制約の下でのみ成立しうるものであり，それ自体は決して憲法上の権利ではなく，憲法以下的法規範が創設する実定法上の権限であり，教師の教育権（教育の自由）とされてきたものは，市民的自由一般の問題として扱われるべきだ，とする見解が説かれた[22]。他方で，「国民教育権」論が機軸とする

21　参照，兼子仁「教育人権と教育権力」星野古稀記念『平和と民主教育の憲法論』（勁草書房・1992年）258～259頁（後に，兼子仁＝市川須美子編著『日本の自由教育法学』〔学陽書房・1998年〕に収録）。この立場からは，最高裁流の《権限画定のアプローチ》（内野正幸）は，「教師の教育権，親の教育権といった教育人権と，国家の教育権という教育内容決定権力とを同じ教育権という言葉でくくることによって，本来両立しえない教育人権と教育権力を同一次元で両立しうる概念であるかのように論じる理論的混同」を孕むものとして批判される。参照，市川須美子「教育基本法改正と子どもの人権」法律時報73巻12号（2001年）20頁。

22　奥平康弘「教育を受ける権利」芦部信喜編『憲法Ⅲ―人権(2)』（有斐閣・1981年）

教師の教育権は,〈国・文部省・教育委員会・校長等〉と〈教師(集団)〉という教育法関係(第1の教育法関係)に限定して適用されるべき法理であり,〈学校・教師〉と〈子ども・父母・住民〉という教育法関係(第2の教育法関係)に属する子どもの人権侵害という現象に, これを適用することは有害であるとする見地から, 子どもの人権侵害の救済と学校への参加権等を内実とする, 憲法・教育法上の概念としての「父母の教育権」の理論化が提唱された[23]。

市川須美子氏によれば, 親と教師の教育人権(教育に固有な人権)性を否認することで,「教育人権体系として構成されてきた通説の中核的概念を否定」する前者の立場は「市民的自由一元説」として, また,《国家対国民・教師》という通説の図式を批判し, 子どもの人権を中核に据えることで《教師対子ども》という教育法関係への注意を喚起して,「父母の教育権」を強調する後者の立場は「子どもの人権説」として分類される[24]。いずれにしても, 通説への批判は,「国民教育権」論にいう「教育の自由」の主体, 教育内容決定権の享有主体は実質的には教師であると理解し[25], 教師の「教育の自由(教育権)」という定式に否定的(消極的)に応答するという点で, 共通性を有していた。その後, このような立場からの見直しが進み,「学習権」の強調から子どもが, また親が,「教育の自由」の中核的主体として位置づけられる傾向にある[26]。

それでも, 教育法学説では, 教師の教育権は「複合的性格」をもつとして, 教師の「教育の自由」(教育権)の教育人権性を肯定する見解が支配的である。それによれば, 教師の教育権は一方で, 教師個々の人権を越えた職能的・集団的な「自治的権限としての独立な『教育権限』」たる性格をもつ。他方で, 教師個々人に教育人権が認められるが, その根拠としては, 例えば,

---

361頁以下。同旨, 浦部法穂『全訂憲法学教室』(日本評論社・2000年) 192, 196〜197頁。
[23] 今橋盛勝『教育法と法社会学』(三省堂・1983年), 同「学校父母会議(父母組合)の結成を!」世界541号(1990年)23頁以下。
[24] 市川「子どもの人権と教育法」法の科学20号(1992年)184〜185頁。
[25] 参照, 樋口ほか・前掲, 169頁〔中村〕。
[26] 参照, 内野正幸『教育の権利と自由』(有斐閣・1994年)114〜116, 214〜216頁。

人間教育活動における教師の「人間的主体性」が挙げられる[27]。他方で，憲法学説からも，教師の教育権を職務権限と捉える市民的自由一元説とは異なる見方が示されている。これは，教師の教育権を，一方で子どもとの関係では基本的に職務権限であるとしつつ，他方，国家との関係では人権としての性質を具有するものとして構成するものである[28]。

しかし，後に検討するように[29]，「国民教育権」論に対する憲法学説からの批判は，近時増勢を続けている。また，国家の公共的役割を重視する一方で，教師の「教育の自由」を消極的に捉える学説が有力である。

ところで，「教育の自由」に関するフランス公法学説の詳細な研究を行った中村睦男氏によれば，「基本的人権としての教育の自由を論拠づけるためには，比較憲法的考察が不可欠である。教育の自由の法理論は，西欧型近代憲法において歴史的に形成されてきたものであるからである。特に，フランス法は教育の自由に関して，革命期以来極めて豊富な素材を提供して〔いる〕」[30]とされる。実際にも，「教育の自由」を軸に公教育と国家との関係を検討する際に，教育の国家支配を批判し，「教育の自由」を擁護しようとする立場から，比較法制的例証として，しばしばフランスの経験が引き合いに出されてきた[31]。

次に，本格的な歴史研究に先立ち，欧米諸国のなかでも「教育の自由」について最も自覚的に議論を進めてきたフランスにおける「教育の自由」が，法制・判例・学説の上でどのように位置づけられてきたかを，素描してみる。

---

27 兼子『教育法〔新版〕』273頁以下。この説を支持するものとして，広沢明「『教育の自由』論」日本教育法学会編『講座現代教育法1』136～138頁を参照。
28 内野・前掲，120頁以下。
29 序論3で問題の所在を明らかにし，結論2で総括的な検討を行う。
30 中村・前掲，146頁。
31 例えば，野田良之「フランスにおける教育の自由」教育271号（1971年）6頁以下。

2　フランスにおける「教育の自由」

(1)　総　説

　フランスにおける「教育の自由」は，フランス革命期以来，歴史的に展開されてきた政治的論争（闘争）の文脈から切り離して考えることはできない。かかる論争は，公教育とは別個に，主にカトリック教会によって組織される私教育の存在をめぐって展開された。「フランスにおいて教育問題は宗教問題であった」[32]とされる所以である。フランスにおける「教育の自由」をめぐる歴史的論争（闘争）の激しさと，「教育の自由」原理の社会的受容の困難さは，「『教育の自由』がフランス社会の構成員全体から真に受け入れられたのは20世紀末のことにすぎない」[33]という指摘に集約されている。

　ところで，「教育の自由」は，1977年11月23日の憲法院判決[34]で，「1946年憲法前文によって再確認され，かつ1958年憲法が憲法的価値を与えたところの共和国の諸法律によって承認された基本原理の1つ」を構成するものとされた。しかし，フランス実定法に「教育の自由」の定義を見いだすことはできない。学説上も，その内容が同定されているわけではない。「如何なる研究者も，教育の自由の定義を与えていない。彼らはその構成要素を列挙するにすぎない」[35]と言われる。

　以下では，諸論者によって「構成要素」に分解された「教育の自由」の分析を通じて，その意味内容を探ることにする。

(2)　「教育の自由」の諸相
①　私教育の自由

「教育の自由」をめぐる政治的論争（闘争）の最大のテーマであった「私

---

[32]　Pelloux, R., «Sur quelques aspects de la liberté d'enseignement», in Pelloux (dir.), *Essais sur les droits de l'homme en Europe* (*2ᵉ série*), Paris, L.G.D.J., 1961, p. 7.

[33]　Lebreton, G., *Libertés publiques et droits de l'homme*, 5ᵉ éd., Paris, Armand Colin, 2001, p. 404.

[34]　Déc. 77-87 DC du 23 novembre 1977.

[35]　Monchambert, S., *La liberté de l'enseignement*, Paris, P.U.F, 1983, p. 15.

教育の自由」は，教育施設を自由に開設・運営する権利の承認，私教育への公的な財政援助の承認という形で，段階的に実定法上の解決を見た。特に後者の解決は，公教育と私教育の厳格な分離を含む伝統的な「教育の自由」に新しい観念を与えるものであった。1959年12月31日の法律（ドブレ法）[36]は，公費助成を希望する私立学校に，公教育への統合 (intégration)，「公教育への協同契約」(contrat d'association à l'enseignement public)，「単純契約」(contrat simple) という3つのオプションを用意した。前2者と比べ「単純契約」の人気が際立って高かったが，それは，援助額が少ない代わりに国家のコントロールが相対的に緩和され，私立学校がその「固有性」(caractère propre) を維持することができるためであった。「単純契約」は，1980年以来，初等教育に限定されたが，現在も依然として重んじられている[37]。

私立学校への公費助成が存在しない場合，「教育の自由」の一側面である親の学校選択の自由は，教育費を負担しうる富裕な家庭にのみ留保されることで，形骸化される危険性がある。それゆえ，国家による公費助成は「教育の自由」の実質化を保障する[38]。憲法院も，1984年と1985年の2つの判決[39]において，私教育施設への国家助成は，教育の自由の存在の本質的な条件であるとしており，「それゆえ，それは憲法上の義務であり，共和主義的伝統および共和国の諸法律によって特に承認された基本原理に合致する」[40]ものと見なされる[41]。

---

[36] Loi relative aux rapports entre l'État et les établissements d'enseignement privés. *J.O.* du 3 janvier 1960, p. 66.

[37] Lebreton, *op.cit.*, p. 421.

[38] Cf. Favoreu, L., «La reconnaissance par les lois de la République de la liberté de l'enseignement comme principe fondamental», *R.F.D.A.*, 1985, p. 602 ; Delvolvé, P., «Le Conseil constitutionnel et la liberté de l'enseignement», *R.F.D.A.*, 1985, p. 625 ; Lebreton, *op.cit.*, p. 419.

[39] Déc. 84-184 DC du 29 décembre 1984 et Déc. 85-185 DC du 18 janvier 1985.

[40] Favoreu, L. et Philip, L., *Les grandes décisions du Conseil constitutionnel*, 11e éd., Paris, Dalloz, 2001, p. 349.

[41] 尤も，反対意見もある。憲法院の判決にもかかわらず，私教育への公費助成は「義務」ではなく「可能性」にとどまると解するものとして，Charvin, R. et Sueur, J.-J., *Droits de l'homme et libertés de la personne*, 3e éd., Paris, Litec, 2000, p. 126, note

私立学校への公費助成に関しては，次のような見方もある。「国家助成は，教育の自由の行使における万人の平等を保障し，それによって，しばしば私学教育に向けられる反民主主義的なエリート主義への批判を躱す唯一の手段であるように見える」[42]。さらに，学校（教育）選択の自由が失われるならば，長い目で見るとデモクラシーが脅威に曝されることになるとする見解もある。「なぜなら，私教育の周辺化（marginalisation）は，デモクラシーの必須の成分の１つである思想潮流の多元性の源泉の１つを枯渇させるであろうから」[43]。

② 公教育における自由

　「教育の自由」は，公的部門においても，「公教育における自由」という形で承認されている。それは，「政治権力に対する教師の独立および生徒の思想信条の自由を尊重するための教育の中立性および非宗教性の原則を内容としている」[44]。教育の公役務（service public）に共通する要素の１つとして，中立性（neutralité）の原則がある。教育の中立性を法的に保障するのは，1959年法（ドブレ法）である。同法の１条１項では，「国は，憲法典に定められた諸原則に従い，公立学校の児童生徒に，あらゆる信条を平等に尊重しつつ，その能力に合った教育を受ける機会を保障する」と定められている。

　一般に，公役務に携わる公務員は，役務利用者の権利を保護するために政治的・宗教的・哲学的・人種的な中立性を保つ義務を負う[45]。公務員である教師も，中立性を保つ義務を課される。しかし，教師の教育活動を制約するのは，教育の中立性原則だけである。フランスの教師は，国家の定める教育課程基準（学習指導要領）の範囲内ではあるが，自身の教育実践に関しては広い裁量権をもっている[46]。中立性の義務は，特に初等・中等学校の教師に

　　（146）を参照。
42　Rivero, J., *Les libertés publiques*, t. 2, 6ᵉ éd., Paris, P.U.F., 1997, p. 334.
43　Lebreton, *op.cit.*, p. 419.
44　中村・前掲，162頁。
45　Cf. Lachaume, J.-F. et al., *Grands services publics*, 2ᵉ éd., Paris, Armand Colin, 2000, p. 371.
46　フランスでは，教科書検定制度も教科書使用義務もない。教科書採択も教師の裁量に任されている。参照，藤井佐知子「世界の教科書はどうなっているのか──『フラン

対して厳格で，教師が生徒の良心の自由を尊重することを要求する。パトリック・ヴァクスマンによれば，この中立性の原則は，「教師に，無味乾燥で無関心な教育を強いるものではない（教育の目的の1つは明らかに価値の伝達である）。それは，教師に，生徒の正当な信条を害さないよう義務づけるものである」[47]。それゆえ，教師は，政治的ないし宗教的な宣伝・勧誘を行わないよう，この原則により掣肘される[48]。

ところで，そもそも公教育が自由の場所であらねばならないのは，義務教育制度が設けられており，本質的に教育は公教育施設が担っているという事情を踏まえて，公教育が，国民に教育へのアクセスを許容することをその存在理由としているからにほかならない。公教育において，その利用者の思想・良心の自由が尊重されないとき，それはすべての人々に開かれているとは言えない。ジャック・ロベールによれば，「教育の多元性がその一要素にすぎないところの教育の自由は，それが開花するためには，公施設における完全な寛容の雰囲気を伴わねばならない。教育の自由は，すべての人々に開かれた公立学校が，各自の信条を尊重した教育を与えることを当然に前提し

ス』／作るのも選ぶのも教師が主導」季刊教育法130号（2001年）66頁以下。なお，フランスにおける教師の自律性については次のような指摘がある。集権的な教育行政制度の下で「フランスの教育者たちは，一切の恣意性から彼らを庇護する地位を真っ先に保障された。彼らは一般にまだ相当に厳格なプログラムに従わなければならないが，他の点では最も完全な個人的独立性を獲得した」。Crozier, M., *Le phénomène bureaucratique*, Paris, Seuil, 1963, p. 292.

47 Wachsmann, P., *Libertés publiques*, 4ᵉ éd., Paris, Dalloz, 2002, p. 507.

48 ルブルトンによれば，公教育における教師の中立性の義務は比較的よく守られているが，絶対的な中立性は存在せず，中立性原則の見地から疑問となる状況も見られるという。ほとんどの教師が教育のなかで自分の信奉する価値や原則を表明している。国家自身が公教育の中立性を恣意的に解釈する場合もある。「公民教育」は，デモクラシーにおける社会生活に不可欠と国家が判断する最低限の倫理的・政治的諸価値を子どもたちに教え込むことを目的とするものである。1988年以来，SOSラシスム（SOS-Racisme）が毎年，学校で「人種主義に反対する教育週間」を企画しているのは，まさに国家の決定によるものである，等々。1990年にこの点について問われた当時のジョスパン首相は，中立性とは「政治的・イデオロギー的・宗教的なプロパガンダの拒否」ではあるが「価値の欠如」ではない，と弁明していた。Cf. Lebreton, *op. cit.*, pp. 409-410.

ている」[49]。公教育の中立性は，国家による教育独占を禁じている[50]。さらに，国家は，教育の中立性を維持する義務を負うとき，公教育の教師をして党派的イデオロギーの分配者たらしめることを禁じられるのであり，その意味で，国家に対する教師の教育の自由が肯定される[51]。

公教育の中立性が最初に定式化されたのは宗教の領域であった。それゆえ，中立性の当初の本質的形態は，非宗教性とか政教分離と日本語訳されることがある「ライシテ」(laïcité)[52]という観念によって表現されるものであった。ライシテは，中立性とともに，フランス共和制ないしフランス公教育の基本原理である。ライシテは教育課程と教師の2側面で顕現する。さしあたり，1882年3月28日法による「道徳・宗教教育」から「道徳・公民教育」への転換と，1886年10月30日法による公立初等学校教師の世俗化を指摘できる。

公教育においては，生徒の信仰の自由が尊重される。しかし，宗教的自由の行使と公教育の中立性原則の調整は困難である。確かに，初等教育においては，1882年法が宗教教育の尊重を理由に日曜日以外の休業日を認め，中等教育では，寄宿生を受け入れている施設に，施設付司祭（aumônier）を配置することが義務づけられた[53]ことで，トータルに見れば，生徒の信仰の自由は適切に保障されていると見られる。しかし，困難な問題がある。公教育施設において宗教的帰属を示す標章を着用することの是非である。これは1989

---

49 Robert, J. et Duffar, J., *Droits de l'homme et libertés fondamentales*, 7e éd., Paris, Montchrestien, 1999, p. 623.
50 Burdeau, G., *Les libertés publiques*, 3e éd., Paris, L.G.D.J., 1966, p. 294.
51 Rivero, *op.cit.*, p. 352.
52 ライシテという言葉は，laïque という形容詞から派生し，第3共和制の初めにできたものであると言われる。ライシテの語源に関する説明としては，宮沢俊義「ライシテ（laïcité）の成立」同『憲法論集』（有斐閣・1978年）336頁以下が詳しい。このほか，ライシテについて論じた日本語文献としては，大石眞『憲法と宗教制度』（有斐閣・1996年），小泉洋一『政教分離と宗教的自由—フランスのライシテ—』（法律文化社・1998年），同『政教分離の法—フランスにおけるライシテと法律・憲法・条約—』（法律文化社・2005年）が重要である。
53 参照，小泉洋一「フランスの政教分離原則に関する一考察—補助金の禁止と施設付司祭の問題を中心に—」阪大法学132号（1984年）143頁（後に，同『政教分離と宗教的自由』に収録）。

年に，公立コレージュにおけるイスラム教徒の女子生徒によるスカーフ着用をめぐって問題化した[54]。

(3) 教育の義務制と「教育への権利」

フランスでは,《教育を受けない自由》はない。義務教育制度は第3共和制期に設けられたが，その後，段階的な発展を遂げ，現在では6歳から16歳までの子どもがその対象となっている。「教育を受ける自由」が一部の人々にのみ留保されるものとならないよう，教育がすべての人にとってアクセス可能なものとなるように，「教育への権利」が認められねばならない。義務教育は，この「教育への権利」と不可分である。ところで，義務教育は「教育の自由」とは全く相容れないものだろうか。

上述のように「教育の自由」の定式化をめぐって一致が見られなかったフランスの研究者の間で，唯一コンセンサスが見いだされるポイントがある。それが「義務」である。彼らは教育義務の基本的性格を一致して認めている。ただし，義務が自由を凌駕することはない。義務は自由のための手段である。教育義務の合目的性は，それを課される人々による自由の獲得に見いだされる，と考えられている[55]。義務教育と親の「教育の自由」は矛盾しない。なぜなら，法制度上，義務教育の「義務」とは，「就学義務」ではなく「教育義務」を意味しているからである。親は，子どもの教育場所を，公立学校・私立学校・家庭のなかから選択できる。ゆえに，親の「教育選択の自由」は完全に保障されている。また，既に述べたように，義務教育は「公教育における自由」に接続する。

しかし，かような義務教育制にも問題がないわけではない。例えば，法制度上，親の選択に任された子どもの教育形態に関して，家庭教育が選択された場合，子どもが，就学したならば獲得したであろう知識水準に到達しないという事態が出来しうる。この危険性（法制度上の教育義務が自由の獲得を妨げる可能性を有すること）に耐えることなしには，親の教育選択の自由を支持することはできない[56]。

54　この点については，第5部第3章で詳しく取り上げる。
55　Monchambert, *op.cit.*, pp. 16-17.
56　この点につき，ルブルトンは，家庭教育への一定の不信感を表明しているものとし

他方，確かに，義務教育はデモクラシーの要請であるし，自由を全面的に呑み込むものではない。しかし，義務教育，そしてそれとは不可分の「教育への権利」は，「公教育における自由」に接続するものではあっても，論理必然的に「私教育の自由」を射程に収めるというものではないはずである。「教育への権利」は，「私教育の自由」なくして完全に成立する。それどころか，教育の国家独占と親和的な関係にすらある。教育の重要性は，「教育の自由」を論じる人々によって，しばしば自覚的に語られるが，そこから〈教育への国家干渉の正当性〉[57]という定式が導かれる点は，示唆的である。

3　公教育・国家・自由〜本書の主題と構成

(1)　準拠国としてのフランス

先に述べたように，日本において，フランスにおける「教育の自由」の概念は，「国家教育権」の主張を反駁し，国民の「教育の自由」を擁護しようとする立場から援用されたが，これは，国家教育権の論理との対抗上，必要とされたという側面がある。

ところで，フランス公教育の歴史と構造的特質それ自体は，まさにその国家教育権論の立場（「教育の自由」の否定と国家による教育内容決定権の正当性を主張しようとする立場）からも，自説を補強する比較法制的例証として引き合いに出されていた。すなわち，家永教科書検定訴訟において，国側は，公教育の歴史的理解をめぐりフランスの経験を援用し，私事性と教育の自由の否定に連結する現代公教育の性格論を展開したのである。フランスの中央集権的教育行政システムの伝統や，教育課程行政が国家事務であることなどの外形的な特質は，この議論にある程度の根拠を与えていた。これに対し

て，1989年11月に国連総会で採択された「子どもの権利条約」（la Convention internationale des droits de l'enfant）を引き合いに出す。同条約の28条（教育への権利）は，教育施設への通学を子どもに義務づけているように見える。また，教育目的を規定する同条約の29条では，子どもに教育されるべき特定の諸価値が列挙されている。しかし，この目的の達成は，家庭教育を認めた場合には，果たして可能であろうか。Cf. Lebreton, *op.cit.*, p. 407.

[57]　Cf. Burdeau, *op.cit.*, pp. 291-292.

て，家永側は，国側の歴史認識の「一面性」を問題とし，「フランスの場合には，……公教育は，『教育の自由』を留保したうえで展開してきているのであり，『教育の自由』の否定のうえに展開してきているのではない」[58]などとする批判を提起した。かかる批判は，「現代の公教育制度が，その制度的本質として，国家による教育統制と国民の教育の自由の保障という相対立する2つの側面を併有し，両者の緊張関係を孕んで成立しているという認識に結合する」[59]ものであった。

とまれ，フランスの公教育法制史の理解は，日本における教育の公共的性格の解明や，「教育の自由」の保障の条件の検討に際して，不可欠の要素として遇されてきたと言える[60]。このような傾向の背景には，先に述べたように，フランスが，欧米諸国のなかでも「教育の自由」について最も自覚的に議論を進めてきたという事情がある。また，近代国家の典型としてのフランス国家のもと，革命期から19世紀後半に至るまで，カトリック教会との公教育をめぐる熾烈なヘゲモニー争奪戦が展開されるなか，共和制国家により近代教育の基本原則（無償性・義務性・非宗教性）に立脚する公教育制度が確立されたという，特有の歴史的事情がある。

ただし，公教育制度の樹立に至る歴史的な過程において，「教育の自由」に与えられた意味づけや，そこにいう「自由」の含意が如何なるものであったのかは，必ずしも体系的な検討の対象とされてきたわけではなかった[61]。このことは，「教育の自由」概念の理解に一定の問題をもたらしたと思われ

---

58 杉原泰雄「公教育と『現代議会制』」法時臨増『憲法と教育』180〜181頁。
59 成嶋隆「『教育の自由』の前提的諸問題」憲法理論研究会編『精神的自由権』（有斐閣・1982年）275頁。
60 この点を自覚しつつ，フランス公教育法制の成立事情を丹念に検討した研究として，成嶋隆「フランスにおける公教育法制の成立(1)〜(3)」法政理論（新潟大学）11巻2号（1978年），12巻1号（1979年），12巻2号（1979年）がある。また参照，同「『教育の自由』の前提的諸問題」277〜282頁。
61 憲法学・教育法学の立場からの数少ない体系的な歴史研究として，中村睦男「フランスにおける教育の自由法理の形成(1)(2)」北大法学論集23巻2号（1972年），24巻1号（1973年）がある。なお，同じ時期にこのテーマを検討した論稿として，高野真澄「フランスにおける教育の自由―憲法学の観点から―」奈良教育大学教育研究所紀要8号（1972年）1頁以下がある。

る。また，教育の公共性にかかわる理論問題の解明という点でも，公教育の制度化に取り組んだフランス国家，とりわけ，共和制国家の歴史的・政治的役割の分析は，決して十分ではなかった。国家の公共的役割を重視するフランス共和主義の思想潮流と，現実の政策選択におけるその具体の現われ方を，公教育法制の歴史的な展開過程のうちに探る必要があると思われる。

(2) フランス公教育をめぐる日本での議論
　　　～近時の有力な問題提起について

　従来，教育法学界において通説的位置を占めてきたのは，一方で，西欧世界における，19世紀的「私教育法制」から20世紀的「公教育法制」への転換という歴史認識であり，他方で，フランス教育史・教育法制史における「教育の自由」概念の，一貫性または連続性を前提とする把握であったと見られる。ところが，近時，こうした通説的見解に対して，憲法研究者から有力な異論が提起されている。

① 教育史の捉え方について

　この点については，内野正幸氏が，通説的見解とは異なる歴史認識が可能ではないかとの問題提起を行っている[62]。それによれば，通説的見解として取り上げられる兼子仁氏の歴史認識[63]は，「19世紀の私教育法制から20世紀の公教育法へ」という定式によって表現される。これは「"消極国家から積極国家へ"とか"自由権から社会権へ"という図式を教育の領域に適用したもの」であるということができる。内野氏は，フランスの教育史を，「教育の自由」「思想注入」「国家の教育配慮義務」の３つの視角から概観する。そこでは，特に「近代フランスの教育は思想注入」の歴史であるとし，また，「フランスの近代国家は教育に配慮した」ことを描いて見せた。それを踏まえて，内野氏は，以下のような「歴史の見方」を示している。

　「市民革命期以来の近代フランス教育法制史においては，教育への国家関与が，ずいぶんなされてきた。このことは，イギリスの場合と大きな対照をなすものである。近代イギリスの教育界では，ボランタリズム（自発主義）という考え方が強かった。それは，国家の配慮や援助にたよらずに，民間の人々の自発的な意志

62　内野・前掲，178頁以下。
63　兼子『教育法〔新版〕』69頁以下。

だけにもとづいて、学校教育を実現していこう、という考え方である。実際、イギリスでは、市民革命期から1833年までの150年あまりのあいだ、……教育への国家の非関与の体制が維持されてきた。しかも、そこでは、1839年にいたるまで国家が私学に補助金を支出することもなく、また、1870年にいたるまでは公立学校もつくられなかった。

　はたして、このようなイギリスとフランスのちがいは、兼子氏のいうように『特殊事情』の問題として処理していいものであろうか。私としては、むしろ、フランスをもって、イギリスの自由主義的教育法制とドイツ（プロイセン）の国家主義的教育法制の中間に位置するものとして、とらえてみたい。また、兼子氏のいう私教育法制が実現された時期は、フランスでは1851〜81年、イギリスでは1839〜70年のそれぞれ約30年間にすぎない。それ以前の時期は、フランスでは、教育の国家独占の傾向がみられた。また、イギリスでは、私学が国家の監督をまったく受けずに自由放任の状態におかれる、という体制が続いたのである。ちなみに、フランスでは、『教育の自由』をめぐる問題が、つぎのような図式のもとに論じられることもある。それは、国家教育（国家の教育独占）か、自由教育（民間による教育）か、それとも国家および民間による教育か、という図式である。これにあてはめていうと、フランスは国家教育であり、イギリスは自由教育である、ということになる」[64]。

　確かに、内野氏が指摘するように、通説的な「19世紀の私教育法制から20世紀の公教育法へ」「〔教育に関して〕消極国家から積極国家へ」という定式は、厳密な検証に耐えて妥当しうるものであるか疑問である[65]。少なくとも、フランスについては「違った見方」ができるのではあるまいか。例えば、「国家中心的社会」をその国家モデルとするジャコバン主義の伝統[66]や、「〔フランスでは〕国家が市民社会を支配し組織化している」、「フランスにおける国家はまさに国家の理念型とみなされる」という指摘[67]、先に触れた

64　内野・前掲、186〜187頁。

65　なお、兼子氏のシェーマの有効性については、中村睦男氏が早くから疑問を提示していた。参照、中村「教育の自由」奥平康弘＝杉原泰雄編『憲法学2―人権の基本問題II』（有斐閣・1976年）183〜184頁。

66　参照、F. ビュルドー著（大津浩訳）「ジャコバン国家とフランス政治文化」法政理論（新潟大学）22巻4号（1990年）101頁以下。

67　バディ＝ビルンボーム著（小山勉訳）『国家の歴史社会学』（日本経済評論社・1990

《教育への国家干渉の正当性》という定式[68]などは，それを考える際，示唆的な意味をもとう。

② 「教育の自由」について

a) 教育の自由の「近代」と「現代」

もう1つの問題である「教育の自由」概念について，内野氏は従来の理解の見直しを説いている。それによれば，「教育の自由」は，法制史上は，「教会勢力を主体とする私立学校の教育の自由を中心的内容とするもの」[69]であったが，アンシャン・レジーム期の教会専管の教育体制が革命によって否定された後，「"教育の自由"の名の下に復活してきた（近代的自由の衣装をまとった前近代的要素の支配）」という事情が確認される。それゆえ，「近代的な"教育の自由"と現代的な"教育の自由"（教育における自由）との関係については，両者の連続性より異質性に重点をおいたかたちで，とらえなおす必要があろう」とされる[70]。

b) 教育の「自由」の捉え方の差異

他方，樋口陽一氏は，憲法思想史的な見地から，ラディカルな捉え直しを主張している。彼は，フランス公教育法制の成立に際して「教育の自由」の主張が担った意味を，政教分離政策の展開と関連づけながら明らかにし，フランスにおける議論の図式と，日本の「国民教育権」論・「教育の自由」論の論理構造との差異に注意を喚起する。それは以下のように示される。

「〔フランスの〕政教分離政策は，何より，旧王党派的勢力と結びついていたカトリック勢力の影響力を駆逐して共和制の理念にもとづく公教育をおし進めようとする，学校＝教育政策のかたちをとり，反・政教分離派は，親の『教育の自由』を盾にとってそれに抵抗する。この対抗図式のなかで，国家による共和制理念の貫徹という旗じるしの方が，『教育の自由』の主張よりも，より"自由"親和的シンボルであったことは，注意に値する。一般に，欧米文化圏では，公教育の成立

　　年）171, 173頁。
68　「唯一，国家だけが，公益が最高の状態になるよう，その発展が国家の進歩と威信に不可欠である重大な教育役務を組織するのに十分な資源と強力な権限をもっている」。Berthélemy, H., *Traité élémentaire de droit administratif*, 13ᵉ éd., Paris, Arthur Rousseau, 1933, p. 880.
69　内野・前掲，180頁。
70　同上，188頁。

そのものが，国家からの・親の（＝宗教の）教育の自由に対して，国家による・自由への強制という含意を強烈に含むものなのであった。」[71]

「日本の多くの教育関係訴訟では，『国民の教育権』＝親や教師の教育の自由は，国家からの自由を本気で主張するというよりは，『国家の教育権』の内実を国民によって充填しようという論理構造をもつものだった。そこでは，親が彼自身の価値に従って本当に公教育の理念から『自由』に子女に教育を施すべきかどうか，が争点となっているのではなく，戦後公教育の理念から離れてゆく国にかわって，親や教師がそれに代位しようとする構図がえがかれているのである。公教育の理念が親や教師の『自由』という定式によって主張されているために，場合によっては親の信念に反してまでも国家が『自由への強制』をつらぬく，という公教育の本質的性格が，いちじるしくあいまいになっている。」[72]

内野氏と樋口氏の以上のような問題提起は，「自由」の概念の再点検を通じて，国家と公教育の関係についての認識を再構築するよう促すものである。とりわけ，公教育にかかわる国家の役割の見直しに結びつく内容をもっており，この点で，近時ますます問題化している《教育の公共性》の再定義の課題とも交差することになる。

(3)　本書の主題と構成
①　本書の主題

本書は，革命期から現代に至るフランス公教育法制の歴史的な展開過程を実証的に検討することを主な課題とする。その際，特に，「教育の自由」と，教育の組織化に関わる国家の公共的役割の2つの側面に着目し，思想と議論，社会・経済的条件と具体の法制度的・政治的実践のダイナミズムを，憲法思想史的な見地からの分析を交えながら，記述することにする。フランス教育の歴史に関しては，特に教育学・教育史の領域からの優れた先行研究が既に幾つも存在する[73]が，憲法学の立場からの比較法制研究は，なお手薄である

71　樋口陽一「自由をめぐる知的状況」ジュリスト978号（1991年）15〜16頁（後に，同『近代国民国家の憲法構造』に収録）。

72　樋口『近代国民国家の憲法構造』134頁。

73　代表的な著作として，松島鈞『フランス革命期における公教育制度の成立過程』（亜紀書房・1968年），梅根悟監修＝世界教育史研究会編『世界教育史大系9—フラン

と言える。その点で本書は一定の意義をもつものと信ずる。ただし，本書は，フランス教育法制の「通史」を著述するという野心は，持ち合わせていない。憲法学的な研究関心に則した限定的な叙述を行うにすぎないものである。

ところで，ここまで論じ来たったところから明らかなように，筆者の関心は，つまるところ，日本の公教育を囲繞する理論上・制度上の困難な諸問題の解決に向け，憲法学の立場から如何なる対応が可能であるかを探る点に存している。したがって，本書の目的は，単なる比較法制史的研究に尽きるものではない。フランスの歴史的経験の内在的な検討で得られた知見を基礎に，日本の憲法・教育法学が直面している理論課題の解明に向けた考察を行うとともに，併せて，公教育制度の現実の変容過程が孕む種々の困難への応接の仕方につき，若干の私見を提示しようとするものである。

② 本書の構成

本書は，序論と結論のほかに，第1部から第5部までを，革命期から現代に至るフランス公教育法制の検討に当てている。序論を除いたそれぞれの区分と内容の概略は，以下のとおりである。

第1部から第4部では，フランス革命期から第3共和制の前半期までを取り扱う。近代フランスの公教育法制の展開過程を辿るもので，コンドルセやルペルチエらの革命期の一連の教育改革構想に始まり（第1部），ナポレオンによる教育独占体制（ユニヴェルシテ・アンペリアル）の樹立（第2部），「教育の自由」を求める教会勢力・自由主義者の運動と「教育の自由」の法制的実現のプロセス（第3部）を経て，1880年代のフェリー教育改革による，義務性・無償性・非宗教性を特質とする近代公教育体制の確立（第4部）までを記述する。結論を一定程度先取りして言えば，フランス近代，とりわけ，フランス革命の理念に立脚する共和制期は，「国民国家」の確立に向け，国家が「国民統合」実現のための有力なイデオロギー装置として学校（教育）

ス教育史Ⅰ』（講談社・1975年），同『世界教育史大系10 ―フランス教育史Ⅱ』（講談社・1975年），吉田正晴『フランス公教育政策の源流』（風間書房・1977年），原田種雄ほか編『現代フランスの教育』（早大出版部・1988年）などが挙げられよう。なお，政治学の立場から最近書かれたものとして，小山勉『教育闘争と知のヘゲモニー』（御茶の水書房・1998年）がある。この書物は第3共和制のフェリー教育改革までを対象としている。

制度を支配しようとする歴史である、と捉えることができる。革命期の各種の教育改革構想と革命を推進した共和主義者に多かれ少なかれ共有された、〈共通教育〉を通じた「国民統合」の実現という政治課題が、その後のレジームの転変のなかで、「教育の自由」の旗印の下に展開された政治闘争と如何に切り結び、また、教育の制度化に如何に投影されたのかを検討する。

第5部では、第3共和制の後半期から現代までを対象とし、フェリー改革によって確立された公教育法制の理念と構造が、現代フランスの国家・社会の変容に直面して如何なる変容を見せるかを検討する。特に、1990年代後半以降の共和主義的傾向を強化する改革動向の分析に力点を置く。ヨーロッパ統合やグローバリゼーションの圧力、移民問題に起因する多文化主義的傾向、新自由主義の世界的な席捲の影響などにより、〈一にして不可分の共和国〉は大きく揺らいでいる。共和制の弱体化に伴う国家の公共性の揺らぎと、国民統合・社会統合の危機に接して、フランス共和主義のポテンシャルが試されているが、本書は、共和主義的学校の役割を再定義する改革が近時発展させられている点に注目する。

結論では、日本の問題の検討に取り組む。以下の3つの側面から論ずる。

第1に、これまでの実証研究から得られた知見に基づき、フランス公教育法制の展開にかかわる歴史認識の問題と、「教育の自由」概念の捉え直しの課題に応答する。

第2に、日本の憲法学において近時増しつつある《共和主義的公教育観》の妥当性如何の検討を行う。この点に特に力点を置きたい。1990年代後半に瀰漫する一連の「構造改革」の影響の下、《教育の公共性》の理解をめぐる議論が活性化している。この問題については、大雑把に言えば、次の3つの立場がありうる。すなわち、国家の公共的役割を重視する国家的・統治的公共性論、市場の役割を重視し競争と選択を称揚する教育の市場化論、および、社会的協同の事業としての教育の組織化を模索する市民的・社会的公共性論である。近時の有力な憲法学説は、支配的な「国民教育権」論への痛烈な批判を展開しつつ、国家的公共性に含まれる方向性を積極的に肯定する態度を示しているが、そこには無視しえない問題が含まれていると思われる。この点を明らかにしようと考える。

最後に、1990年代以降の打ち続く「教育改革」の論議と政策について、フ

ランスの経験を参照しつつ，若干の検討を試みる。「構造改革」に連なる教育改革政治は，新自由主義イデオロギーに由来する市場主義的側面と，新国家主義イデオロギーの発露である復古的・国家主義的側面を有するものと把握される。この両面が合作して《教育の公共性》を僭称し寇掠しようとする点に「改革」の本質を見る本書は，市民的・社会的公共性論を支持する立場から，かかる「改革」動向を批判的に検討し，併せて，公教育制度改革の将来展望にかかる諸課題に言及しようとするものである。

第1部

フランス革命期における教育改革の構想と実践

〜国家の論理と自由の論理〜

第1章　革命の開始と革命初期の教育改革構想
〜タレイランとコンドルセ〜

第1節　アンシャン・レジームの国家構造・教育構造

1　アンシャン・レジームの国家構造

　周知のように，近代的な主権概念の母国はフランスであるが，〈君主の権力〉という形で統一的に理解される主権概念を構築したのはジャン・ボダンであった[1]。「ボダンの主権概念は，発生期の国民国家つまりその地域的，地方的諸部分を全て包含し，それよりも普遍的な共同体は全て排除する団体のために定式化された法的擬制であ〔る〕」[2]。絶対主義国家は，強力な官僚機構を整え，常備軍を創設し，経済活動への専制的な統制を強め，ついには市民社会を支配・組織化するに至る。フランスにおけるこうした〈強い国家〉は，アンシャン・レジームが崩壊した後も増殖を続ける。それゆえ，「従来の多くの考え方とは反対に，アンシャン・レジーム，19世紀，現在のそれぞれにおける中央集権の間には何ら断絶は存在しない」[3]。

　しかし，ここで留保が必要である。絶対主義国家の権力構造は，極度に集権化された官僚制的国家体制として理解されがちであるが，実際には，中央集権的な統一国家の外貌は伝統的な社会構造に規制され，それに見合う形での権力構造が構築されていた。ここに介在するのが「社団」である。社団とは，社会生活の場における住民の自然的・生活共同体的な社会集団が，国王により行政・司法・租税上の特権を認可されて法人格を与えられたものである。絶対王制は，既存の社会関係を破壊せずに，かかる社団的編成原理をもって，それを永続化・固定化し，新たに生じつつある社会関係をも包摂す

1　芦部信喜『憲法学Ⅰ』（有斐閣・1992年）223〜225頁。
2　J. E. S. ヘイワード著（川崎＝岩本＝古川＝田口訳）『フランス政治百科(上)』（勁草書房・1986年）10頁。
3　バディ＝ビルンボーム著（小山勉訳）『国家の歴史社会学』（日本経済評論社・1990年）180頁。

ることに成功した。絶対王制は，分権的な封建的諸関係を解体して中央集権化を推進するのではなく，既存の「社会的結合関係」(sociabilité) を社団的に編成してその統治機構を確立する。当時は，完全な凝集性を帯びる「国民国家」を成立させるほどの社会的結合関係の成熟化が進んでいなかったため，垂直的な国家機構を構築するとき，多様な「中間団体」を媒介とする統治機構が必要だったのである[4]。

2 アンシャン・レジームの教育構造

国家の自律化過程に介在するのは，国家のイデオロギー装置としての教会と教育である。当時，初等学校としての「小さな学校」(petites écoles) と，より高度な教育を行う「コレージュ」(collèges)，今日の高等教育機関よりも高い段階に当たる「大学」(universités) が存在していた。「小さな学校」を開設したのは，キリスト教学校修士会（Frères des Écoles chrétiennes）のような修道会（congrégation）であったり，在俗聖職者（clergé séculier）であったりした。教会と国家によって創設される「大学」は，1789年以前，フランスにおいて22校存在しており，フランスのエリートを教育していた。大学は，種々の特権，特に学位授与権（collation des grades）を独占していた。したがって，アンシャン・レジーム末期，高等教育の「自由」は，法的にも事実上も存在しなかった[5]。「コレージュ」は，アンシャン・レジームにおいて最も重要な役割を果たした教育機関である[6]。コレージュには，大学に附属するものと，大学からは独立したものとがあり，後者は，大方が俗人または聖職者の慈善家か修道会によって設立された[7]。

要するに，当時の教育を支配していたのは「教会」(Église) であった。絶対主義国家は，民衆教育の組織化には何ら配慮しなかった。教育は宗教当局の管掌事項となっていたのである。したがって，国家との関係で見れば，学

---

4 柴田三千雄『近代世界と民衆運動』（岩波書店・1983年）84頁以下。

5 Louis-Grimaud, *Histoire de la liberté d'enseignement en France*, t. 1 (L'Ancien Régime), Grenoble-Paris, B. Arthaud, 1944, pp. 16-18.

6 梅根悟監修＝世界教育史研究会編『世界教育史大系9―フランス教育史Ⅰ』（講談社・1975年）63頁〔松島鈞〕。

7 Louis-Grimaud, *op.cit.*, p. 21.

校は「自由」である。1798年に，五百人院のある議員は，「ごく矮小な集落においてまで，良かれ悪しかれ読み書き計算を教え，彼らがカテキスムと呼んでいたものを教えていた助任司祭（vicaire），または愛徳修道会（sœur grise）の学校修道女（sœur d'école）が，普通に見られた」と述べている[8]。アンシャン・レジームにおいて，カトリックの信仰は，フランスの国民精神の構成要素の1つであった。確かに，絶対王制は，国家的規模の教育システム（公教育）を創設せず，教会が運営する教育を容認するという消極的な姿勢をとる。しかし，それは，国家が強権的に教育に介入しなくとも，教会が教育支配を継続することで「王権の存立基盤」＝「教会のドグマ」は自動的に保障されるシステムであった，ということにほかならない。

第2節　革命前夜の教育改革思想〜国家独占の論理

こうした状況に大きな波紋をもたらしたのは，1762年のイエズス会追放事件である[9]。パリの高等法院の判決によって，イエズス会（Société de Jésus）は，フランスにおける一切の活動を禁じられた。イエズス会への入会は禁止され，同会の経営する学校への入学の禁止とイエズス会士の教職からの追放が命令された。この事態は，当時，イエズス会が果たしていた役割の大きさを考えれば，まさに革命的でさえあった。その後，あらゆる種類の人々が教育の組織化の問題を解くのに熱中したが，教育改革構想を提出する人々が追求し期待した改革されるべき教育の，より本質的な目的とは何か。

教育の再建と改革に積極的に携わったのは，イエズス会を追放した当の高等法院のメンバーであった。彼らは世俗権力に教育に関する新しい権利を認める。レンヌ高等法院の検事総長ラ・シャロテ（La Chalotais）は，「私は，国民のために，国家にのみ従属する教育を要求するつもりだ。なぜなら，教育は本質的に国家のものであり，あらゆる国は，その成員を教育するという，譲渡できないかつ時効にかからない権利をもつからである」と述べていた[10]。こうした，国家理性の優越を基盤として教育への国家介入を要請する思想は，

8　*Ibid.*, p. 32.
9　参照，梅根監修＝世界教育史研究会編・前掲，82頁以下〔松島〕。
10　Louis-Grimaud, *op.cit.*, p. 65.

当時としては一般的なものだった。「子どもは国家のものである」(Les enfants appartiennent à l'Etat) という前提[11]から，言わば〈教育の国家独占〉を意図する思潮は，特にフランス革命期に公教育の組織化が問題となるとき，教育に関する国家の新しい権利を考える際の論理的な帰結として姿を現わすことになる。なるほど，革命前夜には，独占を退け，複数の教育施設間の競争原理を支持する思想も存在した。しかし，教育によって国家の成員の知識や徳を高めることを通じ，国家としての存立を保障しようとする意図があったことは確かであろう。「人は世俗権力に教育に関する支配的な役割を認め，なかには公教育の完全な世俗化を提案するものもいるが，それは，彼らが，国家の着想源と一致する諸原理を子どもに注入することが必要だと考えている，ということなのである」[12]。

第3節　革命の開始から1791年体制へ
　　　　　～アンシャン・レジームの清算

　革命初期の「憲法制定国民議会」(立憲議会)(Assemblée nationale constituante〔1789年7月9日～1791年9月30日〕)と「立法議会」(Assemblée Législative〔1791年10月1日～1792年9月20日〕)は，結果的に，公教育の組織化のためのまとまった法律を成立させることができなかった。教育立法の現実化が日程にのぼるには，後の「国民公会」(Convention Nationale)で，ジロンド派からモンターニュ派への，教育組織化に関する主導権の転換が必要であった。しかし，この時期は，その後の公教育の組織化を主導する理念や原則が打ち出された重要な時期であると思われる。

1　人権宣言と「教育の自由」
　フランス革命は絶対王制に終止符を打ち，君主の全能を破壊して，神権君主制のドグマを国民主権の原理に置換した。フランス史上初めて，フランスは自らを民主的な体制として組織化することを試みることとなった。立憲議会は，公教育の現状を根本的に転換し，その残滓を一掃する改革を行わなけ

11　*Ibid.*, p. 80, note (210).

12　*Ibid.*, p. 79.

ればならなかったが，新しいレジームを樹立することが先決問題であったため，さしあたり，教育の組織化は副次的な問題に格下げされざるをえなかった。立憲議会は，1789年8月26日，「人および市民の権利宣言」（人権宣言）(Déclaration des droits de l'homme et du citoyen)[13]を採択したが，人権宣言には「教育の自由」が明記されなかった。エミール・ファゲによれば，「教育の自由は，アンシャン・レジームの下では十全に認められており，教育は国事ではなかった。最も自由，多様，自律的な方法で，ほとんど能う限り最も個人的な方法で，それは与えられていた」[14]。革命前夜に，唯一公認された支配的な宗教（カトリック教）を信仰するフランス人は，教育・学習する権利を享受していたので，その権利を要求する必要を感じなかった。立憲議会の議員が，「教育の自由」を，人権宣言に取り入れるべき不可欠な自由と見なさなかった理由は，まさにそこにあった。

2 アンシャン・レジームの清算と公教育への影響

公教育は，議会がそのための何らの措置も講じないにもかかわらず，世俗化政策と公民宣誓（serment civique）の強制という2種類の措置によって，構築されるのではなく，解体されることとなった。世俗化政策は，①宗教財産の世俗化，②教育の指導・監督の世俗化，③教師の世俗化の3つの側面で展開された[15]が，その打撃を上回るのが，公民宣誓の強制による影響である。宣誓に関する諸デクレは，「〔修道会を規制する諸デクレが〕その崩壊を引き起こしていた公教育の制度に惨憺たる影響を及ぼしたのみならず，教育・学習する権利の行使を阻害したというよりは，それを廃止した」[16]。1791年3月22日のデクレ[17]は，あらゆる教師に公民宣誓を課し，宣誓拒否者を公教育

---

13 人権宣言の正文については，Duguit, L., Monnier, H., Bonnard, R., *Les constitutions et les principales lois politiques de la France depuis 1789*, 7ᵉ éd., Paris, L.G.D.J., 1952, pp. 1-3 を参照。

14 Faguet, E., *Le liberalisme*, Paris, Société française d'imprimerie et de librairie, 1912, pp. 128-129.

15 Cf. Louis-Grimaud, *op.cit.*, t.2 (La Révolution), p. 13 et s.

16 *Ibid.*, p. 27.

17 1791年3月22日のデクレ (Décret concernant les nominations aux places de recteur,

施設から締め出した。公民宣誓が自由の行使への桎梏となることは明らかであった。国家は，革命で樹立された体制の防衛を図るために公民宣誓を強制する[18]ことで，市民の諸権利（思想・労働・宗教の自由）を侵害したのである。世俗化政策と公民宣誓の強制について，ルイ＝グリモーは次のように評している。「立憲議会と立法議会によって，教育に関して採用された物理的な種類の措置と道徳的な種類の措置は，長い間，フランスの天才が育成された夥しい数の教育施設を，緩慢な臨終へと追いやった」[19]。

3 「1791年体制」と1791年憲法の教育条項

立憲議会の憲法制定作業は，人権宣言の成立からほぼ2年をすぎた1791年9月に，ようやくその果実（1791年憲法）[20]を見る。それは，革命以来，営々として行われてきた数々の改革事業の集大成を法的に表明したものであった。しかし，「国民主権」原理に端を発し，純粋代表制としての「国民代表制」や選挙権公務説に依拠する「制限選挙制」に至る憲法構造から帰結されるのは，ブルジョワ政治支配の優位性の樹立である。それゆえ，1791年憲法によって樹立された「1791年体制」は，「その社会的基礎が自由主義的貴族と大ブルジョワジーとの同盟にあったことを反映して，政治的には制限選挙制による有産者寡頭支配，経済的には所有権の絶対と『取引の自由』とを軸にする経済的自由主義，によって特徴づけられ〔る〕」[21]ものであった。

権利の保障に当てられた1791年憲法の第1篇には，権利が効果的に行使さ

---

professeurs et agrégés de l'Université de Paris.〔パリの大学の総長，教授およびアグレジェの地位への任命に関するデクレ〕）。Duvergier, J.-B., *Collection complète des lois, décrets, ordonnances, règlements et avis du Conseil d'État*, t. 2, 2ᵉ éd., Paris, Chez A. Guyot et Scribe, 1834, p. 268.

18 ル・シャプリエによれば，公民宣誓は，「その偏見によってか，その個人的な利害によってか，革命に反対する人々を公教育から遠ざけるために，また，反社会的な道徳の毒を生徒の心に伝えせしめる手段を危険な人々に残すことに存するであろう不都合をすべて取り除くために」要求されたものである。Discours de Le Chapelier, du 14 avril 1791. *A.P.*, 1.s., t. XXV, p. 105.

19 Louis-Grimaud, *op.cit.*, t. 2, p. 38.

20 1791年憲法の正文については，Duguit et al., *op.cit.*, p. 3 et s. を参照。

21 遅塚忠躬『ロベスピエールとドリヴィエ』（東京大学出版会・1986年）3頁。

れるために，最低限の社会的な給付の必要性が認められる事項が列挙された。第1篇9項には，次のような「公教育」の組織化に関する規定が盛り込まれた。「すべての市民に共通で，教育のうち，すべての人に不可欠の部分についての無償の『公教育』が創設され，かつ組織される。その施設は，王国の区分と結合された関係において段階的に配置される」。〈万人に共通の公教育〉を創設したこの規定が，国家による「教育独占」を意図していたかどうかについては議論が分かれる[22]。しかし，この規定の重要性は失われない。この規定は，「フランスにおける最初の公的な民主的公教育体制の宣言であ」り，それを憲法に加えた立憲議会は，「革命下の公教育整備事業に不滅の礎石を据えたということができる」[23]からである。

しかし，立憲議会は，憲法で荘重に宣言された「公教育」の組織化を達成しないまま，1791年9月30日「国王万歳」を叫んで解散する。自由になった国民のための公教育の再編成については，作業の遅滞に焦慮する世論によって，作業の大幅な進捗が要請される。憲法が制定された今こそ，すべては公教育の組織化のために動員されねばならなかった。

第4節　革命初期の公教育計画案〜タレイランとコンドルセ

この時期，公教育の組織化のために，教育に関する数多くの著作が著された。そのうち，特に重要だと思われるタレイランとコンドルセの公教育計画を，本書の問題意識に沿って検討してみることにする。

1　タレイラン公教育計画案

立憲議会の憲法委員会は，1791年初頭，かつてのオータン司教タレイラン

22　リヴェロは，独占が意図されていたと見ている。Rivero, J., *Les libertés publiques*, t. 2, 6e éd., Paris, P.U.F., 1997, p.331. これに対して，デュギーはそれを否認する。Duguit, L., *Traité de droit constitutionnel*, t. 5, 2e éd., Paris, É. de Boccard, 1925, pp. 356-357.

23　松島鈞『フランス革命期における公教育制度の成立過程』（亜紀書房・1968年）46頁。

24　「かつてのオータン司教タレイラン゠ペリゴール氏によって，1791年9月10日，11

(Charles-Maurice de Talleyrand-Périgord) に，公教育の再編成に関する報告書の作成を委任した。タレイランによる議会報告[24]は，1791年9月10日・11日・19日の3回にわたって行われた。タレイランの公教育計画の特徴は，①初等教育の「無償制」を定め，「義務制」を排斥していること，②「教育の自由」を認めていること，③「憲法の教育」を強調していることの3点に要約される。ここでは，②「教育の自由」と③「憲法の教育」に絞って論じたい。

(1) 「教育の自由」について

タレイランが認めていた「教育の自由」の原則は，専ら「教育する自由」であり，個人が学校を自由に開設する権利と教職を志願する権利によって特徴づけられる。タレイランは，個人の自由から「教育する自由」を生ぜしめた。

学校開設の自由は，公教育に関するデクレ案において，「公教育に関する一般法に従うことを条件として，教育施設の設立は，あらゆる個人にとって自由なものとする。そのものは，そのことを自治体に通知し，それらの規則を公布することを義務づけられるものとする」[25]という形で認められていた。タレイランによれば，「もし各人が教育の恩恵を受ける権利を有しているとすれば，各人はお互いに，教育の恩恵の普及に協力する権利を有している。なぜなら，まさに個人の努力の協力と競合からこそ，常に最大の利益が生じるであろうからである。すべての特権は，本来，憎むべきものであるが，教育に関する特権は，より憎むべきものであろうし，それ以上に，不条理であろう」，「ゆえに，教育に関するすべての排他的な特権は，永久に廃止される必要がある」[26]とされる。また，教職へのアクセスに際しては，「信頼だけが，

日および19日に，国民議会に対し，憲法委員会の名においてなされた，公教育に関する報告」(Rapport sur l'instruction publique, fait au nom du Comité de Constitution; à l'Assemblée Nationale, les 10, 11 et 19 septembre 1791, par M. de Talleyrand-Périgord, ancien évêque d'Autun)。これは，長大な報告書とデクレ案，付表からなる。ここでは，*A.P.*, 1.s., t. XXX, p. 447 et s. に掲載されたテキストを参照した。なお，タレイラン報告の日本語訳としては，タレイランほか著（志村鏡一郎訳）『フランス革命期の教育改革構想』〔世界教育学選集65〕（明治図書・1972年）がある。

25 *A.P.*, 1.s., t. XXX, p. 499.
26 *Ibid.*, p. 449.

教育職に関する選択を決定しなければならない。しかし，この公的な評価の価値を競うのに，すべての才能が当然に要求される」[27]。

なお，タレイランは家庭教育の正当性を容認する。国家は，「子どもの幸福を父親の愛情の保護の下におくことで，子どもにとって，より一層重要である事柄について判断を下すことを父親に委ねるという自然なやり方の永遠の妥当性を尊重するであろう。国家は，厳格な共和制（République austère），すなわち，厳密に国民的な教育を樹立するために，まず，その住民の大多数からあえて市民の権利を奪い取って，彼らを最も恐るべき隷属状態に追いやり，次いで，それに反対して絶えず骨肉の情がかきたてられた諸法律によって，家族のすべての紐帯，父親としてのすべての権利を破壊しなければならないと考えた共和制が陥りやすい過誤を犯すまいとするであろう」[28]。

(2) 「憲法の教育」について

タレイランが「憲法教育」の重要性を強調した意図は如何なるものであったか。タレイランは，「教育の範囲を確定することは如何なるものにも許されない。そして国家権力でさえ，それに限界線を引くことはできない。教育の対象は広大かつ無限である」から，「後世に諸法律を強制するのは我々の権限ではない」，また，「その進歩にはどんな限界も指定されえない人間精神に対して，如何なる限界も定めるのを望〔まない〕」[29]と言う。しかし，他方で，「将来，権利宣言および憲法上の諸原理は，王国の最も小さな学校においてさえも教育を施されるであろう子どものための新しいカテキスムとならなければならない」[30]と言うのは，矛盾ではないのか。タレイランにとっては，誰もが当然に憲法を知らねばならず，憲法の教育があらゆる段階の教師の第一義的な義務となるはずである。しかも，「アンシャン・レジームの下では，宗教が教育の基盤でなければならなかった。かつてのオータン司教〔タレイラン〕の見解では，もはやそれと同様であってはならない。宗教思

27　*Ibid.*

28　*Ibid.*, p. 454. ここで言われている「厳格な共和制」とは，スパルタを暗示している。cf. Baczko, B., *Une éducation pour la démocratie, textes et projets de l'époque révolutionnaire*, Paris, Garnier, 1982, p. 175.

29　*A.P.*, 1.s., t. XXX, p. 448.

30　*Ibid.*, p. 450.

想の誇示が政治思想のそれに道を譲るのである」[31]。

要するに，タレイランは，革命によって新しく樹立された政治体制と，それを表象する憲法制度の維持・存続や，そのシステムの良好な作動を保障しようとする意図をもって，「公教育」がもつ，憲法・法律の保全機能や新しい社会公共の習俗（mœurs）の形成機能を承認するとともに，その効果に大いに期待を寄せているのである。タレイランは教育を政治の別の表現として捉えている，と言うことができよう。憲法，少なくともそこに規定された統治原理が政治体制の支柱として考えられ，それに依拠した統治が必然である限り，憲法の教育は，新体制を樹立した政治支配階級にとって緊急不可欠の課題となる。他方で，タレイランは，憲法の教育を通じて社会の新しい習俗の形成が行われることを期待している。新体制に見合う新しい習俗が普及しないとすれば，憲法は，単なる1個の「法」として存在するにすぎない。憲法は，新しい習俗・慣習を普及させることによってのみ体制の支柱として存立しうる，とタレイランは考えるのである。

ジャコバン派によって激しい批判を浴びた[32]タレイランの公教育計画案は，結局，立法議会に付託されることが決まった。1791年9月26日，立憲議会は，「王国において現存する公教育のすべての団体および施設は，現行制度の下，それらを規制する同一の法律，規程および規則に従って，暫定的に存続するものとする」[33]と宣言した。これにより，立憲議会は，教育の組織化のための具体的な作業を何ら行わないまま，解散することとなった。

2　コンドルセ公教育計画案

1791年10月1日に開会された立法議会は，公教育委員会を設置し，10月14日，同委員会に教育改革案の策定を委託した。同委員会は，タレイラン案を

31　Louis-Grimaud, *op.cit.*, t. 2, p. 71.
32　ジャコバン派がタレイラン報告に反対した理由の1つは，その報告がライシテに配慮していなかったからであるとされる。Cf. Fourrier, C., *L'Enseignement français de 1789 à 1945, précis d'histoire des institutions scolaires*, Paris, Institut pédagogique national, 1965, p. 23. 事実，タレイラン報告では，その能力に応じて，教職員は聖職者と俗人から構成されるものとされた。また，学校の教育内容には宗教が含まれていた。
33　*A.P.*, 1.s., t. XXXI, p. 340.

退け，初代委員長コンドルセ (Marie-Jean-Antoine-Nicolas Caritat, Marquis de Condorcet) の強い個性に影響された法案 (『公教育の一般的な組織化に関するデクレ案』) を，コンドルセ自らが報告者となって，1792年4月20日と21日に議会に提出した。ここでは，①「教育の自由」，②国家と教育内容の関係 (とりわけ憲法の教育) について検討する[34]。

(1)「教育の自由」について

コンドルセによれば，公教育の創設は，「社会の共通の利益と全人類の利益によって課された公権力の義務」[35]である。したがって，市民は，公教育の合理的かつ完全な組織化，特に，教育を受けることを可能ならしめる多数の教育施設の設置を，国家に対して要求する権利をもつ。国家は，その義務を履行する場合，市民の教育への権利と全く同様に尊重せられる個人の自由によって国家の権限に画される限界を踰越することは許されない。ゆえに，国家は，自らが設置義務を負う学校での権能行使を制限されるとともに，私教育施設の創設を必然的に承認しなければならない。こうして，コンドルセにおける「教育の自由」は，一方で，国家がその配慮義務を負うところの公教育に包摂される教育施設の独立性 (自由) と，公教育施設内部における教育内容にかかわる自由，他方で，私教育施設を創設する自由，親が子どもを教育させる自由から構成されることになる。特に前者について，コンドルセは，公権力が真理のありかを決定したり，特定の思想を強要または禁止したりすることは許されないとする。コンドルセによれば，「公権力は，独占的に教育されるべき教理大全 (corps de doctrine) を設けることはできない」[36]から，「確立された諸法律の基盤をなしている思想に反する思想を教育することを禁ずる権力は，直接，思想の自由を攻撃するものであり，思想上の争

---

[34] 本書では，雑誌『公人叢書』(Bibliothèque de l'homme public) に発表されたコンドルセの5つの「覚書」(Mémoires sur l'Instruction publique) のうち，「第1覚書」(Nature et objet de l'instruction publique) を Premier Mémoire と，また，「公教育の一般的な組織化に関する報告およびデクレ案」(Rapport et Projet de décret sur l'organisation générale de l'Instruction publique) を Rapport と表記して引用することにし，その際，それらの著作を収めた O'Connor, A. C. et Arago, M. F., Œuvres de Condorcet, t. VII, Paris, Firmin Didot Frères, 1847 の頁数を付した。

[35] Rapport, p. 450.

[36] Premier Mémoire, p. 207.

いや知識の進歩の必然的な結果である、あらゆる社会制度の目的や諸法律の完全化を妨げるものであろう」[37]。公権力は、教育において思想・良心の自由を尊重しなければならない。公権力による介入を拒否することは人権を構成する。「教育の独立性は、いわば、人類の権利の一部をなすものである」[38]とコンドルセは言うのである。

(2) 憲法の教育について

「フランス憲法も、人権宣言さえも、いかなる階級の市民に対しても、崇拝しかつ信仰しなければならない、天から下された目録（tables）として提示されることはないであろう」[39]。このように、コンドルセにあっては、国家の根本法である憲法といえども、崇拝や信仰の対象として取り扱ってはならない。このことは、教育の第1目的を真理教育と規定するコンドルセの当然の結論であった。思想・良心の自由に重要な価値を認める断固とした自由主義者であるコンドルセにとって、教育を通じて何らかの政策目的を追求するという行き方を採る余地は全くないように見える[40]。この点で、革命期という特殊な時期に教育が刻印されがちな政治的・憲法的価値の称揚という性格が排斥されるのである。公権力と市民との一体性ないしは親和性を仮定するというオプティミスティックな態度から、教育を政治の道具として利用する方向性は、公権力からの独立を確保しようとするコンドルセの思想の方向性とは接続するはずがなかった[41]。

不幸なことに、コンドルセの公教育計画案が立法議会に提出されたのは、フランスの対外的な危機のさなかのことであり、議会での彼の法案の朗読は、オーストリアへの宣戦布告のために中断しなければならないというありさまであった。結局、立法議会は彼の公教育計画を実現に移すことのないまま、

37　*Rapport*, p. 523.

38　*Ibid.*

39　*Ibid.*, p. 455.

40　事実、コンドルセは、特定の教義を独占的に教育せしめるのを公権力に禁ずることは、「公権力が、教育を、自分に都合のよい偏見を神聖化する手段としたり、すべての不正な権力に対する最も確実な障碍でなければならないものを、権力の道具としたりしないようにするために重要なのである」とする。*Premier Mémoire*, p. 208.

41　しかし、コンドルセも教育を政治の手段と考えたふしがある。それは「祭典」の構想である。この点については、第1部第4章で述べる。

1792年9月20日に会期を終える。立憲議会・立法議会期には,「ブルジョワジーは革命の現状に一応の満足を覚え,革命の固定化を志向して,諸般の問題に対処していたのである。こうした当時の革命社会の情勢を反映して,公教育組織問題に関しても,コンドルセ案に代表されるごとき理想的な自由主義の構想が示された」[42]。しかし,立法議会の跡を継いだ国民公会においては,革命情勢の推移に伴い,公教育の組織化の動きにも大きな変化が生じてくる。コンドルセの自由主義的な方向性ともタレイランの行き方とも異なる,さらに過剰な方向性,すなわち,国家による教育統制の契機を強く含んだ方向性が現れることになる。

42　梅根監修＝世界教育史研究会編・前掲,127頁〔松島〕。

第2章　国民公会における諸教育計画と教育政策

第1節　立法議会から国民公会へ

　1792年8月10日の事件によりフランス革命は新しい段階に入った。「8月10日の革命とともに，フランス革命のブルジョワ寡頭支配的な立憲君主政の段階は幕を閉じ，より急進的な民主的共和政の段階が始まる」[1]。既に王権の停止が宣言されていたが，9月20日，立法議会に代わり，2段階の間接・普通選挙によって選出された「国民公会」（Convention Nationale）が招集された。翌21日，国民公会は王制の廃止を決定して共和制を宣言する（第1共和制の成立）。

　ところで，既に見たように，立憲議会と立法議会で公教育の改革構想が練られていた間，本格的に公教育を再編成する動きもないまま，両議会の，とりわけ宗教政策の結果生じた教育領域における混乱は，民衆教育を徐々に衰退の方向へと押し流していった。世論はこの情勢を不安視し，公教育，特に初等教育の再編成を要請し続ける[2]。これは，単に人道主義的な要請というばかりではなく，革命の防衛という政治的背景をもつものでもあった。無知を利用した反革命の「狂信」（fanatisme）が，国内不和と法律への不服従を説き勧めている状態は，看過しがたいものとなっていた。公教育が組織化さ

---

[1] 服部春彦=谷川稔編著『フランス近代史』（ミネルヴァ書房・1993年）64頁〔服部春彦〕。

[2] パリのあるセクションは，立法議会に対して次のように書き送っている。「初等・中等学校の設置は，我々にすれば，長々とした議論の原因となったり，皆さんの仕事を遅らせることになったりするものであるようには思われないのです。人民が皆さんからこの恵沢を受け取りますよう！　皆さんがこの処置を国民公会に委ねるとすれば，公会は，まずフランスに憲法を与えることに忙殺されるでしょう。そうなれば，貧民は，依然として無知と謬見のなかで過ごすことになるでありましょう」。Guillaume, M. J., *Procès-Verbaux du Comité d'Instruction publique de l'Assemblée Législative*, Paris, Imprimerie nationale, 1889, p. 376.

れ，革命が防衛されねばならなかった。その仕事は国民公会の手に委ねられる。

本章では以下で，国民公会期（1792年9月～1795年10月）を3つの時期（ジロンド，モンターニュ，テルミドール）に区分し，公教育再編成の作業を概観する。

第2節　第1期：ジロンド派公会期（1792年9月～1793年6月）

1　公教育編成作業の概要

共和制の樹立により，あらゆる政治権力の源泉が国民自身にあることが明らかとなった。今や，政治生活において主導的な役割を果たすべきであった国民は，必然的に，そのための教育を施される必要がある。また，そのコロラリーとして，国民にあまねく教育の恵沢を行き渡らせるために必要な公教育制度が整備されねばならなかった。この緊急の要請を理解した国民公会は，素早くそのための作業に着手する。だが，それは有益な果実を実らせることができなかった。ジロンド派国民公会には，そのための余裕がなかった。教育改革に携わる常設機関として設置された「公教育委員会」を中心に，幾つかの教育改革案が準備された。しかし，その実現を阻害したのは，対外戦争や，国王の裁判と処刑，諸党派の闘争，内戦（ヴァンデの反乱）であった。しかも，5月31日から6月2日のパリ民衆蜂起の結果，ジロンド派が追放されたため，ジロンド派公会期には，公教育の再編成に関して，見るべき成果は何らなかったと言っていい[3]。

しかし，公教育委員会における審議の過程や提出された諸法案から，この時期に現れた公教育編成原理を検討することは，本書にとって意味がある作業である。そこで示される原理は「教育の自由」に対する配慮を欠くという特徴を有している。つまり，「この時期〔ジロンド派公会期〕には，いかなる他の考慮にもまして，共和制の安泰ということが優先される」[4]のである。

3　Louis-Grimaud, *Histoire de la liberté d'enseignement en France*, t. 2（La Révolution）, Grenoble-Paris, B. Arthaud, 1944, p. 107.

4　*Ibid.*, p. 115.

2　公教育編成原理に関するコンセンサスの特質

公教育委員会の審議においてほぼ合意を見たのは、次の諸点である[5]。教育は「公役務」(service public) として構成されるべきこと、公立学校で与えられる教育は厳密に非宗教的で合理的なものであるべきこと、無償制が公教育のすべての段階に及ぼされるべきこと、教育義務の原則が認められるべきこと、である。このうち教育義務の原則の問題について言うと、教育義務の前提であり、その基盤でもある認識として重要な定式は、ジロンド派のデュコ (Ducos) の「教育は、その構成員各人に対する社会の負債 (dette) である」[6]という言葉にある。これに基づく教育制度には、個人の教育する自由や親の自由が入り込む余地はない。そこからは、あらゆる家庭教育を禁じ、国家によって組織される、すべての人のための厳密に共通で画一的な教育と認識されていた「共通教育」(éducation commune) が帰結されることになるであろう[7]。かかる認識は、特に初等教育の独占を意図するものであったと見られる[8]。

要するに、8月10日の事件の後、共和制が樹立されることで、国民がすべて「共和主義者」としての役割を果たすことが、革命の防衛と共和制国家の存立の上で欠くべからざる重要事項となったのである。その役割を果たすには、国民が公教育制度を通じて教育されねばならない[9]。ここから、「共和主義者」として育成されるべき子どもは、もはや親のものではなく、「子どもは生まれる前から既に祖国のものである」[10]という論理が共有されるようになるのは、必然的な成り行きであった。しかし、子どもを「鋳型にはめ込む」ための「共通教育」は、コンドルセが自然権として承認した親の教育す

5　*Ibid.*, p. 107 et s.

6　これは12月18日の演説でのものである。*A.P.*, 1.s., t. LV, p. 139.

7　この点は、デュコ (*A.P.*, 1.s., t. LV, p. 141) やルクレール (Leclerc) (*A.P.*, 1.s., t. LV, pp. 142-144) の演説などから読み取れる。

8　しかし、その一方で、多くの公会議員は、初等段階より上の中等・高等教育の自由を認めていた。Cf. Louis-Grimaud, *op.cit.*, p. 113.

9　この当時の「国民公会議員の関心事は、子どもを、宗教や貴族の影響から保護し、革命精神でもって彼らを教育することである」。*Ibid.*, p. 115.

10　ラボー゠サン゠テティエンヌ (Rabaut-Saint-Etienne) の言葉。*A.P.*, 1.s., t. LV, p. 346.

る権利を否認する。その点で自由は存在しないであろう。

第3節　第2期：モンターニュ派公会期
　　　（1793年6月～1794年7月）

1　1793年憲法の制定とその教育条項

　もともと新憲法制定のために招集された国民公会において，当初主導権を握っていたジロンド派は，1793年2月15日，コンドルセによる「ジロンド憲法草案」[11]を提出したが，これは1793年5～6月のジロンド派の追放事件によって葬り去られた。以後，モンターニュ派が主導権を握る。6月24日に採択された1793年憲法[12]における教育条項は，人権宣言22条である（「教育は，すべての人の要求である。社会は，全力をあげて公共の理性の進歩を助長し，すべての市民の手の届くところに教育をおかなければならない」）。また，憲法122条では，「憲法はすべてのフランス人に……共通教育（instruction commune）……を保障する」と定めている。こうして，憲法上，教育は「人権」として承認された。しかし，人権宣言は，「自然でかつ時効にかからない」諸権利のカタログのなかに「教育の自由」を含めていない。ルイ=グリモーは，当時，「教育の自由」の理論は知的エリートのみの専有物であり，その重要性が政治世界においては，まだ十分に認識されていなかったとする[13]。しかし，「教育の自由」は，1789年人権宣言の場合のように，別に宣言された一般的な諸権利によって包摂されると考えられよう[14]。

11　「ジロンド憲法草案」における《instruction》と《éducation》をめぐる論争については，松島鈞『フランス革命期における公教育制度の成立過程』（亜紀書房・1968年）99～100頁，中村睦男「フランスにおける教育の自由法理の形成(1)」北大法学論集23巻2号（1972年）286～287頁を参照。同草案のテキストは，Duguit, L., Monnier, H., Bonnard, R., *Les constitutions et les principales lois politiques de la France depuis 1789*, 7ᵉ éd., Paris, L.G.D.J., 1952, p. 33 et s. を参照。

12　1793年憲法の正文は，Duguit et al., *op.cit.*, p. 62 et s. を参照。

13　Louis-Grimaud, *op.cit.*, p. 119.

14　Cf. Duguit, L., *Traité de droit constitutionnel*, t. 5, 2ᵉ éd., Paris, É. de Boccard, 1925, pp. 359-360.

2 公教育組織計画・法制の展開①〜ルペルチエ計画案のユートピア

ジロンド派没落後，公教育組織化作業の実権を握ったのは，モンターニュ派ではなく平原派であった。公教育委員会の議長に選出されていた平原派の聖職者シエース（Emmanuel-Joseph Sieyès）[15]は，その公教育組織計画をまとめ，6月26日にラカナル（Lakanal）がそれを国民公会に提出した[16]。シエースの計画案[17]は，モンターニュ派からの批判に曝され，結局，放棄された[18]。公教育組織作業の主導権は，モンターニュ派へとシフトすることになる。

(1) ルペルチエ計画案の構造と特色

7月13日，国民公会において，ロベスピエールが，1月20日に暗殺された元国民公会議員ミシェル・ルペルチエ（Louis-Michel Lepeletier, marquis de Saint-Fargeau）の遺稿である『国民教育計画』[19]の朗読を行った。それは熱狂をもって迎えられ，「万雷の拍手によって，しばしば中断された」[20]。ルペルチエ計画案について，幾つかその特徴が指摘されるが[21]，本書の視角から重要だと思われるのは，一定年齢の子どもを強制的に収容する「国民教育学寮」（maison d'éducation nationale）を設置し，子どもに明確な方向性をもった

---

[15] シエースの教育思想については，Bastid, P., *Sieyès et sa pensée*, Genève, Slatkine Reprints, 1978, p. 490 et s. を参照。

[16] Projet de décret pour l'établissement de l'instruction publique, ou Projet d'éducation du peuple français, présenté à la Convention Nationale, au nom du Comité d'Instruction publique, par Lakanal, député de l'Ariège, le 26 juin 1793, l'an de la République. *A.P.*, 1.s., t. LXVII, p. 503 et s.

[17] シエース計画案については，松島・前掲，110頁以下，中村・前掲，294頁以下を参照。

[18] シエース案が退けられた背景について，モーリス・ゴンタールは，「モンターニュ派は，コンドルセ案とラカナル案〔＝シエース案〕を退けたが，非難されていたのは，計画案それ自体ではなく，それを準備した人々，ジロンド派と，平原派の聖職者であった」とする。Gontard, M., *L'enseignement primaire en France, de la Révolution à la loi Guizot (1789-1833)*, Paris, Les Belles Lettres, 1959, p. 106.

[19] Plan d'Éducation nationale de Michel Lepeletier présenté à la Convention nationale par Maximilien Robespierre, au nom de la Commission d'Instruction publique. *A.P.*, 1.s., t.LXVIII, p. 661 et s.

[20] *A.P.*, 1.s., t. LXVIII, p. 675.

[21] 参照，松島・前掲，122頁以下。

教育（共和主義的な教育）を施すことが構想されていたことである。

ルペルチエは，従来等閑視されてきた「徳育」（éducation）を重視する。徳育こそが，共和制が保障すべき「国民的な」教育である[22]。「国民教育」は，カントンおよび都市の複数のセクションごとに設置される「国民教育学寮」において行われる。すべての子どもは，男子は5歳から12歳まで，女子は5歳から11歳までの間，ここに義務的に収容され，無償で共同・共通の教育を施される[23]。ここでの教育の目的は，共和主義的な精神の涵養にある。「共和国を構成することになるすべてのものは，5歳から12歳まで，身体的・道徳的存在に，彼がいつまでも保持するであろう変化・印象・習慣を与えるのに決定的な〔意味をもつ〕人生のこの一時期に，共和主義の鋳型（moule républicain）に投げ込まれるであろう」[24]。さらに「国民教育」の内容の特徴は，「幾つかの公民歌（chants civiques）や，自由な人民の歴史およびフランス革命史の最も際立った特徴をもつ事件を暗記させられ」，また「自国の憲法の諸概念を授けられる」[25]という部分にある。こうした「国民教育」を担保するために，義務の履行を怠った親や保護者に対するサンクションが予定されていた[26]。

(2) ルペルチエ計画案の意義

ルペルチエは，教育制度の組織化が社会の責務であることに立脚して，国

---

[22] *A.P.*, 1.s., t. LXVIII, p. 662.

[23] *Ibid.*, Projet de décret, Articles généraux, art.1 et 2, p. 672.

[24] *Ibid.*, p. 671.

[25] *Ibid.*, Projet de décret, Titre de l'Éducation nationale, art. 11, p. 673.

[26] 「子どもが満5歳に達したとき，その父母または（子どもが孤児の場合）保護者は，カントンの国民教育学寮に子どもを連れてゆき，そこの職員に任命された者に子どもを委ねる義務を負う」（Projet de décret, Titre de l'Éducation nationale, art. 2）。「この義務の履行を怠った父母または保護者は，市民の諸権利を喪失するとともに，子どもを共通教育に服せしめないでいた期間，2倍の直接税を課税される」（*ibid.*, art. 3）。尤も，親に対するこのような厳格な義務は，子どもの「教育を受ける権利」の承認に由来する反射的効果であったようにも見える。「国民教育は，すべての人に対する共和国の負債（dette）であるから，すべての子どもは国民教育を受ける権利をもち，親は，子どもにその利益を享受させる義務を免れることはできない」（Projet de décret, Articles généraux, art. 3）。

民的な教育の重要性と必要性を承認し，そのための教育制度が初等教育を重点に組織されるべきことと，徳育を重視すべきことを強調する。しかし，その際，子どもの教育を受ける権利を承認しながら，かかる権利性の承認を，「国民教育」の必須の目的，すなわち子どもへの共和主義的な価値観の注入の優位性を媒介することで，一元的・強制的な公立学校への「就学義務」を正当化する論理へと転化している。換言すれば，一方で，貧困者の子どもも富裕者の子どもも一様に就学義務に服するという，「教育における平等主義の発展の最高点」に到達していたとも評される[27]高次の価値理念（教育を受ける権利とその保障の論理的帰結である教育の平等の実現）を掲げながら，他方で，ルペルチエは，「国民教育」における「共和主義教育」の貫徹という至上命題による偏差を被り，「権利」の承認を（並外れた）「強制」の契機にすることで，かかる価値理念を，言わば転倒的な論理構造に解消してしまっているのである。

この転倒的・矛盾的な論理構造を生み出した「共和主義教育の貫徹」という，すぐれて価値方向的な教育理念・目的こそが問題である。ルペルチエが構想した「国民教育学寮」の設置という手段は，フランス革命期の幾多の教育改革構想のなかにあって，特異な位置を占める。それは，公権力による上からの教育統制のなかでも，教育プログラムの規制や教師の思想・信条にわたる規制といった，いわば比較的に「間接的」な掣肘の度合いを遥かに超越している。軍隊のモデルを教育に適用して，まさに子どもを「鋳型で鋳る」がごとき効果を生ぜしめる。この教育システムからは，革命権力の期待する子どもが大量に再生産されることになるであろう[28]。また，「国民教育学寮」における「共通教育」の実施というプランが現れた背景には，家庭教育に対する，革命家たちの強い不信感がある。家族という空間は，社会的・政治的・精神的な偏見に深く浸っている。それは，共和制の学校が昼間に据え付けたものを，夜に破壊するのである[29]。

---

[27] Gontard, *op.cit.*, p. 108.

[28] ルペルチエは言う。「公的な施設においては，子どもの存在の全体が我々のものである。もしこのように表現できるならば，素材が決して鋳型からはみ出さないのである」。*A.P.*, 1.s., t. LXVIII, p. 667.

[29] Lelièvre, C., *Histoire des institutions scolaires (1789-1989)*, Paris, Nathan, 1990,

第2章 国民公会における諸教育計画と教育政策 49

　有力学説によれば，ルペルチエ計画案は，コンドルセ計画案の「自由主義的知育主義の公教育思想」の立場に対置されるものとしての，「統制主義的訓育主義の公教育思想」「国家による統制的独占主義の教育構想」の範疇に分類される。具体的には，「教育の自由を否定して国家による統制を主張し，知識の授与よりも祖国愛を媒介とする徳性の涵養を重視する立場」である[30]。それゆえ，後に「恐怖政治（Terreur）」を支えるものとしての「徳性の涵養」を重視したロベスピエールが，ルペルチエのプランに感動を覚えたことは，けだし当然であったとされる[31]。こうした把握については批判がある[32]。しかし，その基本線については維持できるのではなかろうか。「ロベスピエールにとっては，ブルジョワジーと民衆との同盟を維持しつつ革命を防衛し遂行することこそが至上命令であり，山岳派独裁もまたこの至上命令を実行するための非常体制であった」[33]。革命の防衛と遂行の原動力は民衆の「徳」（公徳〔vertu publique〕）である[34]。それゆえ，共和制を担う国民（子どもと成人）の徳を陶冶するという課題が，革命独裁政府の日程にのぼってきた。

　ロベスピエールにとって，徳は平等と表裏一体である。また，徳の実現は，革命の防衛ないし共和制の貫徹には必須であるが，民衆の共和制に対する無知は，当然，民衆の習俗が徳に合致していないことを示す。この状態は彼の目的にとって致命的である。よって民衆は教育されねばならない[35]。彼が見いだしたルペルチエ・プランにおける強制就学（＝平等の実現）は，子どもを新しい国家原理である共和制原理に浸し，共和制に相応しい人間（徳を備えた人間）にするための権力の発動であると解される[36]。それは，一方で，

---

　　p. 22.
30　松島・前掲，253頁以下。
31　同上，215〜216頁。
32　例えば，成嶋隆「フランスにおける公教育法制の成立(1)」法政理論（新潟大学）11巻2号（1978年）156頁を参照。
33　遅塚忠躬『ロベスピエールとドリヴィエ』（東京大学出版会・1986年）270頁。
34　同上，300〜301頁。
35　参照，松浦義弘「ロベスピエールと最高存在の祭典」史学雑誌97編1号（1988年）19〜20頁。
36　ロベスピエールは，ルペルチエ計画案の意図を次のように説明している。「この計画案を構想した者〔ルペルチエ〕は，共和国が維持されることを保障するために，す

子どもの「教育を受ける権利」の庇護者という外被をまといながら，実際は，権利・自由の観念を脱落させたものであったと言えよう。

(3) ルペルチエ計画案が浮き彫りにしたもの：「共通教育」の合意

ルペルチエ計画案への当初の熱情はやがて冷却し，厳しい批判が提起される。法案反対論の核心は，子どもを養育する親の権利に回帰する。聖職者のグレゴワール（Grégoire）が，ルペルチエ案の「国民教育学寮」を，「親および子どもの幸福と道徳性に反するもの」として批判する[37]。また，ティボードー（Thibaudeau）が，「子どもは国家の財産である。親はその受託者でしかない」としながら，社会の権利は，親から子どもを取り上げるところにまでは至っていないとする。そこから，彼は，任意の共通教育学寮を設置し，家庭教育を承認しようとする[38]。

結局，ルペルチエのプランは，種々の修正を受けた結果，その本質的な特性（特異性）を大きく変更された。学寮への入寮の義務制が任意制に転換され，学寮への入寮を希望しない親の子どもが私的教師により教育されることが認められた。しかし，この際，議論の結果よりもプロセスに注目したい。基本的に多くの論争当時者は「共通教育」の必要性を認めていた[39]。そして，「少くとも，〈習俗〉mœurs を再生することによって共和国とその法にふさ

べての人の魂のなかに，その原理を植えつけなければならないと考えた。彼は，精神に対してこうした影響力をもつには，知育（instruction）は，あまりに不完全であると感じた。それで，彼は，知育に徳育（éducation）を結びつけた。貧しい市民が，学校に行かせていた子どもを育てることができないとき，共和国が子どもの扶養と教育を両方同時に引き受けるべきであることに，彼は気づいた。その目的は，共和国に相応しい人間を準備するために，子どもを，彼らが決定的な印象を受ける時期に掌握することであった」。Bouloiseau, M. et Soboul, A., Œuvres de Maximilien Robespierre, t. X (Discours), Paris, P.U.F., 1967, p. 70.

37　Guillaume, M. J., Procès-Verbaux du Comité d'Instruction publique de la Convention nationale, t. II, Paris, Imprimerie nationale, 1891, p. 175.（以下、P. V. C. de la Convention nationale と略記。）

38　Ibid., p. 199 et s.

39　例えば，ルキニオ（Lequinio）とフゥルクロワ（Fourcroy）の言葉がそれを表していよう。ルキニオ「共通教育が全く共和主義的な唯一のものであることを否認できる者などいない」。A.P., 1.s., t. LXX, p. 25. フゥルクロワ「共通教育は，共和主義者に相応しい唯一のものである」。ibid., p. 29.

わしい人間を形成する〈éducation〉が必要だ、とする点は、教育論議を進める上で、ルペルティエ案の賛同者はもちろんのこと、その批判者もすべて共有していた前提であった」[40]。そこでは、新しい国制原理である共和制原理の普及のために、公教育、特に「共通教育」の重要性が、一致して承認されていたのである。

3　公教育組織計画・法制の展開②〜ブキエ法のユートピア

1793年9月以降、公会はテルールを日程にのせる。10月10日には「革命政府」が宣言され、「平和の到来」まで憲法が停止される事態となった。そうした背景の下に、教育の場面でも、革命の防衛が第一課題となり、そのために貢献しない教師の排斥が行われた[41]。10月1日、モンターニュ派のロム（Romme）が、国民教育委員会の名で『国民学校に関するデクレ案』[42]を公会に提出した。公会は、ロム提案に基づき、10月21日（共和暦2年ヴァンデミエール30日）の初等学校に関するデクレを手始めに、10月26日・28日・30日の一連の諸デクレを可決した[43]。これらの諸デクレは、個々のデクレの統一をはかるために改正されることとなったが、公会は、かかる改正案と、ガブリエル・ブキエ（Gabriel Bouquier）が提出した全く新しいデクレ案を審議の対象とすることとした。審議の結果、ロム改正法案は放棄され、新たにブキエ案が審議されることとなった。

(1)　「脱学校化」（déscolarisation）[44]のユートピア

1793年12月19日（共和暦2年フリメール29日）に、公会議員で戦闘的なジャコバンであるブキエの公教育計画案に基づいて、ブキエ法[45]が可決された。

40　松浦義弘「フランス革命と〈習俗〉」史学雑誌92編4号（1983年）64頁。

41　9月9日のデクレ（Décret qui supprime les écoles militaires）は、行政機関に対して、「1789年以来の革命の諸原理を常に公然と表明することを怠った公立学校の教師の代わりを用意するよう」（3条）厳命していた。Duvergier, J.-B., *Collection complète des lois, décrets, ordonnances, règlements et avis du Conseil d'État*, t. 6, 2e éd., Paris, Chez A. Guyot et Scribe, 1834, p. 153.

42　Projet de décret sur les écoles nationales, présenté par G. Romme, au nom de la Commission d'éducation. *P. V. C. de la Convention nationale*, t. II, p. 536 et s.

43　ロム法については、松島・前掲、151頁以下、中村・前掲、310頁以下を参照。

44　Lelièvre, *op.cit.*, pp. 24-26.

これは,「初等教育に関して実定法として施行された最初の制定法である」[46]。驚くべきことであるが,まさに恐怖政治が進行している最中に,ブキエ法は「教育の自由」を宣言した(第1章第1条「教育は自由である」)。誰でも学校を開設でき,国家は原則として初等学校の設置を行わないという意味で,教育は自由である。すべての市民は,旧貴族・聖職者と俗人たるとを問わず,教師になることができる。親は学校および教師を自由に選択することができる。こうした意味で,教育は自由である。

しかし,ジャコバン派が熱狂して迎えたブキエの立法が,真に自由主義的な制度を帰結できたかは疑問である。ブキエ法の「教育の自由」は「幻想でしかない」[47]と評される。教師に課される「人物証明書」(certificat de civisme et de bonnes mœurs)は,共和主義的な精神を保持していることを証明するよう義務づける。教師はまた,市町村・親・市民らによる監督によって教育する権利を縛られる。さらに,「人権,憲法,英雄的かつ高潔な諸行為の目録」を,国民代表によって採択された教科書を使用して教育するよう,二重に義務づけられる。「教師はまさに〔革命の〕称賛者(panégyriste)の役を引き受けることになるとは言えないだろうか」[48]。

なるほど,この「自由」は,教育に携わる聖職者にとっては有利な面があった。立憲司祭(宣誓司祭)が教職に復帰し,旧小教区学校(anciennes écoles paroissiales)の復活に道が開かれた[49]。しかし,そのように,「自由」にいくばくかの意味充填をなしうるとしても(それとてブキエ法の含意を減殺するには至らないけれど),その地平から,ブキエのプランの基底に存するものを眺望することはできないだろう。ブキエ案は,教育のありようを根本的

---

45 Décret sur l'organisation de l'instruction publique. Duvergier, *op.cit.*, t. 6, pp. 348-349.
46 中村・前掲,318頁。このデクレが重要な意味をもつのは,それ以外に,「第3共和制の〔時期に実現を見た〕すべての原理(完全な無償制・ライシテ・義務教育制)が,そこに導入された」からである。Chevallier, P., Grosperrin, B., Maillet, J., *L'Enseignement français de la Révolution à nos jours*, Paris, Mouton, 1968, p. 35. しかし,ライシテについては,限定的なものである。
47 Louis-Grimaud, *op.cit.*, p. 157.
48 *Ibid.*, p. 156.
49 Fourrier, C., *L'Enseignement français de 1789 à 1945, précis d'histoire des institutions scolaires*, Paris, Institut pédagogique national, 1965, p. 35.

に転換する思想を示している。それは,「革命の実践の延長線上にあり,かつそれを正統化する,社会＝学校 (société-école) および教育者たる民衆 (peuple éducateur) のユートピア」[50]である。

ブキエは言う。自由な国民には「学者のカースト」(caste de savants) は無用であり,アカデミックな団体や教育のヒエラルキーは永遠に追放されるべきである。専門的な教育者は無用である。そのセクションによって指導・監督されるよき愛国者であれば誰でも,「活動的な頑健な人間,自己の権利・義務について啓蒙された人間」を形成する仕事に携わることができる。革命の実践は最良の教育を提供したはずである。何となれば,革命によって従来の教育制度が無力化した後こそ,人々は多くの知識を獲得したのである。革命期の有益な教育は,「学校や教授,無駄な支出なくして獲得された」。ゆえに,市民にとって最良の学校,若者が真に共和主義的教育を受けることができる場所,それは例えば民衆協会や革命裁判所なのである[51]。

(2) ブキエ法と民衆精神の齟齬

ブキエ法に投影された革命政府の教育意思は,しかし,民衆の思わぬ抵抗によって挫かれたように見える。教育を支配している革命的で反宗教的な精神のゆえに,多くの家族は子どもを学校に行かせないという選択肢を選んだ[52]。まことに,ラカナルが述べたように,「親の命令的な意思により,農村部のほとんどすべての教師は,子どものために祭祀の教科書を使用するこ

---

50 Baczko, B., *Une éducation pour la démocratie, textes et projets de l'époque révolutionnaire*, Paris, Garnier, 1982, p. 48.

51 「なぜ我々は,我々の目の前にあるものを,我々から遠く離れたところに求めねばならないのだろうか？ 若者が真に共和主義的な教育を受けることのできる,最良の,最も有用な,最も簡素な学校。それが,県やディストリクト,市町村庁,裁判所,そして特に民衆協会といったものの公開の集会であることは確かである。……革命は,言わば,それ自身で公教育を組織化し,至る所に教育の無尽蔵の源泉を置いた。……民衆と革命が作ったものを大切に保存しよう。公教育を完全にするために,そこに欠けているわずかなものを,そこに付け加えるだけにしよう」。Rapport et projet de décret formant un plan général d'instruction publique, par G. Bouquier, membre de la Convention nationale et du Comité d'instruction. *P. V. C. de la Convention nationale*, t. III, p. 57.

52 Cf. Gontard, *op.cit.*, p.128 ; Louis-Grimaud, *op.cit.*, p. 176 et s.

とを余儀なくされた。共和主義教育は、親と教師の迷信的な精神によって……遠ざけられる」[53]。信仰への民衆の根強い執着は、彼らの意思とは齟齬する公権力の意思に合致する学校に子どもを就学させることを、法的な制裁を覚悟の上で拒否させるほどのものだったのである。

　ブキエ法の効果を測るには、その適用の時間が短すぎた。モーリス・ゴンタールが指摘するように、「この法律〔ブキエ法〕には、地上に数カ月で、教育を一般化するのに必要な学校・教師をすべて、魔法の杖のひとふりで出現させる力はなかった」[54]。ここにもう１つ、公教育制度が十分機能しなかった理由を挙げることができる。それは、権力の座にあったモンターニュ派を支配していた精神と、民衆レベルで根強く抱かれていた習俗や精神との間に横たわる、埋めがたい溝である。

第４節　第３期：テルミドール派公会期
　　　　　（1794年７月～1795年10月）

　1794年７月27日（テルミドール９日）のロベスピエール一派の処刑により、モンターニュ派独裁が打倒され、議会多数派の平原派を中心として形成されたテルミドール派が権力の座に着く。革命は最終的な局面を迎える。1792年８月以来の民主的共和制は終わりを告げ、以後、革命を終息させようとするブルジョワ的共和制が、それに代置する。1795年８月22日、1795年憲法[55]が採択される。「反1793年憲法」[56]とか、「ジャコバン憲法のアンチテーゼ」[57]などと言われるこの憲法は、しかし「反革命」を目指すものではない。テルミドール派は、「共和制を維持するとともに、あらゆる恐怖政治的なデラパージュ（dérapage）から共和制を守るという二重の要求」[58]によって規定されて

53　Rapport de Lakanal sur sa mission en province en floréal an III, cité par Louis-Grimaud, *op.cit.*, p. 179.
54　Gontard, *op.cit.*, p. 133.
55　正文は、Duguit et al., *op.cit.*, p. 73 et s. を参照。
56　Chevallier, J.-J. et Conac, G., *Histoire des institutions et des régimes politiques de la France de 1789 à nos jours*, 8ᵉ éd., Paris, Dalloz, 1991, p. 76.
57　野村敬造『フランス憲法・行政法概論』（有信堂・1962年）51頁。

いたからである。依然として反革命の脅威がある以上，まだ，「革命は終わった」わけではない。

1 ラカナル法（共和暦3年ブリュメール27日のデクレ）

1794年10月28日にラカナルによって公会に提出されたデクレ案[59]は，1793年6月に提出されたシエース案と，内容の上ではほぼ同じものであった。ラカナル案は，私立学校を開設する権利を承認していた。その15条では，「法律は，設置される行政機関の監督の下，私的なおよび自由な学校を開設するという，市民が有する権利に対して，如何なる侵害も加えることができない」とされた。この点が公会での激しい議論の的となった。

1794年11月17日の審議において，シャスレ（Chasles）は，「もし諸君が私的な学校を開設することを許すならば，その結果，公立学校は見放されるということになりうる。にもかかわらず，諸君は親の意思に強制を加えることを望まない。しかし，共和主義道徳における離教（schisme）を許すわけにはいかない以上，私学教師を非常に厳格な取り締まりに，生徒をより厳格な試験に服せしめるとき，すべての利益が適切に調整されないであろうか」と述べて，公立学校と私立学校の競合の結果に関して懸念を表明した。これに対して，報告者のラカナルは，「委員会は，解決すべき重大な問題を抱えていた。すなわち，委員会は，自然に帰されるべきものと社会に帰されるべきものとを両立させるよう義務づけられていた。諸君は，教養ある父親から，その子どもを養育しかつ教育する権利をあえて剥奪することはできないのである」として，家庭教育を擁護した。この点については，多数がラカナルに同意し，15条は採択された[60]。

しかし，翌18日，モンターニュ派のデュエム（Duhem）が抵抗を試みる。デュエムは，「諸君は，フランスの若者が至る所で同じ教育を受けるための

---

[58] Morabito, M. et Bourmaud, D., *Histoire constitutionnelle et politique de la France (1789-1958)*, 3ᵉ éd., Paris, Montchrestien, 1993, p. 126.

[59] Rapport et projet de loi sur l'organisation des écoles primaires, présentés à la Convention nationale au nom du Comité d'Instruction publique, par Lakanal, à la séance du 7 brumaire. *P. V. C. de la Convention nationale*, t. V, p. 178 et s.

[60] *L'Ancien Moniteur*, t. 22, p. 528.

考えうるかぎりの配慮を行った。……にもかかわらず，私は，この条項〔15条〕の結果，公立学校が，私立学校に対して，かつての有償の学校に対して貧者の学校がそうであったような状態になることを恐れる。つまり，公立学校にはサン=キュロットの子どもしか通わないということと，富裕者は彼らの子どもを別の学校に行かせるということである」とし，「富裕者のアリストクラシーに対しては何ら予定されていない」と批判した。このデュエムの危惧は，国民の「道徳的な統一性」が私立学校の設置によって破壊されることに対して向けられたものであろう。また，ロムは，私立学校で学ぶ子どもが，「善良なる精神でもって育てられ，共和主義の原理が子どもたちに教育されることが保障されるために」，私立学校が厳格に監督されるよう求めた[61]。しかし，公会はこの立場に同調せず，個人や父親の教育する権利の擁護に回った。最後に，クローゼル（Clauzel）が次のように述べた。「なにゆえ子どもの教育を無用に妨害するのであるか。ロベスピエールもまた，そうすることを諸君に提案した。それは，彼が自由を嫌悪していたからである。……私は，家父の情熱を妨げてはならないと言いたいのである」[62]。

こうして，「教育の自由」を認める共和暦3年ブリュメール27日（1794年11月17日）のデクレ[63]が採択された。ラカナル法は，教職に就任する際の「公民精神証明書」をもはや要求しなかった。しかし，公教育のプログラムには，人権宣言やフランス憲法，共和主義道徳，英雄行為選集などが含まれていた。また，ラカナル法は就学義務を放棄した。

2　1795年憲法における「教育の自由」

1795年憲法は，その第10篇を「公教育」と題し，300条で，「市民は，私的な教育施設，ならびに，学問，文学および芸術の進歩に協力するための自由な団体を設立する権利を有する」と規定する。フランス憲法史上初めて「教育の自由」が認められた。ルイ=グリモーによれば，「新憲法〔1795年憲法〕は『経験の成果』であるように見えた」。既に述べたように，公権力の側からの教育掌握の試みと民衆によるその受容可能性との間には大きな乖離が認

61　*Ibid.*, p. 537.

62　*Ibid.*, p. 538.

63　Décret relative aux écoles primaires. Duvergier, *op.cit.*, t. 7, pp. 328-330.

められ、民衆レベルの同意を獲得しないことには、公教育制度が機能しないと考えられたというのである[64]。しかし、「教育の自由」公認の余波は予想以上に大きかった。それは、「教育の自由」が祭祀の自由の論理的帰結として導入されたことに由来している[65]。

1795年2月21日の信教の自由と政教分離の宣言、および、その集約的表明である1795年憲法の354条（「何人も、法律に従ってその選ぶ信仰を行うことを妨げられない」）の結果、国民は宗教的自由を手に入れることができた。民衆による「教育の自由」の要求が、このような（外見的には）寛容な政治的動向によって勢いを与えられる[66]一方で、公認された「教育の自由」は、「世俗化政策によって打撃を受けながらも、依然として根強い影響力を教育界において持っていたカトリック教会……の利益に奉仕するイデオロギーとして機能〔した〕」[67]。この事態は、立法者の予想を遥かに超える影響をもたらす。「共和暦3年憲法を作った楽観主義的な理論家たちの予測では、教育の自由の利用は、公立学校と私立学校との有益な競争を生ぜしめる以外の結果をもたないはずであった。しかし、共和制の反対者たちは、実に気前よく与えられた武器の大変な力を理解した」[68]。この「武器」は、王党派的なカトリック系私立学校を増大させ、国家の教育施設の衰退をもたらす槓杆の役割を果たすことになる。

3　ドヌー法の位置

最後に、国民公会の解散直前に公布されたドヌー法（共和暦4年ブリュメール3日〔1795年10月25日〕のデクレ）[69]について、ごく簡単に触れておこう。

64　Louis-Grimaud, *op.cit.*, p. 204.

65　*Ibid.*, p. 205.

66　テルミドール派公会の政教分離政策への傾斜のなかで、グレゴワールら聖職者たる公会議員が梃入れし、祭祀の復活を企図して運動する。これはたちまち各地に波及する。「この宗教復活運動は、抵抗しがたいものとなった」。Aulard, A., *Histoire politique de la Révolution française, origines et développement de la démocratie et de la République*（*1789-1804*）, 5ᵉ éd., Paris, Armand Colin, 1921, p. 536.

67　成嶋・前掲、162頁。

68　Buisson, F.（dir.）, *Dictionnaire de pédagogie et d'instruction primaire*, t. 2, Paris, Hachette, 1887, p. 1579.

新しい公教育組織法案は，ドヌー（Daunou）によって，1795年10月15日に国民公会に提出された。ドヌー法は，初等教育を冷遇する反面，各県に中央学校（écoles centrales）を設立して，共和制の新しいエリートの養成に投資する[70]。「教育の自由」は貫かれたが，教育の無償・義務といった理念が放棄された。ドヌー法の革命理念からの後退は，「テルミドールの反動によるブルジョワジーの権力掌握に対応するもので，万人に平等の教育という理念が破れ，教育が一部の有産者にしか利用されなくなることを可能にする」[71]ものとされる。ドヌー法が「反動の法律であった」[72]と言われる所以である。ただし，宗教教育の排除による教育内容の非宗教化と「共和主義的道徳」の喚起，さらに，国民に共和主義の精神を喚起する「国民祭典」（fêtes nationales）の制度は，辛うじて革命の痕跡を残すものであった。

　なるほど，ドヌーは，「文芸（lettres）は，それが始めた革命を終わらせ，すべての不和を根絶し，それを育んでいるすべての人の間に融和を復活させることを運命づけられている」[73]と述べていた。しかしながら，ドヌー法は，彼が望んでいたように，社会内部に存する対立の緩和・消滅を実現するものではない。非宗教的な公立学校と宗教的な私立学校の間で展開される対立・紛争の歴史は，ここから始まるのである。

69　Décret sur l'organisation de l'instruction publique. Duvergier, *op.cit.*, t. 8, p. 357 et s.

70　また，国民公会は，中央学校をジャコバン精神に支えられた場所にするつもりであった。Cf. Ponteil, F., *Histoire de l'enseignement en France, les grandes étapes (1789-1964)*, Paris, Sirey, 1966, p. 89.

71　中村・前掲，332〜333頁。

72　Fourrier, *op.cit.*, p. 39.

73　*P. V. C. de la Convention nationale*, t. VI, p. 793.

第3章　総裁政府期の教育政策

第1節　総裁政府の発足と総裁政府初期の教育状況

　1795年10月26日，国民公会は解散し，新憲法である共和暦3年憲法（1795年憲法）に基づいて「総裁政府」（Directoire：1795年10月27日〜1799年11月10日）が発足した。テルミドール派共和制の特性は，反ジャコバン主義に限定されない。なるほど，恐怖政治への回帰から共和制を守らねばならないが，テルミドール派は弑逆者でもある。王制復古をもくろむ王党主義的な反動に対しても，防壁を設けなければならなかった。「恐怖政治でも君主制でもない──テルミドール派の政策は，何よりもネガティヴな仕方で規定される。革命を守るために肝要なのは，結集することよりもむしろ排除することである」[1]。左右の挟撃を受けて脆弱な存立基盤を維持するために，総裁政府は非常手段を用いて自身の延命を図る。しかし，4年を経てなお，それは存在することができるであろうか。

　このフランス革命の最終局面において，革命期の教育システムはどうなるだろう。ドヌー法は，私教育に対して，如何なる規制も予定していない。それゆえ，総裁政府の初めの2年ほどは，あらゆる種類の私立学校が全く自由に設置可能であった。しかも，総裁政府の初期の政策は，「革命独裁によって停止された自由を回復する傾向にあるという点で自由主義的」[2]であった。カトリシズムが復活し，修道会が復興する。新規に設置された私立学校は，後に見るように，比類のない繁栄を見せる。その関数として，公立学校は衰退してゆく。その「大部分が王党主義の源になるものと見なされていた」[3]私

---

[1]　Morabito, M. et Bourmaud, D., *Histoire constitutionnelle et politique de la France (1789-1958)*, 3ᵉ éd., Paris, Montchrestien, 1993, p. 125.

[2]　Aulard, A., *Histoire politique de la Révolution française, origines et développement de la démocratie et de la République (1789-1804)*, 5ᵉ éd., Paris, Armand Colin, 1921, p. 625.

立学校の異常な繁栄ぶり[4]は，総裁政府をして，反革命の脅威と共和制の危機を強く感ぜしめるところとなった。「教権主義の危険」（péril clérical）のゆえに，フランスの非キリスト教化を決心した総裁政府は，共和暦5年フリュクティドール18日（1797年9月4日）のクーデタを決行することになる。

ここでは，総裁政府初期の教育状況を，初等段階の教育に焦点を絞って概観する。

1 公立学校の衰退

総裁政府の最初の2年で公立学校の急速な崩壊が見られる[5]。その理由は，①教師にかかわる問題，②教育内容にかかわる問題，③学校設備の貧弱さの問題の3点に集約される[6]。そのうち，②の点が，公立学校と私立学校の状態の差を分けた分水嶺であった。モンターニュ派公会期と同様，この時期も，共和制の権力エリートが理想とする精神状態（習俗）と一般民衆のそれとの乖離は大きい。民衆の宗教への執着は，共和制の学校を支える精神が要請する教育内容（反宗教的な教育，とりわけ「共和主義道徳」の教育）とは，明らかに相容れない[7]。しかし，公的な教育課程に「共和主義道徳教育」が挿入されていたので，教師はそれを教育するよう義務づけられていた[8]。それを

---

[3] Ponteil, F., *Histoire de l'enseignement en France, les grandes étapes (1789-1964)*, Paris, Sirey, 1966, p. 91.

[4] 共和暦6年の公式報告書によれば，セーヌ県1県で，公立初等学校が56校なのに対して，私立学校は2000校以上もあった。Cf. Louis-Grimaud, *Histoire de la liberté d'enseignement en France*, t. 2 (La Révolution), Grenoble-Paris, B. Arthaud, 1944, p. 278.

[5] Gontard, M., *L'enseignement primaire en France, de la Révolution à la loi Guizot (1789-1833)*, Paris, Les Belles Lettres, 1959, p. 157.

[6] 成嶋隆「フランスにおける公教育法制の成立(2)」法政理論（新潟大学）12巻1号（1979年）42頁以下。

[7] Louis-Grimaud, *op.cit.*, p. 263.

[8] このため，公立初等学校に忠実であり続けるのは，共和制に賛同するアンシャン・レジームの元教師や立憲司祭，愛国者，そして貧困ゆえに教師となるしかない貧乏人（なにがしかの知的・道徳的能力を備えた者は教師になどならない）くらいなものであった。彼らの能力は不十分である。結局，教師に要求される資格要件は，「精神的」なもの，すなわち「共和主義の確信」だけということになる。*Ibid.*, pp. 243-244.

第3章　総裁政府期の教育政策　　61

通じて，あらゆる天啓宗教に敵対する諸概念と，共和主義体制への愛着を生徒に教え込むことが期待されていたのである。

　反宗教的教育の実施は，総裁政府の反宗教的な政策から帰結される[9]。さらに，公立学校で使用される教科書の内容が，民衆を学校から乖離させる。共和暦2年には，フランスの幾つかの地方で，アンシャン・レジームの下で使用されていた教科書の「焚書」が命じられたが[10]，総裁政府期にも，その使用は厳しく禁じられた。しかも，公立学校で使用された共和主義的な教科書は，ジャコバン主義的な内容をもっていた[11]。まさに，「総裁政府は，学校をジャコバンのプロパガンダの道具にしようとする」[12]のである。公立学校の，このような一定の価値方向性をもった教育内容と人的・物的な貧困は，民衆を私立学校に走らせ，公立学校の状況は，それによってさらに悪化する，という悪循環が繰り返されることになる。旧来の学校を望む家族や共同体の圧力を受ける教師も，難しい立場に置かれた[13]。

2　私立学校の繁栄

　私立学校の成功の要因は，教師が，反共和主義的な見解を表明し，宗教教育を行っていることにあった[14]。「自由」という形容詞が冠せられる私立学校の大部分は，ローマカトリック系である。聖職者が私立学校のために活動する。行政当局者自身が，自分の子どもたちを私立学校に就学させる例も見られた[15]。私立学校の経営主体は聖職者に限られない。俗人が彼らを模倣する。それはアンシャン・レジームでの教師経験者だったり，旧貴族の婦人

---

[9]　Cf. Louis-Grimaud, *op.cit.*, p. 255 et s.

[10]　*Ibid.*, p. 171.

[11]　ルイ＝グリモーによれば，これらの教科書によって追求された目的とは，「子どもの精神において，あらゆる宗教思想を崩壊させるように，あらゆる信仰に敵対的な教育を与えること」であった。*Ibid.*, p. 251.

[12]　*Ibid.*, p. 259.

[13]　Cf. Gontard, *op.cit.*, p. 163 ; Furet, F. et Ozouf. J., *Lire et écrire, l'alphabétisation des français de Calvin à Jules Ferry*, t. I, Paris, Les Éditions de Minuit, 1977, pp. 109-110.

[14]　Ponteil, *op.cit.*, p. 79.

[15]　Louis-Grimaud, *op.cit.*, p. 279.

だったりした。私立学校では,「カテキスム」(catéchisme) など, かつて使用されていた教科書が用いられた[16]。私立学校ではキリスト教の教育が重視される。日曜日が称えられ, それに対抗する共和暦旬日10日が無視された。こうした学校は共和制に敵対的であり, そこではしばしば反共和主義のプロパガンダが行われた[17]。いずれにせよ, そのほとんどが宗教的な性質をもつ私立学校は, 深くカトリックに帰依していたフランス民衆の要望に応えるものだったのである。

第2節　総裁政府の巻き返しとその挫折
～革命最後のジャコバン主義的熱情

　王党派の圧力による共和制の危機を感じた総裁政府は, 軍隊の支持を得てフリュクティドール18日のクーデタを敢行した。それ以後, 恐怖政治期にも見られなかった「一種の反教権主義的な独裁権力」(une sorte de dictature anticléricale)[18]が発動される。この権力は教育の領域においても行使された。

1　総裁政府による強権的な教育政策

　クーデタ後は, 共和主義と共和制の防衛が最重要課題となる。そのとき総裁政府は「自由」を抑圧することをためらわない。反私立学校・反私学教師の激しい闘争が展開された[19]。五百人院 (Conseil des Cinq-Cents) での立法作業の成果は不毛だった。しかし,「執行府つまり総裁政府の側では, 立法府の挫折をいわば予見していたかのように, 公教育再建・私教育規制の政策を独自に遂行していた」[20]。一連の総裁政府の政策[21]は, 共和主義教育の窮状を救おうとする幾つかの地方行政当局の熱情によっても支えられて[22], 私立学

16　*Ibid*., p. 290.

17　Fourrier, C., *L'Enseignement français de 1789 à 1945, précis d'histoire des institutions scolaires*, Paris, Institut pédagogique national, 1965, p. 46.

18　Aulard, *op.cit*., p. 663.

19　Cf. Gontard, *op.cit*., p. 168.

20　成嶋・前掲, 52頁。

21　同上, 52～54頁を参照。

校の繁栄に歯止めをかけたように見えた。

　しかし，実際のところ，その成果は微々たるものにすぎない。私教育は失地をすぐに回復した。「〔公立と私立の学校に関する〕不均衡は依然として桁外れのまま」[23]であった。しかも，革命に敵対する私立学校は，地方行政当局の共感と加担を得て，規制を免れることがしばしばあったという状況では，まことにセーヌ県の総裁政府委員が言うように，「公教育を純化するための当局の作業は，ペネロペの織布（toile de Pénélope）となる」のである[24]。

2　「教育の自由」をめぐる立法府での議論

　共和暦 7 年，瀕死の総裁政府を支配するジャコバン主義の熱気のなかで，公権力は新教育立法に向けて努力を傾注する。共和暦 7 年ブリュメール 3 日（1798年10月24日）の総裁政府の「教書」（Message）[25]が，「共和暦 4 年ブリュメール法」（ドヌー法）の「挫折」の原因を明らかにするとともに，教育状況改善のための処方箋を提供する。これにより，民衆教育への関心が高まり，教育改革論議のトーンは一気に上昇した[26]。政治世界での論議は，公立学校の衰退と王党派的・カトリック的な私立学校の繁栄という状況を踏まえて，私立学校を如何に効果的に規制するかという点に集中した。そこで検討された措置は，①「共通教育」と就学義務，②学校からの司祭の排除，③「教育の自由」の行使の厳格な規制であった。

(1)　「共通教育」の樹立と就学義務

　「共通教育」の樹立によって実現されるのは，「教育の自由」の実質的な廃止であると考えられた。この問題をめぐる議論では，モンターニュ派公会期にしばしば見られた定式－「子どもは，彼らの親のものであるというよりも，祖国のものである」－が再びもち出される[27]。かかる主張を行う議員たちに

22　Cf. Gontard, *op.cit.*, p. 175.

23　*Ibid.*, p. 176.

24　*Ibid.*, p. 178.

25　Cf. Gréard, O., *La législation de l'instruction primaire en France depuis 1789 jusqu'à nos jours*, t. I, 2e éd., Paris, Delalain Frères, 1893, p. 133 et s.

26　Gontard, *op.cit.*, p. 180 et s.

27　Louis-Grimaud, *op.cit.*, p. 387.

共有されている前提は,「国家の権利は親の権利に優越する」という観念である。彼らは国家理性の優位性を主張して,国家の共通学校への子どもの強制就学を正当化した。例えば,シェルロック (Sherlock) は,「私は,子どもに対する父親の権利を認める。しかし同時に,市民に対する共和国の権利を認める。その権利は,すべての権利のなかで第一等のものである。共和国は共通の母親なのである。フランスの若者を戦いに送らねばならないとき,諸君は,公民精神の欠如した親の意見など求めない。それは,共和主義的な若者の教育を行わねばならないときも,同様であろう」と述べていた[28]。これに対して,憲法規定を根拠に「教育の自由」を擁護する議論が行われた。例えば,ウルトー゠ラメルヴィル (Heurtaut-Lamerville) は,憲法300条の規定は,それが述べていることを意味しているとし,私学教育の正当性を主張するとともに,私学教師の協力をこそ期待すべきであると反論した[29]。

(2) 学校からの司祭の排除

五百人院においては,司祭から教育権を剥奪する提案が審議されたが,司祭に対する敵愾心が表明される一方で,憲法条項を援用した反論が行われ,結局,法案は採択を見ることなく流産した[30]。

(3) 「教育の自由」の行使の厳格な規制

この点については,五百人院の議員であるデュロール (Dulaure) とリュミネ (Luminais) の主張が参照に値する。まず,私教育施設開設者に対して課される最大の制約は「宣誓義務」である。リュミネ案における宣誓の内容は,「私は,王制と無秩序への嫌悪,共和国と共和暦3年憲法への愛着と忠誠を誓います。私は,それらに反することは何も私の生徒に教えないことを約束し,かつ,生徒に共和主義的政府を愛させ,その諸法律を大切にさせ,彼らの心のうちに,自由への熱情的な愛を芽生えさせ,並びに,すべての徳の萌芽を振り撒くために,全力を傾注することを約束します」というものであった[31]。

また,デュロールは,「憲法が各市民に与える,教育施設を設ける自由は,

---

[28] *Ibid.*, p. 388.
[29] *Ibid.*, p. 395.
[30] *Ibid.*, p. 402 et s.
[31] *Ibid.*, p. 416.

商人に認められた自由が，彼らが食物の代わりに毒物を販売するのを認めないと同様，政府の諸原理に反する諸原理を教育する自由を構成するものではない」から，「共和主義の諸原理は，私立学校において排他的に教授される。さもなければ私立学校は閉鎖される」と述べる[32]。デュロールは，私学教育を国家教育に統合し，私学教育に体制の精神を強要することで，「教育の自由」を有名無実化しようとするのである。彼の意図は，「国民教育が共和主義的なものであることを保障すること」（Assurer le républicanisme de l'éducation nationale）という定式に集約される[33]。それは，リュミネが言うように，「教師および生徒のいずれもが，共和主義の諸原理の抱擁から逃れることができないほどに厳格な規制に，私教育施設を服せしめる」ことを要求するものである[34]。

　要するに，リュミネとデュロールは，教育を共和主義化するために，国家による統制の契機を大幅に増やし，憲法上の権利である「教育・学習する権利」を否定するのである。こうした国家管理主義的な教育の目的とは何であろうか。おそらくは，ルイ＝グリモーの言うように，「策略や裏切りから共和制を保護するために，初等学校に就学している子どもに，民主的な諸制度の永続の唯一の保証である真に共和主義的な教育を保障するため」[35]であろう。

3　ジャコバン主義的熱情の終幕とその意義

　教育再編成問題の立法的解決を見ることなく，総裁政府は，共和暦8年ブリュメールのクーデタによって，その存在に終止符を打たれてしまう。共和暦5年フリュクティドールによるネオ・ジャコバン派の出現は，ほとんど消えかけていた革命の残り火を一瞬，きらめかせるものではあった。その実現のために，革命期の人々の夥しい努力が費やされた，人間の「再生」，新しい人間の創出という革命の理想は，総裁政府の教育論議をも支配するように見える。そこでもち出された制度や，その正統性を弁証する理念は，革命の

32　*Ibid*., p. 421.
33　*Ibid*., p. 412.
34　*Ibid*.
35　*Ibid*., p. 423.

10年の間に，その動乱の波間に浮かび出たものばかりであった。気まぐれに明滅するサーチライトのように，革命は，その教育理想を幾度か人々の前に照らし出した。しかし，それは，味わい深い陰影としての存在を抜け出ることは，ついにできなかったように見える。総裁政府期にも，同じことが繰り返される。それは，「あたかも啓蒙の合理主義と革命期の主意主義を源としていた教育論が，改革を行ないみずからを再検討の対象にする可能性を汲み尽くしてしまったかのようであった」[36]。

公立学校と私立学校の競争に関与し，その勝敗を決する最大の要因は，既に示唆したように，教育の客体となるべき人々の心性である。教育の革命的な理想は，人々の伝統的な精神や習俗と融合しない。総裁政府の調査でも，ジャコバン的含意をもつ「公共精神」と民衆生活との二律背反は明らかだった。しかし，総裁政府は，「少なくともそこから出発して公共精神の形成を期待することのできる教育可能な人民は存在する。公共精神はひきつづき，革命の企てと共通の実質をもつ課題と認められ〔る〕」[37]という立場をとる。革命の教育理想を抱懐する人々は，共和主義的な教育の実験を失敗に帰せしめる最大の原因として，「宗教的偏見」を槍玉にあげる。民衆の抵抗は，腹黒い勢力，狂信者とか反革命家の陰謀によるものだ，というのである。しかし，民衆の生活により近い地方行政当局は，むしろ社会からわきあがる抵抗を示唆していた[38]。そういう状況であるとすれば，民衆の意思に抗う共和主義的な教師が稀であったことも頷ける。結局，「当時，彼らは，新しい人間を形成するという革命的な学校のユートピアの死を，さもなければ，その忘れられた殉教者となることを，甘受しなければならなかったのである」[39]。

---

[36] フュレ゠オズーフ著（河野健二ほか監訳）『フランス革命辞典・第1巻』（みすず書房・1995年）736頁。

[37] 同上（第2巻）953頁。

[38] Furet et Ozouf, *op.cit.*, p. 102.

[39] Baczko, B., *Une éducation pour la démocratie, textes et projets de l'époque révolutionnaire*, Paris, Garnier, 1982, p. 52.

第4章　革命の教育理想と「教育の自由」
～第1部のまとめにかえて～

第1節　フランス革命と近代国民国家

　フランス革命は，アンシャン・レジーム下の特権的・身分制的支配統治構造を解体して，権力を一元的に掌握する集権的な国家構造を構築した。身分制の網の目にからめとられていた個人が解放され，自立的な存在として集権国家と対峙することになる。その一方で，解放されたばかりの個人の存在はきわめて不確かである。しかも，「社団」的身分編成原理が破壊されたため，各個人をつなぐ紐帯は失われ，彼らは分解状態にある。この状態を克服し，強力な国民的統合を実現することが，革命後の，必須かつ緊急の課題である。つまり，「近代国民国家」（État-Nation）の樹立こそが，フランス革命の中心的課題なのである[1]。権力を掌握した革命期の人々が，〈一にして不可分〉（une et indivisible）というスローガンに象徴されるように，均質で強固なイメージで統合された国民を作り上げることに情熱を傾けたのも，そのためである。

　分解した諸個人を統合するための国家のイデオロギー装置が必要である。ここで学校教育が現れる。アンシャン・レジームの支配的なイデオロギー装置＝教会の駆逐による非キリスト教化の推進には，二重の含意がある。それは，一方で，成人につき，宗教への帰依による教会（および，それが結合していた王制）への従属を破壊することであり，他方，子どものレベルで，教会から教育のヘゲモニーを奪取することであった。そうして教育（学校）は国家の管掌となり，そのイデオロギー装置として機能することになる。共和制国家のスポークスマンでもある教師は，「単一不可分の国民の凝集を強化することに貢献するだろう」[2]。かくして，学校教育は国民統合の必須の道具

1　西川長夫「国民（Nation）再考」人文学報70号（1992年）3頁。
2　フュレ＝オズーフ著（河野健二ほか監訳）『フランス革命辞典・第1巻』（みすず書房・1995年）725頁。

となる。

第2節　革命期の教育構想に見る「国民統合」理念の追求

　憲法を統合イデオロギーの1つとして利用しようとしたタレイランとは異なり，コンドルセは，自由主義的な理想によって教育を組織化しようとし，教育への政治権力の介入を厳しく制限していた[3]。しかし，コンドルセも，統合イデオロギーの利用を考えていたと見られる。それは「祭典」[4]の構想である。革命期には，「祭典」は，「国民的統一を現実に達成するための愛国心（patriotisme）の形成，人々の内面の世界での革命の完成への志向から，人々の感性に働きかける装置」[5]の役割を期待されていた。コンドルセは，「公教育」の手段を「学校」に限定せず，「図書館」「博物館」「記念建造物」「祭典」をもそこに含ましめていた。コンドルセが意図する「祭典」の目的は，「自由と独立と〈祖国〉への帰依という一般的感情を陶酔にまで高める」ことや，「人々の精神に，自由なる人間の〈政治〉（politique）と諸国民の〈道徳〉（morale）を形成する諸原理を刻みつける」ことであり，「愛国心（patriotisme）と美徳（vertu）のレッスン」をすることであった[6]。

　革命期のイデオローグによって「祭典」の効果が理解されていたことは，後に，例えば，ドヌーがその計画案のなかで「国民祭典」の国民教化の効果に着目したこと[7]や，国民的な統一性を保障するために，ロベスピエールが「最高存在の祭典」（1794年6月）を挙行したことに，明確に看取される。要するに，フランス革命期においては，「国民祭典は，個人（の内面）と国家

---

[3]　しかし，それが国家の教育権力を認める人々の反発を買った。Cf. Lelièvre, C., *Histoire des institutions scolaires（1789-1989）*, Paris, Nathan, 1990, pp. 18-19.

[4]　「祭典」が「教育」の重要な分枝をなすという視点をもつ論者から，「祭典」を等閑視してきた従来の教育史・教育法制史の議論に対して，鋭い批判が提起された。松浦義弘「フランス革命と「習俗」」史学雑誌92編4号（1983年）を参照。

[5]　小林亜子「フランス革命における〈公教育〉と〈祭典〉」教育史学会紀要29集（1986年）129頁。

[6]　同上，131～133頁。

[7]　*A.P.*, 1.s., t. LXVIII, pp. 165-167.

第 4 章　革命の教育理想と「教育の自由」　69

（および法）を媒介する〈習俗〉という領域を掌握することによって，今しがた分離したばかりの，国家＝政治社会と，自立的な個人の集合体としてあるべき市民社会を再統合するために設定された『国家のイデオロギー装置』であった」[8]ということができる[9]。

　ジロンド派公会期に続くモンターニュ派公会期は，ルペルチエ計画案が良かれ悪しかれ公会での論議を巻き起こした時を頂点にして，教育の再編成の意欲が革命期で最も奔出した時期と言える。それは，革命の危機的な状況と呼応しており，内外の反革命から革命そのものと革命の獲得物を守るための闘争が強化される時期と重なり合う。ロベスピエールらによるモンターニュ派独裁や「恐怖政治」は，「国家権力を一元的に強化してそのもとへの均質的な国民の統合と結集をはかろうとする強烈な政策的意図」が，「93年の情況によって増幅された結果としての極限形態に他ならない」[10]のである。市民を，革命に必要な，有徳な「公民」たらしめるために，共和制の支柱すなわち憲法に相応しい新しい人間とするために，モンターニュ派にとって，「公教育」がその槓桿として利用されねばならない。まさに公会議員のシェニエ (Chénier) が言うように，国家が，「その構成員に対する社会の第 1 の負債」である教育を組織化する際に課される義務は，「共和主義者を育成すること」(de former des républicains)[11]なのである。

　ルペルチエ計画案は，その点で，モンターニュ派の「強烈な政策的意図」を最高度に表象するものである。ルキニオ (Lequinio) が述べたように，「共通教育は，祖国を生み出す唯一のものである」[12]。同時に，フゥルクロワ (Fourcroy) が言うように，その共通教育こそは，生み出された共和制の安

8　松浦・前掲，79頁。

9　「既に1789年には，多くの革命家，それも大物たちは，〔国民祭典よりも〕公民形成のより良い手段は存在しないことを確信していた。彼らにとって，これらの華やかな民衆的示威は，共和主義的な精神を形成することのできる情動を呼び起こすに違いなかった。それは政治と教育の混同であった」。Ponteil, F., *Histoire de l'enseignement en France, les grandes étapes* (*1789-1964*), Paris, Sirey, 1966, p. 70.

10　遅塚忠躬『ロベスピエールとドリヴィエ』（東京大学出版会・1986年）314頁。

11　*A.P.*, 1.s., t. LXXVIII, p. 373.

12　*Ibid.*, t. LXX, p. 25.

定性を保障する手段にほかならないとする点で，ルペルチエと共和制の創設者たちは全く一致していたのである[13]。かくして，ブールドン（Bourdon）は次のように述べる。「ルペルチエは，共通教育に由来する巨大な利益を心底信じ，この教育がなければ，我々の習俗は決して我々の法律とは調和しないであろうこと，そして，共通教育が，現在の世代の悪徳や偏見を根元から断つ，かつ，共和主義的な憲法に相応しい全く新しい世代を形成する唯一の手段であることを確信していた。それゆえ，ルペルチエは，如何なる親も，共通教育の恵沢を彼らの子どもに享受せしめるという義務を免除されることができないよう求めるのである」[14]。

要するに，「国民統合」を追求するモンターニュ派の権力意思は，「公教育」を槓桿にして強烈に貫徹されるのである。なるほど，ジャコバン支配の時期に，国民公会が打ち出した諸教育立法は，その野心を充足するに足る手段も時間ももっていなかった。しかし，それらの法文に込められた意図が重要である。というのも，「それらは，公立学校を，共和主義的でかつ国民的な統合の場とする」[15]からである。

第3節 「国民統合」と「教育の自由」

共和制が，それに相応しい形に彫塑すべく子どもを親から引き離して独占的に掌握するという宣言，すなわち，個人の権利に対する国家理性の明らかな優越という主張は，例えば，ダントン（Danton）の，「子どもは，彼らの親のものである前に，共和国のものなのだ」[16]という典型的な定式によって，しばしば表明されたことは既に指摘した。とすれば，「公教育」の再編成過程において，「教育の自由」が認められる余地は，そもそもありえないはずであった。ところが，モンターニュ派がその影響力を低減させるにつれて，

---

[13] *Ibid.*, p. 27.

[14] Guillaume, M. J., *Procès-Verbaux du Comité d'Instruction publique de la Convention nationale*, t. II, Paris, Imprimerie nationale, 1891, p. 182.

[15] Furet, F. et Ozouf. J., *Lire et écrire, l'alphabétisation des français de Calvin à Jules Ferry*, t. I, Paris, Les Éditions de Minuit, 1977, p. 99.

[16] *A.P.*, 1.s., t. LXXXI, p. 371.

第4章 革命の教育理想と「教育の自由」 71

つまり，革命が一応の安定を見，強烈な体制防衛の意思がさしあたり不要になると，「教育の自由」が容認されることになる。国家の独占的な教育支配を免れるという意味でポジティヴな意義をもつことは明らかである，この「教育の自由」の原則も，その一方で，国家による教育組織化の任務が（部分的にせよ）解除されるというネガティヴな帰結を生んだ（ドヌー法が教育の無償制を放棄したことを想起されたい）。

　国家の教育掌握力の低下は，必然的に，アンシャン・レジームのイデオロギー装置であった教会が掌握する「私教育」が再び勃興する契機となるはずである。事実，ドヌー法の適用が行われた総裁政府期には，公立学校の崩壊と私立学校の繁栄という顕著な現象が現れた。私立学校は，王党主義的な「狂信」の源泉となり，強力な反革命勢力を醸成する。共和主義的な政治家や地方行政によってしばしば表明された，私立学校への憎悪は，まさにその点に向けられていた[17]。確かに，教会勢力とその傘下の私学教育は，国家の論理を担う「公教育」と競合することで，必然的に，国民統合の契機を破壊するものとならざるをえない。そのとき，革命で作られた国民国家としての共和制は，反教権主義を掲げて教会と闘争するはずであった。フランス革命期から第3共和制に至る，フランス国内の激しい政治的対立の焦点は，まさに，国家と教会による，教育のヘゲモニーの争奪にある。

　近代国民国家としての存立を保障する国民統合を阻害するということは，しばしば定式化されるように，〈2つの国民〉を作り出すことであった。したがって，私教育制度を無力化し，国家による教育支配を確立して「国民統合」を強力に推進することが，とりわけ，宗教的な権威による統合の契機を決定的に排斥する共和制にあっては，至上命題となるはずであった。「台頭する世代の共和主義的で愛国的な教育を保障」することは，「2つの学校，対立する2つの階級，『市民』（citoyens）の階級と『諸氏』（messieurs）の階級に国家を分裂させることを回避する唯一の手段」[18]なのである。

---

[17] Cf. Louis-Grimaud, *Histoire de la liberté d'enseignement en France*, t. 2（La Révolution）, Grenoble-Paris, B. Arthaud, 1944, p. 384.

[18] Gontard, M., *L'enseignement primaire en France, de la Révolution à la loi Guizot (1789-1833)*, Paris, Les Belles Lettres, 1959, p. 100.

第4節　フランス革命の教育理想

革命期にほぼ一貫して見いだされるのは，国家による教育掌握の意欲の強さである。革命による教育のヘゲモニーの移動が教育の再編成を要請するのは，ある意味で必然である。しかし，そこで求められていたのは，単に，教会のものではない（"非教会"の）教育というばかりでなく，もっと明確な価値方向性をもった教育の創設である。革命家たちは，従来のものとは全く異なる価値理念に従って教育は根本的に改変されねばならない，と考える。そのことは，革命期の教育再編成作業を，革命によって誕生する新しいレジーム（共和制）の理念に従属させる結果を伴った。もちろん，再編成作業のプロセスは不連続的である。しかし，そこには，教育を通じての共和制の絶えざる確立という意図，〈教育＝共和制〉の不変定式が通奏低音として流れている。つまり，「共和制は，その構成員のために教育の便宜を図り，かつ彼らに教育を与える。ところで，共和制それ自体が，その教育から創出されるのである」[19]。

その展開過程において，革命はその固有の目的（「国民の再生」）を獲得する。「革命は当初から，教育的な使命，国民を再生させ新しい人民を育成するという使命を授けられていると考えており，この使命感は次々とつづく諸権力を抵抗しがたい力で魅了した」。そこには，「さまざまな偏見から解放され，時代にふさわしい完成された新しい人間を産出するという啓蒙の夢想」がかかわっている。そうした夢想を共有する「国民国家は自己を教育的国家と規定する」のであり，「啓蒙された革命的な教育者は，教育のほとんど無限の力と革命の変革のエネルギーを信じた」[20]。新しい「再生」された人間，新しい国民，共和制に相応しい「再生された国民」を生み出すことは，革命が創出した共和制の未来と不可分である[21]。このために革命期の無数の制度と創設物が投入された。それは，革命の動乱によって分裂していた人々の紐

19　Nicolet, C., *La République en France, état des lieux*, Paris, Seuil, 1992, p. 63.
20　フュレ＝オズーフ・前掲（第2巻）940頁。
21　Cf. Baczko, B., *Une éducation pour la démocratie, textes et projets de l'époque révolutionnaire*, Paris, Garnier, 1982, pp. 17-18.

第4章 革命の教育理想と「教育の自由」

帯でさえありえた。「再生にかんする議論は教育にかんする議論と不可分に結びついており、すべての革命家は学校の問題に巨大な象徴的任務を授けた」[22]。こうして国家の教育権力が定礎される[23]。

「市民の総体に根ざした主権なくして正当な権力はありえないが、市民に啓蒙と政治への道を開き、また場合によっては人民自身のうちに悪魔が目覚めることから人民を保護する、そうした国家なくして市民はありえない」[24]。権力の正統性の淵源そのものを創り出すことが共和制国家の役割である。それは過去との断絶、過去の根絶によってこそ可能となるが、当然、過去からの抵抗に直面するであろう。「啓蒙の使者である教育は、諸個人の幸福に対する社会のデミウルゴス的な (démiurgique) 権力を具現する。その公民〔形成〕的な使命や宣教師的な役割は、教育を、理想的かつ必要な新しい人民の到来を告げる、古い世代と生まれる世代の間の断絶の場そのものにする。ゆえに、偏見の根絶と自由の学習の場として理解される諸教育制度（特に初等学校）は、政治闘争の、また、革新を強制する国家権力と、地方共同体や家族の伝統的な諸力との文化的な対立の争点または場となる」[25]。

過去との闘争において、国家の学校がそのライバルによって手ひどい損害を被ったことは、既に述べた。かつてミラボー (Mirabeau) が述べたように、「憲法が、現実の事態と慣習の状態との間に突然もたらした巨大な間隙」を埋めることが必要であり、そのためにこそ、公教育が革命家の視野に浮上するのである[26]。特にジャコバン的な精神は、家族的・共同体的な世界に深刻な不信感を抱いており、「この〔家族的・共同体的な〕世界の影響力は、もう1つ別の社会モデルそのものであり、国家により創設・監督される人為的な宇宙によって、釣り合いが保たれねばならないだろう。そして、その役割は学校が引き受けるであろう」[27]。この理想の極限形態がルペルチエ・モデルである。しかし、かような志向をもつのはジャコバンだけではない。「〔革命

22　フュレ=オズーフ・前掲（第2巻）947頁。
23　Cf. Baczko, *op.cit.*, p. 17.
24　フュレ=オズーフ・前掲（第1巻）537頁。
25　Baczko, *op.cit.*, p. 29.
26　*Ibid.*, p. 72.
27　*Ibid.*, p. 34.

期の〕諸教育計画の大部分，さもなくばそのすべては，その単一不可分の意思，例の一般意思が，その全員一致において最も完全に表明されるであろう主権者人民の一体性という神話に取り憑かれている。……この，主権者人民の，さもなくば全員一致の人民の一体性という表象は，革命の諸教育計画を支配するが，それらはその対立を超越して，形成モデルのあらゆる多様性を拒否しながら，均質な教育の探求に固執する。ゆえに，これらの計画は，……画一的な教育に抗する社会文化的な現実の抵抗に突き当たるのである」[28]。

この抵抗を制圧するには，ジャコバン的・ルペルチエ的なモデルを適用すべきであったはずである。しかし，革命は，恐怖政治のただなかにあってさえも，「教育の自由」に余地を残した。そして，そのためにこそ共和制は，公教育施設のコントロールをめぐる争いに予め敗北していたのだ，と言うことができる[29]。革命期の教育の歴史は，革命の不連続性にではなく，変わらぬ社会的要求という共通の論理に従属している。まさに，かかる論理こそが，レジームや権力の意思に優位することになる[30]。

とまれ，革命期の教育再編成作業は，一般的に，「自由主義的な教育思想」と「統制主義的な教育思想」との対立を軸として展開され，革命後にも継承される高次の理念を生み出しつつも，実際の結果から見れば失敗に近い終わり方をした，と説明される[31]。しかし，革命期の教育実験から，それがフランスに残した表象を読み取ることにも利益があろう[32]。それとともに，革命とその経験が表象する象徴的な含意を確認すべきである。すなわち，近代国民国家の成立に向けて要求される〈国民の統合〉が，国家権力による教育支

---

[28] *Ibid.*, pp. 19-20.

[29] Furet et Ozouf, *op.cit.*, p. 114.

[30] *Ibid.*, p. 115.

[31] Cf. Gontard, *op.cit.*, p. 185 et s. ; Fourrier, C., *L'Enseignement français de 1789 à 1945, précis d'histoire des institutions scolaires*, Paris, Institut pédagogique national, 1965, p. 47.

[32] それは，「民主政と教育の一体性，共和国と学校の運命共同体という表象」である。フュレ=オズーフ・前掲（第1巻）736頁。

配への意思を強烈に帰結するものだったのであり，それによって，後の第3共和制に至る（現在にまで至る）問題の火種がまかれた，ということである。

第 2 部

国家による教育「独占」体制の構築

～ユニヴェルシテ独占の構造と特色～

第1章　執政政府期の教育再編事業
～「教育の自由」と教育独占の萌芽～

第1節　共和暦8年憲法の制定

　共和暦8年ブリュメール18日（1799年11月9日）のクーデタ後，五百人院の約50人ほどの議員がブリュメール19日の法律を議決し，暫定的にナポレオン・ボナパルト（Napoléon Bonaparte），シエース（Sieyès），デュコ（Ducos）の3人から構成される「執行執政委員会」（Commission consulaire exécutive）を設置した。立法院の機能は，2つの立法委員会が代行していた。これらの委員会は，特に，「経験がその欠陥と障碍を感ぜしめていた憲法の組織規定にもたらされるべき修正を準備する」（11条）はずであった[1]。ブリュメール19日の法律は，執行権を3名の手に集中し，非常に脆弱な立法権を全能の執行権に服せしめていた。同法は，権限を一身に掌握するに至っていないナポレオンの相対的な脆弱性を示しながらも，1789年に由来する憲法の伝統とは根本的に断絶する執行権の強化に向けて「新時代を開く」[2]ものであった。

　立法委員会は小委員会を設置し，憲法草案の作成に当たった。小委員会は，主たる憲法起草者[3]のうち，シエースの計画案を基本的に採用するつもりであったように見える。ナポレオンはシエースの原理[4]を支持していたが，権力分立の徹底による執行権の弱体化を受け入れることはできなかった[5]。ナ

---

[1]　Godechot, J., *Les institutions de la France sous la Révolution et l'Empire*, 3ᵉ éd., Paris, P.U.F., 1985, p. 549.

[2]　Morabito, M. et Bourmaud, D., *Histoire constitutionnelle et politique de la France (1789-1958)*, 3ᵉ éd., Paris, Montchrestien, 1993, p. 142.

[3]　草案作成において主要な役割を果たしたのは，シエースのほかに，ドヌーとナポレオンであった。Godechot, *op. cit.*, p. 551.

[4]　シエースの憲法原理については，浦田一郎『シエースの憲法思想』（勁草書房・1987年）249頁以下を参照。

[5]　この点で，「シエースは……自由の保障と1人の人間の野望に対する予防策とを積み重ねた」と言われる。Cf. Aulard, A., *Histoire politique de la Révolution fran-*

ポレオンは制憲作業の実権を掌握し，彼のサロンに立法委員が招集され，草案の起草が行われた。こうした新憲法の制定過程は，「超法規的で変則的」[6]な外貌をもつのであり，ナポレオンの行動はまさに「新たなクーデタ」[7]とさえ言われる。1799年12月13日（共和暦8年フリメール22日）の憲法[8]は，人権宣言も権利保障規定ももたない。国民主権の規定も存在しない。名簿制による普通選挙（21歳以上の成年男子）が採用された。統治権は，3名の執政，大臣およびコンセイユ・デタに委ねられる。第1執政にはナポレオン，第2執政にカンバセレス（Cambacérès），第3執政にルブラン（Lebrun）が任命される（39条）。しかし，現実の権力は第1執政が掌握する（行政・司法公務員の任免権のほかに特別な権限をもつ）。第2・第3執政は助言権しかもたない。

その後，ナポレオンは，共和暦10年テルミドール14日（1802年8月2日）の元老院令[9]により，「終身第1執政」に任命される。共和暦10年テルミドール16日（1802年8月4日）の元老院令（共和暦10年憲法）を経て，ついに，共和暦12年フロレアル28日（1804年5月18日）の元老院令（共和暦12年憲法）が，ナポレオンを「フランス人の皇帝」にした。「第1帝制」である。

第2節　執政政府とカトリシスム

執政政府は，ユニヴェルシテ独占を構築することはない。それは帝制の創造物である。しかし，執政政府は，既にその諸政策（特に教育政策）のなかに，来るべき独占への萌芽を胚胎していたと見られる。その表徴は，①公権力と教会の接近，②支配階級のための中等教育の組織化，③堅牢に構造化された行政機構の構築である[10]。ここでは，公権力と教会が接近するプロセス

çaise, origines et développement de la Démocratie et de la République (1789-1804), 5e éd., Paris, Armand Colin, 1921, p. 705.
6　浦田・前掲，269頁。
7　Aulard, *op.cit.*, p. 706.
8　Constitution de la République française du 22 frimaire an VIII (13 décembre 1799).
正文は，Duguit, L., Monnier, H., Bonnard, R., *Les constitutions et les principales lois politiques de la France depuis 1789*, 7e éd., Paris, L.G.D.J., 1952, p. 109 et s. を参照。
9　Sénatus-consulte du 14 thermidor an X (2 août 1802), qui proclame Napoléon Bonaparte premier Consul à vie. 正文は，Duguit et al., *op.cit.*, p. 120 を参照。

第1章　執政政府期の教育再編事業　81

と，それが教育の状況に如何なる影響を及ぼしたかという問題，並びに，教育の再編成作業における「教育の自由」の位置づけと，中等教育の組織化の問題について検討する。

1　宗教勢力の復権

既に述べたように，総裁政府期にはカトリシスムに対する激しい敵意から，教会が保有する宗教系の私立学校も，教権主義・王党主義の温床とみなされ，激しい攻撃に曝された。執政政府初期からコンコルダまでの宗教政策も，総裁政府期と比べて，さほど変更されなかったと見られる。この時期，「大半の政治家は，反革命と分かち難く結びついたものと見なされるものである，宗教にではないにしても，少なくともカトリシスムには敵意を抱き続けている」[11]。尤も，激しい反宗教精神が支配する総裁政府とは異なり，その宗教政策の実施の精神において，ナポレオンは「一種の公平な中立性」[12]を維持していた。法制度的には，1794年の政教分離制度が命脈を保ったと言うことができる。

民衆生活のレベルでは，革命期に，民衆の習俗や集合心性を転換するために強いられた共和主義的な慣習が破綻する[13]。依然として，行政レベルにおける私立学校への規制は厳しかったが，宗教的な理由によるものは減少してゆく[14]。こうしたなか，教皇ピウス7世は，1800年5月15日の「回勅」(Encyclique)において，宗教の敵である教師や，中立な学校に対してさえ，明確な敵対姿勢をとり，信徒に向けて，非宗教的な学校に反対し，キリスト教

10　Fourrier, C., *L'Enseignement français de 1789 à 1945, précis d'histoire des institutions scolaires*, Paris, Institut pédagogique national, 1965, p. 61.

11　Villard, P., *Histoire des institutions publiques de la France (de 1789 à nos jours)*, 5e éd., Paris, Dalloz, 1992, p. 86.

12　Aulard, *op.cit.*, p. 727.

13　例えば，既に総裁政府時代から一般に不人気だった共和暦旬日のシステムは，当局の梃入れにもかかわらず，消滅してしまう。Cf. Louis-Grimaud, *Histoire de la liberté d'enseignement en France*, t. 3 (Le Consulat), Paris, Arthur Rousseau/Grenoble-Paris, B. Arthaud, 1946, p. 42 et s.

14　Gontard, M., *L'enseignement primaire en France, de la Révolution à la loi Guizot (1789-1833)*, Paris, Les Belles Lettres, 1959, p. 193.

学校のために行動を起こすよう促した[15]。総裁政府期に閉鎖された私立学校も，ローマ・カトリック教会と立憲派教会の聖職者によって支援され，再びその門を開くことになる。今や政府の寛容な態度を受けて，在俗聖職者や修道士・修道女が，慈善学校の教師として再び教育に携わるようになる[16]。

確かに，執政政府の樹立は初等教育の法的地位を変更するものではない。共和暦4年ブリュメールのデクレ（ドヌー法）と共和暦6年の総裁政府の諸アレテは，依然として効力を保持していた[17]。しかし，数多くの地方行政当局が，教育再編成における宗教の公式承認（宗教教育および修道会の復活）などを求める活発な動きを示す[18]。また，社会的事実のレベルでの流動性は，初等教育の地位を実質的には変更していた。「初等教育は，立法の変更なしに，フランスをカトリック・ルネサンスへと導く全般的な動きに引きずり込まれた。そうした情況において，共和暦4年のデクレ，および，特に共和暦6年の抑圧的な諸アレテが，アナクロニックなものとなっていたのは明白であった。教育立法の修正は，近いうちに是非とも必要であった」[19]。執政政府は，教育の再編成作業を開始する必要に迫られることになる。

2　コンコルダが公教育に及ぼした影響

「コンコルダ（政教条約）」(concordat) がフランスの教育世界に及ぼした影響の大きさも見落とせない。コンコルダは，教皇ピウス7世とナポレオンの間で締結された外交条約としての「共和暦9年メシドール26日（1801年7月16日）の協定」(La Convention du 26 messidor an IX) と，フランスの国内法である1802年4月8日（共和暦10年ジェルミナル18日）の法律として整備された「付属条項」(Articles organiques de la convention du 26 messidor an IX) からなる[20]。コンコルダの前文では，「共和国政府は，使徒伝来のローマ・カト

15　Cf. Louis-Grimaud, *op.cit.*, pp. 58-59.
16　*Ibid.*, p. 21 et s.
17　Gontard, *op.cit.*, p. 191.
18　*Ibid.*, pp. 194-195.
19　*Ibid.*, p. 193.
20　共和暦10年ジェルミナル18日の法律（Loi relative à l'organisation des cultes）は，コンコルダ本体部分をも含む。正文は，Duvergier, J.-B., *Collection complète des lois,*

リック教は，フランス人の大多数の宗教であることを承認する」とされ[21]，国家によってカトリック教が公認された。また，司教がその司教区において「神学校」(séminaire) を保有する権利が認められた（協定の11条）。しかし，それらの学校は，それゆえにこそ，その私的な教育施設の性格を失うのである。コンコルダによって，祭祀は国家の役務となり，聖職者は公僕となる。国家は，神学校に対して，厳格な監督というよりは，紛れもない支配を行う[22]。

他方で，コンコルダは，フランスの民衆教育の発展という観点から見ると有害である。総裁政府以来，私立学校は多くの司祭によって経営されてきたが，コンコルダによって司祭は祭祀職に戻った。彼らは「祭壇のために教壇を放棄する」[23]。爾来，私立学校は教職員に不足をきたし，閉鎖を余儀なくされるに至る。また，公立学校も困難に直面する。公立学校の設置場所に当てられてきた「司祭館」(presbytères) が，付属条項の72条により，聖職者に返却されることになったからである。市町村は，司祭館を立ち退かねばならない学校教師に，新たな建物を与えるためにか，補償金を支給するためにか，費用を拠出しなければならない。財政基盤の脆弱な市町村はこれを望まず，公立学校の設置を拒否する。コンコルダがフランスの教育に及ぼした影響は，まさに破壊的であった[24]。

第3節　「教育の自由」と教育独占の萌芽

1　シャプタル法案

執政政府による公教育再編過程で，まず法案作成を委ねられたのがシャプ

---

　　　décrets, ordonnances, règlements et avis du Conseil d'État, t. 13, 2ᵉ éd., Paris, Chez A. Guyot et Scribe, 1836, p. 89 et s. を参照。

[21]　尤も，ここではカトリック教が国教化されたわけではない。参照，井田洋子「フランスにおける国家と宗教―特にコンコルダ（政教条約）制度を中心として―」経営と経済68巻4号（1989年）212頁。

[22]　Louis-Grimaud, op.cit., p. 136.

[23]　Gontard, op.cit., p. 200.

[24]　Fourrier, op.cit., p. 62.

タル（J.-A. Chaptal）[25]である。シャプタルは，共和暦9年ブリュメール18日（1800年11月8日），「公教育に関する報告および法律案」（Rapport et projet de loi sur l'Instruction publique）[26]をコンセイユ・デタに提出した[27]。シャプタルの構想の特徴は，公教育の組織化を国家の責務として位置づけていること，および，「教育の自由」を承認していることにある[28]。その要点をかいつまんで説明しよう[29]。

---

[25] シャプタル（1756〜1832年）は，革命期には，その穏健な思想がジロンド派寄りと見なされ，1793年に一時逮捕された。しかし，その化学者としての才能を見込まれ，公安委員会から火薬生産の指導・監督を委ねられる。1798年には理工科学校（École polytechnique）の化学の教授となり，また，科学アカデミー（化学部門）に名を連ねることを認められた。翌年，第1執政（ナポレオン）によってコンセイユ・デタのメンバーに任命される。内相に任じられたのは1801年のことである。シャプタルの存在は，執政政府の重要な事業とは切り離せない。彼は，実際，政治的・経済的・宗教的・文化的な面における，国家のすべての国内的な活動に責任を負っていた。行政機構の再編プランをナポレオンに認めさせたのも，シャプタルである。他方，彼自身産業家でもあり，産業の振興に配慮した（彼は経済的自由主義の擁護者たるを自任していた）。また，産業振興の目的で技術教育の発展にも力を注いだ。1804年，シャプタルはナポレオンに内相の辞任を申し出る。自由主義者である彼には，執政政府体制から帝制への移行は認められなかった。それでもシャプタルへのナポレオンの信任は厚く，その後もナポレオンの没落まで要職を歴任した。Cf. Tulard, J. (dir.), *Dictionnaire Napoléon*, Paris, Fayard, 1989, pp. 401-402.

[26] Projet de loi sur l'Instruction publique については，Gréard, O., *La législation de l'instruction primaire en France, depuis* 1789 à nos jours, t.1, 2e éd., Paris, Delalain Frères, 1889, p. 168 et s. を参照した。Rapport については，Louis-Grimaud, *op.cit.*, p. 149 et s. に拠った。

[27] ティボードーによれば，シャプタルの報告および法案は，多くの点でタレイランやコンドルセの報告のような華々しい業績のうちの1つに数えられるものである。Cf. Thibaudeau, A.-C., *Mémoires sur le Consulat (1799 à 1804)*, Paris, Chez Ponthieu, 1827, p. 125.

[28] シャプタルが「教育の自由」へのコミットメントを明らかにするのは，革命期の教育の諸原理や国民公会に対する激しい反発・嫌悪があったためであるとされる。Cf. Ponteil, F., *Histoire de l'enseignement en France, les grandes étapes (1789-1964)*, Paris, Sirey, 1966, p. 95 ; Louis-Grimaud, *op.cit.*, p. 148.

[29] シャプタル案の詳しい分析として，成嶋隆「フランスにおける公教育法制の成立

シャプタルは、「教育は万人の要求であるから、政府は、教育を与える配慮を偶然に委ねてはならない」とする。国家は、国民の教育を受ける機会を保障しなければならない。「政府が、至る所に、公立学校を設立すべきであるということは、教育を保障する必要性、および、それを一般的なものとし、かつ万人の手の届く（accessible）ものとする必要性に由来する」[30]。ただし、そこからは教育義務は帰結されない。他方、シャプタルは教育の無償制が確立されることを望んだ。教師への最低400フランの報酬の支払いと、初等学校へのおよそ1,000万フランの支出が予定されていた[31]。

また、シャプタルは、「教育の自由」の原則を3つの側面で承認する。ここでは、そのうち、「教育する権利」（droit d'enseigner）の側面を見る[32]。シャプタルは、「教育は万人の要求である」とか、「教育を万人の手の届くところにおく」という命題から、国家の教育組織義務を引き出したが、同時に、国民は「教育を普及させることに協力する権利」（droit de concourir à la répandre）[33]を有するという結論をも導き出す。国家の教育組織義務は、国民の教育する権利の保有とは矛盾しない。「教育は万人の要求である」からこそ国家が教育の組織化を独占的に管掌するのだ、という独占の論理の契機は、そこには見いだされない。シャプタルは、「教育する権利」の承認を次のように表現している。「学校を開設し、また、公立学校の教師は信頼に値しないと考える人々の子どもを入学させることは、各人の権利である」[34]、「フランスにおける公教育は自由である。すべてのフランス市民が、その施設を設立することを認められる」[35]。また、シャプタルは、公権力に対する教師の教育の自由を強調する[36]。

---

(2)」法政理論（新潟大学）12巻1号（1979年）67〜71頁がある。

30　Louis-Grimaud, *op.cit.*, p. 149.

31　Cf. Gréard, *op.cit.*, p. 173 et s.

32　「教育の自由」には、ほかに、「学習する権利」（droit d'apprendre）と「教育方法の自由」（liberté des méthodes）の側面があると、シャプタルは言う。Cf. Louis-Grimaud, *op.cit.*, p. 150 et s.

33　*Ibid.*, p. 149.

34　*Ibid.*

35　Gréard, *op.cit.*, p. 169.

36　「権力機関は、教職に従事する者に対して、権力機関が任意の職業に献身する市民

シャプタル計画案は，結局，第1執政（ナポレオン）によって斥けられる。コンセイユ・デタ内務部は，ナポレオンの思想を深く理解していなかった。後に教育の国家独占を実施に移すナポレオンにとって，シャプタルの自由主義的な思想の産物を受け入れることは，蓋し，できない相談であった。

2　共和暦10年フロレアル11日（1802年5月1日）の法律[37]

シャプタルに代わって公教育組織計画案を立案したフゥルクロワ（A.-F. de Fourcroy）の法案が，共和暦10年フロレアル11日の法律となる。護民院および立法院での審議において，フゥルクロワ法案は概ね好意的に迎えられた。しかし，デュシェーヌ（Duchesne）だけが，護民院においてこの「反民主主義的な」[38]法案に全面的に反対し[39]，革命期に現われた教育の諸原理を擁護した。デュシェーヌが提起したのは，法案では有償とされていた初等教育の「無償制」の問題である。彼は，革命期にしばしば繰り返された言葉（「初等教育は国家的な負債（dette nationale）である」）を，力を込めて口にする[40]。かかる定式への批判は激しかった。その急先鋒は，エクサン゠プロヴァンスの弁護士で護民院議員のシメオン（Siméon）である。彼は，教育要求の権利性を肯定しつつも，教育の無償制が論理必然的に導出されるとは言えないとす

すべてに課す義務を要求する権利のみをもつ。権力機関は，この職業への従事が，何よりも公共の道徳にかかわるものであるだけに，ますます積極的に彼らの監督の任に当たる。政府の諸権限はその点に限定される。こうした明白な諸原理によれば，教育は自由であらねばならない」（Rapport）。Louis-Grimaud, *op.cit.*, p. 149.

37　Loi sur l'instruction publique. この法律の正文は，Duvergier, *op.cit.*, t. 13, p. 175 et s. を参照。

38　Fourrier, *op.cit.*, p. 64.

39　逆の意味で法案を難ずる向きもあった。つまり，法案における「宗教教育」の欠缺に対する批判である。ダリュ（Daru）は，革命期に創設された学校の不人気の原因であった，公教育における宗教の脱漏は，国家にとって危険なものになるとの見方を示した。Cf. Gontard, *op.cit.*, p. 205. しかし，共和暦10年法は，宗教教育に言及していない。これ以外に，同法が革命の諸原理を継承していると言いうるのは，僅かに，学校の組織化と，監督への聖職者の介入を認めていないことくらいであった。*ibid.*, p. 203.

40　*Ibid.*, p. 206.

る。そもそも，比較的安価に提供されている教育が利用されないのは，親が子どもに教育を受けさせる必要を認めないからではないのか。要するに，教育を利用しない大衆に無償でそれを与えることは無意味だ，というのである[41]。この論理でいけば，教育は社会の要求でも負債でもないことになるであろう。法案擁護者は，概ねこうした考え方に依拠するのであるが，その多数が抱懐していたのは，実は，無償制の実施に伴う財政負担増への危惧であった[42]。

共和暦10年法の特色として，中村睦男氏は次の3点を挙げている[43]。第1に，「公教育の目的が革命期の諸公教育計画にみられたように個人ではなく，国家的目的が全面に出てきたこと」，つまり「公教育の目的が単なる個人ではなく，父子関係を擬制することによって市民を国家に結びつけるものであること」，第2に，初等教育に関して教育の義務性と無償性が否定されたこと，第3に，公権力の介入が強化されたこと，である。第2点に関して言えば，共和暦10年の法律は依然として共和暦4年の法律（ドヌー法）の段階にとどまる[44]。同法の特色としては，第3の「公権力の統制の強化」[45]こそが注目に値する。なぜなら，同法によって，公教育の組織化および学校の運営・管理に関する公権力の統制は，中央集権的な行政機構の構築をもって貫徹されることとなったが，それは明らかに来るべき「ユニヴェルシテ独占」（monopole universitaire）の中央集権的な教育行政機構の樹立を予示するものだからである。執政政府は，まだ「独占」を築いてはいない。しかし，それは「独占の予備作業」（préliminaires du monopole）[46]であり，執政政府は「将来の国家による独占の基礎を作った」[47]と言うことができる。

41　*Ibid.*, pp. 207-208.
42　成嶋・前掲，74〜75頁。
43　中村睦男「フランスにおける教育の自由法理の形成(2)」北大法学論集24巻1号（1973年）81〜82頁。
44　Cf. Chevallier, P., Grosperrin, B., Maillet, J., *L'Enseignement français de la Révolution à nos jours*, Paris, Mouton, 1968, p. 43 ; Fourrier, *op.cit.*, p. 62.
45　この点については，成嶋・前掲，68頁以下が詳しい。
46　Fourrier, *op.cit.*, p. 61.
47　*Ibid.*, p. 64.

第4節　宗教勢力の復興と法律の失敗

1　初等教育における宗教勢力の復興

フランス革命は，教会を学校から切断し，教職員と教育課程を非宗教化し，教師を司祭の監督から解放した。しかし，公権力の教会への接近の結果，学校と教会の間で再び接触が図られる。執政政府が初等教育を等閑視し，中央権力の介入を控えた結果，アンシャン・レジームにおけるように，初等学校の問題は，地方の枠組みのなかで，つまり，市町村長，市町村会，住民および主任司祭の間で解決が図られることとなる。都市部では，慈善事務所（bureaux de bienfaisance）によって運営される，貧民のための無償の慈善学校（écoles de charité）と，市町村会によって助成され，授業料収入によって維持される有償の学校（écoles payantes）が発展する。しばしば，修道士・修道女が，そうした慈善学校の経営に当たった[48]。共和暦10年法の制定から第１帝制の初期にかけて，学校を創設・経営する聖職者の数は，ますます増加した。それに加えて，この時期には，教育修道会，特に女子教育修道会（congrégations enseignantes de femmes）の再結集・復興が見られる。

ナポレオンは，女子の宗教結社に反対ではない。修道女は子どもの教育と病人の看護に大きく貢献するものだと考えたからである[49]。ただし，修道会一般の法的な地位は，それらを非合法化した革命の間と，さほど変わっていない。執政政府の初期には，幾つかの女子救護修道会（congrégations hospitalières de femmes）が例外的に許可された。しかし，コンコルダは，宗教団体に関して如何なる言及もしていない。「付属条項」は，聖堂参事会と神学校の設立を認める一方で，その他のすべての教会機関を廃止していたが，かかる廃止対象として位置づけられていたのは，明らかに修道会であった。執政政府は，修道会を非合法とした革命期の諸法律を維持する姿勢を堅持した。とはいえ，許可された女子教育修道会が，（無許可の場合は行政当局の黙許を受けて）教育現場における従前の地位を取り戻した。また，男子修道会のな

---

[48]　Gontard, *op.cit.*, p. 219 et s.

[49]　*Ibid.*, pp. 223-224. なお，Louis-Grimaud, *op.cit.*, p. 65 et s. も参照。

かでも，キリスト教学校修士会（Frères des écoles chrétiennes）が帝制下で許可され，フランスの初等教育を担うこととなる[50]。

2　共和暦10年法の失敗

　結果的に見れば，共和暦10年フロレアルの法律によって創設された公教育システムは，ナポレオンの期待に応えるには程遠い状態だった。ナポレオンの創作であるリセの繁栄を阻んだものは，リセに対する親たちの嫌悪であった。その理由は，リセの教育と規律が全く軍隊的な性格をもっていたことにある。まさに，リセは「兵士を育成するための兵営（casernes）」[51]であった。他方で，リセにおける宗教教育の不十分さも災いしていた。シャプタルの後任として内相を務めたシャンパニィ（J.-B. de Nompère de Champagny）は，次のように記している[52]。「キリスト教徒たる生徒が育成されないのであれば，教育は存在しない。リセに，日曜日にミサを行う施設付司祭（aumônier）を配属するだけでは，この目的を達成することはできないだろう。宗教は，生徒の心と理性に深く刻印されなければならない。リセが宗教的な精神をもたず，〔リセの〕首長たちがそこに熱意と熱情を注がなければ，それは決して行われないであろう。ところが，こうした光景が見られるのは，ほんの僅かなリセだけである。政治的な偏見に帰される親の反感，有償の寄宿生が稀なこと，リセの不人気，および，リセが呈している不自然で不確かな状態は，その点に由来している。世論はこの点で一致している」。

　いずれにせよ，公教育システムの抜本的な改革が行われねばならないことは明白であった。かくて，第1帝制における教育改革が日程にのぼることになる。

50　*Ibid.*, pp. 225-226.
51　Louis-Grimaud, *op.cit.*, t. 4（L'Empire), p. 14.
52　*Ibid.*, pp. 15-16.

第2章　第1帝制におけるユニヴェルシテ独占の構築
　　　〜「独占」というナポレオン的解決〜

第1節　ユニヴェルシテ・アンペリアルの創設
　　　　（1806年5月10日の法律）

1　ユニヴェルシテ独占の輪郭

　ユニヴェルシテ・アンペリアル（Université impériale）は，アンシャン・レジームにおける「大学」（universités）とは異質のものである。フランス革命以前に存在した大学は，教師と学生の同業者団体（corporations）であり，学位授与権を独占し，現在でいう高等段階の教育ばかりではなく，初等・中等段階の教育も担当していた。アンシャン・レジームにおいて教会が教育をほぼ独占していたことは既に述べた。大学も教会による支配的影響力が及ぶ対象であった。フランス革命は大学を廃止した。ナポレオンは，大学に着想を得て新しい教育システムを構築した。それは，アンシャン・レジームの特権を享受する同業者団体ではなく，ユニヴェルシテ（Université）の名をもつ一種の国家的な教育団体である。ナポレオンは，教会ではなく皇帝に従属する新しい教育者団体（corps enseignants）を創造する。

　ユニヴェルシテ・アンペリアルは，如何なる教育段階であれ，公立であるか私立であるかを問わず，あらゆる教育施設と，その教師（初等教育の教師は除く）を，ユニヴェルシテの構成員として包括する。このシステムは，私立学校が国家的な組織に統合されていたという意味では，ブキエ法（共和暦2年フリメール29日の法律）と類似している。ユニヴェルシテ独占がブキエ法と相違しているのは，国家による私学教師への給与の支払いが行われないことである。しかも，それは「独占」であり，ブキエ法が「教育の自由」を認めていたのとは事情が異なる。ナポレオン独占とは，私立学校を全廃して国家が教育システムを文字通り独占するという性格のものではなく，教育者団体であるユニヴェルシテに私立学校を統合するものである。この統合は，学校教師の「公務員化」（fonctionnarisation）や，国家による教師への給与支

払いを意味しない[1]。

2　1806年5月10日の法律：ユニヴェルシテ・アンペリアルの創設

　ナポレオンは，フゥルクロワに法律案の作成を命じた。ナポレオンの意を忠実に受けて策定されたフゥルクロワ法案は，後のユニヴェルシテ・アンペリアルを方向づけるものとなる。そこでは，すべての公教育施設が，帝国全土にわたり，ユニヴェルシテの配慮と監督に委ねられるという原理が提示されている。ユニヴェルシテは公立学校のみならず，私立学校をも吸収する。私立学校は，ユニヴェルシテの事前の許可，その統制・取締に服せしめられる。ルイ゠グリモーの指摘によれば，許可は「自由を排除する制度形式である」から，「学校を開設しようとする市民が許可を得る必要性に迫られるということは，独占の存在を意味している」[2]。

　ユニヴェルシテの構想は，コンセイユ・デタの審議で，宗務大臣ポルタリス（Portalis）と内務大臣シャンパニィの反対に遭う。その際，ナポレオンの問いに答えて，革命後のフランスには国内的統合を可能ならしめる教育とその制度装置が必要であるとする立法院議長フォンターヌ（L. de Fontanes）の言こそは，まさにナポレオン自身の思想であったと言える[3]。結局，ナポレオンは，反対者に留意するためにせよ，作業の拙速を避けるためにせよ，立法院に提案すべき法案における公教育の詳細な組織化を行うことを放棄し，さしあたりユニヴェルシテの開幕を告げるだけの，以下のような3ヵ条の短い法案を用意させた。

　　第1条「ユニヴェルシテ・アンペリアルの名称の下に，帝国全土における公教育を独占的に委ねられる団体が形成される。」

　　第2条「教育者団体の構成員は，市民的な，特別の，かつ臨時的な義務を負う。」

1　Fourrier, C., *L'Enseignement français de 1789 à 1945, précis d'histoire des institutions scolaires*, Paris, Institut pédagogique national, 1965, p. 67 et s.

2　Louis-Grimaud, *Histoire de la liberté d'enseignement en France*, t. 4（L'Empire），Paris, Arthur Rousseau/Grenoble-Paris, B. Arthaud, 1946, p. 51.

3　中村睦男「フランスにおける教育の自由法理の形成(2)」北大法学論集24巻1号（1973年）86～87頁。

第3条「教育者団体の組織は，1810年の会期に，立法院に法律の形式で提出される。」

　1806年5月6日に立法院で朗読されたフゥルクロワの提案理由書は，中村睦男氏の要約によれば，「国力を構成する公人を養成するという教育の国家目的から教育に対する国家の権利と義務を導き出し，そして教育の画一性が要請されることを明らかにし，そのため国全体の教育を『帝国大学』という名称を有する教師団という一の権威に従属させる必要性を説〔く〕」[4]ものであった。そこには，ユニヴェルシテ・アンペリアルという教育独占体を形成し，その制度装置を利用して生徒に同一の思考・行動様式を刷り込み，その「画一化」(uniformisation) を追求しようとする思惑が現われている。ユニヴェルシテ独占によってこそ，国家の統一性ないしは統合状態を担保・表象する国民の「精神的統一性」(unité morale) が実現されるはずである。フゥルクロワの提案理由には，明らかに，執政政府期から追求されてきた教育の再編成の潮流が貫流している。結局，法案は，1806年5月10日，立法院において原案どおり可決された[5]。

第2節　ユニヴェルシテの組織化
（1808年3月17日のユニヴェルシテ組織令）

　ユニヴェルシテが実際に機能するためには原則の宣言だけでは不十分であり，それを組織化することが必要であった。1806年法の規定（3条）にもかかわらず，ナポレオンは，組織法令の準備を急ぎ，コンセイユ・デタによって採択された法案を，帝国デクレ (décret impérial) として裁可する。1808年3月17日に公布されたこのデクレ（「ユニヴェルシテの組織に関するデクレ」）[6]

---

[4] 同上，90頁。

[5] 1806年5月10日法の正式タイトルは，Loi relative à la formation d'un corps enseignant, sous le nom d'Université impériale である。正文は，Duvergier, J.-B., *Collection complète des lois, décrets, ordonnances, règlements et avis du Conseil d'État*, t. 15, 2ᵉ éd., Paris, Chez A. Guyot et Scribe, 1836, p. 359 を参照。

[6] Décret portant organisation de l'Université. 正文は，Duvergier, *op.cit.*, t. 16（1836），

は，同年9月17日のデクレ（「ユニヴェルシテ・アンペリアルについての規則を含むデクレ」）など，幾つかのデクレによって補完された[7]。

1 ユニヴェルシテ・アンペリアルの基本原則と学校組織

1808年3月17日デクレは144条からなる。ユニヴェルシテ・アンペリアルの基本原則は1条に明記されている。「公教育は，全帝国において，これを独占的にユニヴェルシテに委ねる」。「独占」の内容は，2条で明らかにされる。「如何なる学校，如何なる任意の教育施設も，ユニヴェルシテ・アンペリアルの外で，かつその首長の許可なしに，これを設立することはできない」[8]。3条では，「何人も，ユニヴェルシテ・アンペリアルの構成員となることなしに，かつ，そのファキュルテの1つによって学位を授与されるのでなければ，学校を開設することも，公的に（publiquement）教育を行うこともできない」と規定された[9]。

ユニヴェルシテ・アンペリアルの学校組織については，5条に規定がある。ユニヴェルシテ・アンペリアルは，控訴院と同数のアカデミー（académies）から構成され（4条），アカデミーのそれぞれに所属する諸学校は，以下のように階層化された。

①学問を深め学位を授与することを目的とする，高等教育段階に属するファキュルテ（Faculté），②古典語，歴史，修辞学，論理学，および数学・物理学の諸要素を教育する，後期中等教育段階に属するリセ（Lycée），③古典語の諸要素，歴史および科学の基本的な諸原理を教育する，前期中等教育段階に属するコレージュ（Collège），④コレージュと近似する教育を担う，私的教師によって経営される学校であるアンスティテュシオン（Institution），

---

p. 238 et s. を参照。

[7] 1808年9月17日のデクレの正式タイトルは，Décret contenant règlement pour l'Université impériale である。正文は，Duvergier, *op.cit.*, t. 16, p. 308 et s. を参照。なお，その他のデクレのカタログが，Louis-Grimaud, *op.cit.*, t. 4, p. 65, note（53）（54）に紹介されている。

[8] ここで言う「首長」とは，「総長」（Grand-Maître）を指す。

[9] 尤も，この条項の適用は，1808年9月17日のデクレの4条において，1815年1月1日からと定められた。

⑤アンスティテュシオンより下の段階の教育を担う，私的教師による経営のパンシオン（Pension），⑥読み書きと，計算の初歩的な概念を教育する，初等教育段階に属する「小さな学校」（petites écoles）すなわち初等学校である（5条）。なお，リセは国立の施設であり，コレージュは市町村立の施設である。

したがって，今や，何人といえども，ユニヴェルシテ・アンペリアルという1つの巨大な教育団体に加入し，そのヒエラルキーに組み込まれることなしには，帝国において教育することを許されない。私教育も「ユニヴェルシテに編入される」[10]。こうしたユニヴェルシテ独占は，前述したように，私教育を全廃して，唯一国家が主宰する「公教育」の体制を樹立するものではない。革命期に示唆・提案された形態の「独占」とは本質的に異なる。第1部で強調したように，子どもは，まずもって共和制国家の所有物であり，いわば二次的にその親に属するにすぎないという前提に立ち，国家こそが家族に優先してその子どもを教育する権利を付与されるという教育国家の原理を核心とする，ジャコバン的な独占（monopole jacobin）とは異質である。ルイ＝グリモーが言うように，「この独占〔ナポレオン独占〕は，原則として，私人の発意（initiative privée）によって創設された如何なる教育施設も廃止しない。それは，かかる教育施設を許可した後で，ユニヴェルシテの学校のヒエラルキーに，それらを統合するのである」[11]。

2　ユニヴェルシテ・アンペリアルの行政機構

ユニヴェルシテ・アンペリアルの行政機構は，①中央行政（administration centrale），②アカデミー行政（administration académique），③県行政（administration préfectorale）の3つに分類される。

(1)　中央行政

ユニヴェルシテ・アンペリアルの上部には，3種類の高級公務員，ユニヴェルシテ評議会，およびユニヴェルシテ視学官（inspecteurs généraux de l'Université）が位置する。

10　Louis-Grimaud, *op.cit.*, t. 4, p. 71.

11　*Ibid.*, p. 73.

① ユニヴェルシテの幹部

　総長・事務局長・財務局長の3種類の高級公務員が，ユニヴェルシテ行政のヒエラルキーの最上部に位置づけられており，そのなかでも，総長が筆頭の座を占める（29条）。彼らは皇帝によって任命され罷免される（50条・65条）。総長の職権は多岐にわたる。総長は，例えば，ユニヴェルシテの行政職およびコレージュ・リセの教授職への任命を行い（51条），リセの奨学生を任命し（53条），教育施設の開設および教育の許可を与え（54条），ユニヴェルシテの構成員の懲戒処分を行い（57条），ユニヴェルシテの学位を授与し（59条），ユニヴェルシテ評議会を主宰する（61条）。まことに，「ユニヴェルシテ・アンペリアルは，余（nous）が任命しかつ罷免する総長が，これを支配しかつ統御する」（50条）と言うに相応しい全能ぶりである。事務局長は，あらゆる行政上の業務を行う（67条）。また，財務局長は，特にユニヴェルシテの収支の問題を任され，リセ，コレージュ，および，アカデミーの他の教育施設の会計を監督して，それを総長とユニヴェルシテ評議会に報告する（68条）。

② ユニヴェルシテ評議会

　ユニヴェルシテ評議会は30名の構成員からなる（69条）。評議員の構成は次のとおりである（70条）。まず，終身評議員（conseillers à vie）の10名は，皇帝により，視学官とアカデミー長のなかから任命される。次いで，総長によって1年任期で任命される通常評議員（conseillers ordinaires）の20名は，視学官，ファキュルテの部長（doyens）および教授，リセの校長から選ばれる。ユニヴェルシテ評議会は，諸教育段階の学校の規則および規程に関して意見を述べ（76条），ファキュルテ・リセ・コレージュの行政に関する問題を審議し，これらの学校の予算を決定し（77条），ユニヴェルシテの構成員の懲戒処分を決定し（79条），リセ・コレージュにおいて配布される著作物を認可し（80条），視学官の報告を聴く（81条）等の権限を有する。

③ ユニヴェルシテ視学官

　総長によって任命される（90条）ユニヴェルシテ視学官は，ファキュルテ・リセ・コレージュの視察を行うことを任務としていた（91条）。

(2) アカデミー行政

　控訴院と同数のアカデミーが存在する。各アカデミーの上部には，アカデ

ミー長・アカデミー視学官・アカデミー評議会が位置する。アカデミー長は，5年任期で総長により任命される（94条）。アカデミー視学官は，アカデミー長の推薦に基づき総長により任命され，特にコレージュ・アンスティテュシオン・パンシオン・初等学校の視察を任務とする（93条）。アカデミー評議会は，アカデミー長によって主宰され（86条），アカデミーの学校の状態，あらゆる争訟事件について審理し，リセ・コレージュの会計を検査する（87条）。

(3) 県行政

県行政は，リセ・コレージュ・アンスティテュシオン・パンシオンに対する監督権のみを有する。この監督を行うために，副知事が知事により委任されることができる。先に見た共和暦10年フロレアル11日（1802年5月1日）法以来，教師は市町村によって任命されていたが，県行政は，教師に関する議決に同意するか，またはそれを拒否することができる。

第3節　ユニヴェルシテ体制における「教育の自由」

1　私学経営者・教師に課せられた許可要件

私学教師はすべて，ユニヴェルシテ体制下では教育許可を取得しなければならない。許可を取得するには，幾つかの条件をクリアする必要がある。例えば，1808年3月17日デクレには，「アンスティテュシオンの首長およびパンシオンの経営者は，ユニヴェルシテの総長から，その教育施設を経営する権限を与える資格証書（brevet）を取得しなければ，〔業務に〕従事することはできない」（103条）という規定がある[12]。各種教育職および行政職に携わるための要件は，「職務の性質および重要性に見合う学位を，種々のファキュルテにおいて取得」することである[13]。ただし，種々の学位要件[14]は，

12　なお，1808年3月17日デクレの公布時に既に職務に従事している者は，1808年11月1日以前に，総長に対して，「ユニヴェルシテ・アンペリアルに所属し，かつ，その構成員に課される義務を負う意向」を申告した場合に限り，許可を取得しうる（1808年9月17日デクレ13条）。

13　1808年3月17日デクレ31条。

14　例えば，同上デクレ31条1項・2項。なお，初等学校教師は，総長によって免許を

1808年9月17日デクレの11条により緩和された[15]。その結果，私学教育施設の関係者は，学位取得義務から解放される[16]ばかりか，逆に，ユニヴェルシテに組み込まれることにより，学位取得の容易化という「特典」すら享受しうることになる[17]。しかも，許可要件に服せしめられているとはいえ，一旦許可を取得すれば，教育施設を開設し，そこで教育を行う「権利」を得ることができる。

しかしながら，この「権利」はそもそも暫定的なものである。当局が許可を取り消せば，教育する権利は消滅する。許可保有者は，その職務を停止し，または，その経営する施設を閉鎖しなければならない。許可保有者は，自らに対する処分理由を明らかにするよう求めることはできない。当該処分の適法性・妥当性に異議を申し立てることもできない。ユニヴェルシテ当局は，その決定に理由を付すことができるが，それを明示する義務を負わない。私的な教育機関が公教育施設と競合したというだけで，許可の取消の理由となりえた[18]。「ここでの物差しは，絶対的な恣意なのである」[19]。まことに，ユニヴェルシテ体制においては，「ユニヴェルシテ当局は主権を有する」[20]と言えよう。

2 教育内容統制に向けられた権力意思[21]

1806年5月10日法の2条と1808年3月17日デクレの39条は，ユニヴェルシ

　　付与されねばならないとされた。Cf. Louis-Grimaud, *op.cit.*, t. 4, p. 77.
15　こうした種々の学位が要求されるのは，1808年9月17日デクレ4条の規定により，1815年1月1日以降である。そこで，「10年間，公教育において職務に従事したすべての個人は，総長から，彼らが果たす職務に見合う学位免状（diplôme du grade）を取得することができる」（同11条）との規定が，その暫定的な措置を補完する。
16　Louis-Grimaud, *op.cit.*, t. 4, p. 79.
17　参照，梅根悟監修＝世界教育史研究会編『世界教育史体系9─フランス教育史Ⅰ』（講談社・1975年）323頁〔志村鏡一郎〕。
18　Louis-Grimaud, *op.cit.*, t. 4, p. 81.
19　*Ibid.*, p. 82.
20　*Ibid.*, p. 81.
21　ユニヴェルシテ・アンペリアルにおける教育内容の特色については，中村・前掲，96～97頁参照。

テの構成員に対し,「市民的な種類」に属する義務と,「特別な義務」すなわち専門的な種類の義務を用意している（これらの義務は，ユニヴェルシテに所属する私学教師にも当然にその履行が要求される）。後者につき，教師は，公教育を貫徹している一般的な諸原理に則して，その授業を行う義務を負う。子どもに注入されるべき教育の精神を明示するのが，1808年3月17日デクレの38条である。それは以下のように規定する。

「ユニヴェルシテ・アンペリアルのすべての学校は，以下の事項を，その教育の基盤とするものとする。すなわち，①カトリック教の教訓，②皇帝，人民の幸福の受託者たる帝制，および，フランスの統一性と，諸憲法によって宣言された自由主義的なすべての思想の保持者たるナポレオン王朝への忠誠，③教育の画一性を目的とし，かつ，国家のために，市民を，彼らの宗教，彼らの君主，彼らの祖国および彼らの家族に愛着を抱くものとして形成することを目的とする教育者団体の規約への服従……である」。

「カトリック教の教訓」が，公教育たると私教育たるとを問わず，帝制の教育の実質的な基盤とされたことに注目すべきである。19世紀を通じ，（カトリック）教会とその擁護者は，教育の国家独占に反対する「教育の自由」の擁護者となる。しかし，ナポレオンが教育独占を樹立した当初は，彼らはナポレオンに全面的な支援を与えた。このパラドキシカルな事実を説明するものこそが，ユニヴェルシテ体制における教育の基本的な前提である。ナポレオン独占は，「教会に反対してではなく，教会とともに樹立された」[22]。コンセイユ・デタの原案では「キリスト教」という表現を用いていたのが，デクレでは「カトリック教」に入れ換えられた。総長のフォンターヌは，その協働者を特にカトリックから選んだ[23]。ユニヴェルシテには，カトリックの精神が深く刻印されることになる。

教育行政における聖職者の影響力の増大，教育修道会の復興などの与件は，ユニヴェルシテ体制がアンシャン・レジームに回帰していることを感じさせる。しかし，アンシャン・レジームが全面的に復活することはない。教会は，教師に対する司教・司祭の特権の法認を望んでいた。ユニヴェルシテの創設

---

[22] Fourrier, *op.cit.*, p. 71.
[23] 中村・前掲，98頁。

は，その好機だったはずである。しかし，ナポレオンは，教育の支配権を教会に委譲する意図を全くもたない。教育は，国家の，より正確にいえば，皇帝の専権事項であらねばならない。宗教は必要だが，皇帝とは違う意思をもつべきではない。それは皇帝の意のままに用いられるべきである。確かに，ユニヴェルシテの中心には「神と皇帝」がいる。しかし，そこに教会は含まれない[24]。

他方で，ユニヴェルシテの教育はナポレオンの精神を共有すべきものとされた。1808年3月17日のデクレの公布直後，その38条を補完する目的をもつ『帝国カテキスム』(Catéchisme impérial) が配布された。そこには，子どもが皇帝とその家族に対して果たすべき義務の詳細が規定されていた[25]。帝国のすべての教育施設における教育は，宗教原理のみならず，「権力への信頼しうる忠誠」[26]を深く刻印されることになる。帝国のすべての教育施設は，「宗教的かつナポレオン的な心性」(mentalité religieuse et napoléonienne)[27]を子ど

---

[24] カトリック教会が，アンシャン・レジームにおけるように，教育システムにおいて支配的な地位を享受できないことは，既にコンコルダで，カトリック教が「国教」として樹立されなかった事実に予示されていた。1808年，総長フォンターヌは，初等教師への免許の付与に当たり，司教に対して，免許申請者の適性の判断材料を提供するよう次のように依頼する。「私は，私の見解を決めるために不可欠な情報を，諸君に期待している。私は諸君にあえてお願いしたい。つまり，諸君の司教区の司祭に，彼らの小教区の学校教師に関する詳細な覚書を諸君に送るよう依頼してほしい，と。これらの覚書が集まったら，諸君は，自身の見解を付して私宛てにそれらを送っていただきたい。これらの情報に従って，私は，諸君の投票に値した教師を認証するであろう。その教師は，その職務を継続することを認められる免許を取得するであろう。同様の保証を与えない教師は，この免許を取得しないであろう。私は，諸君が最も適格であると判断した者によって，すぐさまその〔不適格な〕教師を置き換えるよう配慮しよう」と。フォンターヌは，聖職者にアンシャン・レジームの特権を再び与えた。しかし，彼は内務大臣の叱責を受ける。内務大臣は，総長宛ての書簡（1809年11月23日付）で，「その行政機構とは無関係の吏員〔聖職者〕ではなく」，「その吏員を採用すべきである」との見解を伝えている。Cf. Fourrier, *op.cit.*, pp. 71-72 ; Gontard, M., *L'enseignement primaire en France, de la Révolution à la loi Guizot* (*1789-1833*), Paris, Les Belles Lettres, 1959, p. 248.

[25] Cf. Louis-Grimaud, *op.cit.*, t. 4, p. 89 et s.

[26] *Ibid.*, p. 95.

もたちに植えつけるはずである。革命期の共和主義者たちも，公教育における共和主義精神の鼓吹を夢想していた。しかし，ナポレオンのシステムは，それとはおよそ異なる。「確かに，革命期のいくつかの法律は，共和主義の諸原理の教育を必修としていた。しかし，学校と権力の座にある政府との間の忠誠の関係を設けるものはなかった。この忠誠の関係は個人的な性格をもつ。なぜなら，その受益者は，まさに皇帝とその王朝だからである」[28]。

3 「教育の自由」の現実～自由の消滅と独占下の私学の繁栄

ナポレオン帝制が「教育の自由」に何らかの配慮を示したことの証左は見いだしがたい。ナポレオンにとって，教育の統一性（unité de l'enseignement）と精神の統一性（unité morale）を担保するためには，それと同時に，行政的な統一性（unité administrative）が必要であり，国家の中央集権的な行政機構を模して，集権的な教育行政機構が組織化されねばならない。そうして構築されたのが，ユニヴェルシテ・アンペリアルである。教育は，帝国全土において画一的なものであらねばならず[29]，「ユニヴェルシテが公式に表明する諸原理」がその原動力とされねばならない[30]以上，私学教師は，教育方法や教材の選択において自由を認められるはずもない。ユニヴェルシテ体制の構築が「教育の自由」に及ぼした影響については，次のように言われる。「自由は消滅した。その代わりに，ユニヴェルシテ独占が君臨した」[31]，「強固に階層化されかつ構造化されたユニヴェルシテにおいては，あらゆる自由の思想が完全に消滅した」[32]。ユニヴェルシテ体制は，「すべての自由教育施設〔私立学校〕への死刑判決」[33]である。

それでも，帝制期に，初等教育において中心的な役割を果たすのは「私学

27　*Ibid.*, p. 96.
28　Fourrier, *op.cit.*, pp. 69-70.
29　1808年3月17日デクレの38条3項および106条。
30　同上デクレ105条。
31　Petit, A., *L'évolution de la législation française en matière d'enseignement*, Paris, Arthur Rousseau, 1924, p. 33.
32　Monchambert, S., *La liberté de l'enseignement*, Paris, P.U.F., 1983, p. 35.
33　Buisson, F.（dir.）, *Dictionnaire de pédagogie et d'instruction primaire*, t. 2, Paris, Hachette, 1887, p. 1580.

教育」である（その担い手は，特にキリスト教学校修士会である）[34]。中等教育段階でも私学教育の繁栄が見られた[35]。強固に組織化されたかに見えたユニヴェルシテも，ナポレオンが期待したような成果をもたらさない。親は，国公立のリセやコレージュよりも，私立のアンスティテュシオンやパンシオンを選択した[36]。私学勢力を抑制し，リセやコレージュへの就学を確保しようとしたナポレオンのもくろみは頓挫する。それゆえますます，私教育の力を減殺すべきであると考えられるようになった。私学教育に対する国家支配を強化・貫徹し，ユニヴェルシテ体制の完成を企図する1811年のユニヴェルシテ改革[37]が政治日程にのぼることになる。

---

34 初等学校の教師は，ユニヴェルシテに所属することを許されなかった。その代わり，ユニヴェルシテ当局から直接，資格を問われることもなく，宣誓する義務もなかった。彼らのなかで唯一例外的にユニヴェルシテに所属することを許されたのが，キリスト教学校修士会の修道士である。以前から修道士の復権は徐々に進められていたが，1808年3月17日デクレは，彼らを法的無能力から解放した上に，修道会の立場を強化しさえした（同109条「キリスト教学校修士会修道士は……総長によって免許を付与されかつ奨励される」）。彼らは，再び民衆教育において重要な役割を果たすようになる。この点で，こと初等教育に関するかぎり，アンシャン・レジームへの回帰という現象が指摘される。なお，キリスト教学校修士会については，Louis-Grimaud, *op.cit.*, t. 4, p. 239 et s. が詳しい。

35 この点を吉田正晴氏は次のように説明する。私立中等学校（アンスティテュシオンやパンシオン）は，一旦許可を受ければ，閉鎖要件の限定性や閉鎖手続の複雑性ゆえに，容易に消滅させることができなかったので，「1808年の法制により，私立学校の閉鎖は却って困難となった。すなわち『教育の独占』を宣言し，以て，私教育の自由を抑制しようとしたはずのこの法制は，『教育の自由』を消滅させるどころか，逆にこれを補強したとさえいうことができる」。吉田『フランス公教育政策の源流』（風間書房・1977年）281頁。

36 中村・前掲，99頁。

37 ナポレオンの改革意思を具体化する1811年11月15日のデクレ（「ユニヴェルシテ体制に関する帝国デクレ」〔Décret impérial concernant le régime de l'Université. Duvergier, *op. cit.*, t. 18, p. 48 et s.〕）には2つの目的があった。1つは，リセとコレージュを発展させるために，私立学校を空にすること，すなわち，アンスティテュシオンやパンシオンといった私立中等教育施設に大幅な規制を加えることであり，もう1つは，同じく私立中等教育施設である「小神学校」（petit séminaire）の発展を食い止めることである。Cf. Louis-Grimaud, *op.cit.*, t. 4, p. 365. 確かに，ナポレオンがユ

第4節　ナポレオンにおけるユニヴェルシテ独占の意義

1　宗教優遇策の背景

ナポレオンは修道会（特にイエズス会）を模倣してユニヴェルシテを構想した。ナポレオンは言う。「私が望むのは，教育者団体の構成員が，かつてのように宗教的な誓いではなく，公証人または治安判事，あるいは知事，あるいは他のあらゆるものの前で，世俗的な誓いを行うことである。……彼らは，彼らの先人たちが教会と結婚したように，教育と結婚するであろう」[38]。ユニヴェルシテは世俗的な団体である。にもかかわらず，その教育の基盤としてカトリック教の教訓が予定され，ユニヴェルシテ総長の椅子には，宗教勢力に迎合的な姿勢をとるカトリック教徒のフォンターヌが座っている。事務局長は司教のヴィラレ（Villaret）である。公立中等学校の教授と幹部は司祭であることが多かった[39]。ユニヴェルシテは，その教育内容も行政機構も強く教権主義化されている。ユニヴェルシテ当局と教会当局の間で，原理上の意見の対立が存在した証拠はない[40]。ナポレオンの思想を忠実に再現したとされる1806年のフゥルクロワ報告には，「宗教は公教育の施設において尊重される」との言明があり[41]，ユニヴェルシテにおける宗教の地位の高さを示唆している。

しかし，ナポレオンが宗教（団体）に与える優越的地位は，政治的な情勢判断の産物であって，それ以上のものではない。彼は，共和暦10年フロレア

ニヴェルシテの改革に乗り出したのは，リセとコレージュを衰退させている私立中等教育施設の繁栄に業を煮やしたからである。しかし，さらに深くその改革の動機を探るとすれば，それは，かかる教育施設において与えられている教育の反ナポレオン王朝的な精神にあった。ナポレオンは，この改革を機に，フランスの若者の教育における画一性を最終的に実現しようとしたのである。*ibid.*, p. 357.

38　Chevallier, P. et Grosperrin, B., *L'Enseignement français de la Révolution à nos jours*, t. 2（Documents）, Paris, Mouton, 1971, p. 64.

39　Cf. Fourrier, *op.cit.*, p. 71; Louis-Grimaud, *op.cit.*, t. 4, p. 139.

40　Louis-Grimaud, *op.cit.*, t. 4, p. 141.

41　Aulard, A., *Napoléon Ier et le monopole universitaire, origines et fonctionnement de l'Université impériale*, Paris, Armand Colin, 1911, p. 155.

ル法におけるリセの失敗が，子どもの宗教的な育成を期待する家族の意向に沿うことができなかった結果であることを知っていた。とすれば，将来，公務員と兵士として，フランスの官僚機構と軍事組織の一翼を担う子どもたちを育成すべきユニヴェルシテへの就学を確保するためには，ユニヴェルシテの教育は宗教的色彩を帯びねばならないはずである。カトリックに深く帰依する多くの家族の期待に応えることと，彼らに大きな影響力をもつ教会を抱き込むこと。ユニヴェルシテ体制の成否は，その点にかかっていた。ナポレオンは，宗教が利用可能性に優れていなかったら，それに卓越した地位を与えようとはしなかったであろう。「我々に必要な人間を創るために，私は神とともにいるであろう」[42]という彼の言葉は，この文脈で理解できよう[43]。

ナポレオンは男子修道会に疑念を感じていたが，初等教育の領域で大きな影響力を維持していたキリスト教学校修士会の修道士だけは例外であった。彼らは民衆教育にとって不可欠だったからである。ナポレオンは，それを「有用性」(utilité) という言葉で表現している[44]。ナポレオンの行動準則は，まさに「有用性」にのみあったと言える[45]。「民衆には宗教が要る。その宗

---

[42] Cité par Louis-Grimaud, *op.cit.*, t. 4, p. 45.

[43] 歴史家のイポリト・テーヌは，次のように述べている。「彼〔ナポレオン〕は，ローマとフランスの聖職者を味方につけようとする。彼は宗教を最も高い位置におくように見える。しかし，それは……飾り物の地位でしかない。彼は，内奥の信仰をかきたてること，または，それを保持することにすら，関心をもたない。それどころか，彼は，『若者が，過度に信仰に固執せず，また過度に信仰を嫌悪しないようにしなければならない。彼らは，国と社会の状態に相応しいものとされるべきである』と述べている」。テーヌによれば，ナポレオンの作業は，全く彼自身のために行われたのであり，教会のためなどではさらさらない。それどころか，彼は教会を押しのけようとした。テーヌは言う。「彼はユニヴェルシテを造ったが，それは，第１に，そして特に，『司祭から教育を奪うため』〔ナポレオン自身の言葉〕なのである」。事実，テーヌの引用によれば，ナポレオンは，「私は，司祭が公教育に口出しすることを望まない」とし，また，「１つの教育者団体の創設は，修道士（moines）の復活に対する保証となるだろう。彼らは，それがなければ，すぐにでも復活したであろう」と述べている。Taine, H., *Les origines de la France contemporaine*, t. 11, Paris, Hachette, 1899, pp. 222-224.

[44] Chevallier et Grosperrin, *op.cit.*, p. 76.

[45] Louis-Grimaud, *op.cit.*, t. 4, p. 269.

教が政府の手中になければならない」[46]と，ナポレオンは言う。レジームの利益に奉仕する限りにおいて，宗教はユニヴェルシテにおいて優遇されるであろう。だが，そのときそれは「官製宗教」(religion officielle)[47]でしかない。

2　中等教育における体制エリートの創出と初等教育の等閑視

　ナポレオンにとって，中等教育の組織化こそは，執政政府以来の公教育体制刷新事業における中心的な関心事である。初等教育はナポレオンの関心を引かない。帝制期の諸立法でも，初等教育施設について特に規定が設けられることはなかった[48]。執政政府期の教育法制が存続し，初等教育施設の設立は個人や市町村に任されていた[49]。特にキリスト教学校修士会の役割が大きい。では，中・高等教育，とりわけ中等教育段階が重視された理由とは何か。モーリス・ゴンタールによれば，哲学者デステュット・ド・トラシ（Destutt de Tracy）が，労働者階級と知識階級の区別を前提とした上で提示する結論，すなわち，「よく統治されたあらゆる国家においては，互いに何ら共通性のない2つの完全な教育システムが存在すべきである」との結論に，その理由を見いだすことができる[50]。要するに，エリートやブルジョワだけが教育されるべきなのであり，国家が多額の負担を行うのは，かかるエリートを従順かつ有能に育成するためにほかならない，ということである。「帝国の幹部を養成すること，それが，ナポレオンによってユニヴェルシテに与えられた目的であった」[51]。

　ナポレオンは，フランス革命において掲げられた「平等」の理想を放棄

46　オクターヴ・オブリ編（大塚幸男訳）『ナポレオン言行録』（岩波文庫・1983年）95頁。

47　Renan, E., *La réforme intellectuelle et morale*, Paris, Calmann-Lévy, 1884, p. 322.

48　中村・前掲，93頁。

49　とはいえ，初等学校が全く自由であったわけでは勿論ない。ゴンタールによれば，ナポレオンは「初等教育の学校を等閑視していた」から，国家関与の射程も限定されるのであるが，それでも，帝制国家は「アンシャン・レジームにおけるように『小さな学校』と公式に呼ばれる初等教育施設の監督を強化し，また，民衆学校で与えられる教育を明確に規定するため」に干渉するのである。Cf. Gontard, *op.cit.*, p. 238.

50　*Ibid.*, p. 204.

51　Tulard, J., *Napoléon, ou le mythe du sauveur*, Paris, Fayard, 1987, p. 317.

し[52]，革命の彼岸で，アンシャン・レジームのアリストクラシーの伝統と手をつなぐのである。ナポレオンは，事実，社会的位階制の復活を企図し，レジオン・ドヌール（Légion d'honneur）勲章を設け（1802年），帝制貴族（noblesse impériale）を創設した（1808年）。そうした制度装置を通じて，彼の権力基盤である新興ブルジョワジーを中心とした諸階層をレジームに包摂し，新しい指導者階級を形成することが必要だった。中等教育も，そうした社会的・政治的エリートの予備軍を育成するための制度装置として整備されたのである[53]。まさしく，パルメロが言うように，ナポレオン的な創作物であったリセは，「その公務員の苗床（pépinière）」であり，「中等教育は，全くブルジョワ階級のために組織される」[54]。

---

[52] しかし，ナポレオンが全面的に社会的平等を放棄したとは言えないであろう。それは，その独裁的な権力行使の前提として，プレビシット（plébiscite）により人民の同意を獲得するという手法が採用されたことにも示される。ナポレオンが常套手段としたプレビシットは，それがたとえ外被にすぎないものではあったにせよ，独裁権力の執行においてデモクラシーを標榜する契機を内包させる。こうしたナポレオンの手法の特徴を，ルネ・レモンは，必ずしも平等を排除しないが，しかし自由を停止しまたは廃止する，「デモクラシーと権威の同盟」と表現している。Rémond, R., *La vie politique en France depuis 1789*, t. 1 (1789-1848), Paris, Armand Colin, 1965, p. 224. それこそは，ボナパルティスムの「根本的な独創性」（originalité profonde）を示すものであった。

[53] 徳永千加子氏は，中等教育の組織化の問題が重要視された理由として，中等教育が，「支配階級＝選挙権所有階級の子弟を教育する場であったこと」を挙げている。徳永「第1帝制・復古王政下の教会中等学校問題」早稲田政治公法研究33号（1991年）259～260頁。ところで，ナポレオンは，初等教育について如何なる考え方をもっていたのだろうか。ジュール・シモン（Jules Simon）は，それを次のように表現する。「第1執政〔ナポレオン〕は，さほど哲学的ではないが，まことに実利的であった。……彼は後に，公権力担当者を選任する市民すべての権利についてそうするであろうように，初等教育を受ける市民すべての権利を気にかけることはしないのである。彼は，大衆が自分の手で仕事をするように，また，特に国旗の下に服従しかつ死ぬように，彼らを使いたいのである。とすれば，読み書きができる必要はない。彼に必要なのは，教養ある士官と工場長である。ゆえに，彼は初等教育をできるかぎり放置するのである」。Cité par Delfau, A., *Napoléon Ier et l'instruction publique*, thèse pour le doctorat, Paris, Albert Fontemoing, 1902, p. 37.

[54] Palmèro, J., *Histoire des institutions et des doctrines pédagogiques par les textes*,

ナポレオンが初等教育を重視するのは，帝制末期のことである[55]。そのとき彼には，初等教育を組織化するための時間は，もはや残っていなかった。

3 ユニヴェルシテの根本目的

ナポレオンが，ユニヴェルシテ・アンペリアルを創設することによって追求しようとした根本的な目的とは何であろうか。彼の有名な定式がある。「固定した諸原理を伴う教育者団体が存在しないならば，固定した政治的状態は存在しないだろう。人が，子どもの頃に，共和主義者となるべきか，または王党主義者となるべきか，カトリックとなるべきか，または無宗教となるべきかを学ばないかぎり，国家は１つの国民を形成しないであろう。それは不確実でかつ曖昧な基盤に立脚するであろう。それは常に混乱と変化に曝されるであろう」[56]。これは，社会的・体制的な安定を得るのに必要な国民の精神的な統一性を，教育を通じて保障しようとする意思の表明である。ナポレオンは言う。「教育者団体が１つであるとき，それを推進する精神は，必然的に１つであるだろう」[57]。教育者団体は国家によって利用される以上，これは国家独占である。国民の精神的な統一性を最も効率よく実現するための工夫である[58]。

ユニヴェルシテの創設は，「教育の自由」原理の廃止を意味する。実際，

Paris, S.U.D.E.L., 1958, p. 287.

[55] Cf. Delfau, *op.cit.*, pp. 44-45 ; Nique, C., *Comment l'École devint une affaire d'État*, Paris, Nathan, 1990, p. 11 et s.

[56] Cité par Louis-Grimaud, *op.cit.*, t. 4, p. 43.

[57] Cité par Aulard, *Napoléon Ier et le monopole universitaire*, p. 155.

[58] 「ナポレオンは，彼がその警戒心を振り払おうとしている古いフランスと，抑えると同時に充足させたいと考える新しいフランスに対峙している。彼は，それらを２つとも共通の精神で導くことにより，彼のもとで和解させようとする。そのために相応しいものは，信者の息子が彼らの宗教を，またジャコバンの息子が〔17〕89年の尊重を再び見いだすであろう，１つの世俗的な団体以外にはないようだと，彼は考える。この新しい教育の諸原理は，若年の子どもたちに，より類似した心情を生ぜしめることによって，明日のフランスの統一性を用意するであろう。そして，国が強力な凝集力を授けられると同時に，君主は忠誠を尽くされるであろう」。Dudon, P., «Le Centenaire de la fondation de l'Université», *Études*, t. 117, 1908, p. 601.

ナポレオンが1789年の諸原理を考慮することは，ほとんどない。革命から引き継がれたものは，僅かに，一兵卒が将軍にまで昇進しうるという意味での機会の平等と，ブルジョワジーの支持を獲得するための，所有権の神聖性の確認にすぎない。他の公的自由は踏みにじられる。憲法で保障されたはずの安全への権利やプレスの自由すら侵される[59]。ユニヴェルシテ独占の特質は，何も教育領域に特有のものではない。テルミドール以後の国内の秩序回復に対する国民の要求は，強力な政府の待望に結びつく。強力な政府は，国内の社会秩序の回復と，そのためにも必要な国民精神の破綻なき統一性を実現すべき制度装置を構築する。それがユニヴェルシテである。「ナポレオンは，国益という，より現実的なヴィジョンをもつ。教育の自由ではなく，共通原理，画一的な教理のヴィジョンである。〔ナポレオンにとって〕国家の思想，すなわち，人がそれを考えるよう彼が望むところのものに従って中枢を形成し，『公共の秩序にとって有害かつ破壊的な諸理論』を抑制し，かつ，すべての精神を，同一の政治的・社会的な理想の方へと向かわせることが肝要なのである」[60]。

ユニヴェルシテにおいて，ナポレオンは，国民に政治的なコンフォーミスムを強制する。そのとき教育は，権力意思の発動の一形態にすぎない。ナポレオンは，「教育の並外れて大きい力を知っていたので，フランスをその人格とその王朝に結びつけることのできる支配の道具として，教育を利用しようとした」[61]。ナポレオンにとって，皇帝とはすなわち国家であると言ってよい。ただ，ユニヴェルシテ体制を，専らナポレオンの個人的支配権の確立を目的とする道具としてのみ理解するとすれば，それは皮相な見方であろう。ユニヴェルシテ体制には，教育独占を強烈に帰結する「国家理性の優越」という至上命題が胚胎している。フランス革命から継承した国民の精神的統合という重要課題を，ナポレオンは，ユニヴェルシテ独占という手段を用いることによって強権的に解決しようとしたのである。ナポレオンは，教会による教育の準独占状態への全面的な回帰も，ジャコバン主義的な国家教育の観

59　Cf. Lebreton, G., *Libertés publiques et droits de l'homme*, 5ᵉ éd., Paris, Armand Colin, 2001, p. 82.
60　Ponteil, *op.cit.*, p. 124.
61　Petit, *op.cit.*, p. 31.

念の復活も排斥した。その意味で，彼が創った独占モデルは，その射程が割合に限定されている。一面で，ナポレオン個人とその王朝への忠誠を確保する役割を担わされたのも確かである。しかし，ユニヴェルシテ体制が，ポスト革命のフランスの国家課題を達成する機能を営みうる条件を備えていたこともまた間違いない。ナポレオンの独占モデルは，以後，その原初形態を失ってゆく。しかし，その基底に存する原理は，近代国民国家の確立という歴史的命題からの本質的要請として，継続してゆくのである。

第3章　復古王制における「独占」の継承
～「独占」の利益と「教育の自由」の要求～

第1節　1814年憲章とフランスにおける議会主義の生成

　1814年3月，ナポレオンはヨーロッパ連合軍に敗北を喫し，パリは開城する。ナポレオン帝制の後に来たのはブルボン王制であり，ルイ16世の弟のルイ18世が国王となる。元老院（Sénat）は，上層・中層ブルジョワジーの熱望を要約し，「国民主権」を定める憲法草案を採択する。君主制的正統性原理に多くの制約を設け，伝統的な君主制の復活を拒否する元老院は，この点で革命の諸観念を受け継いでいる。そのため，ルイ18世はこれを拒絶し，後に「憲章」（Charte constitutionnelle）[1]が国民に与えられる。国民主権と根本的に関係を断つ憲章は，アンシャン・レジームの正統性を復活している。1814年憲章が，国王によって与えられる憲章であるということは，もはや権力の規定は人民には諮られず，その同意は問題とされないということである。ルイ18世は，こうした見地から，革命と帝制が，フランスの君主制の歴史における〈脱線〉でしかないことを示そうとしたと言うべきであろう[2]。

　「授与」（octroi）の論理的必然として，1814年憲章前文は，王権の基盤が神の摂理とブルボン家の歴史的権利であることを確認し，権力の正統性原理として王権神授説を採用する。「授与」の論理は，「憲章以前の至上権」（puissance souveraine antérieure à la Charte）[3]に依拠するものであり，「国王はその正統性を彼自身から受け継ぐ」[4]。しかし，1789年以前の君主制を「復活

---

[1] 正文は，Duguit, L., Monnier, H., Bonnard, R., *Les constitutions et les principales lois politiques de la France depuis 1789*, 7e éd., Paris, L.G.D.J., 1952, p. 168 et s. を参照。

[2] Guchet, Y., *Histoire constitutionelle française (1789-1958)*, 2e éd., La Garenne-Colombes, Éditions Européennes ERASME, 1990, p. 145.

[3] Morabito, M. et Bourmaud, D., *Histoire constitutionnelle et politique de la France (1789-1958)*, 3e éd Paris, Montchrestien, 1993, p. 176.

させる」ことは問題になりえない。革命以来，単に政治的なものだけではなく，精神的，社会的および経済的な根本的転換が生じた。憲章は，王権を，その絶対主義，その統一性および単一性において，再興することはできない。国王主権は，その行使において大幅に緩和される。それゆえ，再建された君主制は，アンシャン・レジームの絶対君主制ではなく，新しい君主制すなわち「制限君主制」となる[5]。

憲章は，立法機関として，国王任命の世襲議員（貴族）からなる「貴族院」（Chambre des pairs）と，財産資格に基づく制限選挙によって選出される議員からなる「代議院」（Chambre des députés）を設けた。国民意思の表明は大幅に制限されていたが，選挙人団の存在によって国王主権も限定されざるをえない。「まさにこの点にこそ，このレジームを特徴づける妥協の，そしてほとんど取引（marchandage）と言ってもいい，最も明確な特性が表れている。憲章による君主制は，双頭政治（dyarchie）である。権力は国王と寡頭支配者（oligarchie）が分有している」[6]。制限選挙制は，「特定の社会階層に政治的影響力を留保する手段となる。納税額に基づく代表制は，……寡頭政治，より正確に言えば，それが金銭に基礎づけられている以上，金権政治（ploutocratie）となる」[7]。当時の税制の支柱は土地所有に対する地租であったために，納税額に基づく制限選挙制は大土地所有者に圧倒的に有利な制度であった。

彼らは，反革命の熱情をもつアンシャン・レジームの信奉者であった。そのため，反アンシャン・レジームという一致点で革命家・自由主義者がボナパルティストと結束するのを見て，革命の再来を阻止するには，断固たる反革命政策を実施し，世襲王位の堅固な母体であるアンシャン・レジームの社会構造を回復しなければならないと考える。すべてはルイ18世の決断にかかっていた。しかし，彼はユルトラ（ultra-royalistes：過激王党派）や彼の弟

---

[4] Rémond, R., *La vie politique en France depuis 1789*, t. 1 (1789-1848), Paris, Armand Colin, 1965, p. 269.

[5] Prélot, M. et Boulouis, J., *Institutions politiques et droit constitutionnel*, 11e éd., Paris, Dalloz, 1990, p. 403.

[6] *Ibid.*, p. 406.

[7] *Ibid.*, p. 407.

（後のシャルル10世）の気分を共有しない。彼は「２つの国民の王になりたくはない」と述べる。その希望を実現するには，「立憲君主制の制度，イギリス型の議会制が，対立の緩衝装置（amortisseur）のように思われた」[8]であろう。こうして，復古王制においてフランスの議院内閣制（parlementarisme）が緒につくことになる[9]。

なお，1814年憲章は，王権神授説を採用しカトリックを国教とするなど，復古的な国家編成原理を打ち出す一方で，「フランス人の公権」（Droit public des Français）というタイトルの下に人権の基本的な部分を認めてもいる。こうした一定の自由主義原理の承認と議院内閣制の導入という事実は，民衆教育の発展にも影響を及ぼすことになる[10]。

第２節　ユニヴェルシテ体制の維持と教育の自由①
　　　　〜ルイ18世治下の自由主義的君主制期（1814〜1820年）

復古王制期におけるフランスの教育再編成過程は，その政治過程の画期に従って，大きく３つの時期に区分される。第１期は，復古王制の成立から1820年までの，ルイ18世の自由主義的な君主制の時期，第２期は，1820年のベリー公暗殺事件から1827年までのユルトラ反動期，第３期は，復古王制の晩年に当たり，穏健王党派の権力復帰（1828年）から７月革命までの時期である。

１　第１復古王制におけるユニヴェルシテ

帝制の崩壊後，ユニヴェルシテは，消滅する運命にある帝制の基本的な諸制度の１つであるように見えた。しかし，それは解体や根本的な改革を免れ，王制により（暫定的なものとしてではあるが）維持された。今度は，皇帝にで

8　Chevallier, J.-J. et Conac, G., *Histoire des institutions et des régimes politiques de la France de 1789 à nos jours*, 8ᵉ éd., Paris, Dalloz, 1991, p. 144.

9　参照，モーリス・デュヴェルジェ著（時本義昭訳）『フランス憲法史』（みすず書房・1995年）89頁。

10　Cf. Gontard, M., *L'enseignement primaire en France, de la Révolution à la loi Guizot（1789-1833）*, Paris, Les Belles Lettres, 1959, pp. 269-270.

はなく王権に仕えるために[11]。しかし，復古王制が開始された当初は，王党派，カトリック教徒，自由主義者から，ユニヴェルシテは激しく攻撃された[12]。1814年4月8日に臨時政府によって採択されたアレテの内容[13]は，ナポレオン帝制における「国家教育の原理そのものの否認」[14]を意味するものであった。このアレテに示された自由主義的な原理は，将来の公教育の発展を約束するはずであった。「それを希望できたように，公教育は，もはや権威主義的な精神ではなく，自由主義的な精神によって推進されるであろう」[15]。1814年6月22日のオルドナンス[16]は暫定的にユニヴェルシテを維持したが，その後，1814年10月5日のオルドナンス[17]が，ナポレオン的な制度からの離脱を明確にした。それは，「小神学校」の，ユニヴェルシテからの分離・独立を明言するとともに，他方で明らかに，教会勢力が教育に対する影響力を拡大するのを後押しするものであった。これは，復古王制における教

11　Fourrier, C., *L'Enseignement français de 1789 à 1945, précis d'histoire des institutions scolaires*, Paris, Institut pédagogique national, 1965, p. 82.

12　Cf. Louis-Grimaud, *Histoire de la liberté d'enseignement en France*, t. 5（La Restauration）, Paris, Rousseau, 1951, p. 7.

13　「子どもの教育の形態および方針に関するアレテ」（Arrêté concernant les formes et la direction de l'éducation des enfants）。Duvergier, J.-B., *Collection complète des lois, décrets, ordonnances, règlements et avis du Conseil d'État*, t. 19, 2e éd., Paris, Chez A. Guyot et Scribe, 1834, p. 9. そこでは，「子どもの教育の形態および方針〔の決定〕は，父親と母親，後見人または家族の権限とされる。……親が要望しないのに，小学校，リセ，アンスティテュシオンおよびその他の公教育施設に入れられた子ども，または，親が呼び戻す子どもはみな，直ちに親に返され，自由の身とされる」と規定されていた。

14　Liard, L., *L'Enseignement supérieur en France*（1789-1893）, t. 2, Paris, Armand Colin, 1894, p. 127.

15　Louis-Grimaud, *op.cit.*, t. 5, p. 13.

16　「フランスのユニヴェルシテの現行の諸規則を暫定的に維持する国王オルドナンス」（Ordonnance du Roi qui maintient provisoirement les règlements actuels de l'Université de France）。Duvergier, *op.cit.*, t. 19, p. 88.

17　「大司教および司教に教会学校の設立を認める国王オルドナンス」（Ordonnance du Roi qui autorise les archevêques et évêques à établir des écoles ecclésiastiques）。Duvergier, *op.cit.*, t. 19, pp. 212-213.

第3章 復古王制における「独占」の継承　113

育の復古的再編の端緒であり，復古王制を通じての，教権勢力と反教権勢力との激しい紛争の起点となる。

さらに，1815年2月17日のオルドナンス[18]は，ナポレオン的な制度に根本的な修正を迫り，まさに「ユニヴェルシテ・アンペリアルに終止符を打つ」[19]ものであった。その前文において，国王は次のような所見を述べる。すなわち，「公教育は，道徳的な，かつ，時代の要求に合致する教育の恩恵を普及させることよりはむしろ，政府の政治的な見解に奉仕するよう運命づけられた諸制度に立脚している」のであるが，「ただ1人の人間の手中に」握られた「単一で絶対的な権威の体制」は，「余の父権的な諸制度，余の政府の自由主義的な精神とは両立」しない。また，ユニヴェルシテの全生徒から徴収された学費の20分の1税[20]は，「良質の教育を奨励し，余の臣民のすべての階級に教育の恩恵を普及させるという余の希望に反するものであった」と。ナポレオン的な教育独占は，復古王制の自由主義的な政治傾向に合致しないがゆえに廃棄せられるべきであるというのである。

このオルドナンスの重要な点は，聖職者が公教育に対して一定の影響力を及ぼすことができるようになったことである[21]。尤も，公教育に対する世俗権力の特権が，すべて教権勢力に移転したわけではない。教育において宗教が占めるべき位置については，少しも述べられていない。このオルドナンスは，ロワイエ゠コラール（Royer-Collard）とギゾー（Guizot）の手になるもの

---

18 「公教育に関する規則を定める国王オルドナンス」（Ordonnance du Roi portant règlement sur l'instruction publique）。Duvergier, *op.cit.*, t. 19, p. 341 et s.
19 Fourrier, *op.cit.*, p. 82.
20 これは，1808年3月17日のデクレ（Duvergier, *op.cit.*, t. 16, p. 238 et s.）によって創設された。「その教育の対価として各生徒によって支払われる報酬から，その20分の1の額が，ユニヴェルシテおよび帝国のすべての学校のために徴収される」（134条）。
21 このオルドナンスは，アカデミーの数を17に削減し，それらに「ユニヴェルシテ」の名称を与え，リセを王立コレージュ（collèges royaux）と改称する（1条）。その結果，総長と従来のユニヴェルシテ評議会は廃止され，その代わり「王立公教育評議会」（Conseil royal de l'instruction publique）が，すべてのユニヴェルシテにおける教育の監督を行うこととされた（3条）。重要なことは，司教が各ユニヴェルシテ評議会の構成員となることが定められたことである（6条）。これにより，カトリックの聖職者が教育行政および教育監督の領域に進出することとなった。

であったが，彼らは，絶対権力から生まれたナポレオン的な制度は公的自由への危険を内包するものであると考え，それを新しい教育機関へと改組しようとした。そのとき，彼らは，国家の教育の権利を教会や古い教育者団体の手にさせることなど考えてはいなかった[22]。

2　百日天下後のユニヴェルシテの状況
（第2復古王制期のユニヴェルシテ）

1815年2月17日のオルドナンスは，百日天下の間にナポレオンによって廃止された。百日天下の後，その復活が図られることはなかった。その原因としては，特にユルトラの隆盛が大きかった。1815年8月の選挙で圧倒的な勝利を収めた[23]ユルトラは，帝制の諸制度のみならず，近代社会の諸制度にまで攻撃の矛先を向けた。彼らが求めたのは，アンシャン・レジームに対する革命の全面降伏である。ユルトラの進出に対する反動として成立した「立憲王党派」（royalistes constitutionnels）の内部の「純理派」（doctrinaires）[24]と呼ばれる小グループに属するロワイエ＝コラールやギゾーらは，新しいレジームと両立する範囲内で，ユニヴェルシテを維持する立場をとる[25]。こうして採択された1815年8月15日のオルドナンス[26]は，前文で，「余がそう遠くは

22　Cf. Liard, *op.cit.*, p. 130. 実際，1815年2月17日オルドナンスの12条では，「何人も，ユニヴェルシテ評議会によって試験され，かつ正式に許可されなければ，また，この許可が王立公教育評議会によって承認されなければ，アンスティテュシオンまたは私立寄宿学校を設立し，もしくは，既設のアンスティテュシオンまたは私立寄宿学校の長となることはできない」とされ，私立中等教育における教育独占が認められていた。

23　402議席のうち350議席をユルトラが占めた。この事態は，ルイ18世をして，「またと見いだしがたい議会」（la Chambre introuvable）と嘆ぜしめた。Chevallier et Conac, *op.cit.*, p. 146.

24　「純理派」は，ロワイエ＝コラールやギゾーを中心とする小グループであり，政治的には，絶対的王権と人民主権のいずれも排斥して，制限選挙制に依拠する立憲君主制を樹立する立場をとっていた。参照，服部春彦「フランス復古王政・7月王政」『岩波講座・世界歴史19－近代6』（岩波書店・1971年）41～42頁。

25　Liard, *op.cit.*, p. 134.

26　「アカデミーの組織，および，1808年3月17日のデクレによって創設された20分の1税を暫定的に維持し，並びに，委員会に，総長および他のユニヴェルシテの吏員に

ないことを期待する，より好都合な状況が訪れるまで，教育制度におけるあらゆる重要な革新を延期する」として，「暫定的に」（1条）ではあるが，ユニヴェルシテを維持した。かかる制度の本質を構成する諸原理が改めて認められた以上，教育の独占体制は，帝制におけると同様に厳格なままであろう。この点で，聖職者とユルトラは，ユニヴェルシテに強く反対する。彼らは，ユニヴェルシテの内部における聖職者の役割の増大のみを待望する。「革命の下で世俗化され，簒奪者〔ナポレオンのこと〕によって，権力に従属する非宗教的な団体に委ねられた教育は，カトリックの精神においては，国王によって，その正統な保有者である教会の手に取り戻されるべきであった」[27]。

3 リベローとカトリック

第2復古王制の初期には，1816年の選挙でリシュリュー（Richelieu）内閣支持の穏健王党派（立憲王党派）が多数を占め，ユルトラを少数派に転落せしめた。これ以後，1820年2月のベリー公暗殺までの時期は，リシュリュー内閣とドゥカーズ（Decazes）内閣の下で立憲王党派が政治の指導権を掌握する。立憲王党派は，ユルトラとの対抗関係上，ユニヴェルシテを維持し独占の信奉者となる[28]。

これに対して，立憲王党派内部の「独立派」（indépendants）から分裂した「リベロー」（libéraux：自由派）のメンバーは独占に反対する姿勢を鮮明にした[29]。彼らは，政府の権限を制限し，個人的な権利，とりわけ，親・教師の

付与された諸権限を，内務大臣の権威の下で行使させる国王オルドナンス」（Ordonnance du Roi qui maintient provisoirement l'organisation des académies, et la taxe du vingtième des frais d'études établie par le décret du 17 mars 1808, et charge une commission d'exercer, sous l'autorité du ministre de l'intérieur, les pouvoirs attribués au grand-maître et autres officiers de l'Université）。Duvergier, *op.cit.*, t. 20, pp. 29-30.

27 Gontard, *op.cit.*, p. 313.
28 ユニヴェルシテ独占を支持した論客としては，ギゾー，ロワイエ＝コラール，かつてユニヴェルシテ評議会委員を務めたアンブロワーズ・ランデュ（Ambroise Rendu）らを挙げることができる。Cf. Louis-Grimaud, *op.cit.*, t. 5, p. 277 et s.
29 「教育の自由」を主張した自由主義者として，バンジャマン・コンスタン（Benjamin Constant），デュノワイエ（Dunoyer）らを挙げることができる。*Ibid.*, p. 295 et s.

教育する権利の保障を求める。

　カトリック勢力に目を転じると，この時期，大部分のカトリック教徒は「教育の自由」に無関心である。一部の者だけが，「教育の自由」の熱烈な擁護者を自任しているにすぎない[30]。宗教は，あらゆる種類の公立学校で支配的な地位を保っており，多数の聖職者がコレージュで教育していた。親としては，子どもに宗教教育を受けさせる手段をもっていたわけである。司教も信徒も，別の教育施設が必要だとは感じていない[31]。それどころか，真に「教育の自由」が実現されれば，キリスト教の教育を脅かす教育施設の開設もまた可能になる。

　「教育の自由」を信奉するカトリック教徒とリベローとは，少なくとも外見的には，理論上の一致点を見いだしていた。後に，教会がその学校を増やし，修道士・修道女に教育を委ねようと意図するに至って，リベローは教会と敵対することになる。

第3節　ユニヴェルシテ体制の維持と教育の自由②
〜ユルトラ反動期（1820〜1827年）

　1820年2月のベリー公暗殺事件を契機に，退潮を続けていたユルトラが息を吹き返す。ユルトラはドゥカーズ内閣を倒し，選挙法改正後の選挙で勢力を伸張する。ユルトラ右派のヴィレール（Villèle）を首班とする内閣が成立し（1821年），政治の右傾化傾向はシャルル10世の即位（1824年）によって決定的となる。他方，ベリー公暗殺事件は，教育におけるユルトラ反動の契機ともなる。この事件は，公教育が「あらゆる信仰を軽蔑し，あらゆる権威を憎む」よう教えていた結果であると考えるユルトラにとって，公教育は教権的に再編成されるべきであった。ユニヴェルシテは維持されたが，それはユルトラの思惑どおりに改編される。帝制の道具としてではなく，ユルトラの思いどおりに若い世代を形成するための道具として。ユニヴェルシテは，国家のためというよりは，むしろ教会のために利用される。

30　「教育の自由」を主張したカトリック教徒として，ラムネー（Lamennais），ファブリー（Fabry）らを挙げることができる。*Ibid.*, p. 287 et s.

31　*Ibid.*, p. 286.

1 ユルトラ反動におけるユニヴェルシテの復古的再編
(1) 1821年2月27日のオルドナンス

ユニヴェルシテの再編成において，ユルトラはユニヴェルシテを徐々に教会に従属せしめ，そこから自由主義のすべての萌芽を根絶しようとする[32]。暫定的に維持されたはずのユニヴェルシテは，次第に強固に改編されてゆく[33]。なかでも，1821年2月27日のオルドナンス[34]が重要である。このオルドナンスは「公教育の憲章である」[35]。既に1820年12月30日，議会が国王に対して，「人民の精神において宗教の権威を強化し，キリスト教的でかつ君主制的な教育システムによって習俗を純化するよう」促していたが[36]，当該オルドナンスは，このプログラムの実現を図ったものであるように見える。

そこでは次のように宣言されている。「コレージュの教育の基盤は，宗教，君主制，正統性および憲章である」(13条)，「司教区司教 (L'évêque diocésain) は，宗教に関する事柄について，その司教区のすべてのコレージュに対する監督権を行使するものとする」(14条)。また，施設付司祭の地位が引き上げられ，彼らの報酬は学監 (censeurs) 並の額となるとともに，退職年金 (pensions de retraite) への権利も有するようになった (15条)。さらに，21条では，「その宗教的・道徳的な指導によっても，その教育能力によっても，家族の信頼を受けるに値する私立の寄宿学校 (maisons particulières d'éducation) は，私人に帰属したまま，王立評議会によって全課程を備えたコレージュ (collèges de plein exercice) に転換され，かつ，この資格で，王立および市町村立コレージュに与えられる特権を享受することができる」とされた。これは実質的に教会学校に新たな利益をもたらすものであった[37]。

---

[32] Gontard, *op.cit.*, p. 360.

[33] 例えば，1820年11月1日の「公教育委員会に王立公教育評議会の称号を与え，かつこの点についての規則を含む国王オルドナンス」(Ordonnance du Roi qui donne à la commission de l'instruction publique le titre de conseil royal de l'instruction publique, et contient règlement à cet égard. 〔Duvergier, *op.cit.*, t. 23, p. 176 et s.〕) などがある。

[34] 「公教育に関する国王オルドナンス」(Ordonnance du Roi concernant l'instruction publique)。Duvergier, *op.cit.*, t. 23, p. 226.

[35] Ponteil, F., *Histoire de l'enseignement en France, les grandes étapes (1789-1964)*, Paris, Sirey, 1966, p. 160.

[36] Louis-Grimaud, *op.cit.*, t. 5, p. 88.

(2) ユニヴェルシテ総長フレシヌー

1822年6月1日のオルドナンス[38]で再建されたユニヴェルシテ総長の称号は、エルモポリスの司教フレシヌー（Frayssinous）に委ねられた。フレシヌーにとって、学校は、まずもって神と国王に従順なキリスト教徒を作らねばならない。彼は、道徳・宗教教育を教育の基底に据えること、反キリスト教的な教理の害毒を撒き散らしている無宗教的または無関心な教師を容赦なく処罰の対象にすることを、第一の義務であると考えていた[39]。かような人物の総長職就任は重大な事件であり、「ユニヴェルシテは、公式に、教会に委ねられた」[40]と評されることがある。国家の学校における教育は、その首長（総長）が帯びている教権的な性格のゆえに、特に顕著なカトリック的な精神によって推進されるであろう[41]。フレシヌーは、「教育が普及し、民衆的なものとなればなるほど、教育が根本的に宗教的なものとなることがますます重要になる」[42]と繰り返し述べている。尤も、フレシヌーは、教育を教会に委ねることは考えておらず、あくまでもユニヴェルシテの存在を認めていたとされる[43]。

この時期の状況は、ますます教権的なものとなる。道徳と神が教育の基本要素となる。教権主義的な思想が、各段階の教育に重くのしかかる。宗教の

---

[37] Cf. Leif, J. et Rustin, G., *Histoire des institutions scolaires*, Paris, Delagrave, 1954, p. 135.

[38] 「ユニヴェルシテの首長に総長の称号を与え、かつその職権を規定する国王オルドナンス」（Ordonnance du Roi qui donne au chef de l'Université le titre de grand-maître, et détermine ses attributions）。Duvergier, *op. cit.*, t. 24, p. 1.

[39] Gontard, *op. cit.*, p. 362.

[40] Debidour, A., *Histoire des rapports de l'Église et de l'État en France de 1789 à 1870*, Paris, Félix Alcan, 1898, p. 371.

[41] カトリック系の新聞『宗教の友』（l'Ami de la Religion）によれば、フレシヌーのユニヴェルシテ総長への就任は、「ユニヴェルシテにとっての新時代を示すものであり、この団体に、明確にキリスト教的・君主制的な方針を刻印するものであろう」。Cité par Louis-Grimaud, *op. cit.*, t. 5, p. 96.

[42] Frayssinous, D., *Défense du christianisme ou conférences sur la religion*, t. 2, Paris, Adolphe Delahays, 1853, p. 438.

[43] Louis-Grimaud, *op. cit.*, t. 5, p. 95.

尊重と宗教が命ずる諸義務の履行が，良い教師の本質的な標識をなす。こうした状況では，1816年から1820年の諸オルドナンスはアナクロニックなものでしかない。カトリックのプレスや司教，県会は，政府に対して，教育の教権的な再編成，聖職者の指導と宗教の諸原理への回帰を要求する。それこそが人民の幸福と社会秩序の維持を保障する唯一の手段であるとされる[44]。

(3) 1824年4月8日のオルドナンスと1824年8月26日のオルドナンス

1824年2月の選挙では右翼が大勝利を収めた。種々の王党派の間の連合は持続しないが[45]，すべての王党派が，教会と学校の保護を望んでいた[46]。こうした状況で採択された1824年4月8日のオルドナンス[47]は，初等学校に関する許可・監督の権限，および初等教師の任免に関する権限を聖職者に付与するものである。それは「若者に対して影響力を及ぼす有力な手段を教会に掌握させた」[48]と評される。また，1824年8月26日のオルドナンス[49]により，「宗務・公教育大臣」（ministre des affaires ecclésiastiques et de l'instruction publique）が創設された。この大臣職はユニヴェルシテ総長のフレシヌーに委ねられた。それまで内務大臣の所管であった公教育は，宗務とともに別の特別な官庁を構成し，それを担当する大臣がユニヴェルシテの総長職を執行した[50]。ユニヴェルシテは明らかに教会の支配下に置かれることとなった[51]。

---

[44] Gontard, *op.cit.*, p. 363.

[45] 一枚岩的に統一された王党派は見られなくなり，「1826年には，王党派は存在することをやめた」とさえ言われる。Oesclin, J.-J., *Le mouvement ultra-royaliste sous la Restauration, son idéologie et son action politique*（1814-1830）, Paris, L.G.D.J., 1960, p. 79.

[46] Louis-Grimaud, *op.cit.*, t. 5, p. 101.

[47] 「公教育の高等行政，コレージュ，アンスティテュシオン，パンシオンおよび初等学校に関する国王オルドナンス」（Ordonnance du Roi relative à l'administration supérieur de l'instruction publique, aux collèges, institutions, pensions et écoles primaires）. Duvergier, *op.cit.*, t. 24, pp. 492-493.

[48] Louis-Grimaud, *op.cit.*, t. 5, p. 101.

[49] 「宗務・公教育省を創設し，かつ，この省の大臣の職権を定める国王オルドナンス」（Ordonnance du Roi qui crée un ministère des affaires ecclésiastiques et de l'instruction publique, et fixe les attributions du ministre de ce département）. Duvergier, *op.cit.*, t. 24, p. 599.

2 イエズス会問題をめぐるリベロー・王党派の反攻

　ユニヴェルシテは，それ自体，司教の支配下にある。しかし，カトリック教徒のなかには，「教育の自由」のために熱心に運動する者もいた。彼らは，盛式修道会員（Réguliers），特に修道会教育の確立を企図していたイエズス会の信奉者の支援を受けていた。イエズス会はフランスに再び現れ，教会中等学校（écoles secondaires ecclésiastiques）の名の下に複数のコレージュを設立する[52]。ところで，1762年にイエズス会は教育活動を禁じられ，1764年には完全に非合法化されていた。以後，政権の座に着いた歴代諸政府によって，この決定は何度も更新された。ところが，1814年からイエズス会は再びその教育活動を開始する。「初めは内密に，次にはますます活動的に，そして，ほとんど公然と」[53]。政府は，この違法な状態を放置した。しかし，この状況に危機感を抱く諸勢力が反撃を開始する。

　復古王制の初期には，ブルジョワジーは，貴族が勝利を収めることのみを危惧していた。やがて，彼らは王権と祭壇の同盟に危機感を募らせる。しかし，王党派のなかにも，王権と教権の過度の接近を憂慮する向きがあった。聖職者の政治支配を端的に表象する「司祭党」（parti-prêtre）という言葉は，リベローの専売特許ではない。真の王党派は，世俗権力が教権の支配下にあることを遺憾に思っていた[54]。この時期，ガリカン（フランス教会）の自由

50　このことは，公教育が教会による支配に従属させられるということと，ユニヴェルシテが帝制期より以上に政府機関に繰り込まれるに至ったということを意味している。参照，梅根悟監修＝世界教育史研究会編『世界教育史大系10 ―フランス教育史Ⅱ』（講談社・1975年）14頁〔志村鏡一郎〕。

51　「エルモポリスの司教猊下〔フレシヌー〕に委ねられた新しい大臣職を設立する法令そのものが，今後，ユニヴェルシテが教会に服従させられるに違いないことを証明していた」。Kilian, *Tableau historique de l'enseignement secondaire en France*, p. 164, cité par Louis-Grimaud, *op.cit.*, t. 5, p. 103.

52　Petit, A., *L'évolution de la législation française en matière d'enseignement*, Paris, Arthur Rousseau, 1924, pp. 53-54.

53　Gontard, M., *L'enseignement secondaire en France de la fin de l'Ancien Régime à la loi Falloux*（1750-1850），La Calade, Édisud, 1984, p. 135.

54　「神権的な教理および政府の教権主義的なやり方は，右翼の間にさえ抵抗を引き起こした。王党派のなかには，聖職者の影響力が，政府を支配し，かつ君主制を従属せ

の信奉者と，不謬の教皇の権威に世俗権力を従属せしめるユルトラモンタン（教皇権至上主義者）との間の激しい闘争が，「司祭党」とイエズス会をめぐって展開される。イエズス会の災厄が告発され，議会でも取り上げられる。フレシヌーは問題の沈静化を図るが失敗する[55]。イエズス会に対する反対闘争は続き，1827年11月の選挙の結果，政府与党の勢力が200議席に対して反対派が250議席を獲得し，ユルトラのヴィレール内閣は没落する。ヴィレールに代わり政権についたマルティニャック（Martignac）内閣は，宗務とは切り離された公教育大臣にヴァティムニル（Vatimesnil）を登用した。宗務大臣に留まったフレシヌーも，やがてボーヴェの司教フートリエ（Mgr Feutrier）によってその座を追われた[56]。ユルトラ反動は，ここに幕をおろすのである。

ルイ18世の自由主義的な君主制の時期からユルトラ反動が起こったように，今度は，ユルトラ反動から自由主義・反教権主義の反動が起こるはずである。「自由主義の信仰宣言（Credo）の最初の項目は，イエズス会の根絶であった」[57]。

第4節　ユニヴェルシテ体制の維持と教育の自由③
　　　　～復古王制末期の反教権主義的教育政策の展開
　　　　　（1827～1830年）

1　公教育大臣ヴァティムニル

ヴァティムニルの公教育大臣就任は，大きな驚きをもって迎えられた。彼が，委ねられた重要な職務を果たすために必要な器量をもっているとは誰も

　しめるのを恐れる者もいたのである。国教を擁護するという口実の下に，『司祭党』は，国家の上に宗教を聳えさせ，国王に対する教皇の優越性を認めているユルトラモンタン（ultramontaines）の教理を実行に移す道を準備していた。教会は君主制にとって危険なものとなった」。Charléty, S., *La Restauration*, Paris, Hachette, 1921, p. 249.

[55]　Cf. Louis-Grimaud, *op.cit.*, t. 5, p. 154 et s.

[56]　Charléty, *op.cit.*, p. 330.

[57]　De la Gorce, *Charles X*, p. 125, cité par Louis-Grimaud, *op.cit.*, t. 5, p. 160.

思わなかった。また，彼は修道会に好意的であると思われていたので，自由主義者には不評だった。「その当時，やがてド・ヴァティムニル氏が，すべての大臣のうちで，修道会にとって最も憎むべきものとなり，国王にとって最も不愉快なものとなり，最もよく時代精神に順応しようと考えるようになろうとは，誰も予測していなかった」[58]。ヴァティムニルの自由主義的な精神は，特に彼が1828年4月21日のオルドナンスを採択するよう国王に提案したことに示されている。1828年4月21日のオルドナンス（後述）は，世俗権力に有利な方向で，初等教育に関する立法を大幅に修正した。初等教育における教権主義の影響力が削減されることになる。

2　1828年6月16日の2つのオルドナンス

復古王制末期のこの時期には反教権主義的な教育政策が採用され，イエズス会に対して厳格な措置が講じられる。1828年6月16日の2つのオルドナンスがそれである。既に見たように，1814年10月5日のオルドナンスにより，教会学校に自由が回復され，小神学校がユニヴェルシテから解放された。ところで，これら小神学校は（非合法な）イエズス会に委ねられていた。しかも，実際には，それらは聖職者を志望しない生徒を多数抱えていた。この事態は早急に改善されねばならないと考えられた。1828年1月20日，新しい司法大臣ポルタリスの報告に基づき，国王は，すべての中等学校における王国の諸法律の施行を保障することを任務とする委員会を任命していた。それは，将来，かかる諸オルドナンスが構成する体系の最初の礎石となる[59]。

1828年6月16日の第1オルドナンス[60]のタイトルは，「教会中等学校，およびその他の公教育施設に関する諸措置を含む国王オルドナンス」（Ordonnance du Roi contenant diverses mesures relatives aux écoles secondaires ecclésiastiques, et autres établissements d'instruction publique）であり，第2オルドナンスのそれ[61]は，「教会中等学校に関する国王オルドナンス」（Ordonnance du

---

[58] Duvergier de Hauranne, J.-M., *Histoire du Gouvernement parlementaire en France* (*1814-1848*), t. 9, Paris, Michel Lévy Frères, 1869, p. 393.

[59] Louis-Grimaud, *op.cit.*, t. 5, p. 107.

[60] Duvergier, *op.cit.*, t. 28, p. 164 et s.

[61] *Ibid.*, p. 169.

Roi, relative aux écoles secondaires ecclésiastiques) である。この２つは，いずれも小神学校を規制している。

(1) 1828年６月16日の第１オルドナンス

このオルドナンスの結果，司教区司教によってイエズス会に委託された８つの小神学校（教会中等学校）の制度は，再び1811年のデクレの規制の下に戻ることとなった[62]。これらの教育施設は，ユニヴェルシテに包摂され，ユニヴェルシテによって統御され監督される。そこでの教育は，「総長の命令に従うユニヴェルシテの構成員の１人によって」独占的に与えられる。小神学校の教師は，如何なる無許可修道会に所属することも認められない。無許可修道会に所属しないことを宣言するという義務には多くの反対があった。一方で，良心の自由の侵害が，他方で，憲章によって保障された市民の権利に対する侵害が主張された[63]。このオルドナンスで狙われている「無許可修道会」は，明らかにイエズス会である。これは露骨なイエズス会排除命令であると言える。

(2) 1828年６月16日の第２オルドナンス

このオルドナンスは，1814年10月５日の制度を転換するものである。６条で，教会中等学校の上長者または校長（supérieurs ou directeurs）は，司教区司教によって任命されるが，国王による承認を受けねばならないとされた。1828年以前は，高位聖職者は，小神学校の職員の選定において完全に自由であった。これ以後，小神学校の上長者ないし校長は，国王が承認しないうちは職務につくことができない。こうして，小神学校の指導的職員の選定が，司教の排他的な権限に属するように見える一方で，世俗権力は自らを，かかる教育施設の首長に求められる能力，信心，精神的な種類の知識，適性および精神の独占的な判定者とする。世俗権力は，教会中等学校の指導的な職員を任命するのに，自ら高位聖職者の代わりを努めるのである[64]。

(3) 1828年６月16日オルドナンスをめぐる世論の反応

イエズス会と小神学校の制度に大打撃を与えるこのオルドナンスに対しては，激しい反対世論が巻き起こった。ユルトラモンタンのプレスは，「致命

---

[62] Louis-Grimaud, *op.cit.*, t. 5, p. 173.
[63] *Ibid.*, p. 174.
[64] *Ibid.*, p. 177.

的なオルドナンス」(ordonnance fatale) に強く反対し，独占に異議を唱えた[65]。「カトリック教擁護協会」(Association pour la défense de la Religion catholique) が結成され，機関紙『コレスポンダン』(le Correspondant) が創刊された。そこでは，「教育の自由」を求める論陣が張られた[66]。リベローも「教育の自由」を要求する。しかし，その内部的な一体性はない。カトリック勢力が，「教育の自由」を求めてリベローの独占市場に参加してくるにつれ，伝統的なリベローはイエズス会を支援するカトリック勢力に脅威を覚え，「教育の自由」の反対者となってゆく。彼らは，イエズス会憎さのあまり，ボナパルトの専制の道具であるユニヴェルシテを「自由主義的な制度」と見なしていた。なぜなら，「それは，修道会の氾濫による学校の水没に対抗する最も堅固な防波堤になっていたからである」[67]。それに対して，若い世代のリベローは，「教育の自由」を制度化することに賛成するのである。それはさしあたり初等教育に限定される。「司祭党」と若手のリベローの協調によるこうした運動が，7月王制において，初等教育の自由を制度化する1833年の「ギゾー法」を生み出すことになる[68]。

3　1829年3月26日のオルドナンスと1830年2月14日のオルドナンス

(1)　1829年3月26日のオルドナンス[69]とヴァティムニル

このオルドナンスは，ユニヴェルシテ体制に改良を加えることを目的とするものであった。ここでは，当該オルドナンスの諸規定に踏み込まず，このオルドナンスを正当化する「国王への報告」の著者（公教育相ヴァティムニル）が抱いていた基本的な諸原則の枠組みを検討することを主眼とする[70]。

ヴァティムニルは，当時，左右両翼からの「教育の自由」を要求する運動に直面して，ユニヴェルシテ体制を擁護する必要性を感じていた。この点に

65　Petit, *op.cit.*, p. 57.
66　Cf. Louis-Grimaud, *op.cit.*, t. 5, pp. 325-326.
67　Gontard, *L'enseignement primaire*, p. 415.
68　Fourrier, *op.cit.*, p. 90.
69　「公教育に関する国王オルドナンス」(Ordonnance du Roi concernant l'instruction publique)。Duvergier, *op.cit.*, t. 29, p. 33 et s.
70　以下は，Louis-Grimaud, *op.cit.*, t. 5, p. 110 et s. による。

ついて，彼は次のように明確な態度をとった。それによれば，「公教育の指導は政府の役目である」。それは政府が以下のような重要な義務を果たすために行使することが不可欠であるところの「神聖な権利」である。かかる義務とは，「現在のみならず，将来にわたっても，宗教の有益な影響力，諸制度の維持，諸法律の遵守および習俗の純粋性を保障すること」である。政府すなわち「国家」は，もし「公教育が，その権力および影響力を免れていた」とすれば，かかる重要な義務を果たすことはできない。かくして，ヴァティムニルは，国家のために，公教育の独占を要求するのである。しかし，それは過度にわたってはならない。「教育の方法を完全化しようとする」個人的な努力や発意を「無用な束縛をもって阻む」べきではない。また，人間の知性に「最大限の発展」をもたらす手段を発見するよう努める「独創的な精神を理由なく妨げる」べきではない。

他方で，「高尚かつ有用な競争心をすべての学校の間で維持するのに相応しい……競争のシステム」を樹立する必要がある。そのために，「主権者が公教育に対して行使すべき権力を，改良を生み出すのに必要な程度の自由と両立させる」必要がある。すべての市町村において，政府によって設立される教育施設に与えられるべき「保護」は，排他的なものであってはならない。「それらの施設を競合の機会に服せしめること」が肝要である。要するに，ヴァティムニルにとって，国家は教育の独占を行うべきである。しかし，望ましい改良をもたらす競争心を掻き立てるために役立つ私教育を存続させることもまた，同時に必要なのであった。

さて，左右両翼の妥協を策して政治運営を行ったマルティニャック内閣も，やはり左右両翼からの反対を弱めることはできなかった。極右からすれば，あまりに革命的で，左翼にとっては，さほど自由主義的ではないと受け止められた。シャルル10世は，マルティニャック内閣に代わり，1829年，極右のポリニャック（Polignac）内閣を成立させた。

(2)　1830年2月14日のオルドナンス[71]とゲルノン゠ランヴィル

ポリニャック内閣の下で，再び公教育は宗務と連結され，その大臣職に就

---

[71]　「初等教育に関する国王オルドナンス」（Ordonnance du Roi concernant l'instruction primaire）。Duvergier, *op.cit.*, t. 30, p. 13 et s.

任したのがゲルノン゠ランヴィル（Guernon-Ranville, le comte de）である。ところで，ポリニャック内閣において公教育に関して採択された諸法令は，当時，それを求める熱烈な運動が続いていたにもかかわらず，「教育の自由」とは全く関係がなかった[72]。しかし，ゲルノン゠ランヴィルは，1830年2月14日，初等教育に関する重要なオルドナンスの採択に漕ぎ着けた。

このオルドナンスは，初等教育に対する国家の財政負担を予定していた。また，教師の地位に関して重要な修正をもたらすものであった。「王国のすべての市町村が，初等教育の十分な手段を即時に与えられるために，以下の措置が講じられる」（1条）。例えば，県会が教師の固定給の最低額を定め（3条），市町村会が学校の設立・維持と教師の報酬に必要な予算につき議決する（5・6条）。1つの市町村が教師を維持する手段をもたない場合は，1つまたは複数の隣接市町村と共同で教師を雇用する（7条）。国家が，教師を養成するための師範学校を創設する（10条）。毎年，初等教育を奨励するための特別の国家予算が組まれる（11条）等々。

しかし，このような初等教育の組織化が達成される時間的余裕はなかった。1830年の革命までは，もうすぐであった。

第5節　初等教育における発展

復古王制期には，帝制末期に現れていた民衆教育への関心が引き続き高かった[73]。本節の最後に，初等段階の教育の状況を，それを組織化する法制度を瞥見しながら，行論に必要な範囲で取り上げることにする[74]。

1　1816年2月29日のオルドナンス[75]

「フランス初等教育の憲章」[76]と評される1816年2月29日のオルドナンスは，

72　Louis-Grimaud, *op.cit.*, t. 5, p. 114.
73　Leif et Rustin, *op.cit.*, p. 132.
74　初等教育（法制）の展開について詳しくは，Gontard, *L'enseignement primaire*, p. 267 et s. ; 中村・前掲，103頁以下などを参照。
75　「初等教育を監督・奨励するために無償かつ慈善の委員会が各カントンに設けられることを定める国王オルドナンス」（Ordonnance du Roi portant qu'il sera formé dans

その前文で，初等教育を組織することの利益を次のように説く。すなわち，「この教育は，特に宗教および道徳の真の諸原理に基礎づけられるときには，公共の繁栄の最も豊饒な源泉の1つとなるのみならず，社会の正しい秩序に寄与し，諸法律への服従とすべての種類の義務の履行を準備するものである」と。その後で，国家の役割は，教育に関する国民私人の行為を支援することに限定されるとしている。しかし，このオルドナンスのポイントは，カントン委員会の創設による学校の統制と聖職者による教師の監督の強化であると思われる。とするなら，このオルドナンスには相反する2つの概念が併存していると言える[77]。

本オルドナンスは，学校・教師に対する効果的・継続的な監督・統制を行うため，「特別教育監督官」(surveillants spéciaux)と「カントン委員会」(comité cantonal)を設置する。前者は，学校が設置されている市町村の長と，小教区の主任司祭または外勤司祭が務め，各学校の監督とカントン委員会への報告書の作成に携わった。本オルドナンスは後者のカントン委員会を極めて重要視している。同委員会は，カントンの主任司祭や治安判事，コレージュの校長，副知事，王室検事などから構成され，教師の推薦や学校開設の許可に関与するほか，広汎な学校監督権限を有するものとされた。こうして，学校に対する監督・統制と，それに携わる聖職者の存在が法制化されたのである。

それでも，教会は満足しない。1816年オルドナンスは，聖職者に一定の影

---

chaque canton un Comité gratuit et de charité pour surveiller et encourager l'Instruction primaire)。Duvergier, *op.cit*., t. 20, p. 246 et s.

76 Gontard, *L'enseignement primaire*, p. 296.

77 自由主義的な前文と国家介入的な本文との間にあるギャップについて，クリスチャン・ニクは次のように説明する。すなわち，1815年のリベローは，テュルゴーやコンドルセの継承者であるが，社会のすべての階層における思想の自由な交流を認めるまでには至っていない。彼らが危惧するのは，社会的，道徳的ないし政治的混乱の種となりうることすべてである。初等教育が繁栄と秩序の源泉となるには，宗教や道徳の諸原理の上にそれが築かれることが必要である。完全な自由主義に対して，リベローは恐怖をもっている。「監督された自由主義」への嗜好こそが条文におけるパラドックスを説明するのだ，と。Cf. Nique, C., *Comment l'École devint une affaire d'État*, Paris, Nathan, 1990, p. 25.

響力，学校監督権を付与するように見えるが，実際に任命し制裁を課す権限はアカデミー長に属していた。司教自身は，言わば武装解除される。全権をもって決定するのは，ユニヴェルシテによる国家なのである。教会は，その諸特権と修道会の独立を侵害する権力の行為に服することはできないと考える[78]。教会にとって，革命期に世俗化され，ナポレオンによって権力に従属する世俗的な同業者組合（ユニヴェルシテ）に委ねられた教育は，国王によって，その正統な保有者である教会の手に取り戻されるべきであった。教会は，反啓蒙主義者，頑固な民衆教育反対者をすべて抱えこみながら，国家統制の強化に対する反対闘争を展開する[79]。

2　1824年4月8日のオルドナンス

　ユルトラ反動の進行による政治的右傾化のなかで，教会は，アンシャン・レジームで享受していた教育特権を回復するためのプログラムを実行に移す。善良な家父，確固たる信念をもつキリスト教徒および忠実な臣民を，学校によって育成するためには，宗教的・君主制的な教育の指導権を，かかる二重の性格を刻印された教育をなしうる唯一の人間，つまり司祭の手に取り戻さなければならなかった[80]。その一環が，初等教育を聖職者の影響力の傘の下におく1824年4月8日のオルドナンスである。

　同オルドナンスによれば，初等学校は，プロテスタント初等学校とカトリック初等学校に区別される。後者について，ユニヴェルシテは教職員の能力適性という教育的・専門的な種類の問題にのみ権限を有する（7条）。1816年のオルドナンスによって，アカデミー長とカントン委員会に委ねられた他のすべての権限，特に行政および懲戒の権限（教職許可の付与と剥奪，学校監督権）は，ユニヴェルシテに代わり教会が支配的な地位を占める新しい組織に移管された。カトリック学校は，①市町村または団体から補助金を支給され，少なくとも50名の無償の生徒を受け入れている学校，および，②それ以外の学校に区分された。①については，司教区司教またはその代表者が主宰する委員会が許可権・監督権・教師の罷免権を有していた。②につい

78　Gontard, *L'enseignement primaire*, pp. 331-332.
79　*Ibid*., pp. 312-313.
80　Louis-Grimaud, *op.cit*., t. 5, p. 221.

ては，教職許可権や学校監督権などを司教区司教が有するものとされた（11条）。

　実際は，②の学校が大多数を占めており，農村部のすべての学校，都市部の大部分の学校は，司教の直接的な監督の下に置かれることとなった。これにより，アンシャン・レジームが男子初等教育において復興されたと言ってよい。学校の基本的な活動は宗教教育であり，教師は主任司祭の忠実な補佐役の立場に立ち戻る。共和暦3年から教会によって企てられた教育の再制覇のための試みは，その最終段階に到達しようとしていた[81]。

3　1828年4月21日のオルドナンス

　しかし，復古王制末期の1828年4月21日のオルドナンス[82]は，聖職者の影響力の後退を際立たせるものとなった。「1824年4月8日のオルドナンスの第8，9，10および11条は廃止される」（22条）ことになり，以前の状態が回復されるのである[83]。このオルドナンスは，世論には不評をもって迎えられた[84]。リベローは，オルドナンスに，学校を締めつけている万力から学校を解放することを期待していた。学校を隷属させていた第1のものが教会だった。彼らは，オルドナンスが，新しい組織において聖職者の影響力を残しすぎていると痛烈に非難した。『グローブ』（Le Globe）紙は，「教権の支配的地位は，このオルドナンスが形式上はそれと反対の方向に向けられているように見えるにもかかわらず，実際は，ほとんど手つかずのまま存続している」と評していた[85]。

81　Gontard, *L'enseignement primaire*, p. 371.
82　「初等教育に関する国王オルドナンス」（Ordonnance du Roi concernant l'instruction primaire）。Duvergier, *op.cit.*, t. 28, p. 81 et s.
83　尤も，1816年の制度が大きく変更された点もある。例えば，1816年の委員会の設置基準がカントンからアロンディスマン単位に変更されたこと（2条），学校監督につき，特別教育監督官に加えて，アロンディスマン単位で無報酬の視学官の任命を予定していること（7条），聖職者につき，従来要求されていた「人物証明書」に，司教または主任司祭が交付する「宗教教育証明書」が追加されたこと（9条）などが挙げられる。
84　Cf. Gontard, *L'enseignement primaire*, p. 405 et s.
85　*Le Globe*, t. VI, n° 59, 1828, p. 409.

第6節　復古王制における教育の再編成作業の結末

　教権主義者と反教権主義者との激しい闘争にもかかわらず，復古王制期の教育状況に関する評価は，少なくとも量的な側面から見れば，概ね肯定的である[86]。しかし，質的な面からは満足な結果を示していない。8,000の市町村に学校が存在せず，100万人の生徒がこれから就学しなければならなかった。就学率の向上とともに，教師の専門的な資質の向上も急務であった[87]。教育制度の面から見れば，復古王制は，帝制によって残された，強力ではあるが自由主義的ではない公教育組織（ユニヴェルシテ）を保持した。

　教会は，復古王制期を通じ，ユニヴェルシテ独占に対して支配力を及ぼした。しかし，教育する自由は公権力の裁量に委ねられたままである。公権力は，特に教会によって激しく要求されたにもかかわらず，中等教育については「教育の自由」を認めなかった。イエズス会は，公教育に修道会教育を対抗させることに一時的に成功したが，それを支えた寛容の制度も1828年には霧消した。シャルル10世の治世の最後には，独占の信奉者の数は大幅に減少し，「教育の自由」を求める激しい運動が精力的に展開された。やがて，政府は「教育の自由」を容認せざるをえなくなるだろう。

---

[86] Cf. Gontard, *L'enseignement primaire*, p. 424; Nique, *op.cit.*, pp. 57-58.
[87] Fourrier, *op.cit.*, p. 91.

第2部のまとめ

1　ナポレオン独裁とその背景

　「ブルジョワ革命」としてのフランス革命の結果，ブルジョワジーは，新しい政治支配階級としての地歩を固めた。しかし，テルミドールのブルジョワジーは，アンシャン・レジーム下の上級階層の市民とも，1791年当時のそれとも異なる，全く新しい市民階級に生まれ変わっていた。これら新興ブルジョワジーにとって，アンシャン・レジームとジャコバン的な急進民主主義的共和制という二重の脅威からブルジョワ社会を保護し，その自由主義的なプログラムに従って，政治的安定と経済的な発展を達成することが，喫緊の課題であった。しかし，ロベスピエールらのモンターニュ派独裁を葬った後の総裁政府の弱体性は，ブルジョワジーの目的の達成を困難ならしめる。王党派クーデタとネオ・ジャコバン派の革命運動という左右両翼からの度重なる挟撃を受け，強力な指導力を発揮できない総裁政府の代わりに，軍人ナポレオン・ボナパルトが「共和国の軍隊」の威力を用いて，ブルジョワジーの願望を満たすために登場したことは，それほど驚くべきことではない。ナポレオンこそは，その軍事力をバックにした独裁的な強権政治によって，ブルジョワジーの願望に応えるのである。

　ナポレオンの軍事的独裁体制を支えた社会的基盤は，このブルジョワジーと，小土地所有農民であった[1]。ブルジョワジーに対しては，ナポレオンは，その軍事力を用いて左右の国内的な攪乱要素を制圧することによって社会的安定をもたらし，ヨーロッパ大陸の軍事的制服によって広大な市場を確保するとともに，大陸からイギリスを駆逐して，「大陸体制」と呼ばれる強力な産業保護政策を採用する。特に，大陸体制は，産業革命段階にあるイギリス資本主義から，後発でいまだ脆弱なフランス資本主義を守る役割を果たし，革命期には国内動乱や対外戦争のゆえに停滞した工業生産や貿易が，執政政府以降，飛躍的に発展する要因となった。小土地所有農民については，ナポレオンは，革命の成果を擁護し，彼らにその自由な土地所有を保証した。反

---

[1]　井上幸治編著『フランス史〔新版〕』（山川出版社・1968年）327頁以下〔遅塚忠躬〕。

革命から革命の成果を擁護する姿勢を打ち出すことで、その利害に保証を与えるナポレオンに対して、ブルジョワジーと小土地所有農民は支持を与える。ここにナポレオン独裁が成立する基盤が構築されることとなる。

　ナポレオンは、フランス国家の再編成を断行し、中央集権的な官僚機構を構築する。この強力な行政機構を通じて、権威主義的なナポレオン独裁を貫徹する（かかる集権的な国家機構を模して作られたのが、ユニヴェルシテ・アンペリアルの行政機構であった）。そこでは、立法権が形骸化し、行政権の権威が高められる。言論・出版・集会などの公的自由が完全に抑圧される。革命の擁護者を自任するナポレオンは、外見的には、革命の原理である人民主権や政治的平等を認める姿勢をとる。共和暦8年憲法における普通選挙権の承認などは、その例である。しかし、それは、実質的にはシエースの「権力は上から信任は下から」の定式に従って、人民の政治参加を抑制するものである。ナポレオンの皇帝就任の際などのプレビシットは、自己の権威的な支配の正当性を担保するための外被にすぎない。形式的には人民の同意を獲得した上で、しかし実質的には人民の政治意思から遊離した独裁が貫徹される。ナポレオン国家は、「多かれ少なかれ、現実的にまたは擬制的に、大衆に支持された権威的国家（Etat autoritaire）」[2]である。

　外形的にせよ、プレビシットにおいて人民はナポレオンに支持を与え、皇帝にまで押し上げる。ここに介在するものは、ナポレオン時代を特徴づけるナショナリズム（愛国主義）である。革命によって「国民国家」として樹立されたフランスは、大陸で初めてナショナリズムに目覚めた国家であった。革命期には、外国の反革命勢力から革命を防衛するために、革命の敵から「祖国」を救うために、しばしば、国民のナショナリズムが喚起された。ナポレオン時代にも、この革命的ナショナリズムが継承され、ナポレオンが戦勝を重ねるたびに、人々は熱狂的に彼を迎えた。「ナショナリズムが最大の効率を発揮したのはナポレオン時代なのである」[3]。ナポレオンこそは、フランスの栄光の象徴である。しかし、革命の理想を諸国に伝播させるという大義名分がたとえあったにせよ、ナポレオンの軍事行動は、次第に侵略へと進

　2　Chevallier, J.-J. et Conac, G., *Histoire des institutions et des régimes politiques de la France de 1789 à nos jours*, 8e éd., Paris, Dalloz, 1991, p. 92.
　3　桑原武夫編『フランス革命の研究』（岩波書店・1959年）84頁〔桑原武夫〕。

展してゆく。にもかかわらず，他国への侵略によって国民と祖国の栄光を宣揚することこそが，ナポレオンの強権的な独裁政治を支えていた[4]。ナポレオンは，それをもって，革命の理想とナポレオンの現実の甚だしい乖離を隠蔽する。

ナポレオンは，短期間のうちに，革命期からの懸案だった諸事項に，ことごとく解決（または解決の端緒）を与えた（中央集権的行政機構の整備，統一的法体系の確立，特にフランス民法典の編纂，軍隊および警察制度の強化，教育制度の確立，国内産業の育成など）。確かにそれは，革命の理念とは明らかに齟齬する強権的な独裁政治の所産である。しかし，ナポレオンがアンシャン・レジームに終止符を打ったこともまた確かである。「革命は，その継承者であるナポレオンの助けを借りて，厳密にいえばアンシャン・レジームを構成していた行政的・司法的・教会的・市民的および社会的な諸制度の総体に，最終的にケリをつけた」[5]。その点で，フランス革命は，ナポレオン時代に至って，ようやく成就したのである[6]。ナポレオンには，その独裁への非難に対して決定的に反駁しうる理由が2つあった。1つは，国家理性（raison d'État）がそれを命じたということであり，もう1つは，国民がそれを望んだということである[7]。

ポスト革命のフランスは，法体系の整備や教育制度の確立，度量衡・言語の統一などの措置によって，国内における国民の統合を不断に促進することが必要である。ナショナリズムもまた，国家の存立と国民統合を保障する有力な手段である。国家理性が独裁を求めたのだというナポレオンの反駁は，ユニヴェルシテ・アンペリアルの構築による教育独占をも射程に入れている。

2　ユニヴェルシテ・アンペリアルと「教育独占」の思想
執政政府期に既にその萌芽が見られたところであるが，ナポレオンの第1

---

[4] 参照，O. オブリ編（大塚幸男訳）『ナポレオン言行録』（岩波文庫・1983年）99頁。
[5] Chevallier et Conac, *op.cit.*, p. 131.
[6] E.-J. ホブズボーム著（安川悦子＝水田洋訳）『市民革命と産業革命』（岩波書店・1968年）121頁。
[7] 西川長夫「18世紀フランス」歴史学研究会編『国民国家を問う』（青木書店・1994年）40頁。

帝制期におけるユニヴェルシテ独占の形態は，すべての私立学校を廃して，国家が支配する一元的な「公」教育体制を樹立するというものではない。独占下でも私立学校は存在しえた。しかし，「私教育は自由ではない」[8]。「教育の自由」は存在しない[9]。すべての学校・教職員（初等学校を除く）は，如何なる教育段階であれ，かつ，公立であるか私立であるかを問わず，ユニヴェルシテ・アンペリアルに包摂されるべきものとされた。この独占は，教育施設の無許可設置を禁止することにあった。したがって，学校の開設を望む個人は，事前に，ユニヴェルシテの長である総長から許可を受けなければならなかった。許可がないとき，その学校は非合法である。

　ユニヴェルシテ・アンペリアルは，教育の領域を通じて，ナポレオンとその王朝の永続と繁栄を確固たるものとするためのイデオロギー装置として機能する。「皇帝，帝制およびナポレオン王朝への忠誠」を，教育制度を貫徹する基本原理とする行き方は，フランス革命期の共和主義者（特にモンターニュ派）が，体制防衛・体制保障という政治目的を，教育制度を通じて貫徹させようとした行き方に類似するものであるように見える。ユニヴェルシテ・アンペリアルの場合，忠誠関係は個人的である（その受益者はナポレオンとその王朝である）。それに対して，革命期の諸立法は，共和主義原理の教育を必修とするものではあったが，学校と権力の座にある政府との間の忠誠関係を設けるものではなかった。しかし，ユニヴェルシテ・アンペリアルは，目的それ自体に即して見るならば，革命期に（そしてその前夜から）追求された政治目的の，1つの具体的な制度的実現にほかならない。ナポレオンが，革命の継承者を自負し，その権威主義的な政治支配への弁明を国民の待望に帰せしめるとき，ユニヴェルシテ・アンペリアルが，まさにフランス革命の落とし子であったことが，深く理解される。

　ルイ・リアールは，公教育に対するナポレオンの考え方を次のように説明している。

「革命の人々は，特に，国民教育を，市民に対する国家の義務と見なしていた。

---

[8] Prost, A., *Histoire de l'enseignement en France 1800-1967*, Paris, Armand Colin, 1968, p. 24.

[9] Cf. Petit, A., *L'évolution de la législation française en matière d'enseignement*, Paris, Arthur Rousseau, 1924, p. 29.

ナポレオンは，そこに，何よりもまず国家の利益と君主の利益を見いだす。彼の見解では，それ自身に委ねられ，その教理において自由な公教育は，たちまち公共の危険となりうるものである。その真の機能およびその真の存在理由，それは，国家が溶け込みかつ体現している権力のための，道徳的な支柱の役割を果たすことである。公教育に対するナポレオンの思想は簡潔かつ明瞭である。それは次のように表現されうる。すなわち，1つの国民は1つの全体である。この全体は1つの紐帯をもつ。この紐帯は諸原理の総体である。これらの原理は，国家がそれに由来するところの，そして，国家がそれに立脚しているところの格率（maximes）である。そこから，国家が1つの教理をもつことの必要性が生じる。しかも，それをもつばかりではなく，それを定式化し，国家自身の安定性の保証としてそれを教育する必要性が生じるのである」[10]。

3 復古王制における国家・ユニヴェルシテ・教会

ナポレオンが没落した後，王権神授説を背景にブルボン家の復古王制が登場する。ブルボン家の復活は，教会や教権主義者にとっては，アンシャン・レジームの諸特権を再び掌握する絶好の機会を提供するはずであった。多くのカトリック教徒は，革命の下で世俗化され，その後，ナポレオンによって権力に従属する団体に委ねられた教育は，国王により，その正統な保持者である教会に取り戻されねばならないと考える。確かに，復古王制の初期には，ユニヴェルシテを解体する方向に進んでいた。しかし，事態は彼らの思うようには進展しない。ナポレオンの百日天下の後，教育システムにおける教会の完全な復権の志向は影をひそめ，国王ルイ18世はユニヴェルシテの維持を決断する。結局，ナポレオンの教育システムは，概ねその存続を許される。帝制期には，それはナポレオン支配の道具であった。今度は，王制の支配に利用される道具となる。国民の政治的なコンフォーミスムの確保において，ユニヴェルシテ独占以上に有効かつ容易な手段を見いだすことができなかったのであろう。

ユニヴェルシテが維持（強化）されたものの，教会は，ある程度その特権を認められることになる。1814年10月5日のオルドナンスにより，小神学校

---

[10] Liard, L., *L'Enseignement supérieur en France* (*1789-1893*), t. 2, Paris, Armand Colin, 1894, pp. 69-70.

はユニヴェルシテから分離された。1816年2月29日のオルドナンスは，学校の監督に関して，聖職者を含んだ監督機関を制度化した。キリスト教学校修士会修道士は，他の教師のように，ユニヴェルシテ当局から，教師となるための資格証書や許可を得る必要があったが，1819年以後は，資格証書の交付要件は，彼らの上長者が交付する忠順証の確認だけとなった。したがって，修道士の学校は，名目上，ユニヴェルシテに所属するにすぎないものとされた。しかし，依然として，ユニヴェルシテが存続する以上，教会がその特権を回復するには至らない。

　ベリー公の暗殺以後，教会の利益に配慮するユルトラ反動支配の下で，教会は，種々の権益を手中にすることになる。ユニヴェルシテ総長の称号が復活し，エルモポリスの司教フレシヌーがその職に就いた。フレシヌーは「宗務・公教育大臣」を兼務する。また，教師に対する聖職者の統制が強められる。しかし，ユルトラ支配が挫折して，復古王制の政治支配の風向きが変わると，一転して今度は，反教権主義的な措置が採用される。ユニヴェルシテ独占が自己の利益にならないことを見て取った教会は，ここで，決定的に戦術を転換する。従来，リベローの専売特許だった「教育の自由」の旗を，今や教会も掲げ始めるのである。リベローのなかには，イエズス会に対する不信と恐怖から，「教育の自由」に反対し，国家による教育統制を要求しさえする者もいた[11]。しかし，それは一部にすぎない。初等教育に限定された「教育の自由」のための運動は，自由主義的な世論のなかで前進する。左翼と右翼に挟撃されるユニヴェルシテ独占は，こうして揺らぎ始める。

11　ヴィアンネ（Viennet）は，政府に対し，教育の統制権を手放さないよう懇願する。「我々は，同じ笏（sceptre）の下でかつ同じ国土の上で，2つの相対する国民が育成されるのを見るだろう。衰退しつつある分裂は，対峙する2つの教育の躓き（scandale）によって永続するであろうし，また，自分たちについては内戦を諦めた人々が，その子どもに内戦を伝えるであろう」。A.P., 2.s., t. LV, p. 633.

第3部
「独占」の解体と「教育の自由」の法制化
～ギゾー法とファルー法～

第1章　7月王制における「教育の自由」と教育の国家化
～ギゾーの教育思想とギゾー法～

第1節　7月革命と1830年憲章

1　7月革命の勃発と復古王制の崩壊

　1829年8月，国王シャルル10世（Charles X）は，議会多数派に依拠するマルティニャック（Martignac）内閣に代わり，ポリニャック（Polignac）のユルトラ内閣を成立せしめた。これは代議院の穏健多数派への挑戦であり，新内閣への不信任を表明する「勅語奉答文」（Adresse）が，1830年3月，221名の議員の賛成をもって可決された。国王は代議院を解散するが，総選挙の結果，政府反対派は以前にも増して強力になる。国王は，1814年憲章の14条（「国王は……法律の施行および国家の安全のために必要な規則およびオルドナンスを制定する」）[1]を根拠に，4つのオルドナンスを公布した。その内容は，①出版の自由の停止，②再度の代議院解散，③間接選挙と県単位での議員選出，④選挙権の地租・個人動産税納入者への限定，⑤議員数の削減（430から当初の258へ）などである[2]。特に，選挙法の改正は，「自由主義的傾向の強い実業ブルジョアジーを除外して，貴族＝大土地所有者層に参政権を独占させ，新しい議会に政府支持の多数派を創出」[3]せんとするシャルル10世の意思を反

1　Duguit, L., Monnier, H., Bonnard, R., *Les constitutions et les principales lois politiques de la France depuis 1789*, 7ᵉ éd., Paris, L.G.D.J., 1952, p. 170.
2　中木康夫『フランス政治史（上）』（未来社・1975年）55～56頁。
3　服部春彦「フランス復古王政・7月王政」『岩波講座・世界歴史19－近代6』（岩波書店・1971年）48頁。実際，オルドナンスによる選挙法改正の結果，まず，1820年法が設けた直接選挙を基本とする二重投票制度（300フラン以上の納税者たる選挙人全部からなるアロンディスマンの有権者と，高額納税者たる選挙人の4分の1からなる県の有権者がそれぞれ直接投票を行い，さらに，後者のみが別に議員を選出する）は，アロンディスマンの有権者が選出する候補者から県の有権者が選挙するという間接選挙へと変更されるなど，事実上，4分の1の富裕な有権者だけが政治的権利のすべて

映したものである。

　これらの措置は、いずれも憲章に違背するものではなかったが、それでもやはり、議会制の慣行とは相容れないものであった。後に7月王制下で指導的政治家として活躍するアドルフ・ティエール（Adolphe Thiers）は、7月26日、リベロー（liberaux：自由派）の機関紙『コンスティテュシオネル』（Constitutionnel）において、「合法的な体制は中断され、力の体制が開始される。政府は合法性を侵した。我々は服従するのを免れるのである」と論じた[4]。国王オルドナンスに対して反乱が勃発する。7月27日からの「栄光の3日間」（les Trois Glorieuses：7月27〜29日）で、手工業者・下層職人・小商人・学生らが蜂起し、市街戦が展開された。敗れたシャルル10世はイギリスに亡命し、復古王制はここに崩壊した。

2　ルイ゠フィリップの正統性の問題

　革命の原動力となった民衆やブルジョワ共和派が政治権力に接近するのを阻止し、7月革命を方向づけるのは、大ブルジョワジーを中心とする議会の自由主義的な政治家たちであった。その中核は、ラフィット（Laffitte）、カジミール゠ペリエ（Casimir-Périer）ら銀行家グループや、「純理派」のギゾーらのグループである[5]。シャルル10世も共和制も退け、彼らは、オルレアン公ルイ゠フィリップ（Louis-Philippe d'Orléans）に王位を委ねるという解決を選ぶ。ルイ゠フィリップは、両議院の決議により王位に推され、8月9日、ブルボン宮において改正憲章を遵守する旨の宣誓文を読み上げ、王位に就く。

　　を握るものとされた。また、選挙権の資格要件である納税額につき、地租（不動産税）などが専ら考慮されることになり、窓税や事業免許税が除外されたことで、商人や卸売商、自由業の職にある者などが排除された。これは大土地所有者層に極めて有利な制度であると言える。

[4]　Morabito, M. et Bourmaud, D., *Histoire constitutionnelle et politique de la France (1789-1958)*, 3ᵉ éd., Paris, Montchrestien, 1993, p. 199.

[5]　7月革命は「銀行家の革命」とも言われる。中木・前掲、59頁。ラフィットは、「これからは銀行家の天下になるだろう」と言った。カール・マルクス著（中原稔生訳）『フランスにおける階級闘争』（大月書店・1960年）32頁。

しかし，このときルイ＝フィリップの王位の「正統性」が問題とされる。一方で，国王の統治の資格はその生まれに由来するものではないと主張された。それによれば，ルイ＝フィリップは，革命の大義へのその共感のゆえに，ブルボンとしてではなく，ブルボンではあるけれども，国民によって自由に選ばれたのである。この議会多数派の主張に対して，ギゾーは，宗家（branche aînée）の没落の結果として王位に推された分家（branche cadette）の長である限りにおいて，固有の権利の名において国王はその権力を受け継ぐのだと言う。別言すれば，ルイ＝フィリップは，ブルボンだからこそ，統治すべきなのである。彼は選ばれたのではない。現実に，唯一の必要な人間だった，というのである[6]。

かくして，正統性の問題は，7月王制を樹立させたオルレアン派を2派に分裂させる。「抵抗派」（la Résistance）と「運動派」（le Mouvement）である。ギゾー率いる純理派と保守的なリベローを中核とする「抵抗派」は，安定した終局的な状態に歴史を固定することを志向し，1830年を改革の到達点と見なす。他方，より急進的なリベローからなる「運動派」は，権力の個人集中に反対し，議会主義的な改革に向かう。そのとき1830年は出発点と見なされる。尤も，これら2派のうち，7月王制初期の僅かな期間を除いて，抵抗派が一貫して政権の座にある。特に，7月体制の中心的イデオローグであるギゾーは，「『外には平和』（平和維持政策堅持），『内には秩序』（政治的・社会的保守主義，一切の政治社会的改革に『体系的』に反対）を政治基調とする」[7]国政運営を行った。ギゾーの純理派は，アンシャン・レジームへの回帰とナポレオン的専制を拒否する点でリベローとの接点をもちながらも，本質的に保守主義的な性格を内包しており，自由主義的であるというには程遠いように見える。この点は留意しておいてよい。後に7月体制の教育政策を検討するとき，その原理的・思想的な基盤は，ギゾー＝純理派において見いだされることになるからである。

---

6 Morabito et Bourmaud, *op.cit*., p. 203.
7 中木・前掲，83頁。

3　1830年憲章の構造

　1830年の革命は，法的には，1830年8月14日の憲章（Charte constitutionnelle）[8]によって表現される。代議院と貴族院は，1814年憲章前文の廃止と同憲章の改正を可決する[9]。2つの憲章の間の本質的な相違は，憲章の制定を司る観念に存する。国王の意思からのみ生み出された1814年の憲章に対して，1830年の「改正憲章」は，国民と君主の間の「協定」の結果である。1830年の革命は君主主権を放棄した。ルイ＝フィリップは，「フランス人の王」（roi des Français）という称号を採用する。新しい君主制の基盤は契約である。それは，2つの正当性原理（君主制原理と選挙的原理）のみならず，2つの権力中枢（国王と選挙された議会）の間の妥協を実現するものである[10]。

　1830年憲章は，国民主権原理を採用する。執行権は国王が保有するが，国王は法律の制定を停止すること，またはその施行を免除することはできない。法律発議権は国王と両議院（貴族院と代議院）が共有する。大臣は，背信や汚職にとどまらず，無制限に両議院によって追及されうる。「フランス人の公権」（Droit public des Français）については，憲章に2つの修正が施された。出版の自由が保障される。カトリック教は公定宗教たることをやめ，単にフランス人の大部分が信仰する宗教となる。カトリック教の司祭は，他のキリスト教の司祭とともに，国庫から俸給を受けることとされた。選挙制については，財産資格による制限選挙制が維持された。参政権を保有する法定国民（pays légal）の範囲については，選挙権につき納税額が300から200フランに，被選挙権についても同じく1,000から500フランに引き下げられたにすぎず，

8　正文については，Duguit et al., *op.cit.*, p. 194 et s. を参照。

9　1814年憲章の修正に関し，ギゾーはその『回想録』（Mémoires）のなかで次のような不満を漏らしている。「憲章にもたらされた修正について，そのうちの幾つかは，有用であるよりはむしろ有害であると思われた。他の幾つかは時期尚早であった。必要だと判断されえたのは，ほんの2，3にすぎない。革命の直後に宣言された，憲章の完全な固定という方針が，国の安寧と並んで諸自由のために，非常に高く評価されたのは確かである。しかし，誰もあえてそれを提案しなかった」。Guizot, F., *Mémoires pour servir à l'histoire de mon temps*, t. 2, p. 23, cité par Rosanvallon, P., *La monarchie impossible, les Chartes de 1814 et de 1830*, Paris, Fayard, 1994, pp. 118-119.

10　Morabito et Bourmaud, *op.cit.*, pp. 199-200.

第1章　7月王制における「教育の自由」と教育の国家化　143

選挙人数は，1831年当時は革命前の90,000人から166,000人に増加したにとどまる。一部の富裕層（地主・上層ブルジョワジー）だけが選挙権を握るのである[11]。

ところで，1814年憲章の議会制は，ルネ・カピタンの定式によれば，事実上の議院内閣制であった。「提携の精神は，国王に行政権の特権を放棄させるまでには至らずに，少なくとも，国王をして節度をもってそれを行使するよう至らしめた」[12]。これに対し，1830年憲章は，「二元型」（dualiste）・「オルレアン型」（orléaniste）の議院内閣制である。すなわち，国家元首が依然として非常に重要な特権を保持している議会制の形態である。この「二元型議院内閣制」（régime parlementaire dualiste），「オルレアン型議院内閣制」（régime parlementaire orléaniste）においては，元首が大臣の任免権と議会の解散権をもち，大臣（内閣）は元首と議会の双方の信任を得なければならなかった。そこでは，元首と議会の二元的な権力構造を前提とし，内閣を媒介として，行政・立法両権の均衡が保持されていた[13]。

11　中木・前掲，60頁。
12　Capitant, R., «Régimes parlementaires», in *Mélanges R. Carré de Malberg*, Paris, Edouard Duchemin, 1977, p. 37.
13　*Ibid.*, p. 40 et s. なお，樋口陽一『議会制の構造と動態』（木鐸社・1973年）5頁以下を参照。ところで，君主の地位が名目化するにつれて，二元型議院内閣制から一元型議院内閣制への移行が生じる。一元型議院内閣制とは，行政権が君主（または大統領）から実質的に内閣に移転し，内閣は専ら議会に対してのみ責任を負う（議会の信任にのみ依存する）というタイプの議院内閣制である。一元型議院内閣制における君主の地位の名目化は，君主を，統治に何らの影響も及ぼさないものとし，また，彼に単なる装飾または国民統合の象徴としての役割しか付与しないであろう。しかし，7月王制の下では，国王の役割は依然として大きい。「君主は君臨すれども統治せず」という定式は受け入れられず，ルイ＝フィリップは，ギゾーの「王位は空虚な玉座ではない。王権は単なる機械でも，動かない機械でもない」という定式に則って王権を強化する。cf. Prélot, M. et Boulouis, J., *Institutions politiques et droit constitutionnel*, 11e éd., Paris, Dalloz, 1990, p. 427. また，モーリス・ジャリュは，君主の地位の名目化は，憲章の精神に違背するものであると言う。Jallut, M., *Histoire constitutionnelle de la France*, t. 2, Paris, Éd. du Scorpion, 1958, p. 83.

第2節　7月王制の社会的・経済的背景と教育の関係

1　2つの側面

19世紀，特に1830年の7月王制成立から1880年代までのフランス教育史の流れは，その間のレジームの頻繁な交代にもかかわらず，およそ次の2つの共通する側面によって把握されうる。1つは，産業革命の進展に伴う，国家の側からの教育（特に民衆の教育）への関心の高まりであり，もう1つは，国家と「教育の自由」を掲げるカトリック教会との「教育戦争」の展開である[14]。

　ナポレオン帝制期には，国家機構の維持に必要な人材を輩出するための中等教育施設が特に優遇され，下層民衆の教育に対する国家の配慮は無用なものとされた。民衆が無知であることこそが，国家や，その支配者たる大ブルジョワジーの利益に適うと考えられた。しかし，既に帝制の末期から民衆教育への関心の萌芽が見られ，復古王制を経た7月王制の時期には，議会制の発展による政治的な要請のほかに，より本質的な要請として，国家の支配階級は，民衆教育の経済的・社会的な次元での利用価値を認識するに至る。その契機が産業革命の進展であった。

　他方，復古王制はユニヴェルシテ独占を基本的に維持し，カトリック教会は，それが自己の利益と一致する限りにおいて支持を与えた。しかし，反教権主義的な教育政策が採用され，世俗権力が常に教育の主導権を掌握する限り，もはやユニヴェルシテ独占を支持する理由はない。そうして，教会とその傘下にある私教育施設のために，「教育の自由」が要求されることになる。7月王制期には，徐々に独占の厳格性が緩和され，自由に有利な状況が生まれてくる。しかし，少なくとも7月王制では，カトリックを満足させるほどの重要な収穫は見当たらない。なるほど，後述する1833年のギゾー法は「初等教育の自由」をもたらしたが，実際に教会が要求したのは「中等教育の自由」だったのである[15]。

---

[14] Cf. Fourrier, C., *L'Enseignement français de 1789 à 1945, précis d'histoire des institutions scolaires*, Paris, Institut pédagogique national, 1965, pp. 103-105.

[15] この当時の「教育の自由」の要求について，ルイ゠グリモーは次のように述べてい

ここでは，第１の側面，すなわち７月王制期の産業革命の進展による教育制度への影響の如何について，若干の検討を試みることにする。

2　７月王制における産業構造と労働者の状態

　フランスは，ほぼ７月王制の成立を画期として，第１次産業革命期（およそ1830〜1860年）を迎えるとされる[16]。それは，まず綿業部門を中核とした繊維工業を起点として展開する。その後，イギリス産業革命の展開過程とは異なり，綿業主導の産業革命が本格的に展開される1830年代に早くも鉄道建設がブームとなり，それに伴う重工業部門（製鉄業を基軸とする）の急速な発展が見られる。なるほど，産業革命は，フランスの人口の約80％を占める広汎な農民層を基盤として展開される[17]が，フランスの経済発展を牽引したのは，やはり工業部門である。こうした産業革命の展開過程においては，広汎な中小産業資本が拡大する一方，大規模企業が展開し，フランスの産業革命を主導することになる。例えば，急成長を遂げた綿業部門においては，アルザスの大綿業資本が機械制工場創出の先頭に立ち，製鉄部門では，鉱山部門から加工部門までを包摂する「混合企業」型の少数の大製鉄資本が，鉄道建設と独占的に結合しながら，中小産業資本に対する優位を確立する。これら少数の大規模な上層資本集団を支援して，「資本主義の寡頭制的進化の金融的支柱」としての役割を果たしたのが，オート・バンクである[18]。

　る。「教育・学習する権利の支持者が，初等教育の自由の行使を明確に求めることは決してなかった。教育の自由，それだけが一般に彼らの要求の対象であった。この自由の授与を求めるとき，彼らは，その考え方に従い，中等段階の教育施設で教鞭をとる修道士や聖職者のために，教育する権利を承認し法で定めることを要求した。そして，その選択するコレージュ，すなわち，小神学校またはあらゆる種類の教会学校で子どもを学ばせられるよう望む家族のために，学習する権利を承認し法で定めることを要求した」。Louis-Grimaud, *Histoire de la liberté d'enseignement en France*, t. 6 (La Monarchie de Juillet), Paris, Apostolat de la presse, 1954, p. 20.

16　例えば，遠藤輝明「フランス産業革命の展開過程」高橋幸八郎編『産業革命の研究』（岩波書店・1965年）125頁，服部春彦『フランス産業革命論』（未来社・1968年），本池立『フランス産業革命と恐慌』（御茶の水書房・1979年）119頁以下を参照。

17　中木・前掲，71頁。

18　同上，74頁。

このように7月王制下では、中核となる大規模産業資本によって産業革命が主導され、ロートシルト (Rothschild) 家を中心とするオート・バンクによる金融支配体制（「金融封建制」）が貫徹された。この時期は、確かに、資本主義の急速な発展と技術の進歩によって特徴づけられる。フランス産業革命の本格的展開期には、生産の集中と機械技術の導入が進行した[19]。しかし、フランスの産業革命の歩みは、イギリスと比べはるかに緩慢であった。近代経済社会の成立はなお困難であり、19世紀を通じてフランスの工業を特徴づけるものは、18世紀型の半手工業的労働の分散家内工業などの古い形態と、集中工業の近代的形態との併存である。後者で雇用されているものは、1848年には全工業労働者の25％でしかなく、工業プロレタリアートは旧来からの手工業者の群れに埋没している状態であるとも言え、依然として一個の労働者階級をなすには至っていなかった[20]。

そのため、パリの労働者の手によって行われたはずの1830年の革命は、「ブルジョワ寡頭支配」[21]という逆説をもたらした。そこでは、プロレタリアの人間としての権利が尊重されることはない。制限選挙制の採用は、彼らの参政権を否定する。機械化の進行が熟練労働を不要なものとすることにより、男性労働者に比して安価な労働力である女性や子どもが、資本家の新たな搾取の対象として浮かび上がる。しかも、そこには、男性労働者の劣悪な賃金体系の結果として、女性や子どもが生活の維持に不可欠な副収入を得るために、工場や鉱山労働に向かわねばならないという悲惨な循環があった。1840～1845年の調査によれば、労働現場における女性の割合は、食品産業では37％、出版業では20％、木綿紡績工場では16％、絹織物産業では33％、ガラス工場では17％に及んだ。また、ある県では、60,000人の労働者のうち13,000人が子どもであった[22]。

---

19 参照、遠藤輝明「フランスにおける資本主義の発達」前掲『岩波講座・世界歴史19』309頁以下。

20 ジョルジュ・デュプー著（井上幸治監訳・武本＝本池＝井上共訳）『フランス社会史―1789〜1960―』（東洋経済新報社・1968年）133〜134頁。

21 Cogniot, G., *La question scolaire en 1848 et la loi Falloux*, Paris, Éditions Hier et Aujourd'hui, 1948, p. 41.

22 Fourrier, *op.cit.*, p. 135.

1841年3月22日に，工場における児童労働を規制する法律が成立した。8歳未満の子どもの雇用と，12歳未満の子どもの夜業が禁じられた。労働時間は，8～12歳の子どもにつき，1日15時間から12時間に戻された。しかし，別言すれば，8～12歳の子どもは，1日に12時間も労働するのである。12歳以上のものは15時間労働で，彼らは夜業をすることも可能であった。しかも，この法律は全く実効性がなかった[23]。こうした経済的な体制の下で，民衆教育の飛躍的な進歩を期待することは無意味である。普通選挙が導入される第2共和制において，広汎な民衆層が国政の場に姿を現すとき，ようやく，真に本格的な民衆教育の再編成が日程にのぼることになる。

3　支配層における民衆教育への関心

にもかかわらず，1830年代以降の産業革命は，フランスの教育を急速に変化させる条件を創出したと言うことができる。貴族階級を駆逐して支配階級となった保守的な大ブルジョワジーにとって，大衆の無知を放置することは自分たちの利益への脅威を生み出すことであった。7月王制下で頻発した労働争議や民衆蜂起が，それを裏づける。ゆえに，ブルジョワジーの利害を貫徹するため，政治的・社会的保守主義が掲げられ，立憲君主制の維持，社会秩序の維持が彼らの最優先課題となる。民衆の粗野な精神を陶冶し，ブルジョワジーの利害に見合うように民衆を教育しなければならないと考えられた。結局，初等・中等教育の発展の必要性がブルジョワジーの意識にのぼったのは，人間や学問への愛着からではなく，経済的・社会的な利害からであった[24]。

民衆の教育と支配階級の教育とは厳然と区画された。民衆が無制限に社会的なヒエラルキーを上昇するようでは困るのである。したがって，教育の組織化は，中・高等教育については支配階級のために，初等教育は民衆のために行われる[25]。ただし，労働現場で下層労働者を統括する役割を担う中間管

23　Cf. Pierrard, P., *L'Église et les ouvriers en France*（1840-1940）, Paris, Hachette, 1984, p. 81.
24　「教育は生産を増大させる。教育は，一定の条件の下で，精神的な憲兵隊の役割を果たしうる」。Cogniot, *op.cit.*, p. 38.
25　哲学者でもあり，1840年には公教育大臣を務めたヴィクトル・クーザン（Victor

理職を育成する必要性が生じたため，初等段階と中等・高等段階の教育の間に，中間的な教育段階が創設されることになる。それにより民衆の上昇をせき止めながら，ブルジョワジーが必要とする人材を確保できるのである。後に述べるように，これは，1833年法（ギゾー法）において，「上級初等学校」(écoles primaires supérieures) として実現する。

第3節　1830年憲章における「教育の自由」と初等教育の非宗教化

1　1830年憲章における「教育の自由」

1830年憲章69条は次のように規定していた。「以下に掲げる諸事項に関しては，別々の法律により，かつ可能な限り最も短い期間で，順次必要な処置がとられる。…… 8. 公教育および教育の自由」。この規定の原型は，ブレアール（Bréard）が提出した憲章の法案にある。そこでは，「代議院は，別々の法律により，かつ可能な限り最も短い期間で，順次必要な処置をとることが不可欠であると宣言する。…… 8. 公教育および教育の自由」と規定されていた[26]。貴族院も代議院も，そこに手を加えない。こうして，憲章に「教育の自由」が規定されることになる。しかし，この自由は法律の制定を待って実施されるものである以上，依然として，公教育は既存の諸法令の規制に服したままであった。

ルイ＝グリモーによれば，新しい憲章の作成に関与したリベローによって憲章に組み込まれたこの規定は，如何なる点においても，カトリックの手になるものではない[27]。既に述べたように，復古王制の大部分の期間を通じて，（ごく稀な例外を除き）カトリックは「教育の自由」を要求していない。彼らはその必要性を少しも感じていなかった。逆に，「教育の自由」が法律上明

Cousin）は，1844年に次のように語っている。「初等教育は万人のために，中等教育は少数の人間のために行われる。この少数の人間は，近代社会の正統な，また絶え間なく更新される特権階級である」。Discours du 21 avril 1844, cité par Rosanvallon, P., *Le moment Guizot*, Paris, Gallimard, 1985, p. 245.

[26]　*A.P.*, 2.s., t. LXIII, p. 53.
[27]　Louis-Grimaud, *op.cit.*, pp. 14-15.

確に承認されれば，キリスト教教育にとって危険な事態が出来すると考えていた。少なくとも1828年まではそうである。1828年のオルドナンスがカトリックの教育権を侵害するものと考えられるようになって，カトリックはこれを攻撃し始める。かくして，カトリックとリベローは，同じ手段で異なる目的を追求するに至る。しかし，教権主義に反対するリベローは，無制限な自由を要求するわけではない。カトリックとの対立は不可避である[28]。

それゆえ，憲章の「教育の自由」は，7月革命の自由主義と反教権主義のアマルガムから生み出されたものと言えるかもしれない。すなわち，憲章69条は，「子どもが宗教教育を受けるのを期待する親に味方することを目的とはしていない。むしろ，……教育の領域で教会と闘うこと，そしてまた，生徒に，宗教を憎悪させる教育か，さもなければ，少なくとも中立な教育を行う学校を設立することを目的とするものであった。確かに，立法者が用いた文言の一般性のゆえに，教会とその信者は，69条から利益を引き出すことができることになろう。しかし，この条文は，……カトリックの請願を認めるためではなく，むしろ彼らの反対者の請願に応えるために，憲法に組み入れられたのである」[29]。

2　初等教育における非宗教化政策の展開

7月革命直後のフランスでは，反教権主義運動の暴風が吹き荒れていた。教育の領域でも非宗教化が促進される。政府は教会の影響力の削減を企てる。修道会学校への助成金を減額し，特に，復古王制によって教会に与えられた諸特権を制限しようとする。これらの措置が国家の影響力の拡大と一体のものであったことは，確認しておいてよい。

(1)　学校監督

1828年4月21日のオルドナンスによって設置されたアロンディスマン委員会は，1816年2月29日のオルドナンスのコンセプトを受け継ぎ，強力な学校監督権限を有していた。同委員会には，教会の代表として，主任司祭と，司

28　「〔リベローは〕フランスにおける無許可修道会の構成員に対しては，教育する権利の行使を強く拒否する。宗教問題は，特に教育に関して，カトリックとリベローを分ける越えがたい溝（fossé infranchissable）である」．Ibid., p. 16.

29　Ibid., pp. 17-18.

教が任命する委員2名が含まれている。この点が問題とされ，1830年10月16日のオルドナンス[30]が司教の任命する委員を廃止する。委員会に席を占める聖職者は主任司祭だけとなる。教会は，地方委員会における影響力の大半を喪失するに至った。ただ，これでも自由主義的な議員には不満である。例えば，ペトゥ（Pétou）は，「主任司祭が彼の教会で精神的なるものを引き受けるのは結構だ。しかし，市町村長と委員会こそが，公教育に関するすべての権力を付与されるべきであり，それにより，国家のために良き市民を育成すべきなのである」[31]と述べ，主任司祭がアロンディスマン委員会から排除されねばならないとしたが，これは受け入れられなかった。

(2) 証明書の交付

自由主義的な議員からは，「人物証明書」（certificat de bonnes vie et mœurs）と「宗教教育証明書」（certificat d'instruction religieuse）の即時廃止も要求される。議会における激論の末，1831年3月12日のオルドナンス[32]により，主任司祭が交付する「宗教教育証明書」が廃止され，「人物証明書」は市町村長のみが交付するものとされた。かくして，司祭は学校に関する活動手段をすべて喪失することとなった。「1830年の革命は，教師を主任司祭の監督から解放した」[33]。

(3) 修道士の特権廃止

1819年の妥協により，修道士に対して，教育資格証書の交付要件に関する特権（試験の免除，忠順証の確認のみ）が認められた。反教権主義の世論はこの点を問題にし，1831年4月18日のオルドナンス[34]が，かかる特権を廃止し

---

[30] 「初等教育委員会を再編成する国王オルドナンス」（Ordonnance du Roi qui prescrit la réorganisation des comités d'instruction primaire）。Duvergier, J.-B., *Collection complète des lois, décrets, ordonnances, règlements et avis du Conseil d'État*, t. 30, 2ᵉ éd., Paris, Chez A. Guyot et Scribe, 1838, pp. 216-217.

[31] Cité par Nique, C., *Comment l'École devint une affaire d'État*, Paris, Nathan, 1990, p. 75.

[32] 「初等教育職資格証書の交付に関する国王オルドナンス」（Ordonnance du Roi relative à la délivrance des brevets de capacité pour les fonctions d'instruction primaire）。Duvergier, *op.cit.*, t. 31, pp. 59-60.

[33] Gontard, M., *L'enseignement primaire en France, de la Révolution à la loi Guizot (1789-1833)*, Paris, Les Belles Lettres, 1959, p. 450.

た。

　こうして，諸特権を喪失した教会は，ユニヴェルシテからの離脱を加速する。「教育の自由」を求める人々の間には，憲章の規定を盾に，無許可で学校を開設しようとする者も現れた。自由主義カトリシスム[35]の機関紙である日刊紙『アヴニール』(Avenir) のグループに属するラコルデール (Lacordaire)，モンタランベール (Montalembert)，ド・クー (de Coux) は，1831年6月，学校の違法開設のかどで罰金刑に処される。しかし，その後，政府は宗教政策を転換する。情勢の変化により，政府は教会の支持を取りつけようとするのである。

第4節　ギゾー法への道
　　　～抵抗派政府の教育政策とクーザン報告

1　7月王制の政治的転換期：抵抗派政府の登場とその教育政策

　1831年3月13日，ラフィットが解任され，カジミール＝ペリエ内閣が成立する。運動派から抵抗派への政権交代である。公教育大臣のポストも，バルト (Barthe) からモンタリヴェ (Montalivet) に移る。

(1)　反教会闘争の鎮静化

　ペリエ内閣は改革運動の阻止と秩序の維持を優先課題とした。経済不況に苦しむリヨンで起こった絹織物工の蜂起を弾圧した事実（1831年11月末）が，それを象徴的に示している。カジミール＝ペリエとモンタリヴェは教会に接

---

[34]　「今後，何人も，あらかじめ，定められた形式において，かつしかるべき筋で，諸オルドナンスが規定した試験を受けなければ，如何なる呼び名であるにせよ，初等教師の職務に従事するための資格証書を取得することはできない」（1条）。「初等教育職従事資格証書の交付に関する国王オルドナンス」(Ordonnance du Roi relative à la délivrance du brevet de capacité pour l'exercice des fonctions d'instruction primaire)。Duvergier, *op.cit.*, t. 31, pp. 198-199.

[35]　自由主義カトリシスムについては，例えば，西川知一『近代政治史とカトリシズム』（有斐閣・1977年）22頁以下，中谷猛「ラムネの自由主義的カトリシズムと『未来』新聞」同『近代フランスの自由とナショナリズム』（法律文化社・1996年）65頁以下を参照。

近し，反体制勢力である「正統王朝派」(légitimiste) から教会を引き離し，体制へのカトリックの支援を取りつけようとする。体制維持のために秩序の力（＝教会）が必要であると考えられたのである。政府と宗教団体の和解により，修道会学校に対して助成金が支出される。修道会学校を世俗学校に転換する市町村は，ますます少なくなる。1830年には修道士に反対していた諸都市も，修道士を呼び戻したり，削減していた助成金を元の額で復活させたりする。市町村長・県知事・アカデミー長といった公職にある人々が修道会学校を称賛し，その教師に賛辞を贈るようになる[36]。

(2) 国家による教育支配の強化

抵抗派は，教育の完全な自由を実現することなど少しも考えていなかった。彼らはユニヴェルシテを擁護し，国家による教育支配に執着を示す[37]。初等教育支配への国家意思は，予算の増額措置として具体的に現象する[38]。運動派政府の下での初等教育予算は，復古王制末期に決定された年額30万フランである。それが，抵抗派政府における1831年の予算では70万フランになり，1832年には100万フラン，1833年には150万フランにまで増額された[39]。また，無許可学校の開設を非難し，ユニヴェルシテ組織の強化を図るべく，アカデミー長に対し，公教育に関する現存の諸立法は，憲章の「教育の自由」規定にもかかわらず，その効力を維持している旨の通達が出された[40]。そのほか，教師の教育活動そのものに対する国家の指導力を強化すべく師範学校 (école normale) の増設が進められ，さらに，初等教科書への規制を通じて，フランスのすべての学校における教育の画一化が促進されることになる[41]。

2 初等教育に関する諸法案の提出とクーザン報告の意義

既に1831年1月，運動派政府の公教育大臣バルトが初等教育法案を議会に提出していたが[42]，抵抗派政権の下でも，引き続き初等教育の組織化が志向

---

36 Gontard, *op.cit.*, pp. 472-473.
37 *Ibid.*, p. 475.
38 Nique, *op.cit.*, p. 78.
39 Gontard, *op.cit.*, pp. 458-459.
40 *Ibid.*, pp. 475-476.
41 Nique, *op.cit.*, p. 79.

されることになる。抵抗派は、7月革命で見せつけられた労働者の実力が再び発揮されないようそれを抑制し、また、フランス西部・南部で影響力を保っている正統王朝派と農村民衆との関係を切断する必要があると考える。しかも、社会的騒擾が頻発し、体制にとって危険な社会理論が流布する[43]からには、安定した社会秩序を緊急に確立しなければならない。そのとき、民衆への支配の浸透は、初等教育を通じて行われるべきものと考えられた。

1831年10月、抵抗派と運動派の双方から、初等教育の組織化に関する法案が提出される。抵抗派からは、公教育大臣モンタリヴェによる政府法案、他方、運動派からは、フランスで相互教授法（enseignement mutuel）の普及に努める「初等教育協会」（Société pour l'instruction élémentaire）[44]のメンバーで

---

[42] バルト法案は、1831年1月20日に貴族院に提出された。法案では、ユニヴェルシテの許可の廃止によって初等教育における自由が認められていた。しかし、ユニヴェルシテには特権が付与され、逆に聖職者の学校統制権はすべて否認された（ただし教育課程に宗教教育が組み込まれていた）。市町村に対して、小学校1校を設置・維持すること、教師の境遇を改善することが義務づけられていた。法案は、多くが復古王制下に任命されていた貴族院議員たちの強力な反対に遭う。彼らは国内で渦巻く反教権主義運動を非難し、司祭を学校の監督から排除することを拒否した。この貴族院の態度決定を前に、バルトは2月23日に法案を撤回するに至る。Cf. Gontard, *op.cit.*, p. 466 et s.

[43] 「すべての土地均分法（lois agraires）のうちで最も単純でかつ分かりやすいものを貧困労働者に説教する、人を堕落させる諸理論に対して、防波堤を築くことが我々には緊要であるように見える」（1833年5月3日『コンスティテュシオネル』紙）。Cité par Gontard, *op.cit.*, p. 478.

[44] 「初等教育協会」は、初等教育の奨励を目的とする初めての世俗的な団体である。第1帝制の下で創設された「民衆教育委員会」を前身とし、1815年6月17日に設立された。同協会は、イギリスで考案された相互教授法をフランスに導入し、その普及に努め、相互教授法を採用した学校を設立するなど、フランスの初等教育を発展させるべく活動した。「相互教授法」とは、最も才能に恵まれた生徒のうちの幾人かを補助教員（moniteur）とし、彼らが、教師の指示に従い仲間の生徒たちに教育を行うという方法である。従来の個人教授法に比べ、迅速かつ効率的で、しかも安価であったため、初等教育の発展に寄与した。この方法は1830年代後半には、すべての生徒が均質な集団を作り共通の教育を受けるという、現代の学校で採用されている方法によって取って代わられることになる。同協会のメンバーとしては、相互教授法の発明者であるイギリス人のベル（Bell）とランカスター（Lancaster）のほか、ラ・ファイエット

あるラス゠カーズ（Las-Cases）による法案である。モンタリヴェ法案が，政府の配慮を反映した保守的な方針を示したのに対し，これに失望した運動派が，憲章によって付与された発議権を用いて提出した自前の法案がラス゠カーズ法案である。それらには2つの共通する特徴が見いだせる。第1に，公的な初等教育が創設されていること（市町村立学校の設置），第2に，「初等教育の自由」が承認されていること（私立学校の承認）である[45]。

しかし，1833年法（ギゾー法）に対する影響という点では，ドイツの教育事情の視察後に提出された，ヴィクトル・クーザンの報告書（1832年）[46]が最も重要である。

クーザンは，公教育が堅固に組織されるべきであるとする。市町村は初等学校を設置し，教師に給与を支払うべきである。「教育の自由」について，彼は，それに反対すべきでも依存すべきでもないという態度をとる。ただし，教師の募集は，私企業に委ねるべき性質のものではない。初等学校の管理・運営は，専ら地方当局（県）の任務である。新たに設ける初等教育視学官がこれを補佐する。学校の監督は日常的に行われるべきものである。クーザンは，カントン委員会の代わりに，市町村委員会と県委員会の設置を提案する。初等教育が成功するには，良質の教師と多くの師範学校が必要である。師範学校の設置は県の義務である。クーザンは，ドイツのように2種類の学校の設置を提案する。一方は，単純な基礎知識を全体に与えるもの。他方は，将来の職業にそれを必要とする人々（だけ）に補充的な知識を与えるものである。後者での教育は，高等な知識は要しないが，農民や労働者よりも広汎な教養を必要とする人々に不可欠な知識に及ぶ。単純な初等学校とコレージュの間を媒介する教育施設を要求する声がフランス全土からわき上がっている，とクーザンは言う。最後に，クーザンは，道徳なしの教育も，宗教なしの道

(La Fayette)，ラフィット，ギゾー，ルイ゠フィリップ，シャトーブリアン（Chateaubriand）らがいる。Cf. Demnard, D. et Fourment, D., *Dictionnaire d'histoire de l'enseignement*, Saint-Amand-Montrond, Jean-Pierre Delarge, 1981; Léaud, A. et Glay, E., *L'école primaire en France*, t. 1 (des origines à la fin du Second Empire), Paris, La Cité Française, 1934, p. 232 et s.

45　Louis-Grimaud, *op.cit.*, p. 83.
46　クーザン報告の紹介については，Gontard, *op.cit.*, pp. 481-484 による。

徳もありえないと考える。聖職者を初等教育から追放することは有害である。キリスト教の教義は民衆教育の基盤となるべきである。彼は，学校に主任司祭を呼び戻すことを提案する。

クーザン報告には，後に見るギゾー法の予兆が随所に現れている。ギゾー法は初等教育に対する国家関与の意思を明確に表明するが，それは多くの点でクーザン報告の立法的実現であったと言ってよい。クーザンは，初等教育が国務となるべきであるという思想を正当化する。すなわち，初等教育が，一般的・公共的利益から必要とされる点で国家によって支持されるべき活動，つまり「公役務」（service public）として組織化されるべきことを提案する。実際，彼は，抵抗派政権の周囲にあって，教育に対する国家干渉を最も強く支持する人物であった[47]。

第5節　ギゾー法（1833年6月28日法）の成立
〜その制定過程における諸争点

ここでは，ギゾー法の内容を素描した後，法制定過程において問題とされた幾つかの点につき検討を加えることにする。

1　ギゾー法の概要

公教育大臣ギゾー（Guizot, François-Pierre-Guillaume）[48]の名を冠せられる

---

[47] Nique, *op.cit.*, pp. 92-93.
[48] ギゾーは，1787年にニームでプロテスタントの家系に生まれ，1874年に87歳でこの世を去った。彼の父親は自由主義的な精神をもった弁護士であったが，1794年に断頭台に送られた。若いときギゾーは，ジュネーヴで学問を修め，次いでパリ法律学校に学ぶ。ラテン語，ギリシア語のほか，幾つかの外国語に通じていた。王党派のサロンに通い，1812年，年上のジャーナリスト，ポーリーヌ・ド・ムーラン（Pauline de Meulan）と結婚する。同年，パリの文学ファキュルテの近代史教授に任命された。その後，国家参事官となり，復古王制と，特に7月王制において，その政治的手腕を発揮した。1840年から1848年にかけて公教育大臣と首相を務める。1849年に亡命先のイギリスからフランスに戻り，歴史研究に没頭した。1870年には高等教育の自由に道を開く委員会を主宰した。主な著作として，『フランスにおける公教育の歴史と現状に関する考察』，『回想録』（全8巻），『歴史』，『キリスト教に関する省察』などがあ

1833年6月28日の法律,すなわち「初等教育に関する法律」(Loi sur l'Instruction primaire)[49]は,「初等教育およびその目的」「私立初等学校」「公立初等学校」「初等教育行政機関」の全4編(25ヶ条)から構成されている。

まず,3条は「初等教育の自由」を宣言するものとされる。「初等教育は,私的または公的である」(L'instruction primaire est ou privée ou publique)。この基本的な区分に従い,8条では,「公立初等学校とは,その全部または一部が,市町村,県または国家によって維持される学校である」と規定される。私立初等学校については何の定義も与えられていない。したがって,8条の反対解釈により,公共団体によって維持されない,つまり(教会のような)私的な団体または個人によって維持される学校が,私的であるということになろう。学校の維持のための収入源によるこうした区別は,ギゾー法以後の19世紀の諸法律(例えばファルー法)に再び見いだされることになる。この原則は,「公立学校には公費を,私立学校には私費を」という定式によって表現される[50]。

第2編は,私立初等学校の教師の資格要件・欠格事由や,その不行跡に対する制裁手続に関する諸規定からなる。私立初等学校の開設要件は次の通りである。「満18歳以上の個人は誰でも,学校を経営しようとする市町村の長に,事前に以下のものを提出することのみを条件に,初等教師の職業に従事し,かつ,あらゆる任意の初等教育施設を経営することができる。——①設立を希望する学校の段階に応じた,試験により取得された能力資格証書,②資格取得者が,その道徳性につき,教育に従事するに相応しいことを証明する証明書。当該証明書は,その者が3年以前から居住する市町村の長または諸市町村のそれぞれの長によって,市町村会の3名の議員の証明に基づき,交付される」(4条)。

5条が欠格事由を規定し,体刑または名誉刑に処された者,窃盗・詐欺などで有罪を宣告された者が,その対象となる。前2条に違反した者は,軽罪裁判所に起訴され,罰金刑か,再犯の場合には禁固刑に処される。学校も閉

る。以上の叙述は,Fourrier, *op.cit.*, pp. 106-107 による。なお,ギゾーの生涯が要領よくまとめられた Rosanvallon, *Le moment Guizot*, p. 403 et s. も参照。

[49] Duvergier, *op.cit.*, t. 33, p. 191 et s.
[50] Fourrier, *op.cit.*, p. 124.

鎖される（6条）。私学教師は，不行跡または不道徳を理由に，その職務の行使を禁じられることがある（7条）。ただ，結局のところ，私立学校の開設は実に単純な作業となった。能力資格証書と道徳証明書さえあれば，原則的に学校の開設が認められる。従来の開設許可は廃止された。

公立初等学校については，市町村は，単独で，または隣接する市町村と連合して，少なくとも1校の基礎初等学校を設置しなければならないものとされた（9条1項）。「それまで市町村に観念的に課されていた，学校を開設する義務が，これ以後，現実のものとなった」[51]。ただし，特例として，国家が公認した宗派によって開設された学校は，市町村立学校として，公教育大臣により認可されることができる（同2項）。

教育段階は2つに区分される。「基礎初等教育」(instruction primaire élémentaire) と「上級初等教育」(instruction primaire supérieure) である（1条）。教育内容について，前者は，「道徳・宗教教育，読み方，書き方，フランス語と計算の諸要素，法定度量衡制度」を必ず含むものとされた。「道徳・宗教教育」が含まれている点で，教育内容の世俗性原則が顧慮されていない。ただし，2条では，「子どもの宗教教育への参加に関する家父の要望は，必ず考慮されかつ受け入れられる」とされ，宗教教育に関する親の選択権（親の良心の自由）に対する配慮が見られる。

他方，「上級初等教育」は，「基礎初等教育」より多様で広汎な知識を必要としていた都市住民のためのものであった。人口6,000人以上の市町村は，「上級初等学校」の設置義務を負う（10条）。そこでの教育は，「幾何学およびその日常的な応用の諸概念，特に線画および土地測量術，生活に応用される物理学および博物学の諸概念，歌唱，歴史および地理の諸要素，並びに，特にフランスの歴史および地理の諸要素」（1条）を必ず含むものとされた。この最低限の必修科目を越える分については，各市町村が上級初等学校の教育課程に対する裁量権を有する。

---

51 Leif, J. et Rustin, G., *Histoire des institutions scolaires*, Paris, Delagrave, 1954, p. 150. これに対し，市町村に課された義務には如何なる制裁も予定されていなかったことを捉えて，それを「理論上の義務」であるとする見解がある。cf. Chevallier, P., Grosperrin, B., Maillet, J., *L'Enseignement français de la Réevolution à nos jours*, Paris, Mouton, 1968, p. 71.

教員養成も重要視されている。ギゾーは,「教師自身の教育は,明らかに,民衆教育に関する法律の最も重要な対象の1つである」[52]とし,「最良の法律,最良の教育,最良の教科書は,その利用を委ねられる人々が,完全な精神と自分の任務に対する意識をもたない限り,また,彼ら自身が,一定程度の熱情と信仰をそこにもたらさない限り,取るに足りないものだ」[53]と記している。教員養成は師範学校により確保される。師範学校では,民衆出身の教師は,知識と教育学の素養と,職務の行使に必要な知的・道徳的な良質の習慣を身につけることができる。後に自分の村落に戻った教師たちは,「権力が,今や専ら徴収官や警察署長,憲兵を通じて影響力を及ぼしている人民の間で」,「道徳的な影響力」を及ぼすであろう[54]。ギゾー法は,ドイツに倣って,師範学校制度を義務化した。「県は,単独で,または,1つもしくは複数の隣接する諸県と連合して,1校の初等師範学校(école normale primaire)を維持する義務を負う。県会は,この学校の維持を保障する手段に関して決定する」(11条)。

教育行政機関については,第4編で,市町村の「地方監督委員会」(comité local de surveillance),「アロンディスマン委員会」(comité d'arrondissement),試験を専門に行う機関として「初等教育委員会」(commission d'instruction primaire)が設置された。「地方監督委員会」には,カトリックの主任司祭またはプロテスタントの牧師が,「アロンディスマン委員会」には,カトリックの主任司祭と,それ以外のキリスト教各宗派の聖職者が含まれていた。これら新しい教育行政機関の設置は,議会審議の場で緊迫した議論を引き起こした。

2 ギゾー法の審議過程における諸争点

以下では,「教育の自由」,教育の義務・無償,教育内容,初等教育の監督機関の4点について検討する。

---

52 Guizot, F., *Mémoires pour servir à l'histoire de mon temps*, t. 3, Paris, Michel Lévy Frères, 1860, p. 66.
53 *Ibid.*, p. 74.
54 *Ibid.*, p. 67.

(1) 「教育の自由」について

憲章で約束された「教育の自由」を実現し，教育独占を排斥するという点で，大きな意見の食い違いはない。私立学校開設の自由は，コンセンサスを得ている[55]。ただし，絶対的な自由も支持されない。教育における混乱と人々の間で生じうる対立を回避し，初等教育を遍く普及させ，私学教師の道徳性と能力を確実に保証し，私立学校に加えて広汎な公立学校のネットワークを設けること，これが国家の不可欠な活動であると考えられた[56]。

(2) 義務教育および教育の無償について

ドイツで十分な効果をあげていた義務教育については好意的な空気もあった。しかし，ギゾーは次のように考えた。すなわち，フランス人にとって，家族の領域に公権力が踏み込むことは受け入れがたい。彼らは，革命期の最

---

[55] 私立学校開設の自由については，1回目の代議院審議の際に，ヴァトゥ（Vatout）が問題とした。ヴァトゥは，イエズス会を標的として，「初等教師および初等教育機関を組織しようとする団体はすべて，市町村会または県会の意見に基づいて発せられ，法令集に登載される国王オルドナンスによって許可されねばならない」という条項の追加を求めた。彼は，有害かつ危険な修道会（イエズス会）が教育システムに侵入することを阻止すべきであると言う。彼の提案する修正条項がなければ，「我々に恩恵として供される法律が1つの危険となりうる」のであった。複数の議員が彼を反駁する。ド・ラボルド（De Laborde）は，あらゆる団体，したがって，世俗的な団体を種々の手続に服せしめる修正案は，「教育の自由および結社の精神への制限」をもたらすものであり，単に能力と道徳の資格証書の取得だけを要求する法律のシステムに矛盾するものであると述べた。公教育大臣ギゾーは，次のように述べる。すなわち，宗教団体であろうと世俗団体であろうと，団体は一般に許可を取得することが義務づけられており，無許可の場合は違法な存在として取り締まられるから，合法な団体に重ねて許可手続を課す必要があるのだろうか，と。ヴァトゥは，セクトの精神の侵入を阻止するのに自分の修正案は極めて有効であり，それが採用されなければ，「国の将来を危うくするであろう人間たちの団体」がフランス全土で結成されてしまうではないか，と反論する。しかし，法案提案者のルヌアール（Renouard）が，最後に，ヴァトゥ修正案は，「教育の自由を確立することを目指す法案の精神，および結社の精神に反する」とともに，「全く無力」であり，ヴァトゥが目指している「諸結果のうちのどれにも至ることができない」として修正案に反対した。結局，代議院は圧倒的多数で修正案を否決した。*A.P.*, 2.s., t. LXXXIII, p. 255 et s.

[56] Gontard, *op.cit.*, p. 498.

も暗澹とした時期（1793年）を想起させる強制を非難するだろう，と。ギゾーは言う。「私が注目するのは，教育義務は，これまで実際に自由をあまり求めない国民のもとでしか存在しない，ということである。……自由な人民の崇高な自尊心や，世俗権力と教権（pouvoir spirituel）相互の強い独立性は，家族の内部への国家の強制的な作用を甘受することは難しい」。彼はこう続ける。「啓蒙された理性とか当を得た利害関心の影響力を当てにすることや，その効果を期待しうることは，自由な国民の特性であり名誉である。……私は，修道院または兵営の刻印を残している諸規定をほとんど重視しない。私は，初等教育に関する私の法案から強制を徹底的に排除したし，私の協力者で，そこに強制を導入してもらおうと粘る者はいなかった。それにいくらか未練を感じていた人々でさえ，そうであった」[57]。

完全な無償制は，ギゾーが立案した当初の法案において既に排斥されていた[58]。ギゾーは言う。「公立学校において，初等教育は絶対的に無償であり，実際に，国のすべての子どもに国家によって与えられるのであろうか。それは寛大な諸精神の理想である。1791年憲法において，立憲議会は，『すべての市民に共通で，かつ，すべての人にとって不可欠な教育の部分に関して無償の公教育が創設されかつ組織される』と宣言していた。国民公会は，この原理を維持し，教師の最低限の報酬を1,200リーヴルと定めていた。経験は……これらの約束の空虚さを証明した。国家は，初等教育をすべての家族に提供し，かつ，それに対価を支払えない家族に初等教育を与えなければならない」[59]。要するに，無償の適用範囲は貧困者に限定されるのである。これに対する異論はほとんどなかった。

---

[57] Guizot, *op.cit.*, t. 3, pp. 61-62. しかし，当初の政府法案21条は，明確に教育義務を規定するものではないが，子どもに教育を受けさせるよう親に促す，曖昧な表現を用いていた（市町村委員会は，「初等教育を家庭で受けていないか，または受けなかったので，その親の承認があれば，またはその要求に基づき，公立学校に就学させられるべき子どもの名簿を作成する」）。しかし，代議院での最初の審議までの間に，議会委員会が政府法案に修正を加え，そこに落ちていた義務の影が払拭される（市町村委員会は，「家庭でも，私立または公立学校でも，初等教育を受けない子どもの名簿を作成する」）。これがギゾー法に維持されることになる（21条）。

[58] *A.P.*, 2.s., t. LXXVIII, p. 470.

[59] Guizot, *op.cit.*, t. 3, pp. 63-64.

(3) 教育内容について

2つの問題が解決されるべきであった。1つは,「宗教教育」の導入の問題であり,もう1つは,初等教育が扱う知識の範囲の問題である。最初の点については,容易にコンセンサスが得られた。ギゾーは宗教教育を不可欠なものと考える。その協力者もそうであった。「道徳・宗教教育」は,当然に教育課程に存在すべきものであった[60]。次に,第2点にかかわって,ギゾー法では,「基礎初等教育」と「上級初等教育」の区分が行われていた。これは,クーザン報告が推奨していたドイツのシステムから着想されたものであったが,ギゾーとその協力者にとって,それは「2つの暗礁」(deux écueils)[61]を巧みに回避するアイディアにほかならない。一方で,教育程度が過度に高まれば,教養のつき過ぎた若者が農業や工業の現場を離れ,生産を破壊し,社会的上昇への志向によって社会的安定を動揺させる危険性がある。知識の無限定的な拡張は非難されるべきである[62]。しかし,他方で,過度に圧縮された初等教育には弊害もある。間口の狭い教育は,産業革命の開始により高まった社会的・経済的な需要に応えることができず,単に識字能力があればいいというだけでは済まない勤め人・職人・職工長といった勤労人口を育成するに至らない[63]。この両方の危険を回避するために,ギゾーは,初等教育と中等教育の中間に位置する教育段階を創設したのである。

(4) 初等教育の監督機関について

学校監督機関の設置について,ギゾーは,国家と聖職者という2つの権威

---

60 ただし,先に見たように,親の良心の自由に配慮したギゾーは,それを保障する規定を挿入したのだった(ギゾー法2条)。尤も,かかる規定は曖昧さを招く原因となる。親は,宗教教育に子どもを参加させない権利を保障されたのであろうか。また,親には,宗教教育において基幹となる宗派の選択可能性はあったのであろうか。そのような疑問が生じるであろう。Cf. Gontard, *op.cit.*, p. 501.

61 *Ibid.*

62 ギゾーは言う。「諸法律の目的は,必要なものを与えることであって,可能になりうることをかなえることではない。また,それらの任務は,社会的な力を規制することであって,社会的な力を一様に刺激することではない」。Guizot, *op.cit.*, t. 3, p. 66.

63 ギゾーは,「教育の拡張によって,近代的な生産のために要求される最低限の知識を備えた労働者をブルジョワジーに供給することに努める」。Cogniot, *op.cit.*, pp. 48-49.

を連結しようとする。ギゾーによれば，初等学校の監督には「国家とその諸法律のように，一般的かつ恒常的な権威の，または，教会とその自警団 (milice) のように，遍在する恒常的で道徳的な権威の影響力が必要である」。また，「民衆教育が普及し，かつ堅固に樹立されるためには，国家と教会の作用が不可欠である」[64]。しかし，ユニヴェルシテと聖職者に対する学校の独立性を守ろうという世論が有力に存在しており，それは多くの議員も共有していた。ギゾーによれば，議会の内部では相変わらず執拗に，「教会と国家に対する，不信感とほとんど敵意の感情」が現れていた。「特に学校において危惧されていたのは，司祭と中央権力の影響力であった」[65]。

ここでは，学校監督への教会の関与をめぐる議会審議の概要を見てみよう[66]。主任司祭を地方監督委員会（市町村に設置）の構成員とする政府案は，代議院では多数の反対に遭遇する。例えば，政府案に反対する運動派のエシャセリオ（Eschasseriaux）は，聖職者を委員会の常任メンバーとする政府案は聖職者に特権を付与するものであり認められない，と主張した[67]。これに対して，ギゾーは次のように反駁する[68]。すなわち，学校監督委員会から聖職者を排除することは，教育課程に道徳・宗教教育を組み入れている法1条を空文に帰すものであり，立法上のナンセンスである。危惧されるように，反体制的な聖職者が社会秩序や社会制度にとって危険な存在になりうるとしても，委員会の内部に聖職者を取り込んだ方が，外部で有害な影響力を発揮されるよりも，より危険は少ないであろう。また，「外部よりも内部で戦う方がずっといい」と。しかし，代議院は政府案を斥け，学校の監督権を市町村長と市町村会に移転する議会委員会案を採択した。

ところが，貴族院では，主任司祭を常任メンバーとする市町村の監督委員

---

64 Guizot, *op.cit.*, t. 3, pp. 68-69.
65 *Ibid.*, p. 70.
66 なお，国家の関与については，公教育大臣による教師の叙任制度が問題とされた。市町村学校の教師はアロンディスマン委員会が任命し，大臣が叙任する。これには，反ユニヴェルシテ勢力から激しい批判が提起されたが，論争の末，結局はかかる制度が維持された（1833年法22条）。
67 *A.P.*, 2.s., t. LXXXIII, p. 286.
68 *Ibid.*, pp. 286-288.

会が復活させられた[69]。この点につき，例えば，プレサック伯（le comte de Preissac）は次のように説く[70]。すなわち，聖職者の排除はディレンマに逢着する。というのは，聖職者の影響力が強力であれば（実際，地方では依然強い影響力を保っている），彼らを排除して明確に敵対させることは得策ではないし，他方，彼らの影響力が弱いというのであれば，何ゆえ彼らを排除しなければならないのか説明できないからである。要するに，「地方監督評議会から司祭を排斥しない方がいいばかりでなく，司祭に当該機関の一員となるよう直接要請する必要性がある」と。

代議院での再審議においては，運動派の議員たちが，市町村長に学校の監督権を，市町村会に教師の推薦権と懲戒権を委任するよう再び提案した。彼らは，教会と司祭への不信感を強く表明する。例えば，ローランス（Laurence）は，復古王制期に養成された聖職者は，「祖国の利益に反する精神」を吹き込まれており，教皇権至上主義を信奉する，かような聖職者たちは委員会から完全に排除すべきであるとし，こう結論づけた。「主任司祭は，自分自身ローマ司教〔＝教皇〕の代理をする，その司教を代理するだろう。諸君は，……その柄はローマに，切っ先は至る所にある剣を，軽率にも研ぎ澄ますばかりだったろう」[71]。しかし，反対は斥けられ，聖職者に地方監督委員会の席を用意するギゾー法へと至る。

第6節　ギゾー法と7月王制における初等教育政策の意義

ギゾー法は，ギゾー自身が初等教師に宛てて出した通達において，「諸君，この法律は真に初等教育の憲章である」[72]と誇らしく述べているように，7

---

[69] 委員会報告の報告者クーザンは，聖職者は学校の監督に不可欠だから委員会の常任メンバーになるべきだとする。彼はまた，回避すべき2つの誤りを挙げている。「1つは，聖職者の権威に，委員会における議長職と強い影響力を与えることであり（これは復古王制の誤りである），もう1つは，委員会から聖職者の権威を排除することである」。A.P., 2.s., t. LXXXIV, pp. 53-54.

[70] A.P., 2.s., t. LXXXIV, pp. 242-243.

[71] A.P., 2.s., t. LXXXV, p. 175.

[72] Guizot, op.cit., t. 3, p. 344.

月王制の支柱たる1830年憲章に規定された「教育の自由」を実現するとともに，初等教育の全般的な体系化[73]を試みたものとして，重要な意義をもつものであった。ギゾー法が，その後の初等教育の量的発展に発条を与えたことも確かであろう[74]。しかし，より重要なことは，1833年法が，大革命以降のフランス近代教育史における決定的な転換点であると同時に出発点としての役割を果たした，ということではなかろうか。現代にまで承継されるフランス教育のプロトタイプが，そこで形作られる。「公役務」として全面的に公教育を制度化しようとする国家意思の原初的形態・萌芽を，そこに見て取ることができる。

1　ギゾー法の特色～義務・無償・ライシテについて

ギゾー法では，義務教育制が否認され，無償制は部分的に承認されるにとどまり，ライシテは考慮されていない。

議会審議において，教育義務の法定を要求する者はいなかった。国家干渉を最も有力に説いたクーザンでさえ，フランスでは教育義務を受け入れる精神的・習俗的素地ができあがっていないという理由から，それは不可能であるとする。既に見たように，ギゾーも，強制の契機を峻拒する自由主義の立

---

[73] ただし，ギゾー法は男子初等教育にのみかかわる。女子教育の整備が進むのは，ギゾー後である。ギゾーの後継者（Pelet）の名を冠される1836年6月23日法（ペレ法）によって，女子学校の問題が解決される。

[74] Briand, J.-P. et al., *L'enseignement primaire et ses extensions, annuaire statistique, 19ᵉ-20ᵉ siècles*, Paris, I.N.R.P. / Économica, 1987, p. 115, 155 によれば，公立・私立の初等学校数は，1832年に40,092校であったものが，1846年には63,028校に増加している。初等学校の生徒数は，1832年の1,937,582人から1846年には3,530,135人となり，およそ150万人の増である。また，シャルル・フルリエによれば，学校を保有しない市町村の数は減少する。1832年に8,000, 1837年に5,667, 1840年に4,197, 1843年に2,400といった具合である。師範学校については，7月王制は，既存の47校に，1833年に18校，1834年に8校，1835年に3校を加えた。ただし，すべての県に師範学校が設置されるまでには50年かかる。7月王制が，教育，特に民衆教育の発展のために力を注いだことは明らかである。しかし，就学状況は依然として非常に不規則であった。非識字者の割合は，1834～1848年に47％から33％までしか低下していない。生徒数の増大に見合わないこの数字が，そのことを説明する。cf. Fourrier, *op. cit.*, pp. 109-110.

場で教育義務に反対する。しかし，教育義務は，真に子どもの就学を実効あらしめるための有力な武器だったはずである。尤も，クーザン報告に現れたドイツの厳格な義務教育制度[75]のような形態はもとより，国家が親の学校選択権を奪うような制度は，親とその背後にいる教会の力を考えれば，フランスでは実現可能性をもたなかったであろう。教育義務に親和的な共和派の弱体性も関係があったかもしれない。また，教育義務否認の背景には，当時の産業革命の展開に応じて，発達途上の資本主義が安価な労働力を欲していたという経済的な事情があったとの指摘[76]もある。

　無償制は限定的である。初等教育は「すべての子どもに対する国の厳格な負債」[77]であるとギゾーは言う。それは，フランス革命期にしばしば見られた定式と言い回しは同じでも，国家による絶対的な無償制の確立や義務教育制度の樹立を含意するものではない。国家の「負債」である初等教育の無償制は，畢竟，学費を支弁できない子どもだけに認められる恩恵でしかない。代議院に上程された政府法案の提案理由[78]において，ギゾーは，教師に対する固定給の支払いは相当な額に上るはずだし，教育費を支払える者がそれを負担しないというのは不正であるとして，教育費を支弁しえない者についてのみ無償が認められると述べた。また，ギゾーによれば，「上級初等教育は，より裕福な階層のためのものであるから，無償である必要はない」。

　ライシテの否認も，ギゾー法の顕著な特徴である。「道徳・宗教教育」が教育課程に組み込まれている。ギゾーによれば，「民衆教育」(instruction populaire) は，「人民に対する正義」であるとともに，「社会のために必要なもの」でもある[79]。このように考えられる教育は，根本的に宗教的であらね

75　クーザン報告によれば，プロシアの初等教育の憲章と言うべき1819年の法律は，5歳から14歳まで子どもを就学させる義務，または，家庭で十分に子どもを教育したことを証明する義務を親に課していた。それは，軍事的な徴兵に対応する，一種の「知的・道徳的な徴兵」である。この義務は，それを拒否する親に対する制裁措置を予定する法律によって担保されていた。Cf. Gontard, *op.cit.*, pp. 478-479.

76　Fourrier, *op.cit.*, p. 107.

77　*A.P.*, 2.s., t.LXXVIII, p. 465.

78　*Ibid.*, p. 466.

79　Guizot, *op.cit.*, t. 3, p. 56.

ばならないとギゾーは言う[80]。敬虔なプロテスタントであるギゾーの, 人々の幸福を願う気持ち[81]をそこに否定するとすればそれは不当であろうが, 体制イデオローグとしての彼の主目的は別にある。彼にとって, 人々の啓蒙を通じて体制秩序の維持を図るという政治的な要請に応えるためには, 宗教的要素の介入が不可欠なのである。

2 7月王制政府の初等教育政策の基本的特質
〜社会的上昇の奨励か, 秩序の保守か

ギゾー・純理派を中心に, 政府支配層が初等教育政策の基部に据えた主導原理については, 異なる2つの見方がある。すなわち, ①社会階層構造を固定化し, もって社会秩序および国家秩序の安定を生ぜしめることを企図したものと解する見方と, ②社会の階統秩序原理として能力・業績主義が選択されたという前提から, 民衆に社会的上昇への回路を開くことを通じて, 支配に対する被支配層の支持を獲得することを狙ったものと解する見方である。この立場の相違は, 7月王制を主導した純理派の理論に内在していた矛盾する二面的構造のいずれの側面に力点をおいて問題を説明するかの違いに対応している。ピエール・ローザンヴァロンが指摘するように, 業績・能力主義とエリート理論に支えられる, 社会的移動性と社会的上昇を軸とした社会思想と, 現存の社会秩序の変更を社会的混乱と規定し, 秩序の保守を教育の任務とする教育観とが, ギゾーら純理派の社会理論内部に矛盾的に存在している[82]。

先の②の立場から, 小田中直樹氏は,「社会的上昇」に純理派の統治政策の特質を見いだす[83]。それによると, 少なくとも7月王制初期には, 支配層により,「社会の階統秩序の基準となる原理」=「秩序原理」として, 先天的な生まれを秩序原理とする「先天性原理」ではなく,「能力による地位の獲得」すなわち社会的上昇を中核とする「後天性原理」が採用されたと見ら

---

80 *Ibid.*, p. 69.
81 *Ibid.*, pp. 54-55.
82 Rosanvallon, *Le moment Guizot*, p. 246 et s.
83 小田中直樹『フランス近代社会1814〜1852』(木鐸社・1995年) の特に第5章1節, 第6章6節。

れる。そのとき,「初等教育は生まれの重要性を強調する先天性原理に対抗し,競争による知識の獲得によって民衆の社会的上昇を実現すべきものとして把握かつ支持され,統治政策の中に重要な位置を与えられる」ことになる。

これに対し,①の見方も有力に提示される。例えば,ダグラス・ジョンソンは,「ギゾーによって構築されたシステムは,社会に固定したパターンを押しつけようとする企てであった。教育システムは,ブルジョワジーと貧困階層の二元性を招来するとともに,それを強化したのであり,それを変えようとするものではなかった」[84]という見方を示している。

基本的には,後者(①)の見方をとりたい。中谷猛氏によれば,ギゾーにとって,人間の社会的な不平等性は当然の前提である。したがって,「万人の平等」という観念は,「統治活動における政治的向上と社会における均衡のとれた発展に対する破壊を意味する」ことになる[85]。平等化の促進は,デモクラシーの危険を招来する。1832年の著書において,後に公教育大臣となるサルヴァンディ(Salvandy)は,「デモクラシーは,バランスを欠くので,必然的に民衆のアナーキーに至る」と記している[86]。革命精神に抵抗し,保守主義の権化となるギゾーにとって,無秩序としてのデモクラシーに対抗して社会秩序の維持を図ることは,初等教育の重要な任務となる。ローザンヴァロンによれば,ギゾーは,教育の普遍性を要求しない。教育は,人間の平等を前進させる道具ではない。諸能力の不平等に立脚する社会に一貫性を与え,社会的混乱としてのデモクラシーの危険を予防することこそが,教育の目的である[87]。

実際,ギゾー法における「基礎初等教育」と「上級初等教育」の間には,何らの連結性もない。中等教育段階との関係も同様である。ギゾーの制度は,それぞれの教育段階に妥当する社会階層・階級の差異が当然に前提とされた制度であると見られる。その点で,フランス社会は,階層化された状態にと

---

[84] Johnson, D., *GUIZOT, aspects of French history 1787-1874*, London, Routledge & Kegan Paul, 1963, p. 153.

[85] 中谷猛『近代フランスの思想と行動』(法律文化社・1988年) 10〜11頁。

[86] Salvandy, *Vingt Mois ou la Révolution de 1830 et les révolutionnaires*, p. 59, cité par Rosanvallon, *La monarchie impossible*, p. 164.

[87] Rosanvallon, *Le moment Guizot*, p. 246.

どまることを運命づけられている。ゆえに、ギゾーら純理派の課題意識は、社会的上昇を促進することよりは、むしろ社会秩序・社会階層構造の保守にあったのではないかと思われる。かかる見方からすると、デモクラシーと連結されず、基本的に階層間の移動性が制限された社会が（教育制度も同様の構造をもつが）、その発展の契機を大幅に限定されていたことも当然となろう。近代国家としての完成を絶えず追求すべき時期に、それは重大な阻害要因ではなかったか。とするなら、ギゾーが（それ自体不完全な）教育システムを固定化することを選んだのは、重大な政治的過失ということになるのかもしれない[88]。

ただし、ギゾーが完全に社会的上昇の回路を封鎖していたと考えることは、明らかに不当である。彼はそれを完全に開放しなかったが、完全に閉鎖することもなかった。ただ、回路が狭隘だったということである。桜井哲夫氏が指摘するように[89]、社会的上昇の回路、またそのシンボルとして教育システム（学校）が大きな意味をもつようになるのは、第3共和制期である。7月王制期には、それを実現しうる社会的・政治的背景が存在しなかったのではないか。デモクラシーは、そのとき回避すべきものであったから、貴族的特権が地盤沈下しても、新たな貴族階層＝中産階級が台頭すれば、その特権が社会的上昇の回路に隘路を設けるのではなかろうか。また、政治体制が安定を示すことも必要であろう。第3共和制が初期の混乱を抜け出し、全般的な安定期を迎える頃、社会的上昇と教育システムとの結合が実効化するのである。

3 ギゾー法における初等教育の「自由」の実相

ギゾーは、法案の提案理由のなかで、「我々の第1の配慮は、憲章の精神および明確な条文に従い、完全な教育の自由を復元することであらねばならないし、また復元することであった」[90]と述べている。明らかにこれは彼の真意ではない。ギゾー（および純理派）は、自由主義を貫徹することなど考えてはいない[91]。純理派は、保守主義的であるということと、中央集権化を選

---

88 Cf. Crubellier, M., *L'école républicaine 1870-1940*, Paris, Christian, 1993, p. 39.
89 桜井哲夫『「近代」の意味』（日本放送出版協会・1984年）58頁。
90 *A.P.*, 2.s., t. LXXVIII, p. 466.

好するという点で，リベローとは著しく立場を異にする[92]。徹底した自由主義の立場からは，完全な「教育の自由」が要求される。しかし，自由の制度とは，結局，アナーキズムの源泉にすぎない。国家には統一性が必要であり，統一性を生み出すものは国家（政府）である，とギゾーは考える。自由主義的な見解によれば，中央集権化は専制の同義語であるが，ギゾーにとって，それは文明化の中核をなすものとして推奨されるべきものである。フランスは，絶対王制に始まったこの作業を完遂して，国民的な統一性を完成すべきである[93]。そのために，国家が教育制度を構築し掌握することが要求される。

ギゾーによれば，初等教育の組織化と普及は7月体制の安定をもたらす。1833年法が国民による知識の獲得を促進するのは，専ら地方的利益を考慮するからではない。「それは国家自身のためであり，公益のためでもある。というのも，自由は，あらゆる状況において，理性の声を聞き入れるほど十分に啓蒙された人民のなかでしか保障されず，また正当なものとはならないからである。普遍的な初等教育は，秩序や社会的な安定性の保証の1つである。……知性を発達させ，知識を普及させることは，立憲君主制の支配と継続を保障することなのである」[94]。

国家が組織する初等教育制度を通じ，社会秩序・社会構造の固定化を図り，もって統治体制の安定を実現する。かかるギゾー（および純理派）の政策意図を実現するために必要な教育とは，宗教的な教育である。ギゾーは言う。「知性の発展が素晴らしいのは，それが道徳的・宗教的な発展に結びつけられるときである。それは秩序・規則の原理となる。それは同時に，社会にとって繁栄と栄華の源泉なのだ。しかし，道徳的・宗教的な発展から切り離された知性の発展は，傲慢，不服従，エゴイズム，そしてその結果，社会にとって危険の原理となる」[95]。代議院での法案審議の際，「公民教育」の導入

---

[91] ギゾーが「教育の自由」の信奉者であったとする見解もある（早田幸政「オルレアン政府の初等教育政策に関する一研究」法学新報92巻1・2号〔1985年〕113頁）が，後述するように，そうした見方は妥当ではない。

[92] Cf. Nique, *op. cit.*, p. 110.

[93] Cf. Rosanvallon, *Le moment Guizot*, p. 60.

[94] Guizot, *op. cit.*, t. 3, pp. 344-345.

[95] *A.P.*, 2.s., t. LXXXIII, p. 287.

が提案された[96]。そこでは，生徒への体制イデオロギーの注入という政治目的が，暗黙裡にまたは公然と提示されていた。ギゾーら政府サイドは，これを拒絶する。ギゾーらは「公民教育」を排斥して[97]，「道徳・宗教教育」だけで足りるとする[98]。体制保障のための教育は，秩序の維持と服従を教え込む「道徳・宗教教育」によって十分貫徹されると考えられたのである。

ギゾーは学校教育における教会のプレゼンスを要請する。「初等学校において，宗教の影響力は習慣的に提示されるべきである。もし司祭が教師を信用しないか，または教師から離れるならば，もし教師が自らを，司祭の忠実な補佐者としてではなく，自立的なライバルと見なすならば，学校の道徳的な価値は失われるとともに，やがて危険なものになる。……私が初等教育を創設するために当てにしたのは，国家と教会の卓越した，かつ統一された活動であった」[99]。教会とは，国家を補助する道徳的権力である[100]。しかし，それ以上ではない。国家は教会の影響力を利用しようとするのである。また，7月体制の初発から反体制派であったカトリック教会を体制内化することも考えられていたであろう。

ギゾーは，いつ反体制の姿勢を明確にするか知れない聖職者に対抗する，

---

96 *Ibid.*, pp. 246-247.

97 ギゾーは，「学校において，道徳・宗教教育の代わりに，公民教育と呼ばれるものを導入するとき，まず，道徳および宗教を必要としている子どもに対する重大な過ちが犯されるであろうし，次には，恐るべき抵抗が引き起こされるであろう」(*A.P.*, 2.s., t. LXXVIII, p. 465) と述べる。「公民教育」が，フランス革命の記憶と分かち難く結びついていることが，それを忌避する原因の1つであろう。事実，「1790年から総裁政府の末期まで，諸国民議会によって作成された諸プログラムの如何なる部分も，それほど異議を唱えられなかった。すべての党派が一致して，道徳・公民教育の必要性を承認する」。Buisson, F. (dir.), *Dictionnaire de pédagogie et d'instruction primaire*, t. 1, Paris, Hachette, 1887, p. 399.

98 クーザンによれば，「まさに道徳教育だけが，人および市民を作ることができる。宗教なくしては，道徳は存在しないのである」。*A.P.*, 2.s., t. LXXXIV, p. 49. ここに，市民を形成するための「公民教育」と「道徳・宗教教育」の連鎖が見いだされることになろう。

99 Guizot, *op.cit.*, t. 3, pp. 69-70.

100 Cf. Rosanvallon, *Le moment Guizot*, p. 239.

民衆教化の嚮導者として，学校教師を位置づける[101]。ギゾーにとって，学校教師は，「世俗的な聖職者」(clerc laïc)[102]として，体制のイデオローグになるべきであった。〈聖職者に対する教師の独立性〉が保障されねばならない[103]。だが，それは〈国家に対する教師の独立性〉ではない。なるほど，「教育の自由」が宣言され，私立学校を開設するのは非常に容易になった。「にもかかわらず，学校が一旦開設されたならば，自由は完全なものではない。市町村委員会およびアロンディスマン委員会は，私立学校を含めたあらゆる学校の監督を行っていた。監督は教育価値にさえ及んでいた。私立学校は，もはやユニヴェルシテには統合されない。しかし，監督には従属したままである」[104]。

4 「精神の支配」と国家の干渉

ギゾーは，1833年7月18日付けの教師宛の通達において，以下のように述べている。

「教師は，その学校を，セクトまたは党派の精神に開放しないように注意すべきである。また，家庭の助言の権威に，子どもを言わば反逆させるような宗教的または政治的な教理でもって，子どもを教育しないように注意しなければならない。同様に，それなくしては普遍的な秩序が危機に瀕するところの道徳および理性の永遠の諸原理を宣伝するとともに強固にすること，そして，若者の心に，年齢と熱情によって少しもかき消されない美徳と名誉の種子を深く投じることに専念するため，社会を動揺させる一時的な紛争を超越しなければならない。神への信仰，義務の神聖さ，父権への服従，諸法律・君主・万人の諸権利に対する尊重。教師は，それらの感情を発達させるよう努めるのである。教師が，その会話または手本によって，子どもの心のなかで，財産に対する崇拝の念をぐらつかせる恐れは2度とないであろう。憎悪または報復の言葉によって，教師が，言わば同じ国家の内部で敵対する国民を創るような盲目的な偏見を子どもに抱かせることは2度とないであろう。教師が学校において維持する平和と融和は，もし可能であれば，

101　Cf. Gontard, *op.cit.*, p. 493.
102　Ponteil, F., *Histoire de l'enseignement en France, les grandes étapes (1789-1964)*, Paris, Sirey, 1966, p. 202.
103　Guizot, *op.cit.*, t. 3, p. 70.
104　Fourrier, *op.cit.*, p. 125.

来るべき諸世代の落ち着きと統一性を準備するに違いない」[105]。

ここに明らかなように，ギゾーは，現存の社会秩序の維持を図るために，また，基本的な体制価値の普遍的な浸透を図るために，学校教育（その担い手としての教師）というルートを利用するのである。そして，それにより究極的に実現されるものこそは，「国民統合」である。社会階級という側面からも，また，地方的・宗教的・言語的な側面からも，当時のフランスは分裂・対立していた。かかる困難を克服して，統一された社会秩序と普遍的な体制価値を貫徹することが必要であった。この点で，革命精神に反対するギゾーといえども，フランス革命期に革命のイデオローグが直面した課題意識を共有せざるをえない。読み書き・計算といった，漠然とその経済的な有用性が感じられる基礎的なノウハウを教育することも必要であるが，それ以上に，単一の言語と共通の諸原理を教え込み，注入するために，幼い頃から諸個人を掌握することが必要だとする意識がそれである[106]。フランス革命以後，政府の統治政策の中心に位置づけられるもの，それは，ギゾー自身の有名な言葉では，「精神の支配」(le gouvernement des esprits)[107]である。初等教育システムは，その最も重要な要素である。

ギゾーは，国家の権利を放棄することなど考えてもいない。反体制の旗を掲げる正統王朝派からその信奉者を切り離し，部分的にせよ利益を与えてカトリックを7月体制に引き入れることで，右からの脅威に対処し，他方で，ようやく成熟し始めた労働者階級や共和派の運動が志向する社会的な共和制やデモクラシーの理想から社会を遠ざけることで，左からの脅威を回避することが，7月体制の必須の政策課題であった。それを実現するために，ギゾーは教育を利用しようとする。国家権力は，教育にそうした利益を期待するのであるが，そのような教育は，国家権力自身によって引き受けられ，かつ規制されるべきである。それがギゾーの基本方針である。ギゾー法の「教育の自由」は，憲章とリベローが彼に譲歩を強いた結果にすぎない[108]。

105　Guizot, *op.cit.*, t. 3, p. 348.
106　Cf. Reboul-Scherrer, F., *La vie quotidienne des premiers instituteurs (1833-1882)*, Paris, Hachette, 1989, p. 48.
107　Guizot, *op.cit.*, t. 3, p. 14.

第1章　7月王制における「教育の自由」と教育の国家化　173

　ギゾーにとって，国家（政府）だけが，真に社会的利益に立脚し，国民的利益を実現することができる（尤も，そこにいう利益とは，彼が社会の指導階級にしようとした中産階級の利益にすぎないのではあるが）。社会的同一性・社会的紐帯は，国家が作り出すものである。社会は多様であっても，社会を建設する国家は統一されていなければならない。ゆえに，集権化こそが推奨されるべきである。かかる集権国家こそが，教育システムの目的を決定すべきである。そのとき，教育とは支配の手段にほかならない[109]。したがって，ギゾーは「教育の自由」よりもユニヴェルシテを信頼する。「私は，私の構想および努力を次の3点に絞り込む。すなわち，ユニヴェルシテを維持すること，その傍らに自由を確立すること，諸党派および諸精神の状態が，その適正かつ有効な解決を不可能なものとしていた種々の問題を先延ばしにすることである。私は，ユニヴェルシテ，その組織およびその教育施設を，それ自体有益で，かつ重要な既成事実として採用した。かかる既成事実は，改良されえたし，憲法体制に適合させられねばならなかったが，再び議論に付する必要のないものであった」[110]。確かに独占は存在しない。しかし，ギゾーの教育システムは，国家干渉の論理を深く刻印されている。ギゾー法は，自由を認めるものというよりも，むしろ逆に，「国家の学校」（école d'État）を生み出す目的をもっていたと言えよう[111]。

　集権的国家による「公役務」としての公教育の組織化，それとパラレルな，教育（学校）に対する支配と教育（学校）を通じての支配，という教理が，7月王制以後の諸体制を貫流するであろう。第3共和制のフェリー法によるフランス近代公教育制度の確立も，ギゾー法の基盤を度外視しては考えることはできない。先に，ギゾー法がフランス近代教育史における決定的な転換点であると同時に出発点だと述べたのは，こうした意味においてである。

---

[108] Nique, *op.cit.*, p. 116.
[109] Cf. Rosanvallon, *Le moment Guizot*, p. 223 et s.
[110] Guizot, *op.cit.*, t. 3, p. 105.
[111] Nique, *op.cit.*, p. 119.

第2章 第2共和制における共和主義理念の挫折と中等教育の自由の法制化
～ファルー法の制定～

第1節 2月革命の勃発と第2共和制の成立

1 2月革命

　1847年の経済危機に由来する社会的危機を背景に，政治的な危機が7月王制を襲った。オディロン・バロ（Odilon Barrot）を中核とする王朝左派とアドルフ・ティエール（Adolphe Thiers）の中央左派が，選挙権の拡大を求める運動を始める。他方で，共和左派のルドリュ＝ロラン（Ledru-Rolin）やルイ・ブラン（Louis Blanc）らが『レフォルム』（Réforme）紙を創刊し，社会・経済的な改革と普通選挙の導入を要求した。また，共和右派も『ナショナル』（National）紙を創刊して普通選挙を要求する運動を強めた。しかし，ギゾー政府は改革要求を一切認めない態度をとった。反政府勢力は，集会禁止令を逃れるために「改革宴会」と称して反政府運動を展開した。パリで予定されていた改革宴会が政府の圧力で中止させられたことをきっかけに民衆が蜂起し，敗れたルイ＝フィリップは逃亡した。1848年2月24日，臨時政府は共和制を宣言する。

　2月革命を主導したのはパリの民衆であった。既存の政治勢力は，民衆運動の展開に押し流されてしまった。王朝左派はギゾー内閣の転覆を狙ったのであり，7月体制まで転覆させようとは考えていなかった。改革宴会の展開において王朝左派から主導権を奪った共和派にしても，社会改革運動から蜂起にまで至る可能性と，自らが蜂起の主導権を掌握するということを，自信をもって予測していたわけではない。ここでも，民衆運動の展開が共和派の思惑を越えて前進してしまったのである。「2月革命では，反政府ブルジョワが『革命』を欲しないままに民衆運動によって既存権力が一挙に崩壊し，臨時政府が革命を欲せずして革命権力を引受ける反政府諸党派によって構成されたのである」[1]。

2 民主・社会的共和制の困難と普通選挙制

ところで，臨時政府によって4月の実施が予告された，21歳以上の男子直接普通選挙制は，共和制の展開に多大な影響を及ぼすことになる。「有権者の4分の3が居住する地方農村が地主・伝統的名望家層の影響力下に掌握されており，左翼急進諸派の基盤がパリなど大都市に限定されていた当時にあっては，7月革命，2月革命を主導したようなパリの政治体制決定力は普選導入とともに消滅せざるをえない」[2]以上，普通選挙が保守的な性格を帯び，民主・社会的共和制の実現に敵対するものとなることが危惧された。「共和制の勝利は……人民の政治教育を公準として要請していた」[3]。共和派の大部分はこの確信を共有していたにもかかわらず，同一の戦略に帰着しなかった。一刻も早く正規の権力を樹立しようとする臨時政府は，選挙人に圧力をかけるにとどまった。しかし，これは急進的な左翼の目には不十分な措置と映じた。彼らは普通選挙の実施を少なくとも1年間延期するよう求める。社会主義の理論家オーギュスト・ブランキ（Auguste Blanqui）が選挙の延期を要求したのも同様の文脈で捉えられる。ブランキは，「暴力－秩序形成の両義性をもつ自律的な民衆運動との結合によって革命を達成した後は，諸政策によって民衆勢力を社会主義的路線へ嚮導・管理する独裁期間が必要だと」[4]考えたのである。

4月23日に繰り延べて行われた選挙の結果，穏和共和派が大勝利を収めた。900名の選出議員のうち，「民主・社会的共和制」を支持する進歩的共和派は100名たらずで，ほぼ300名が「翌日の共和派」（républicains du lendemain）である王党派，そして，およそ500名が穏和共和派であった。こうした勢力配置の制憲議会は，本質的にブルジョワ議会であり，そこには，僅か26名の労働者が見いだされるばかりであった[5]。5月4日に正式に宣言された共和制は，パリ民衆の共和制とは相当の懸隔があった。マルクスが言うように，

---

1 柴田三千雄『近代世界と民衆運動』（岩波書店・1983年）326頁。
2 中木康夫『フランス政治史（上）』（未来社・1975年）106頁。
3 Morabito, M. et Bourmaud, D., *Histoire constitutionnelle et politique de la France (1789-1958)*, 3e éd., Paris, Montchrestien, 1993, p. 223.
4 柴田・前掲，328頁。
5 Morabito et Bourmaud, *op.cit.*, p. 224.

「2月25日からではなく5月4日から共和制ははじまる」。それは「一言でいえば，ブルジョワ共和制である」[6]。

第2節　公教育大臣カルノーとその教育政策

1　カルノー教育改革の背景

　第2共和制においては，一般化された最低限の教育の必要性が，政治的・経済的な理由で本格的に自覚され始める。普通選挙制の導入により，参政権が国民大衆，労働者，農民にまで及び，選挙人数も，革命前の24万人から900万人以上に膨れ上がった。新しい選挙人は，その政治的な役割を十分に自覚するために，最低限の教育を受けなければならない。他方で，徐々に技術革新が進み，大勢の非熟練工を統率するために，初・中級管理職が不可欠な存在となってくる。支配階級である大ブルジョワジーは，自分たちの子弟に留保された中・高等教育への民衆階級のアクセスを阻止する一方で，初・中級管理職クラスの人材確保に役立つ教育の整備に努める。民衆階級に留保されたままであるが，その学校が徐々に増加し，基礎および中級教育施設へと分化してゆく初等教育の量的な発展は，このようにして説明される[7]。

　ところで，民主的な新しい共和制は，普通選挙制を長続きさせるために，また，農村部における保守的な影響力から共和制を守るために，選挙民を啓蒙しなければならない。社会主義者と共和主義者は，市民を訓練するために教育に信をおく。生まれと財産の区別なしに万人に開かれた学校は，公民的・社会的教育の重要な源となる。共和制の存立を保障するには教育の広汎な組織化が不可欠である。それはまた，国民の内奥へのデモクラシーの浸透にとっても看過すべからざる問題であった。教育改革立法は，誕生したばかりの共和制によって実現されるべき諸改革項目の冒頭に位置づけられていたであろう[8]。

---

[6] カール・マルクス著（中原稔生訳）『フランスにおける階級闘争』（大月書店・1960年）57～58頁。

[7] Cf. Fourrier, C., *L'Enseignement français de 1789 à 1945, précis d'histoire des institutions scolaires*, Paris, Institut pédagogique national, 1965, p. 135.

[8] 既に7月王制末期の改革宴会運動において，反政府各派は，実現されるべき教育に

学校教育の発展のための運動は，教師の道徳的・物質的な状態を改良するための運動と連動する。名誉と十分な報酬を与えられ，独立した教師は，その教育者としての任務を正確かつ精力的に果たすことができると考えられた。教師はまた，農村部では，住民に影響力をもっている聖職者や王党派の大土地所有者にとって，有力な対抗者となるはずである。共和主義的な世論は，かような任務を担う教師に期待し，共和主義的な教師に対抗する修道会系の私学に対する批判を強める[9]。要するに，共和主義的な世論は，一貫して，民衆教育を刷新する意思を明らかにするとともに，市民を教育し，堅固な基盤の上に新しい民主的なレジームを打ち立てるために，教師と学校への信頼を示すのである。教師もまた，共和制の樹立が彼らにもたらす巨大な利益を期待し，共和制にコミットする意思を表明するのであった[10]。

2　教師と選挙の問題～イポリト・カルノーの思想

2月24日に公教育大臣に就任したイポリト・カルノー（Hippolyte Carnot）[11]は，1848年の革命が普通選挙制を導入したことで，教育により民衆を啓蒙す

関するヴィジョンを提示していた。提示された改革プログラムには，一般的な傾向として，公的で，無償かつ共通・義務の教育が盛り込まれていた。Cf. Gontard, M., *Les écoles primaires de la France bourgeoise* (*1833-1875*), 2ᵉ éd., Toulouse, I.N.R.D.P., 1976, pp. 63-64.

[9]　例えば，『人民の護民官』（Tribun du peuple）紙は，「国民教育は，もはやこれからは，啓蒙しないで愚かにし，今日まであらゆる専制の道具を作り出した司祭または修道士に委ねられてはならない」と記していた。*Ibid.*, p. 64.

[10]　例えば，マルシュノワールのカントンの教師たちは，「すべての公務員のうち，教師は恐らく，共和主義政府を最大の熱狂をもって歓迎した人々である」と記した。ベルフォールの教師たちは，彼らの任務の崇高さを賛美していた。「教師は，この世で最も素晴らしい共和国のために，今後，市民を育成しなければならない。祖国は彼らの努力に感謝するだろう」。*Ibid.*, p. 65.

[11]　イポリト・カルノー（1801～1888年）は，百日天下の際，初等教育の再編成に関する法案を提出した元国民公会議員ラザール・カルノー（Lazare Carnot）の子である。古くからのサン゠シモン主義者で，ブルボン家の反対者であり，共和主義者であった。7月王制のときに，パリから急進派の代議士として当選した。2月革命の臨時政府により公教育相に任命された。彼は最初の国立行政学院（École Nationale d'Administration）の創立者としても知られている。Cf. Fourrier, *op.cit.*, p. 110.

る必要が生じていると考える。民衆を欺き，普通選挙を通じて民主的な諸制度を転覆させようとするであろう反共和主義勢力の企てを阻止しなければならない。7月体制の下で，ギゾーは，支配階級のための中・高等教育と民衆階級のための初等教育とを截然と分離する教育システムを構築した。ギゾーの教育制度では，初等教育において，専ら支配の客体である民衆階級の子どもたちに対し，体制価値の普遍化が図られた。その際，「公民教育」の実施がギゾーら支配階級によって拒否された。ギゾーは，プロレタリアが「市民」になることを欲しなかったのである[12]。しかし，選挙権が万人（と言っても男子だけだが）に帰属するものとなるや否や，民衆階級の公民教育が主要な教育問題として提起されることになる。カルノーは，それを遂行するために教師の力に訴える。アカデミー長への通達（1848年2月27日）において，彼は教師の境遇への配慮を示していた。「初等学校教師の状態は，配慮すべき主要な事項の1つである。ユニヴェルシテのヒエラルキーの構成員こそが，あらゆる人民に最も直接に触れるのである。国民教育の基盤が委ねられるのは，まさに彼らなのだ。単に，彼らの給与を正当に引き上げることによって，彼らの状態を高めることだけが重要なのではない。彼らの職務の尊厳が，あらゆる方法で，さらに高められねばならないのである。……有能な人々が我々のヒエラルキーの最上部にまで上昇することを妨げるものは何もない。彼らの境遇は，昇進に関して，兵士のそれに劣るものではありえない。……共和国の利益は，ユニヴェルシテのヒエラルキーの門戸が，これら民衆的な行政官の前に，できるかぎり広く開かれることなのである」[13]。

　共和制を特に憂慮させていたのは，名望家の大半が国王と社会的保守主義の体制に忠実な姿勢を保っていた農村部の状況であった。選挙に，著名で影響力のある元の代議院議員や貴族院議員が出馬した場合，地方行政当局は，彼らのために農民への影響力を行使し，その当選を確保しようと努めるであろう。聖職者は，社会主義者の活動と政府が作成する教育に関する法案に懸

12　Cogniot, G., *La question scolaire en 1848 et la loi Falloux*, Paris, Éditions Hier et Aujourd'hui, 1948, p. 161.
13　Circulaire du ministre provisoire de l'instruction publique et des cultes aux recteurs des académies, exprimant les vues du gouvernement à l'égard des instituteurs primaires. *Recueil des lois et actes de l'instruction publique*, 1848, pp. 3-4.

第2章 第2共和制における共和主義理念の挫折と中等教育の自由の法制化　179

念を抱いていた。要するに，農村部においては，王党派の名望家と聖職者の提携によって，共和制の諸改革に敵対する保守的多数派が生じる危険性があったのである。地方名望家と聖職者の勢望に対抗して共和制を擁護し，選挙人を共和制へと馴致することができたのは，学校の教師だけであった。かくして，普通選挙制度の導入は，教師に，突如として第1級の政治的な実力を付与することになった[14]。

　教師を，「共和制の生来の宣伝者」(propagandiste naturel de la République)[15]，「共和主義思想の伝令」(commissionnaires des idées républicaines)[16]に仕立て上げようとするカルノーは，アカデミー長宛の3月6日の通達において，教師が果たすべき役割を以下のように規定していた[17]。

　「アカデミー長殿。我々以前の諸政府において，市民としての子どもの育成ほど，初等教育のなかで怠られていたものはない。……今日，もしその怠慢に注意を払わなければ，我々がその損害を被る恐れがある。包み隠さずに言わねばなるまいが，特に農村において，多くの市民は，彼らの権利について，そしてその結果，彼らの義務について，十分に教育されているとは言えない。彼らは，人民が共和制国家に期待すべき恩恵が何であるかを知らず，そしてその結果，数日後に，国民の受任者の厳正な特性を帯びることになる人々の選択に無関心でいることが彼らに許される余地というものが，どれほど少ないかということを知らないのである。……

　アカデミー長殿。私は，この重大な欠陥を可能な限り迅速に矯正する手段〔を提供すること〕に取り組まないとすれば，私の義務に違背することになるであろう。

　……アカデミー長殿。私は，初等教育におけるこの欠陥が，今日，フランスで引き起こす恐れのある誤りを力の限り矯正しなければならない。その責任を負うのは，まさに公教育なのだ。まさに公教育こそが，今日，そのエネルギーによって，過去に犯された過ちを是正すべきなのである。わが36,000の初等学校教師が，農村民衆を前にすぐに公教育の修復者となるために，私の呼びかけに立ち上がら

14　Cf. Gontard, *op.cit.*, pp. 67-68.
15　Fourrier, *op.cit.*, p. 141.
16　Gontard, *op.cit.*, p. 69.
17　Circulaire du ministre provisoire de l'instruction publique et des cultes aux recteurs des académies, recommandant l'enseignement des droits du citoyen par les instituteurs primaires. *Recueil des lois et actes de l'instruction publique*, 1848, pp. 14-15.

んことを。
　……私は教師に共和国の創設に寄与するよう懇願する。わが父祖の時代のように，国境の危険から共和国を守るのが肝心なのではない。無知と虚言から共和国を守らなければならないが，それはまさに教師の任務なのである。」

3　共和制における教育システムの意義と特質

　3月6日の通達のなかで，カルノーは，教師が農村住民の啓蒙に果たすべき役割の重要性を率直に指摘している。教師は，子どもに政治教育を施すべきであるのはもとより，間近に選挙を控えている当時の状況に照らして，成人に対する公民入門指導を行うことを求められている。この場合，カルノーが意図した教師による選挙民の啓蒙とは，共和制に民衆を動員するための世論操作の一手段であった。カルノーは，共和制を支持するよう市民を育成することで，共和制の基礎を盤石ならしめんとしたのである。ところで，当該通達においてカルノー自身が述べているように，教師の任務の重要性は，対外的な困難から共和制を保護することではなく，まさに対内的な困難を克服することにこそあった。資本主義の展開によって拡大する一途の民衆とブルジョワジーの間の階層格差や宗教イデオロギー上の和解しがたい深刻な対立がフランス社会を分裂させていた以上，国民の精神的な統一性を確保し，共和制の内部崩壊を回避することが，緊急かつ必須の政治課題とならざるをえなかったはずである。

　思うに，そうした国内的な困難は，レジームの特性と無関係ではない。つまり，共和制が問題なのである。2月革命の直後のパリは，「民主的・社会的共和制」を要求する労働者大衆の圧力で充満していた。しかし，膨大な人口を抱える地方農村部では，依然として名望家支配が貫徹し，王党派の牙城であり続けた上に，農民層に圧倒的な影響力をもつカトリック教会が王党派と連携して，強力な反革命勢力を形成していた。その必然的な帰結としての王制の正当性の容認，他方で，農村部におけるナポレオン伝説の流布による帝制の声望，そうしたもののいずれも共和制は担うことができないはずであった。ましてや，ジャコバン支配における恐怖政治の記憶は，共和制に対する根強い偏見として残存し，加えて，1848年には社会主義への恐怖と偏見が，共和制の前進に立ちはだかることになる。

第2章 第2共和制における共和主義理念の挫折と中等教育の自由の法制化

共和制の正当性は，王党派やカトリック教会の膝の上で馴致された膨大な農民層を共和制に吸収しない限り，担保されえないものであった。普通選挙制の導入は，共和派にとって両刃の剣である。レジームの基本的な政策の一である普通選挙制によって，民衆を共和制の枠内に包摂すること，つまり共和制への民衆参加を促進することが，共和制の正当性の契機だったはずであるが，そのことにより逆に，共和制は，その胎内に夥しい危険分子を孕まざるをえない。このアンビヴァレントな要因を無理なく統一するために，まさに教育制度の活用が志向されることになるのである。共和主義的な教育制度とそのエージェントを通じて民衆を共和制の信奉者へと転換し，選挙において共和制にその同意を取りつけることで，共和制は，継続的にその正当性を確保することが可能になるはずであった。

カルノーは，共和制の維持のために教師と教育システムを利用しようとした。さしあたりは，立憲議会の選挙のために教師が動員される。教師は広くこのカルノーの求めに応じた。行政もそれに加担する。そして，既に見た選挙の結果は，穏和共和派の勝利であった。カルノーは，共和派の支持を背景に，断固として教育改革に邁進する[18]。その最終的な帰結が，次に見るカルノー法案の提出であった。しかし，こうした共和主義者の攻勢は，果たして，保守王党派やカトリックの憤激と反攻を招いた。保守王党派やカトリックは，「教師は災いの原因である。彼らは秩序と社会を危険に陥れる」[19]と考えた。教師は彼らの攻撃の的になる。そして，第2共和制の政治的な局面の大きな転回によって勢いづけられる保守主義者と聖職者の「神聖同盟」(sainte

---

[18] 例えば，4月27日のデクレは，植民地において，6〜10歳の子どもにつき初等教育を無償・義務とし，義務を果たさない親には禁固刑を予定していた。5月6日，国民議会でカルノーは，その過去の活動の総合評価と将来の計画案を提出し，「迅速に引き上げられねばならない」教師の状態の改善に取り組む意向を示す。彼はまた，学校をデモクラシーと共和制の最も堅牢な支柱にしようとする。「公教育は，フランスを，精神と心情を通じて完全に共和主義的なものにするべきである。今日，それがその諸制度によってそうされているように」。さらに，6月5日の通達で「忠順証」の特権を廃止することにより，世俗女性教師と修道会の女性教師との間に平等が確立された。Cf. Gontard, *op.cit.*, pp. 71-72.

[19] Prost, A., *Histoire de l'enseignement en France 1800-1967*, Paris, Armand Colin, 1968, p. 139.

alliance)[20]が，カルノーの前途に暗雲を漂わせることとなる。

4 カルノー法案の特徴と意義

カルノーは，初等教育に関する法案[21]を，6月30日に立憲議会に提出した。カルノー法案の基本原理は，義務・無償・自由の3つである。教育の義務制と無償制を規定した主要な意図が，共和主義精神の陶冶を促進することにあったことは疑いない[22]。教育課程には，公民教育が導入された。その内容は，「人および市民の諸義務および諸権利の知識，自由・平等・友愛の感情の発展」である。フランス革命期の公民教育プログラムが，フランス教育史に再び現れたのである。このことは，共和制国家に固有の特性を証明するものとして理解されよう。

他方で，法案は教育独占を廃し，「教育の自由」を宣言していた[23]。カルノー法案は，「教育システムの多元的な組織化（organisation pluraliste）に立脚している。公教育と私教育が，知識の自由な伝達に協力するはずである」[24]。「教育の自由」の位置づけの重要性に関して，カルノーは，「教育の自由を，私は常に，国民教育の構築と不可分に結びつけられるものとみなしてきた」と述べている。「教育の自由」は教育義務と矛盾なく連結する。「普通選挙制が宣言されている国では，教育は公民的義務となる。教育の自由は無知の自由ではない」[25]とカルノーは言う。彼は，国家によって与えられる国民的な教育を，諸個人にせよ，カルノーが法人格と所有権を拒否するにと

20　Gontard, *op.cit.*, p. 74.
21　当該法案については，Buisson, F. (dir.), *Nouveau Dictionnaire de pédagogie et d'instruction primaire*, Paris, Hachette, 1911, p. 218 et s. を参照した。
22　Cf. Cogniot, *op.cit.*, p. 162.
23　「教育の自由」がカルノー法案の専らの課題であったとする指摘がある。Cf. Bastid, P., *Doctrines et institutions politiques de la Seconde République*, t. 2, Paris, Hachette, 1945, p. 243. カルノーは，既に1846年，選挙民に対して，「教育の自由」に賛成することを公約していた。その射程は，私立学校の開設だけでなく教育方法にまで及んでいた。cf. Carnot, P., *Hippolyte Carnot et le ministère de l'instruction publique de la IIe République（24 février - 5 juillet 1848）*, Paris, P.U.F., 1948, p. 45.
24　Monchambert, S., *La liberté de l'enseignement*, Paris, P.U.F., 1983, p. 42.
25　Cité par Carnot, *op.cit.*, p. 43.

どまるところの宗教団体にせよ，それら私的な発意によって行われる自由な競争と両立させようとしたのである[26]。

カルノーは，公立初等教育のライシテを規定した。宗教教育は，教師ではなく，種々の宗派の聖職者によって与えられるからである。ただし，そのことは，カルノーにおける宗教勢力への感情の性質を決定しない。カルノーは，公教育への聖職者の協力を期待していた。また，1848年当時の政治支配層は，宗教感情に深く浸っており，教会とデモクラシーを融和させることを夢想していた。したがって，その当時の状況から，「排他的なライシテの思想は時期尚早であったように見えた」[27]との評価が可能となる。

カルノーは，明らかにフランス革命の伝統を継承しており，その点で，確かに共和主義者であった。しかし，「教育の自由」の原理を宣言することで，フランス革命期に通奏低音として存在し，第2共和制の当時，最も進んだ民主主義者にとっては最も貴重な概念であった[28]「共通教育」（éducation commune）の原理を採用しなかった。その点で，それは，教師を「共和主義の使徒」にしようとし，教育義務と無償制を導入して共和主義精神の涵養を図ろうとしたカルノーの意図とは，微妙に齟齬せざるをえなかったのではないだろうか。尤も，カルノーはすべての子どもが同じ座席に着くべきであるという見解をもっていたのであり，法案ではそれが表明されなかっただけだ，との指摘[29]もある。

いずれにせよ，法案で「教育の自由」が明確に打ち出されたことは，宗教と親和的な関係に立つカルノーの姿勢と無関係ではないと思われる。カルノーは言う。「司祭と学校教師は，共和主義の機構が依拠すべき支柱である」[30]。カルノーは，聖職者と教会の体制内化を図って，彼らに公教育体制発展の一翼を担わせようとしたと見られる。しかし，それは，教師を共和主

---

26 尤も，カルノーは私学との競争に備えて，公立学校により良い条件を与えようとし，中央政府と教師との関係を緊密なものとした。つまり，市町村の教師は大臣が任命し，国家は教師への給与支給を引き受けるのである。Cf. Cogniot, *op.cit.*, p. 164.
27 Cf. Carnot, *op.cit.*, p. 46.
28 Cf. Gontard, *op.cit.*, p. 73.
29 Cogniot, *op.cit.*, pp. 163-164.
30 Cité par Fourrier, *op.cit.*, p. 110.

義の使徒にすることと矛盾しなかったであろうか。カトリック勢力は，カルノーが与えた「自由」を利用して徐々に肥大し，いずれは共和制の恐るべき敵対者になるであろう。

第3節　1848年憲法における「教育の自由」

1　1848年憲法の概要

1848年6月，「国立作業場」(ateliers nationaux) の閉鎖を直接の契機としてパリの労働者たちが蜂起したが，徹底的に鎮圧された (6月蜂起)。この蜂起は政治的保守化を招き，集会・結社の自由が制限され，急進派への抑圧が実施された。正統王朝派とオルレアン派の両王党派は，反共和主義を掲げて，カトリックや上層ブルジョワジーと提携し，「秩序党」(parti de l'ordre) を結成した。9月17日の選挙では王党派が大勝した。1848年憲法は，政治的な右傾化が著しく進行するなかで制定された。

1848年11月4日憲法[31]は，実定法に先行しかつ優位する諸価値の秩序に信をおく。「フランス共和国は，自由・平等・友愛をその原理とする。フランス共和国は，家族・労働・財産・公共の秩序をその基盤とする」(前文4項)。共和制は，市民に保護を保障し，彼らに教育を確保し，「その資源の限度内で労働」を彼らに与える (同8項)。同憲法は，住居の不可侵 (3条)，奴隷制の廃止 (6条)，祭祀の保護 (7条) および教育の自由 (9条) を規定する。

主権に関しては，「主権は，フランス市民の総体に存する。それは不可譲でありかつ時効によって消滅することはない。いかなる個人，いかなる人民の部分も，主権の行使を独占することはできない」(1条)。この「フランス市民の総体」とは，「抽象的な公法人としての国民を意味し，市民の各々が主権の一部を持つことを意味しない」[32]。国民議会議員は，県の代表ではなく全フランスの代表であり (34条)，議員は命令的委任を受けない (35条)。選挙制度は直接・普通選挙制である。また秘密投票が保障される (24条)。

31　正文については，Duguit, L., Monnier, H., Bonnard, R., *Les constitutions et les principales lois politiques de la France depuis 1789*, 7ᵉ éd., Paris, L.G.D.J., 1952, p. 212 et s. を参照。

32　野村敬造『フランス憲法・行政法概論』(有信堂・1962年) 107頁。

立法権は一院制議会に委ねられ（20条），執行権は大統領に委ねられる（43条）。「権力の分立は，自由な政府の第一条件である」（19条）。

　直接選挙で選出される大統領は，任期4年で，法案提出権をもち，軍を統帥し，条約を批准し，大臣の任免権をもつなど，強大な権限を有する。しかし，大統領は議会解散権をもたないから，立法府も自立性を有する。大統領と議会が直接対立した場合，それを解決する如何なる手段も予定されていなかった。大統領は議会解散権をもたず，議会は大統領を罷免することができない。したがって，「政治情勢の偶然性」[33]によって左右されることになる。その場合，いずれも直接普通選挙による選出という正当性の契機を有しているが，雑多な党派の集合体である議会と個人で強力な権限を有する大統領とでは，前者の相対的な脆弱性は否めない。1848年憲法は，大統領の個人的な統治の傾向を助長したと言える。

2　1848年憲法における「教育の自由」

　1848年憲法は，「共和国は……すべての人間に不可欠な教育を各人の手の届くところにおかねばならない」（前文8項）とし，「社会は，無償の初等教育による労働の発展……を促進かつ奨励する」（13条）と規定した。憲法上，教育が万人に不可欠であり，それが万人に与えられるべきこと，および初等教育が無償であることが宣言された。1848年憲法の他の諸規定に見られるように，ここでもやはりフランス革命の伝統が湧出しているのを見ることができる[34]。他方で，1848年憲法は明確に「教育の自由」の原理を確認した。「教育は自由である。教育の自由は，法律によって定められる能力および道徳性の要件に従い，かつ，国家の監督の下で行使される。この監督は，如何なる例外もなく，すべての教育施設に及ぶ」（9条）。

　憲法制定の際，教育の自由と権利をめぐって2つの立場が対立した。リベローは，自然権の名において，教育に対する国家の干渉を拒否し，絶対的な自由を要求する。それに対し，共和主義者は，教育への権利の承認は，教育する義務を国家に課すものであると考えた。この2つの立場は憲法に見いだされる。憲法前文では，共和制は，実定法に先行しかつ優位する権利・義務

---

[33]　Morabito et Bourmaud, *op.cit.*, p. 236.
[34]　1791年憲法（第1篇8項），1793年憲法（人権宣言22条）を参照されたい。

を承認する一方，すべての市民をより高いレベルの道徳性や知性に至らしめる義務を負うとされていたはずである。憲法原理に基づき，教育に関する親の自然権を根拠づけることは容易であった。しかし，デモクラシーと教育への権利との関係は，党派の別を問わず，当時の政治家の関心を引かずにはおかなかった。つまり，普通選挙制の導入は，すべての市民の教育を保障することを国家に義務づけるのであり，教育だけが，市民によるその政治的自由の十全な行使を可能ならしめ，権利の平等を現実のものにしうるのである。自由な投票が存在するには，啓蒙された投票が存在すべきである。その点で，教育は普通選挙制の不可欠の補完物なのであった。結局，原理のレベルでは，政治的自由の行使に役立つ教育への権利の観念が，自然権としての「教育の自由」の観念に優位するのである。他方で，社会の構成員に教育を供給するために利用すべき手段のレベルでは，共和制は多元主義の原理を採用し，私教育の自由を再確認するのである[35]。

　換言すれば，教育の普及に私教育のシステムを関与させることで，原理のレベルで確認された教育に関する国家の要請に，より能率的に対応しようとしたのである。教育は自由であるが，国家の監督に服せしめられる。この奇妙なコントラストには，そうした説明が可能であろう。しかし，別な説明もありうる。例えば，バルテルミー・サン゠ティレール（Barthélemy Saint-Hilaire）のような共和主義者にとって，教育システムは国民統合を実現するための手段の１つとなる。自分の子どもを教育する親は自然権を行使するが，複数の子どもを集めて教育を行う者は，公務に従事しているのであり，それは当然統制されるべきである。将来の市民たる子どもの心情や知性の形成を国家が監督するよう求めるのは，公共の秩序である。国家は，まさに，それが定める条件の下で，一定の人間に教育する権利を委任するのである。したがって，国家は教育システムを維持・監督する権利を手にすべきであるとされる。しかし，他方，教育する自由が原則として認められたのは，それが，カトリック勢力の来るべき勝利を準備するための布石であり，あるいは，既にその最初の獲得物であったということである。つまり，国家の教育監督が宣言されたにもかかわらず，モンタランベールが，採択された憲法条文を，

---

[35] Monchambert, *op.cit.*, pp. 40-42.

カトリックの決定的な勝利を準備する最初の勝利と見なしていた理由が，それで説明されるというのである[36]。

この点につき明確な答えを出すのは困難であるが，その後の展開は明快である。そもそも1848年憲法の内容それ自体が，反共和制で連合した秩序党の理念に接近していたのであるが，憲法成立後も保守的・反動的な傾向が促進され，ついには普通選挙制が事実上廃棄される（1850年）に及んで，「民主的共和制」はほぼ空文に帰する。かかる一連の保守的・反動的な政策の一環に「ファルー法」も位置づけられる。それどころか，ファルー法は，「民主的共和制」の理念に対する秩序党の反動的・抑圧的な政策の中核をなすものでさえあった。1848年憲法の「教育の自由」は，共和派の思惑とリベローの理念をいずれも駆逐して，カトリック教会と秩序党の保守反動政策の貫徹を許すパンドラの匣になった，と言えよう[37]。

第4節　ファルー法の成立とその意義

1　カルノーの排除とカルノー法案の撤回

政府によって2月以来進められてきた教育政策は，ブルジョワジーと教会の強力な反対に遭遇する。ブルジョワジーにとって，教師はその権力支配の基盤を掘り崩す結果を招く破壊的な活動に深入りしすぎていた。社会主義への憎悪と恐怖により，ブルジョワジーは教会の立場に与し，聖職者の援助を請い，初等学校を聖職者に委ね，聖職者の利益を図る用意があることを明らかにする。かつてユニヴェルシテを支持していたティエールの宗旨変えをもたらしたものも，6月蜂起で思い知らされた「社会主義の恐怖」であった。ティエールは言う。「廃れたレジームの下で，私は聖職者の影響力に危惧をもっていた。今日では，宗教とその司祭を，脅かされた社会秩序の救い主と

---

[36]　Cf. Cogniot, *op.cit.*, p. 168.
[37]　ファルーの『回想録』によれば，「この条項〔1848年憲法の教育の自由条項〕は，2年後，1850年法への出発点および支点（point de départ et de point d'appui）として役立った。いずれにせよ，それはその必然的な枠組みであった」。Falloux, *Mémoires d'un royaliste*, t. 1, 2e éd., Paris, Perrin, 1888, p. 377. まさに，1848年憲法の9条はファルー法への橋頭堡になったわけである。

見なしている。……社会秩序の擁護者すべてにとって，無政府状態に直面して分裂するなんて正気の沙汰ではなかろう。農村の主任司祭は……共産主義者で民衆煽動家の学校教師に対する，我々の唯一の支えとなるであろう」[38]。

　他方，当初はブルジョワジーとの同盟に消極的だった教会も，結局，カルノー排撃に回る。教会は，共和制が教会の教育支配を許容しなかったことに不満を抱いていた。また，公立学校からの宗教教育の排除，教会と学校の分離の準備，忠順証の廃止等のカルノーの政策も，聖職者を反共和制の立場に向かわせる大きな要因となった。

　ブルジョワジーと教会の同盟に，共和制の急進化を恐れる穏和共和派が合流して，広汎な反カルノー勢力が形成された。彼らは，まずカルノーを大臣職から追い落とした（1848年7月5日）。次いで，同年12月10日の大統領選挙で当選したルイ＝ナポレオン（Louis-Napoléon）と秩序党との提携によって成立した内閣において，公教育相ファルー（Falloux）[39]の手によりカルノー案が葬り去られた（1849年1月4日）。

　思うに，カルノー法案の提出は6月蜂起の直後であったが，提案当初から法案成立の前提は失われていたように見える。カルノーが，教師を共和主義の宣伝者に仕立てあげ，名望家と主任司祭の権威に対抗させることによって守ろうとした共和制も，6月蜂起の後には全くその「民主的・社会的共和制」の内実を喪失してしまった。いずれ，カルノーの挫折は，「『教師の共和国』建設の壮図の挫折」[40]と言ってよい。

　カルノーの民主的な企てに続くものは何であったか。新たな法案の作成を

---

[38]　Cité par Gontard, *op.cit.*, p. 75. また，ティエールは1849年の院外委員会で次のように発言している。「カルノー氏の法律には非常に危惧させられたが，それは，……〔学校〕監督からの聖職者の排除をさらに推し進めたためではない。私はそこに，はるかに危険で厄介なものを見る。すなわち，37,000人の社会主義者と共産主義者，紛れもない反主任司祭を市町村に導き入れることである」。Chenesseau, G., *Procès-verbaux de la commission extra-parlementaire de 1849,* Paris, Éd. J. de Gigord, 1937, p. 30.

[39]　ファルー（Falloux, Alfred Frédéric Pierre comte de : 1811～1886年）は，1846年に正統王朝派の議員としてメーヌ＝エ＝ロワール県から選出され，2月革命後，制憲議会議員・立法議会議員となる。バロ内閣で公教育相に就任（1848年12月～1849年10月）し，1850年法の成立に努めた。

[40]　小山勉『教育闘争と知のヘゲモニー』（御茶の水書房・1998年）168頁。

委ねられた院外委員会（Commission extra-parlementaire）の姿勢が，それを物語る。秩序党が多数を占める委員会は，カルノー法案の排斥に飽き足らず，幾つもの点でギゾー法を非難し，それをカトリック勢力の利益になるよう修正していた。「それは，もはや単に保守主義というばかりではない。それは反動（réaction）であった」[41]。

院外委員会の審議終了後に作成された教育組織法案は，1849年6月13日，ファルーによって立法議会に提出された。この後，法案は特別委員会に付託される。10月6日の委員会報告[42]後に，法案はコンセイユ・デタに回付され，その審査・修正を経て，立法議会に送付された。議会審議は，1850年1月14日に開始され，長い審議の後，3月15日に最終的な法案が可決されることになる。本書では時系列的な法案審議過程の検討[43]は行わない。ファルー法の構造と特質を明らかにし，しかる後に，同法の意義を考察することが，ここでの課題である。

2　ファルー法の構造と特質

一般に「ファルー法」（la loi Falloux）と呼ばれる[44]1850年3月15日の法律[45]

41　Gontard, *op.cit.*, p. 87.
42　ブーニョ（Beugnot）報告。聖職者の特権の拡大，教師に対する監督の強化，上級初等教育の廃止，資格証書の免除範囲の拡大，師範学校の廃止などを内容とした。特に，教師に対する批判は激しかったが，これは，社会不安の頂点にあったこの時期，カトリックと保守派にとって，「如何なる代価を払おうとも，教師が革命の立場を助けること，そして『デマゴギーの盲信者』となることを阻止しなければならなかった」からである。*Ibid.*, pp. 96-97.
43　ファルー法案の審議過程についての詳しい研究として，Michel, H., *La Loi Falloux, 4 janvier 1849 - 15 mars 1850*, Paris, Hachette, 1906 がある。
44　ファルー自身は，1867年の演説で，自分は1850年法の真の著者ではないと述べている。ファルーは，「1850年法を創ったのは私ではない。それは次の3人の手になるものである」として，モンタランベール，後にオルレアンの司教となるデュパンルー（Dupanloup），そして，「社会のあらゆる災厄に精力的かつ根本的な視線を投げ，法律の成功をもたらした」ティエールの名を挙げた。ファルーは，「私はしばしば，私のものではない賛辞を不当に手にしてきた。これで良心の負担を軽くすることができ

は，初等教育の自由の定式を修正し，中等教育の自由を実現しているがゆえに，ギゾー法に置き換わり，かつ，それを越えるものであったとも評される[46]。同法は，「教育に携わる諸機関」「初等教育」「中等教育」「一般規定」の4編全85条からなる。

(1) 教育行政機構

教育行政機構の頂点には，「公教育高等評議会」(Conseil supérieur de l'instruction publique) が位置する。議長たる公教育大臣を含めて28名のメンバーからなる。その内訳は，宗教関係者が7名（4名の大司教または司教，その他の宗派の代表者3名），高級文官が6名，私学教育のメンバー3名，大統領任命のメンバー8名（元ユニヴェルシテ評議会委員，ユニヴェルシテ視学官または上長者，アカデミー長，ファキュルテの教授から選定）などとなっている（1条）。同評議会は，次の諸事項に関して意見を与えることができる。教育に関する法律・規則・デクレ案，公立学校における試験・選抜試験・教育課程および自由学校の監督に関する規則，ファキュルテ・リセ・コレージュの創設，自由中等教育施設に対する助成，公立学校に導入されうる教科書，および，自由学校において禁止されるべき教科書についてである。また，同評議会は，アカデミー評議会によって下された判断の最終決定権者となる（5条）。ここから分かることは，中央教育行政機関が教権的に再編され，宗教勢力の発言権が増したことと，かかる機関が強大な権限を掌握したことにより，フランスの教育全般に対する教権的な影響力が増幅されたということである。

各県にアカデミーが設けられる（7条）。アカデミー評議会は，議長たるアカデミー長，アカデミー視学官，教育公務員または初等視学官，知事またはその代理人，司教またはその代理人，司教が指名する聖職者，2つのプロテスタント教会のうちの1つの聖職者，ユダヤ教宗務局の代表者，検事総長，

　　て嬉しい」と述べている。Cf. Buisson, *op.cit.*, p.600. アルベール・トマは，「ファルー法はティエール法とも呼びうるものだった」とする。Thomas, A., *La liberté de l'enseignement en France de 1789 à nos jours*, Paris, Sirey, 1911, p. 70.

45 「教育に関する法律」(Loi sur l'enseignement)。Duvergier, *op.cit.*, t. 50, p. 55 et s.

46 Cf. Leif, J. et Rustin, G., *Histoire des institutions scolaires*, Paris, Delagrave, 1954, p. 165.

破毀院のメンバー，県会によって選出される4名のメンバーから構成される（10条）。アカデミー評議会も広汎な職権を有する（14・15条）。アカデミー長は，自由教育のメンバーからも選出できることとなった（9条）。

(2) 「教育の自由」

17条は，「次の2種類の初等または中等学校を認める。①市町村，県または国家によって設置・維持される学校で，これを公立学校（écoles publiques）と称する，②私人または団体によって設置・維持される学校で，これを自由学校（écoles libres）と称する」と規定した。教育独占が明確に廃止され，2種類の学校の共存が認められた。すべての公立または私立教育施設は，アカデミー長と公教育の視学官によって視察されるが（18条），自由学校の視察は道徳性・衛生・保健にのみ及ぶとされた（21条）。尤も，教育内容は，「道徳，憲法および諸法律に反しないかどうかを確認するために」視察に服せしめられた。この点は自由への制約となる。国家の監督を拒む初・中等教育施設の長はすべて訴追され罰金刑に処される（22条）。

(3) 初等教育

ファルー法は，この分野に関してギゾー法を廃止し，その代わりに司祭に有利な規定を設けた。司祭に，教師となるために通常要求される資格証書を免除したのである（25条）。以後，国家が公認した宗派の司祭の資格が，資格証書に代位することとなった。公認の教育修道会に所属する修道女については，司教によって交付される「忠順証」（lettre d'obédience）が，資格証書の代わりとなる（49条）。自由初等学校の開設手続は，より厳格になっている。自由学校を開設しようとする場合は，市町村長に，その旨を届け，設置場所を指定するなどしなければならないほかに，アカデミー長・副知事・共和国検事に対して学校開設の届出を行わなければならない（27条）。

市町村の学校設置義務は継続された。「市町村はすべて，1つまたは複数の初等学校を維持しなければならない」。市町村は，完全無償学校を維持する権利をもつが，その場合，自主財源でその助成を賄うことが条件であった。新規の規定は，宗派公立学校の正式の組織化である。「種々の公認宗派が公に信仰告白している市町村では，これらの宗派のそれぞれに属する子どものために，別々の学校が設置される」。アカデミー評議会は次の場合に，市町村が公立学校を維持することを免除しうる。すなわち，市町村が，貧困家庭

の子どものために自由学校において無償教育を与える場合である（以上，36条）。44条では，市町村長や主任司祭などに学校監督の権限が付与された。なお，ファルー法は，上級初等教育について言及していない。ギゾー法の上級初等学校設置義務は廃止された。

初等学校の教員養成制度については，ギゾー法で初等師範学校の設置義務が県に課せられていた（同法11条）が，初等学校教師の振る舞いを強く懸念する議会内特別委員会は，初等師範学校の廃止と実習による教員養成の仕組みを提案していた。しかし，師範学校設置義務の維持に同意するコンセイユ・デタと政府の反対に遭ったため，委員会は妥協的な修正提案を提出し，これが採択された。その結果，初等師範学校の設置は県の判断に委ねられるものとされ，初等教員の養成は，かかる任意設置の師範学校か，アカデミー評議会の指定する初等学校で行われることとなった（35条）[47]。

(4) 中等教育

この分野がファルー法の主要な革新部分となっている。法定の能力資格を有するという留保の下で，自由中等教育施設を開設することは，あらゆる個人の権利である（60条～63条）。例えば，25歳以上のすべてのフランス人につき，学校を開設する場合，アカデミー長に所定の届け出を行い，次のような書類を預託することが求められる。「①少なくとも5年間，公立または私立の中等教育施設において教授または生徒監督（surveillant）の職務に従事したことを証明する実習証明書（certificat de stage），②バカロレア試験合格証か，本法62条所定の形式により試験審査会（jury d'examen）が交付する資格証書，③〔校舎の〕場所の見取図，および，教育の対象の報告」（60条）である。手続に必要な書類を提出した後，猶予期間が置かれ，アカデミー長・知事・共和国検事は，公共の習俗および生徒の健康を理由に，自由教育施設の開設に反対することができる（64条）。17条の定義によれば，「私人または団体によって設置・維持される」ものである自由教育施設は，にもかかわらず，市町村，県または国家によって助成されうるし，その場所を受け取ることができる。助成額は，当該施設の年間支出の10分の1を越えることはできない（69条）。教会中等学校（小神学校）は，既設分については，国家の

---

[47] 同条によれば，師範学校は，県会により，また，アカデミー評議会の報告に基づき，高等評議会において大臣により，廃止されうるものとされた。

監督に服せしめられることを条件に，その存続が認められた。ただし，新規の設立には政府の許可が必要である（70条）。

(5) ライシテ・無償・義務

ファルーは，法案提出の際，次のように述べていた。「知育（instruction）は，およそ徳育（éducation）から切り離されていた。徳育は，およそ宗教から切り離されていた。……幸いにも，宗教が無知の加担者であり，すべての政府に従順な道具として役に立つと考えるごとき侮辱を宗教に対して加える時代では，もはやない。我々は，宗教が，何人にも強制されないが，しかし，万人に教育されることを望んでいる。秩序と自由の友は，等しく宗教を援用する。ゆえに，宗教に率直にその地位を定めよう。我々は，宗教に，真に実際的な自由，平等および友愛の秘密を求めるのだと言えるようにしたい。しかし，宗教が徳育にその力を伝えるためには，教育と教師のいずれもが，それに協力することが必要である。それは，我々が，初等学校の監督を主任司祭または牧師に委ね，立法措置によってそれをなしうる範囲で，達成しようと努めたところの目的なのだ」[48]。

初等教育の内容の筆頭には，「道徳・宗教教育」が位置づけられた（23条）。教育のライシテは全く考慮されない。司祭が学校の宗教教育の監督を任され，彼らが学校に出入りすることは自由である（44条）。しかも，女子教育においては，修道女が忠順証のみで教職に従事しうるものとされたから，ファルー法によって初等教育は聖職者の直接的な影響下に置かれることとなった。「ファルー法から引き出される重要な思想，それは，教師の主要な義務が，彼に託される生徒の宗教教育だということである」[49]。他方で，ファルー法では，修道会に対する何らの排除措置も採用されなかった。それゆえ，ファルー法以後，カトリック中等学校が爆発的に増加する。1850～1852年に，257校のカトリック中等学校が創設された。その全体数は，1854年に1,081校に達し，公立中等学校の半分に匹敵する生徒を抱えていた[50]。

---

[48] Chevallier, P. et Grosperrin, B., *L'Enseignement français de la Révolution à nos jours*, t. 2 (Documents), Paris, Mouton, 1971, p. 158.

[49] Ponteil, F., *Histoire de l'enseignement en France, les grandes étapes (1789-1964)*, Paris, Sirey, 1966, p. 243.

[50] Fourrier, *op.cit.*, p. 132.

憲法に規定された無償教育の範囲は、学費を負担しえない家庭の子どもに限定された（24条）。その結果、無償の恩恵を受けるのは、550万人の子どものうちの僅か150万人にすぎない[51]。教育義務も規定されなかった。法案審議の際に、左翼から無償制・義務制を盛り込んだ修正案が提出されたが、すべての改革に消極的な議会によって葬り去られた。

3　ファルー法の意義

ファルーについては、「教会の人間であり、カトリックの教権政治（théocratie）の称賛者であり、異端糾問（Inquisition）の擁護者そのものであった」[52]とか、彼が、「世俗社会の代表者たちに、教会と同盟させ、かつ、教会に、公教育の指導において教会が求めていた持ち分を自発的に与えさせようとした」[53]などと指摘される。しかし、秩序党を中心とした当時の政治支配層が、政治的な局面にリンクさせて、ファルー法に如何なる期待をかけていたのかは、ファルー個人の信仰からは十分には明らかにならない。別個の検討が必要である。

秩序党の結成は、6月蜂起に示された民衆運動の昂揚と社会主義理論の浸透が、支配層による体制の保守化の決意を一層強めさせた結果であった。秩序党は、基本的に階層化された社会構造を維持し、地方名望家層への分権化による統治形態を採用したと見られる。小田中直樹氏によれば、「秩序党は、教育行政の権限を地域名望家に対して直接的に・相当程度委譲することにより、後者による社会的・政治的支配の基盤たるパトロナージュの再編・強化を図った」[54]とされる。だとすれば、第2共和制の初期に「民主的・社会的共和制」が標榜され、民衆運動の圧力が高まり、革命のさらなる前進が危惧された上に、カルノーが教師を共和主義の選挙運動員として利用したことは、保守派にとって脅威であった。革命の進展と「民主的・社会的共和制」の実現は、既存の階層構造を破壊し、民衆の社会的上昇を許すとともに、既成の支配階層の利害を損なうことになる。

51　Cogniot, *op.cit.*, p. 210.
52　Bastid, *op.cit.*, p. 244.
53　Buisson, *op.cit.*, p. 597.
54　小田中直樹『フランス近代社会　1814〜1852』（木鐸社・1995年）335〜336頁。

ティエールは，既存の社会的な階層構造を破壊するに違いない教育内容の充実を非難する。教育内容は「読み書き計算」に限定されるべきである，というわけである。教育義務と無償制を批判する文脈でティエールは次のように言う。「私は……初等教育の度を超した拡大を制限するよう望む。初等教育は必ずしも万人の手が届く範囲にある必要はない，というのが私の主張である。教育は，私見によれば，ゆとりの始まりである，だとすれば，ゆとりは万人に留保されるものではない，とまで極言しよう」[55]。ティエールの反啓蒙主義の精神は顕著である[56]。また，モンタランベール（Montalembert）は，1848年9月に，「今や何が問題なのであろうか。それは土地所有者ではない人々に所有権を尊重させることである。私は……土地所有者ではない人々に所有権を信じさせるためのコツを1つだけ知っている。それは神の存在を信じさせることである」[57]と述べている。そこで言われているのは，ブルジョワジーの特権の擁護である。ブルジョワジーの既得権の守護神を，学校は崇拝させるべきものと考えられたのである。

　秩序党は，6月蜂起の恐怖から，教師と師範学校を槍玉に上げる[58]。この結果，ファルー法では，師範学校は県会により廃止されうるものとされた。師範学校の地位は，大いに流動的なものとなった。また，教師は，種々の監督者・監督機関の権威に服さねばならなくなった。ファルー法の以前に可決された「パリュ法」（la loi Palieu）[59]が，教師に対する恐るべき抑圧法であっ

55　Cité par Ponteil, *op.cit.*, pp. 150-151.
56　Cf. Cogniot, *op.cit.*, p. 187 et s.
57　Cité par Fourrier, *op.cit.*, p. 130.
58　Cf. Gontard, *op.cit.*, p. 85 et s. ; Buisson, *op.cit.*, p. 598.
59　パリュ法（1850年1月11日の法律）は，1849年10月31日の内閣改造により新たに公教育相に任命されたボナパルト派のド・パリュの手になるものである。政府案は，市町村教師の任免に関するギゾー法の定めに接ぎ木される暫定的な措置の採択を提案するものであった。国会は，この法案を，ファルー法案を審議したばかりの特別委員会に送付した。委員会は，同法案が暫定的なものであることを条件にそれに同意し，無条件で可決するよう議員に求めていた。法案は1850年1月11日，385対223で可決された。パリュ法は，各県の初等教育を知事の監督下に置く（1条）。知事は市町村教師を任免し（2条），彼らを叱責し，停職処分に付し，罷免することができる（3条）。罷免された教師は，それまで奉職していた市町村では学校開設を禁じられる（4条）。

た[60]ことも付言すべきだろう。教師に代わり，あるいは，教師に掣肘を加えるものこそ，宗教勢力であった。ティエールは次のように述べる。「私は初等教育をすべて聖職者に委ねる用意ができている。……私は，数が多すぎて嫌われている世俗的な教師とは別なものを断固として要求する。私は，かつて修道士に対する不信感に囚われていたが，〔今は〕彼らを望んでいる。私は，聖職者の影響力を全能にしようと思う。主任司祭の活動が，今よりもはるかに強力なものとなることを望んでいる。なぜなら，人間は苦しむためにここにいるのだということを教える良き哲学を普及させるために，主任司祭を大いに当てにしているからである」[61]。

　教会にフランス人の道徳の管理を委ねるとき，教育は「自由」になるべきであった。しかも，1848年憲法は「教育の自由」を規定していた。事実，1848年のブルジョワ共和主義者たちは「教育の自由」を受け入れていた。なるほど，共和派にもヴィクトル・ユゴー（Victor Hugo）のような闘士がいた。ユゴーは，ファルー法に激しく反対したが，彼は自分が世俗的な国家の下での「教育の自由」の信奉者であると述べ，教権主義勢力に反対する立場を維

　Cf. Gontard, *op.cit.*, pp. 98-105 ; Fourrier, *op.cit.*, p. 142.

60　パリュ法の適用は厳格で，各地で多数の教師が処分に付された。罷免の理由としては，職務怠慢，飲酒癖，不道徳のほか，特に，破壊的な政治活動，「政府に敵対的な見解」，「無政府主義的な言説」，「社会にとって危険な教義を公言した」，「公然と反宗教的な話をした」ことなどが挙げられた。懲戒処分の件数については，左翼の見積もりと公式統計との間には懸隔がある。左翼が処分者を4,000人とも7,000人とも見積もっていたのに対し，1851年2月に公教育高等評議会に提出された報告では1163件（6ヶ月以下の停職303件，6ヶ月の停職199件，罷免671件）とされていた。Cf. Gontard, *op.cit.*, pp. 106-107. モンシャンベールによれば，この法律は，1849年の共和派の選挙運動に参加した共和主義的教師の罷免を目的とするものであった。Monchambert, *op.cit.*, p. 43.

61　Cité par Buisson, *op.cit.*, p. 598. 尤も，ティエールが聖職者に委ねることを考えていたのは，初等教育だけであった。ブルジョワジーの子どもを，聖職者ましてやイエズス会に与えることを拒否するのである。ティエールの思想について，エミール・ブルジョワの簡潔な定式によれば，「小学校は教会に，コレージュは政府に。すなわち，人民のために宗教を，ブルジョワジーのために自由主義を」ということになる。Bourgeois, E., *La liberté d'enseignement, histoire et doctrine*, Paris, É. Cornély, 1902, p. 138.

第2章　第2共和制における共和主義理念の挫折と中等教育の自由の法制化　　197

持した。ユゴーは言う。「それ〔教権主義勢力〕は旧勢力であり，かつ神に仕える身分をもつ。……その歴史は，人間の進歩の歴史に書き加えられる。ただし，裏面史として。……私は，諸君の法律を拒絶する。なぜなら，それは，初等教育を横領し，中等教育を堕落させ，学問のレベルを貶め，わが国を衰退させるからである」[62]。しかし，一般に，左翼は，教会に与えられた譲歩を非難しつつも，ファルー法の重要性を認識することができなかった。「教育の自由」が認められ，ユニヴェルシテに危険な競争相手が現れても大丈夫なほど，ユニヴェルシテは堅牢に構築されていると信じていた。しかも，宗教紛争の悪化にもかかわらず，そのメンバーの多くは，教会と共和制の間の紐帯を維持することが必要だと考えていたのである[63]。

しかし，ファルー法によって教会に与えられた恩典は実に巨大であった。「ユニヴェルシテ」という言葉がファルー法からは消滅する。教育制度を貫徹するのは，聖職者の影響力である。「ファルー法は，事実上，国家を高位聖職者（épiscopat）によって置き換えていた」[64]という指摘も，あながち誇張ではない。「1850年3月15日法は，確かにカトリック勢力にとっては勝利であった。……事実，第2帝制の全期間と第3共和制の初めの30年間に，私立中等教育施設，特に，イエズス会ほかの修道会のコレージュが増大しかつ繁栄したのは，まさにこの法律に乗じてのことであった」[65]と言われる。また，「この日〔ファルー法が可決された1850年3月15日〕，カトリック党（parti catholique）は，7月王制も復古王制さえもそれに与えなかったものを，共和制から獲得した」[66]とも評される。

国家の側からしても，社会秩序の維持を教会勢力に委ねることに成功したことは，やはり勝利だったはずである。そのとき，「教育の自由」も，所詮，

62　Cité par Fourrier, *op.cit.*, p. 131.
63　Cf. Weill, G., *Histoire de l'idée laïque en France au XIXe siècle,* Paris, Félix Alcan, 1929, p. 117.
64　Cogniot, *op.cit.*, p. 213.
65　Duguit, L., *Traité de droit constitutionnel*, t. 5, 2e éd., Paris, É. de Boccard, 1925, p. 371.
66　Debidour, A., *Histoire des rapports de l'Église et de l'État en France de 1789 à 1870*, Paris, Félix Alcan, 1898, p. 512.

社会秩序の安定化に資する道具にすぎない。秩序党にとって,「中等教育の自由を認めるとき,自由の思想に基礎づけられる制度的な均衡を実現することではなく,政治情勢に対応し,保守党の基盤を強化することが肝要なのである」[67]。このことは,教会の側が「教育の自由」を要求した動機にも妥当するはずであった。ファルー法によって,教会は広汎な特権を享受したであろう。

「自由の法であると同時に,カトリック教徒にとっての特権の法でもあった」[68]ファルー法の運用をめぐる問題は,次の第3章で取り扱うことにする。

---

[67] Monchambert, *op.cit.*, p. 42.
[68] Esmein, A. et Nézard, H., *Éléments de droit constitutionnel, français et comparé*, t. 2, 7e éd., Paris, Recueil Siley, 1921, p. 593.

第3章　第2帝制期の教育政策のなかの国家と教会
〜ファルー法の運用過程〜

第1節　第2共和制の崩壊と第2帝制の成立
〜〈共和派のいない共和制〉とクーデタ

1　クーデタへ

　1848年憲法の体制を機能させるために2つの選挙を実施する必要があった。大統領選挙と立法議会選挙である。カヴェニャック (Cavaignac) が本命視されていた大統領選挙では, 1848年12月10〜11日に行われた投票の結果, 大方の予想に反して, 秩序党が推すルイ＝ナポレオン・ボナパルト (Louis-Napolèon Bonaparte) が圧倒的多数の支持を得て当選した[1]。この結果は, それまで政権を担当してきた『ナショナル』グループへの非難を浮き彫りにするとともに, 民主＝社会主義派を支持する世論が脆弱であることをも明らかにするものであった。秩序党は適当な候補者を擁立できなかったため, ルイ＝ナポレオンのバックについた。ルイ＝ナポレオンならば自由に操れると考えたのである。だが, ルイ＝ナポレオンを大統領に押し上げたものは, 保守派の票だけではない。「金持ちの共和制」(マルクス) に反対する農民や労働者の支持を広く集めたことが, 彼の勝因であった[2]。その意味で, ルイ＝ナポレオンは, 党派ではなく国民に選ばれた大統領ということができる[3]。

---

[1]　得票は, 投票総数の74.2％, 5,534,520票に達した。Cf. Rémond, R., *La vie politique en France depuis 1789*, t. 2 (1848-1879), Paris, Armand Colin, 1969, p. 76.

[2]　「12月10日は, 現存の政府を倒した農民のクーデターであった」。カール・マルクス著（中原稔生訳）『フランスにおける階級闘争』(大月書店・1960年) 78頁。

[3]　Morabito, M. et Bourmaud, D., *Histoire constitutionnelle et politique de la France (1789-1958)*, 3ᵉ éd., Paris, Montchrestien, 1993, p. 240. ルイ＝ナポレオンは, あらゆる階層の国民からの支持を受けた。その要因は伝統的なボナパルティズムの多義性にある。「彼の勝利は, 彼が相互に矛盾するさまざまな願望を満足させるようにみえたからであった。ルイ＝ナポレオンは, ブルジョワや地主にとっては, 社会的秩序の擁護者として, また農民にとっては偉大な皇帝への追憶を体現するものとして, またフ

立法議会選挙（1849年5月13〜14日）では，穏和共和派が大敗を喫した。中道が後退した結果，左右両翼の台頭が生じた。民主＝社会主義派（モンターニュ派）は投票総数の35％を獲得した（約200議席）。しかし，大勝利を収めたのは秩序党であった。秩序党は投票総数の半分以上をさらい，750議席のうち，およそ450議席を獲得した。「立法権力は，以後，右翼の手に移った」[4]。王朝左派のオディロン・バロが首相に，また，7月王制下で代議院議長を務めたデュパン（Dupin）が立法議会議長に指名された。共和制と普通選挙の敵対者が，まさに普通選挙によって復活させられたのである[5]。

フランス軍のローマ遠征に抗議して行われた蜂起（同年6月13日）の失敗によって，共和派が潰滅する。それは秩序党による立法議会の支配を完全なものとした[6]。勝ち誇る秩序党は，1848年2月革命の精神に違背する一連の保守化政策を打ち出す。例えば，1848年憲法がその伸長を可能ならしめる条件を整えたはずの公的自由が槍玉に上げられ，結社の自由が廃止され，出版の自由が制限された。既に述べたファルー法も，かかる反動的な政策の一翼を担うものである。そして，同法とともに第2共和制の反動化を最もよく象徴するものが，1850年5月31日の法律である。労働者を排除するように選挙人の資格要件を変更するこの法律は，普通選挙の終焉を告げるものであっ

ランス革命でえた土地を保障するものとして，さらに労働者にとっては，憲法制定国民議会に体現されているような共和政にたいする反発として，また愛国主義を体現するものとしてあらわれた」。木下賢一「第2共和政と第2帝政」柴田三千雄ほか編『世界歴史大系―フランス史3』（山川出版社・1995年）95頁。

4　Bastid, P., *Doctrines et institutions politiques de la Seconde République*, t. 2, Paris, Hachette, 1945, p. 210.

5　Morabito et Bourmaud, *op.cit.*, p. 241.

6　6月蜂起が失敗に終わった結果，「第2共和政は，制度的に完成したその直後に，いわば『共和主義者なき共和国』となってしまったのである。あるいは，王党派の支配する共和政という奇妙な状況がうまれたのである。この事件は第2共和政という政体そのものにとって決定的な転換点であった。すなわち，第2共和政が完成したまさにその時点で，共和政を否定する人びとが完全な権力を獲得したのである。王政への転換の可能性がここにうまれた。もっとも民主的でかつおそるべき実験であると思われた普通選挙制は，ふたたびこのようにきわめて逆説的な結果をもたらしたのであった」。木下・前掲，98頁。

た[7]。

　他方，大統領ルイ＝ナポレオンは，独自の権力体制を構築する動きを強めてゆく。バロ内閣を更迭し，超然内閣を組閣させる。議会と大統領との対立は決定的となる。ルイ＝ナポレオンはクーデタへの布石を打つ。1851年1月には，パリ方面軍総司令官で正統王朝派のシャンガルニエ（Changarnier）将軍を罷免し，王党派議会の武装解除を図る。同年11月には，1850年5月31日法の廃止を議会に提案し否決されたが，これも計算のうちであった。なぜなら，それは「48年の6月蜂起で民衆を弾圧し，さらに彼らの選挙権をもうばった議会にたいする民衆の反発を利用して，民衆の潜在的な反議会主義的傾向をあおりたてることをねらったもの」[8]だったからである。

　既に，同年7月，大統領の連続再選を禁止する憲法規定（45条）の改正がルイ＝ナポレオンから提案されていた。しかし，議会における有効投票の4分の3を獲得することが憲法改正の条件である（111条）以上，ルイ＝ナポレオンの思惑が実現することはありえなかったはずである。そして，憲法の修正が否決されたとき，平和的な解決の試みもまた終わった。残されたのは，クーデタへの道だけであった。

2　1852年憲法の成立と帝制の樹立

　1851年12月2日のクーデタにより，第2共和制は実質的に崩壊した。ルイ＝ナポレオンは，同日，立法議会の解散と普通選挙の復活を布告した。それと併せて，新憲法の制定に必要な権限を彼に委任することの賛否を問う国民投票の実施が予告された。そこでは新憲法の基本原理が提示された。①10年任期の大統領，②行政権にのみ依存する大臣，③法律を起草するコンセイユ・デタ，④普通選挙で選出される立法院，⑤国の名士から構成される元老院，というものである。12月21日に行われた人民投票においては，かかる諮問に対して圧倒的多数の「賛成」が示された[9]。

7　1850年5月31日の法律については，辻村みよ子『「権利」としての選挙権』（勁草書房・1989年）118頁以下を参照。

8　木下・前掲，100頁。

9　ルイ＝ナポレオンは，7,439,216票の賛成票を獲得した。反対票は640,737票であった。Morabito et Bourmaud, *op.cit.*, p. 246.

1852年1月14日の憲法[10]は、「共和暦8年憲法体制にならい、それを完成するものであった」[11]。同年11月7日の元老院令[12]で世襲の帝制（第2帝制）が樹立されたが、1852年憲法の統治機構はそのまま維持された。その特性が、極端に役割を縮減された議会に対峙する全能の皇帝という図式で描かれうるという意味で、第1帝制の体制とさほど違いはない。皇帝は、行政権を全面的に掌握する。大臣は皇帝にのみ従属し、彼に対して個人的に責任を負う。皇帝は陸海軍を統帥し宣戦・講和の権限を有する。大臣および公務員の任免権、条約締結権、恩赦権、法律を執行する行政命令の制定権をもつ。裁判は皇帝の名前で行われる。皇帝は法律の発議権を独占するとともに、法律の裁可権を有する。

立法作用は、元老院（Sénat）、立法院（Corps législatif）、コンセイユ・デタの3つの国家機関によって共有される。

元老院（定数150）の議員資格は、皇帝による終身任命または当然の地位（皇太子、元帥、枢機卿）による。「国家的に重大な利益」、つまり「皇帝の統治の栄光および文明の進歩に寄与しうるあらゆること」に関係をもつ法律の発議権をもつ。また、法律および他の諸措置の憲法適合性をコントロールする権限（違憲立法審査権）を有するほか、元老院令により、係争の対象となった憲法規定の解釈を行うことができる。なお、元老院には憲法改正の発議権がある。

立法院は、付託された法案を慎重に審議し採択する権限を有する。コンセイユ・デタの事前の同意があった場合にのみ、法案の修正を行いうる。定数260は、各県の内部で恣意的に区分された選挙区単位で単記投票により選挙される。元老院とコンセイユ・デタは言わば皇帝の取り巻きであるが、立法院は普通選挙にその正当性根拠をもつため、皇帝の個人的権力との均衡を保ちうる可能性を秘めていた。憲法が立法院の影響力を制限する規定を設けているのは、そのためである[13]。

---

10 1852年憲法の正文は、Duguit, L., Monnier, H., Bonnard, R., *Les constitutions et les principales lois politiques de la France depuis 1789*, 7ᵉ éd., Paris, L.G.D.J., 1952, p. 249 et s. を参照。

11 杉原泰雄『国民主権の史的展開』（岩波書店・1985年）127頁。

12 1852年11月7日の元老院令の正文は、Duguit et al., *op.cit.*, pp. 265-266 を参照。

コンセイユ・デタの約50人のメンバーは，すべて皇帝が任命する。皇帝の指導の下に法律案を起草し，法案審議の際には政府の名において法案を支持する。政府と立法院とが直接衝突することを回避し，両者の間で一種の緩衝機関の役割を果たす。民主的というよりはテクノクラティックと形容すべきシステムの中核に位置するのが，コンセイユ・デタである[14]。

3　第2帝制の性格

このような1852年憲法体制については，ナポレオン3世の独裁体制であったと規定するのが一般的な見方であろう[15]。なるほど，第2帝制がデモクラシーの上に樹立されたものであることは否定できない。デモクラシーが本質的に選挙権の普遍性に存するものだとすれば，第2帝制は，選挙権が万人に帰属するものであるという意味で，第2共和制と同様に民主主義的である。共和暦8年憲法との同質性を単純に言うことはできない。しかし，復活させられた普通選挙制度それ自体が孕んでいた問題[16]や，「デモクラシーを装うもの」(façade démocratique)[17]としてのプレビシット（plébiscite）の問題を考慮すれば，第2帝制は実質的にナポレオン3世独裁の体制であった，と論結したとしても，それほど不当ではないであろう。尤も，従来のように，第2

---

[13] ルイ＝ナポレオンにとって，国民の代表者は大統領＝皇帝だけでなければならない。立法院議員選挙の価値を貶めることが肝要になる。国民から立法院を切り離すということである。単記投票の採用（36条）や6年という議員任期の長さ（38条），立法院へのアクセスを富裕な市民にのみ留保する措置としての議員歳費の廃止（37条）などが，その例である。また，普通選挙で選出された議員も，「憲法への服従と大統領への忠誠」(14条)を誓わなければならないとされたことにも注意すべきである。Cf. Morabito et Bourmaud, *op.cit.*, pp. 257-259.

[14] Turpin, D., *Droit constitutionnel*, Paris, P.U.F., 1994, p. 292.

[15] 例えば，杉原・前掲，131頁，Chantebout, B., *Droit constitutionnel et science politique*, 14e éd., Paris, Armand Colin, 1997, p. 189 などを参照。

[16] 単記投票制の採用や恣意的な選挙区割り，そして，特に「公認候補」(candidature officielle) の問題である。この点を論じる日本語文献として，只野雅人『選挙制度と代表制』（勁草書房・1995年）20～21頁，モーリス・デュヴェルジェ著（時本義昭訳）『フランス憲法史』（みすず書房・1995年）101～102頁を参照。

[17] Chantebout, *op.cit.*, p. 189.

帝制を,「ボナパルト型独裁」,「反議会主義」, 民主主義を否定した「専制的強権体制」とネガティヴに把握することに対しては, 近年, 有力な異論が提出されている[18]。

第2節　ファルー法の運用過程における国家と教会
　　　　～法の成立から権威帝制期へ

　第2帝制における教育政策の展開は, ふつう2つの時期に分けて把握される。教育政策の転換と政治体制の変容とは密接に結びついている。第2帝制は, 政治的には「権威帝制」（Empire autoritaire）と「自由帝制」（Empire libéral）に区分されるが[19], 教育政策もその変容に伴って大きく転換するのである。ここではまず, 成立したばかりのファルー法の運用をめぐり, 国家

---

[18]　上村祥二氏によれば, 第2帝制の政治体制の性格は, 第3共和制期に流布した共和主義者の党派的主張によるバイアスを受けた従来的な見地から捉えるのではなく, 普通選挙と人民投票を通じて直接民衆の意思が問われた点を重視し,「いわば人民投票型民主主義ともいうべきもの」として理解すべきものとされる。参照, 服部春彦＝谷川稔編著『フランス近代史』（ミネルヴァ書房・1993年）127頁〔上村〕。また, 中谷猛氏によれば,「ボナパルティズム, すなわち第2帝政体制がいまだヨーロッパの政治世界で完全な市民権を獲得していない『デモクラシー』を体制の原理に据えた歴史的な事実の重み」を正当に評価し, 通説的見解の枠組みを再検討することが必要である。確かに, 1852年憲法はルイ＝ナポレオンの独裁体制を告げているであろうが, 同憲法の第1条に掲げられた「フランス人民」への有責性に着目すれば, それとは違った見方ができる。「普通選挙制の実施や人民投票制の導入はフランス国民大衆の長年にわたる政治的な願望」だったはずであり, しかも,「国家元首の『フランス人民』への有責性は制度化された人民投票的デモクラシーの精神に支えられながら, 実際には大統領（皇帝）と人民との間に直接的な相互規制の関係を生み出すことになる。したがって帝政体制下で実施された直接デモクラシーの要素を, 例えば『欺瞞的』という価値判断によって切り捨てることには問題がある」とされる。中谷『近代フランスの自由とナショナリズム』（法律文化社・1996年）159頁以下。

[19]　1870年1月2日のエミール・オリヴィエ（Émile Ollivier）を首班とする内閣の任命をもって, ナポレオン3世が議会制への転換に, より深く踏み込んだことを意味するものとして捉え, これ以後の時期を自由帝制と区別し,「議会帝制」（Empire parlementaire）と呼ぶことがある。

と教会の間で熾烈な勢力争いが展開されながらも，基本的に両者の「蜜月」状態が続く権威帝制期を検討する。

1 法成立からクーデタまで

　1848年の6月蜂起の記憶が残る政府と教会は，危険で不敬虔な思想をふりまいた教師に対する統制を強めるという点で合意していた。この2つの権力は，学校と教師に，道徳的・宗教的な性格を刻印しようとする[20]。教師に対する不断の監督は，法律で学校への直接的な統制権を付与された市町村長と主任司祭を介して行われた。こうした国家と教会による二重の教化作用の結果，教師の精神は急速に「改良」されることになった。1851年12月に公教育高等評議会に提出されたある報告書は，教師集団が「家族と公権力機関の信頼を再び獲得した」ことを確認していた[21]。尤も，国家と教会の協調関係に何らの不安要素もなかったかと言えば，そうではない。「教会と国家は，達成された仕事に満足することができた。革命の大きな混乱から僅か数年で，秩序と平和の精神が教師集団において勝利を収めていた。にもかかわらず，初等教育から，共通の敵，すなわち，共和主義的・民主主義的な精神，1848年の自由検証の精神を退けるために一時的に団結した国家と教会は，到達すべき遥かな目標に関しては，連帯することをやめるのであった。さしあたっ

---

[20] ファルー法5条に基づき，ユニヴェルシテは，学校に新たな一律の方針を与えるべく，1851年，公教育高等評議会による承認を受けた規則を全アカデミー長に送付した。各県の規則制定の際にモデルとされた当該規則によれば，「教師の主要な義務は，子どもに宗教教育を与え，彼らの精神に，神・親・他者・彼ら自身への義務の感情を深く刻み込むことである」（1条）。「教師は，宗教が命じる義務を勧奨し履行させることにとどまらない。彼は必ず自分自身でそれを履行する」（2条）。教師は，酒場やカフェ，「その職務の威厳と尊厳に相応しくないいかなるサークル」に出入りすることも控えるべきである（3条）。信仰の実践が教師の活動の筆頭に位置づけられ，「十字架のキリスト像が生徒に良く見える教室内に置かれる」（20条）。壁または壁に下げられる黒板には宗教的・道徳的な格率が記され（11条），授業の初めと終わりには常に祈祷が行われること（21条）などが定められていた。Cf. Gontard, M., *Les écoles primaires de la France bourgeoise (1833-1875)*, 2e éd., Toulouse, I.N.R.D.P., 1976, pp. 119-120.

[21] *Ibid*., p. 124.

ては並行する彼らの道も，同じ港には通じていなかった。2つの権力の間で締結された同盟の空には些かの雲もない，というわけにはいかなかった」[22]。

国内の政治的・社会的秩序の強化に専心する帝制国家は，確かに，レジームへの服従をその信徒に説くことを受け入れる教会と同盟し，宗教教育が教育課程に深く浸透することを許し，司祭に学校を監督させておくであろう。しかし，もともと教会に教育の支配権を与えることなど考えていない大統領ルイ＝ナポレオン[23]にとって，教育の組織化と教員養成は，教会ではなく国家が担うべきはずのものであった。教師の善良な精神と従順さを維持するために，彼は，特に，再生された師範学校，国家のエージェント（市町村長，知事，アカデミー長，視学官）の教育権限と懲戒活動に信頼を寄せた。

要するに，ボナパルティスムの国家は学校の支配者たらんとするのである。これに対して，教会は，現時点でルイ＝ナポレオンがその同盟者である以上，彼に忠実に奉仕する。しかし，教会は，本質的に自らの利益を貫徹するために，国家権力との良好な関係を利用するにすぎない。同法の可決後数カ月で，国家と教会の間の衝突が顕在化することになる。

カトリック教会は，ファルー法制定の際の譲歩により手放していた利益を，法律の解釈・適用の場面で取り戻そうとする。例えば，初等師範学校の設置または廃止に関する裁量権を与えられた県会に対し，カトリックは，師範学校の廃止と，実習学校または自由師範学校（修道会系寄宿学校）による代替を求めて働きかけを行うなどしたほか，法の解釈運用が定まらない時期にカ

---

[22] *Ibid.*

[23] ゴンタールによれば，ファルー法可決以前のルイ＝ナポレオンは，「民主派を破壊し，初等教育を圧迫し，学校から社会主義者の教師を排除することで保守派と合意した」が，「その廃墟の上に司祭党（parti prêtre）の支配を築くつもりはない。教師を養成し，その精神に影響を及ぼすべきなのは，革命的なクラブでも聖職者でもない。革命と反動というライバルの間に忍び込んだ，エリゼ宮から生まれる党派〔ボナパルト派〕は，世俗的な教師に援助の手を差し伸べる。しかし，かかる党派は，執政政府期の伝統および共和暦10年フロレアル法と再び関係を結び，世俗的な教師を国家の厳格な統制に服せしめ，彼らに奉仕させようとする。それは，同じ目的から，師範学校の廃止に反対した。師範学校の廃止は教員養成を教会に委ねるであろう〔からである〕」。*Ibid.*, p. 99. 大統領ルイ＝ナポレオンのこうした姿勢は，ファルー法の採択に一時的に暗雲を投げかけた。

トリックに有利な解釈を定着させるべく，公立学校での宗教教育の実施を聖職者の判断に従属させる解釈を提示するなどの動きを見せた[24]。

他方，国家は，かかるカトリックの動きに対抗し，国家の権能を擁護し，聖職者の権限を限定的に解釈しようとする。例えば，政府は，県の新しいアカデミー長につき，その大部分を大学人から任命した。また，初等師範学校を支援し，カトリックの反・師範学校の働きかけを多くの県で挫折させた。さらに，ファルー法の解釈・運用の指針を多くの法令・通達を通じて明らかにし，学校開設や学校視察に関するアカデミー長の権限や取り組みを強め，特に自由初等寄宿学校への監督をより厳格に実施するよう奨励した[25]。

自由初等学校への監督強化などの国家の行為は，カトリックにとって，「教育の自由」を制約するものと受け止められた。結局，ファルー法成立のためにした妥協が「独占」の精神を生き残らせたのではないか，とカトリックは考える。ファルー法の解釈・運用をめぐる争いは長引き，国家とカトリックとの同盟関係を危うくするように見えた。しかし，この紛争は，1851年12月2日のクーデタによって，突然の終止符を打たれる[26]。

2　権威帝制期における国家と教会〜それぞれの思惑

「教権主義的，反共和主義的な『ファルー法』が，その精神に忠実に，もっとも鮮明なしかたで適用されていったのは，1851年のクーデターにつづく数か年であろう」[27]という指摘がある。権威帝制期の国家は，反・共和主義の姿勢を貫くとともに，教会に対しては好意的であった。しかし，権威帝制の後半期には，聖職者に対する風当たりが次第に強くなってゆく。

1851年のクーデタの際，カトリックの間で，この事件が学校に対する聖職者の支配を有利ならしめることが期待された[28]。しかし，ルイ＝ナポレオン

24　*Ibid.*, pp. 125-127.
25　*Ibid.*, pp. 127-128.
26　*Ibid.*, pp. 128-129.
27　梅根悟監修＝世界教育史研究会編『世界教育史大系10 ―フランス教育史Ⅱ』（講談社・1975年）93頁〔志村鏡一郎〕。
28　熱心なカトリック教徒のシャルル・ド・リアンセ（Charles de Riancey）は，『宗教の友』（l'Ami de la religion）紙において，「剣は打ち罰することができる。〔しかし〕

の姿勢に変化はない。一方で共和主義的・社会主義的な精神，他方で修道会的・教皇権至上主義的な精神が初等教育に侵入することを阻止しなければならないと考えられた。ルイ＝ナポレオンによって公教育大臣に任命されたイポリト・フォルトゥル（Hippolyte Fortoul）[29]の下で，国家とその吏員の権限強化，すなわち，教育組織の中央集権化が推進される。1852年のデクレ[30]は，高等評議会やアカデミー評議会のメンバーにつき，出身母体からの選出制を廃し，すべて大統領ないし公教育大臣による任命にかかるものへと変更した。また，市町村の初等教師の任命は，市町村会への諮問を経た上で，アカデミー長が行うものとされた。任命権者が市町村議会からアカデミー長へと変更されたわけである[31]。そして，パリュ法以来，ボナパルト派が志向し続けてきた中央集権化は，初等教師の任免権を含めたアカデミー長の諸権限を県知事に委ねる1854年の法律[32]によって完成されることになる[33]。「それ以後，

剣は説得できない。剣は改宗させない。……教会だけが，ひどく傷ついた魂に手が届くのだ。……社会を救い，癒し，再生することができるものは，宗教，信仰，教会をおいてほかにない」と書いている。Cité par Gontard, *op.cit*., p. 129.

[29] エクサン＝プロヴァンス大学の文学部教授で文学部長を務めたフォルトゥル（1811～1856年）は，20代には共和主義者や社会主義者との関係を深めていたが，1848年12月の補欠選挙の際にバス＝ザルプ地方の代表として選出された後，パリで秩序党に入り，共和派との断絶を決定的にした。その後，徐々にボナパルティズムへの傾斜を強める。1849年，立法議会に選出され，ファルー法採択の際は賛成票を投じた。ルイ＝ナポレオンのクーデタの後，公教育相に就任し，死ぬまでその職にあった。

[30] 1852年3月9日のデクレ。*Bulletin des Lois*, 11 série, nº 520, 1852, p. 1041. フォルトゥルによれば，公教育のすべての教授や官吏を直接任免する権利を中央権力の手に取り戻したこのデクレの目的は，「公教育の全般的な組織を，新しい政府の諸原理それ自体と，可及的速やかに一致せしめること」であった。Fortoul, H., *Rapport à l'empereur sur la situation de l'instruction publique depuis le 2 décembre 1851*, Paris, 1853, in Chevallier, P. et Grosperrin, B., *L'Enseignement français de la Révolution à nos jours*, t. 2（Documents）, Paris, Mouton, 1971, p. 193.

[31] 市町村会への諮問手続を規定する同デクレ4条の解釈につき，フォルトゥルは，市町村会は学校を世俗教師と宗教団体のメンバーのいずれに委ねたいかを表明しうるにとどまると回答した。Cf. Gontard, *op.cit*., p. 130.

[32] 1854年6月14日の法律。*Bulletin des lois*, 11 série, nº 1026, 1854, p. 753.

[33] 県知事は教師を村の選挙運動員として利用することになる。Cf. Reboul-Scherrer,

国家は，その吏員たる知事を通じて，市町村教育に対するその絶対的な権利を再び見いだすことになった」[34]。

行政の介入，特に行政権限の漸進的な拡大は，国家と教会との関係をある程度は悪化させたが，その同盟を決定的に危うくするまでには至らなかった。それは，帝制による宗教への寛容と協力の姿勢があったからにほかならない。中央集権化を進める諸教育立法においても，教会に留保された地位は変更されない。国家は教育における宗教的価値の尊重に配慮する。修道会系の学校は，国家による法的統制を事実上免れていた[35]。特に，女子教育の領域で修道会の勢力拡大が顕著であった[36]。「教会はこの領域で事実上，一種の独占に到達した」[37]。ただし，男子教育はそういう具合にはいかなかった[38]。いずれにせよ，権威帝制の下で，修道会教育が大幅にその勢力を拡大したことは明らかである[39]。

F., *La vie quotidienne des premiers instituteurs（1833-1882）*, Paris, Hachette, 1989, p. 237.

[34] Gontard, *op.cit.*, p. 132.

[35] ヴォージュ県のアカデミー視学官は，「我々は，修道会系寄宿学校の視察を任された聖職者が，どの程度まで彼らの任務を果たしているのか分からない。……視察目的で司教区当局によって委任された職員は，我々には如何なる報告も行わないが，私は，彼らの視察が真剣なものであるかにつき，大きな疑問をもっている」と記している。*Ibid.*, p. 135.

[36] 1863年の統計によれば，学校で学ぶ少女のおよそ3分の2が修道会の学校に通っていた。*Ibid.*, p. 137.

[37] Prost, A., *Histoire de l'enseignement en France 1800-1967*, Paris, Armand Colin, 1968, p. 180.

[38] Cf. Gontard, *op.cit.*, p. 138 et s. 権威帝制期に男子教育の領域で修道会が占めたシェアは5分の1程度であったとされる。

[39] この点につき，正統王朝派が決定的な役割を果たしたと言われる。Cf. Chevallier, P., *La séparation de l'église et de l'école, Jules Ferry et Léon XIII*, Paris, Fayard, 1981, p. 57. ただ，修道会教育の発展に対する反発も現れる。1856年以降，教育に対する国家の権限を重視する公教育大臣ルーラン（Rouland）の下で，聖職者への逆風が吹き始める。cf. Ponteil, F., *Histoire de l'enseignement en France, les grandes étapes（1789-1964）*, Paris, Sirey, 1966, p. 254 et s. ルーランの後を受けて公教育大臣に就任したヴィクトル・デュリュイも，その方針を堅持した。

権威帝制は，結果的に見て，教会と緊密な同盟関係を結ぶことにより，世俗教育の存在を脅かすこととなった。公教育をキリスト教化し，司祭に学校の監督を委託することで，聖職者と世俗的な学校が和解すると信じられた。しかし，世俗教師の「模範的」な行動にもかかわらず，合意は不可能であるようだった。世俗教師を監督する主任司祭は，彼らを信頼しない。「主任司祭は修道士を欲しているのだ」と教師は感じていた[40]。その上，公立学校は教会勢力による排除・征服の対象となり，市町村学校は次第に減少していった。ウール＝エ＝ロワール県の知事によれば，「常に聖職者は教育の独占を約束されていると信じた。……彼がこの野望を放棄するということは，非常に困難なことである」[41]。

聖職者たちが間近に迫っていると信じた決定的な勝利は，しかし，自由帝制への転換によって潰え去ることになる。

第3節　自由帝制における反教権主義の高まり
〜ヴィクトル・デュリュイの改革

1　自由帝制への転換と国家・教会

自由帝制への転換の契機となったイタリア戦争（1859年4月〜7月）の結果，カトリックが帝制に叛旗を翻すことになり，帝制と教権の「蜜月」もここに終わりを告げた。修道士の勢力拡大に不安を覚えていた帝制は，世論と自由主義的なプレスの支持を受けて，修道会の発展を阻止し，修道会系学校に対する統制を強めようとする。以前は，デマゴーグで社会主義的な心性をもつ者として糾弾された世俗教師が，今や，聖職者に代わってレジームの有力な支持者となる。世俗教師と聖職者の対立からは，その性格を全く異にする2つの学校体系が生み出されることになった。それは必然的に，フランスの統一性を阻害するものとなるであろう。ここにおいて，国家の教育支配の強化を要請する思潮が台頭することになる。国家が主宰する教育こそが国民の道徳的統一性を最もよく保障できるはずであった[42]。

40　Gontard, *op.cit.*, p. 137.
41　*Ibid.*, p. 143.
42　*Ibid.*, p. 145.

2　ヴィクトル・デュリュイの教育改革

　自由帝制への構造転換は、1863年に公教育大臣に就任したヴィクトル・デュリュイ（Victor Duruy）[43]による教育改革に、よく現れていると言われる。

　皇帝の信任を受けたデュリュイの改革は広範囲に及ぶ[44]。初等教育に関わる法制改革については、1867年4月10日の法律[45]が重要である。同法による改革の特徴としては、例えば、住民500人以上の市町村すべてに、原則的に、女子初等学校の設置を義務づけたこと（1条）、初等教育内容の充実を図り、フランスの歴史・地理を必修科目に加えたこと（16条）、自由学校も公立学校と同様の視察に服するものとすることで、自由学校への監督を強化したこと（17条）、さらに、無償学校設置のための臨時課税措置と「学校金庫」（caisse des écoles）の開設を承認し、無償制を顕著に拡大したこと（8条・15条）などが挙げられる。かねてデュリュイは初等教育の完全無償化と義務化を志向していたが、根強い反対によっていずれも実現を見なかった[46]。

---

[43] デュリュイ（1811～1894年）は、パリで織工場の家に生まれた。デュリュイ家の7代目として織工場で働くことを運命づけられていたが、優秀な生徒であった彼は給費生として中等課程を修め、高等師範学校の試験に合格。22歳のとき、トップで歴史のアグレガションに合格した。ランスなどで教授職に就き、多くの歴史・地理教科書を出版する。1853年に文学博士号を取得。その著『ローマ人の歴史』が皇帝の関心を引いたお陰で、しばしばナポレオン3世と語り合う機会を得た。皇帝は、デュリュイを、師範学校、次いで理工科学校に、ユニヴェルシテ視学官として任命し、最後には公教育大臣に任命した（1863年）。デュリュイは、デュパンルーや教権主義者と対立しながら、1869年までその任に当たった。6年間の在任中、初等・中等教育において重要な業績を残した。Cf. Fourrier, C., *L'Enseignement français de 1789 à 1945, précis d'histoire des institutions scolaires*, Paris, Institut pédagogique national, 1965, pp. 116-117.

[44] 本文で言及するもののほか、国民各層の教育要求に応えて「成人講座」（Cours d'adultes）の整備を促進したことや、特別中等教育を創設したことなどが挙げられよう。後者に関わって、ファルー法はギゾー法の上級初等学校設置義務を廃止していたが、デュリュイはその思想を復活させるのであった。

[45] La loi sur l'enseignement primaire du 10 avril 1867. *Bulletin administratif du Ministère de l'instruction publique*, nº 138, 1867, pp. 341-345.

[46] Cf. Rohr, J., *Victor Duruy, Ministre de Napoléon III, essai sur la politique de l'instruction publique au temps de l'Empire libéral*, Paris, L.G.D.J., 1967, p. 135 et s.

デュリュイは修道会の勢力を削減し，帝制国家の失地回復を図る[47]。ファルー法が市町村立学校の教師に限定していた兵役免除の特権（79条）は，帝制の厚意により，私学で教育に携わる修道士にまで認められていたが，彼はこの慣行を廃止させることに成功した[48]。教会の勢力範囲に属していた女子中等教育の組織化に対しては，修道会系学校の生徒を奪われることを危惧する教会が激しく反発した。当時，教会は女子中等教育の領域で事実上の独占を享受しており，保守的で富裕な社会階層の子女や官吏の子女はすべて，修道会系の学校で教育されていた。デュリュイの辞任（1869年）が，教会による皇帝への働きかけに起因するものであったことは間違いない。にもかかわらず，女子の中等課程は，デュリュイの辞任後も多くの町で開設された[49]。

　デュリュイが，高等教育機関への拡張を含めて，「教育の自由」の価値を承認していたことも見逃せない。彼は，公的な施設と私的な施設との競争を生ぜしめることにより，良質な教育を発展させようとする。デュリュイの措置は私的な教育施設の発展に寄与した[50]。

　総じて，ヴィクトル・デュリュイの改革には，第3共和制の下で行われる教育の大転換の予兆が見いだされる。特に顕著なのは，初等教育の無償化の傾向であろう。ところで，学校が無償であれば，それを義務とすることを妨げるものは何もない。また，学校が義務であれば，学校は，親の宗教が如何なるものであれ，あらゆる子どもを受け入れることができなければならない。したがって，学校は非宗教的なものとなろう[51]。こうした転換の実態は，次の第4部の検討課題となる。

---

[47] デュリュイは，当時のカトリック教会が，ユルトラモンタンの支配の強化を企図し，また，新しい社会に相応しい考え方を受け入れない硬直した姿勢をとることに懸念を抱く。そのとき，世俗的な教師たちは，デュリュイの目には，時代の諸要求の次元に学校を高めることのできる唯一の存在であるように映じる。世俗教師により教育を強化しようとする意思こそは，教会をしてデュリュイを恐るべき敵対者と理解せしめることになる。Gontard, *op.cit.*, p. 160.

[48] *Ibid.*, p. 176.

[49] Cf. Fourrier, *op.cit.*, pp. 117-118.

[50] Monchambert, S., *La liberté de l'enseignement*, Paris, P.U.F, 1983, p. 45.

[51] Fourrier, *op.cit.*, p. 146.

第3部のまとめ

1　ギゾー法（1833年法）の意義

　「初等教育の自由」を実現した1833年法の立案者であるギゾーは，教育が社会秩序の維持，7月体制を支える社会構造の維持に役立つものであるという確信から，教育制度を体制保障のシステムとして機能させる。ギゾーの考える教育の目的とは，支配階級たるべき中産階級の利害が脅かされないように，民衆の社会的上昇を阻止し，民衆にその状態にとどまることを受け入れさせることであった。ギゾーは，教育を通じて，社会秩序の維持という徳目を民衆に浸透させることにより，既存の階層化された社会構造を堅牢なものとし，もって，その政治支配を安定させることを狙ったのである。

　ギゾーにとって，秩序の維持と服従を教え込む教育とは「道徳・宗教教育」にほかならない。ギゾーは，教育の宗教的な性格を認めるにあたり，学校教育における教会のプレゼンスを要請する。尤も，7月体制のイデオローグとしてのギゾーにとって，初発から反体制の側にある教会への危惧は拭い去りがたい。教会のプレゼンスを要求したのは，教会を体制内化しようとする思惑からである。ギゾーは，いつ反体制の姿勢を明確化するか知れない聖職者に対抗し，民衆教化の嚮導を担当する体制イデオローグとして，「世俗的な聖職者」（Ponteil）たる学校教師を位置づけていた。

　ギゾーは，なるほど，「初等教育の自由」をもたらすギゾー法を成立させた。しかし，その「自由」は完全なものではなかった。私立学校を含めたあらゆる学校が，市町村委員会・アロンディスマン委員会の監督を受けたのである。私立学校は，ユニヴェルシテには統合されないが，監督の対象であることに変わりはない。ギゾーは，国家の権利をあげて「自由」に委ねることなど考えてはいなかったはずである。なるほど，「民衆教育は，宗教的な雰囲気のなかで，与えられかつ受け取られねばならない」（Guizot）としても，それは国家が関与することによって初めて完全に有効なものとなったはずである。

　結局，国家干渉の論理を深く刻印されたギゾー法は，自由を認めるものというよりはむしろ，国家による教育支配を作り上げる目的をもっていたと言

うことができる。

2　共和制の挫折とファルー法（1850年法）

　7月王制では日の目を見なかった「中等教育の自由」は，続く第2共和制で樹立された。ファルー法（1850年法）である。ファルー法の成立は，一見，非常に矛盾的な出来事のように思える。なぜなら，レジームの固有の条件として，権力機構や教育制度の非宗教化を追求するはずの共和制が，教権勢力の利益に奉仕するような政策を採用したからである。まさに，ファルー法は，教会が教育の領域においてその支配力を浸透させるための条件を創出したのである。しかし，ファルー法が成立するまでには，カルノーという障壁を越える必要があった。普通選挙制の導入に伴い，国民に政治教育を施す必要があったが，カルノーにとって，それは共和制に有利な方向で行われねばならない。そのために教師は共和制の使徒になる。生まれたばかりの共和制に敵は多い。7月王制から継続する堅牢な名望家支配がそれである。普通選挙制は，そうした夥しい敵に，合法的に「民主的・社会的共和制」を覆す契機を与えるかもしれなかった。共和制を強固ならしめるために，名望家の支配下にある農村住民に共和制を支持させる必要があった。そして，分裂している国内を統一するために，教育システムの整備をはかるべきであった。

　しかし，カルノーは成功しない。6月蜂起により，共和制は決定的に保守的な方向へと転換する。その後，秩序党や教会勢力を軸にした保守勢力の巻き返しが行われる。ファルー法が浮上してくるのは，そうした政治的文脈においてのことである。確かに，国家は，私学の監督権を留保し，学位および免許の授与権を独占していた。その点で，教会勢力が完全な「自由」を獲得したわけではない。しかし，教会勢力は，教育の領域において，巨大な特権を手中にした。それは「共和主義者のいない共和制」の所産である。要するに，第2共和制期は，一方で，教育制度に対する共和主義的な観念の挫折，つまり，教育制度を通じた国民統合政策の遂行における挫折という図式で，他方，教会による「教育の自由」の獲得，つまり，教育制度における特権の獲得という図式によって理解されよう。

3 第2帝制における教育闘争

　第2帝制においては、ファルー法の適用をめぐり、国家と教会との間で主導権争いが展開される。皇帝ルイ＝ナポレオンにとって、問題となるのは、反共和主義の方向で教育政策を実施することではなく、ファルー法の教権主義的な側面とボナパルティズムの国家の論理とを如何に折り合わせていくか、ということであった。確かに、ファルー法は、「教権主義党（parti clérical）の大勝利」[1]という見方もできようが、他方で、ユニヴェルシテは弱体化させられるが存続し、国家が教会との同盟関係を断ち切ることも可能だったはずである[2]。権威帝制期には、一方で、中央集権化を推進して秩序党や教会勢力と対立した国家も、他方で、教育の宗教化を認めることにより、教育修道会の勢力拡大を可能ならしめた。しかし、ルイ＝ナポレオンは、基本的に、教会に教育システムを委ねようとはしない。むしろ、自由帝制期には教権派との対決姿勢を強めさえした。

　エドガール・キネ（Edgar Quinet）によれば、「種々の教会の間の矛盾にもかかわらず、フランス社会が存続するには、信仰やドグマの明白な違いを抱えながらも、この社会のすべての構成員が1つの家族となる、ということを、若い世代が学ぶ場所が不可欠なのである。ところで、諸信仰と諸教会の苛酷な対立のただなかで、統一性や平和、市民的融和が教育されねばならない熟考の場所とは、非宗教的な学校である」[3]。しかし、この思想をルイ＝ナポレオンが共有していたとは思われない。「教育の自由」を保障したファルー法は、国民統合の桎梏となるはずである。

　ファルー法は、フランス国内における階層的な分裂を温存したばかりか、政治的・社会的・宗教的な激しい紛争の起爆剤の役割を果たすことになるであろう。この点について、エルネスト・ラヴィス（Ernest Lavisse）は次のように述べる。「フランスは、国家の学校と競合する教会学校によって覆われた。……全フランスにおいて、……非宗教的な学校の生徒と修道会の生徒

1　Fourrier, C., *L'Enseignement français de 1789 à 1945, Précis d'histoire des institutions scolaires*, Paris, Institut pédagogique national, 1965, p. 131.

2　Cf. Monchambert, S., *La liberté de l'enseignement*, Paris, P.U.F, 1983, p. 43.

3　Cité par Prost, A., *Histoire de l'enseignement en France 1800-1967*, Paris, Armand Colin, 1968, p. 176.

の間には，溝が穿たれたのである。……ユニヴェルシテは，破壊されることも，教会に従属させられもしなかった。しかし，教会は，新しい私立学校を手中にして，ユニヴェルシテのライバルとなった。それら私立学校は，フランスの若者を奪い合い，共有し，かつ，2つの対立する方針でもって方向づけられる2つの塊に分断しようとしていた。そこで，ファルー法が19世紀の決定的な諸事件のうちの1つであったことが，フランスにおいて理解されたのである」[4]。

　国民統合が不十分で，国民国家としての内実を満たさないまま，フランスは19世紀末の困難な時代を迎えることになる。プロイセンとの戦争に敗れて第2帝制が崩壊した後，フランスを襲ったのは恐るべき内戦であった。それが終結した後も，ほどなくして本格化する帝国主義の時代に突入するにあたり，政治支配層にとって，深刻に分裂した国民を統合することが緊急かつ不可欠の課題であった。第3共和制で，その解決が図られることになる。

4　Cité par Ponteil, F., *Histoire de l'enseignement en France, les grandes étapes (1789-1964)*, Paris, Sirey, 1966, pp. 244-245.

第4部
第3共和制における近代公教育法制の確立
~義務・無償・ライシテの原則~

第1章　第3共和制の成立と共和派
　　　　オポルテュニスムの展開

第1節　第3共和制の成立

1　ティエールと「保守的共和制」

　1870年9月、スダンでプロイセン軍に惨憺たる敗北を喫して、第2帝制は一挙に瓦解した。祖国の危機に接してパリの民衆は議会につめかけ、議会は臨時の「国防政府」を成立させ、共和制を宣言した。しかし、穏和共和派を主体とする国防政府は、外敵よりも民衆の蜂起を恐れた。パリ民衆の武装を解除し、社会主義の脅威を取り除くことが必要だった。政府は、結局、抗戦意欲の高いパリを捨ててボルドーに移動する。1871年2月8日に行われた総選挙の結果、650議席のうち400議席以上を王党派が獲得した。ボルドーの国民議会は、旧オルレアン派のアドルフ・ティエール（Adolphe Thiers）を「フランス共和国行政長官」に選出した。ティエールは、巨額の賠償金の支払いやアルザスとロレーヌの大部分の割譲、プロイセン軍のパリ入城を条件として、ヴェルサイユで仮講和条約を結んだ。和平を実現したティエールは、パリの武装解除に着手する。しかし、これが内戦を招いた。

　民衆と国民衛兵が全市を掌握したパリで、市民による選挙に基づき自治機関としての「パリ・コミューン」（Commune de Paris）が成立する。しかし、ティエールは正規軍を再建してパリに侵攻し、激しい戦闘の末、コミューンを壊滅させた。コミューンは、ブルジョワジーや農村の土地所有者層に1848年の6月蜂起を思い起こさせ、彼らの既得権益を脅かす急進主義や無政府状態への恐怖を呼び起こした。ティエールの「共和制」こそは、蜂起を抑圧したことにより、その威信を獲得するはずである。「共和制は、もはや危惧を与えない。反対に、それは、社会防衛の前衛となった。コミューンの鎮圧を首尾よく果たしえた方法によって、ティエールは、フランス人の精神において、共和主義体制に決定的な前進をなさしめた」[1]。ティエールは、民衆の意識に内在する共和制への希求を先取りして、新たな革命への萌芽を巧みに摘

み取るとともに、共和制実現の場面では、民衆が実際に求める「民主的・社会的共和制」ではなく、「保守的共和制」を貫徹させるのである[2]。

国民議会で多数を占める王党派は、政治運営の場面でティエールと絶えず衝突を繰り返した。彼らは、プロイセンとの交渉にティエールを必要とした間は彼に譲歩したが、1873年になって占領状態が解消されると、彼を駆逐するのをためらわないであろう。実際、ティエールと急進共和派のレオン・ガンベッタ (Léon Gambetta) との協調関係[3]や、ティエールの共和制へのラリマン (加担) が隠れもないものとなると、王党派は、彼らの既得権益を脅かし、今や明らかに王制復古の阻害要因となったティエールの排除を図り、彼を解任して、マク＝マオン元帥 (maréchal de Mac-Mahon) を次期大統領に選出した[4]。

2 「道徳秩序」の体制と王制復古の挫折

正統王朝派の大統領マク＝マオンは、王制復古を準備すべく「道徳秩序」(ordre moral)[5]の再建に乗り出す。王党派内閣を組織して実質的な支配権をマ

---

1 Gouault, J., *Comment la France est devenue républicaine, les élections générales et partielles à l'Assemblée nationale 1870-1875*, Paris, Armand Colin, 1954, p. 107.

2 アゼマとヴィノクによれば、コミューンは一定の共和制のイメージを表象していた。それは、ティエールが破壊しようとした「平等主義的または社会的共和制」(République égalitaire ou République sociale) である。「議会制と政治的自由の樹立にとどまらないこの共和制は、経済的な搾取の廃止によって、真のデモクラシーを創設することを目指すものである」。諸共和制のそれぞれの誕生の際に、自由と平等という矛盾的な2つの原理が同時に確認される。その都度、「ブルジョワ的な共和制は、平等主義的な共和制の死骸に基礎をおいた。……1871年の共和制は、社会的共和制の流血のなかで洗礼を施された。ティエールにとって、『共和制は、保守的なものであるか、またはそうでないかである』。歴史上3度目はリベローの共和制が平等主義者の共和制を清算したのである」。Azéma, J.-P. et Winock, M., *La Troisième République (1869-1940)*, Paris, Calmann-Lévy, 1976, p. 79.

3 Cf. Rémond, R., *La vie politique en France depuis 1789*, t. 2 (1848-1879), 2ᵉ éd., Paris, Armand Colin, 1969, p. 296 et s.; Azéma et Winock, *op.cit.*, p. 94.

4 既に1871年8月31日の法律により、「フランス共和国行政長官」の名称が廃され、「共和国大統領」(président de la République) という称号が与えられていた。Cf. Chastenet, J., *Histoire de la Troisième République*, t. 1, Paris, Hachette, 1952, p. 121.

ク=マオンから譲り受けたド・ブロイ (de Broglie) は,「道徳秩序」の体制が君主制を準備する間, さしあたり, 共和派の機関紙の公式ルートでの販売や非宗教的な葬儀の厳格な取締りを実施し, 表現活動への規制を強化する。しかし, 王制復古を成し遂げるには, 分裂状態にあった正統王朝派とオルレアン派の和解を実現しなければならなかった。一旦は両派の間で王位継承に関する合意が形成されたかに見えたが, 結局はそれも失敗に終わった[6]。これにより, 王制復古のもくろみは雲散霧消した。

ところで, 王党派によるティエール排除は, 当然の成り行きとして, 共和制の可能性を遠ざけ, 君主制的な解決への機会を回復するはずのものであった。しかし, それは次のような諸要素を考慮に入れないことであった。つまり, ティエールが共和制に親和的な姿勢をとったことが, 結局はその結果でしかなかったところの, また, 徐々にではあるが継続的に, 王制復古の可能性を縮減するはずの諸要素, すなわち, 共和派の伸長とボナパルティスム (bonapartisme) の台頭である[7]。特に, ボナパルティスムの台頭は共和派・王党派に衝撃を与えた。帝制の復活が最も差迫った危険であるということで, 共和派・王党派の合意が形成される。このことは, 原理・原則に固執する非妥協的な勢力配置を徐々に融解し, 中央諸派の接近, つまりオルレアン派と穏和共和派の接近という事態を招いた。後に, かかる中央諸派の同盟に胚胎するものこそが, 「1875年憲法」なのであった。

---

5 グオーによれば, 当時の保守派にとって重要だったのは,「道徳的な問題を解決すること」すなわち「フランスがそのなかで苦闘していた諸困難を解決すること」であった。保守派は次のように考えた。「我々の災厄の大部分は,『道徳的な混乱』に由来するものではなかったか。その混乱とは,『憎悪と反逆の精神を生み出す』有害な革命原理と同時に, 精神のなかに忍び込んだものではなかったか」と。Gouault, *op. cit.*, p. 138.

6 この問題については, 上垣豊「流産した王政復古―シャンボール伯と白旗―」西洋史学162号 (1991年) 1頁以下が詳しい。

7 Rémond, *op.cit.*, p. 297 et s.

第2節　1875年憲法体制の構造と特質

「1875年憲法」は，フランス憲法史上，例外的な長寿を誇るが（65年間），それは「熱意なき妥協」[8]の下で成立した。ボナパルティスムの脅威が高まりつつあるなかで，もはや王制か共和制かの選択ではなく，如何なる形態の共和制かの選択であることを理解した中央諸派の妥協の産物であった[9]。公権力の組織に関する最初の憲法的法律の審議において，「共和国政府」という文言を巧妙に避け，強硬な王党派の譲歩を引き出したヴァロン（Wallon）の修正案（「共和国大統領は，国民議会に会合した元老院および代議院の多数を得て選出される。任期は7年で，再選可能である」）が，僅か1票差で可決されたことにより，共和制は成立することになる。

「1875年憲法」とは，ヴァロン修正案を含む「公権力の組織に関する1875年2月25日の法律」のほか，「元老院の組織に関する1875年2月24日の法律」，「公権力の関係に関する1875年7月16日の憲法的法律」の3つの憲法的法律[10]を指す。1875年憲法の条文数は，3つの法律を合わせても34にしかならず，その簡潔さはフランス憲法史上も際立っている。しかも，同憲法は前文も権利宣言も含んでいない。本質的に技術的な法文であり，実用的な諸方式を提示するにとどまるものである。それは体制の基本的なコアの部分を定式化するものであった。1875年憲法は，「フランス憲法史上，最もオルレアン的なもの」[11]であり，また，それは「元首＝大統領（隠れた君主）と議会が均衡的に執行権と立法権を分有するところの，オルレアン的二元型議院制創出を企図したものであった」[12]。統治機構の重要な要素である共和国大統領は，

8　ブージュ＝デュボワ共著（上村正訳）『フランス現代史』（白水社・1953年）22頁。

9　Prélot, M. et Boulouis, J., *Institutions politiques et droit constitutionnel*, 11e éd., Paris, Dalloz, 1990, p. 474.

10　正文は，Duguit, L., Monnier, H., Bonnard, R., *Les constitutions et les principales lois politiques de la France depuis 1789*, 7e éd., Paris, L.G.D.J., 1952, p. 290 et s. を参照。

11　Rémond, *op.cit.*, p. 320.

12　中木康夫『フランス政治史（上）』（未来社・1975年）239頁。

その名にもかかわらず，共和主義的なものではない。共和主義の政治哲学においては，伝統的に，非個性的・匿名的・集団的な執行権が想定されている。共和主義者にとって，唯一人の国家指導者という原則は彼らの主義に悖るものであり，1875年憲法の共和国大統領は，「君主制的な制度」であり「王制の名残り」なのであった[13]。のみならず，共和国大統領は，王制復古を待望する議会の多数派が，とりあえず「仮定の復古王制」を実現する，「王冠だけが欠けている，君主の代理人」として設けたものであった[14]。

このように，王党派は，君主制復活のための布石を打ち，その機会を狙うであろうが，事態はその思惑とは逆に展開することになる。

第3節　議会共和制の確立と共和派オポルテュニスムの展開

1　5月16日事件と議会共和制の確立

国民議会の解散を受けて行われた一連の選挙の結果，代議院は共和派が支配するものとなり，王党派の大統領と共和派の代議院との間で緊張関係が生じることとなった。大統領マク゠マオンは，代議院が出版の統制に関する法律を廃止した際，首相で共和派のジュール・シモン（Jules Simon）がそれに反対しなかったことを捉えて，シモンにその責任を追及する書簡を送り（1877年5月16日），ついに辞職させた。王党派のブロイが政府首班の座に着くと，代議院がその信任を拒否したため，マク゠マオンは元老院の同意を得て代議院を解散した。しかし，総選挙の結果，代議院で共和派の多数が維持され，マク゠マオンは，共和派のデュフォール（Dufaure）に組閣を命じざるをえなくなった。結局，大統領は，両院に送った教書において，「解散権の行使，すなわち最終的な判定者への最高の諮問形態を，統治システムに昇格させることはできない。……1875年憲法は，諸大臣の連帯責任と個人責任を確立する一方で，私の無答責を確立して，議会共和制を創設した。……諸大臣の独立性は，彼らの責任の条件である。憲法から抽出されたこれらの原則は，私の統治の原則である」と述べて，その政治的降伏を宣言するのであ

13　Rémond, *op.cit.*, p. 317.
14　*Ibid.*, p. 318.

る[15]。

　こうして，1877年以後，大統領の解散権は行使されなくなり，大統領の政治的無責任と大統領に対する大臣の独立性が原則として確立されることとなった。マク＝マオンは，内閣を政治システムの媒介要素とするオルレアン的な二重信任理論を信奉していた。シモンの辞職と代議院の解散に帰着するこの確信は，憲法のオルレアン的な文言に完全に一致するものである。しかし，5月16日の危機が共和派の勝利に終わったことは，「オルレアン的な本質をもつ二元的な議会主義の挫折」[16]を意味する。オルレアン的な均衡は，解散権の事実上の消滅によって破壊される。大統領による解散権不行使の慣行は，憲法が大統領に認めていた特権を行使しないことによって議会の優位性を確立することになる。すなわち，国家元首の諸権限は，純粋に名目上のものとなり，議会に主導権が移転するのである。

　オルレアン的な「二元的システム」（système dualiste）に対して，共和派は，内閣の方針が代議院の意思にのみ依存する一元的なシステムを選好する。共和派にとって，権力の唯一の中心は，直接的に国民意思に由来する代議院にあらねばならない。この論理によれば，大統領は議会の信任を得ている内閣を罷免することはできない。また，無答責である大統領は，固有の政策を主張する能力をもたないことになる。このような共和派の観念が優位を占めたことにより，新しいタイプの議会主義が出現することとなった。それは，議会の優越性という革命の遺産を範とするために，その自由主義的な起源とは関係を断つものである。こうした第3共和制の議院内閣制は，要するに，「議会中心主義」の制度であると言うことができる[17]。

---

[15] Chevallier, J.-J. et Conac, G., *Histoire des institutions et des régimes politiques de la France de 1789 à nos jours*, 8ᵉ éd., Paris, Dalloz, 1991, p. 263.

[16] *Ibid.*

[17] 樋口陽一『現代民主主義の憲法思想』（創文社・1977年）6頁などを参照。なお，次のような指摘がある。「〔5月16日事件を通じて〕憲法規範に優位する諸慣行が創始された。1879年は，この意味で『新しい憲法』の事実上の出現，より正確に言えば，革命の伝統への回帰を特徴づける。1879年は議院内閣制をその始原から逸脱させるものであり，また，諸権力間の均衡を保障することではなく，直接普通選挙に由来する唯一の機関たる代議院の優越性を可能ならしめることを運命づけられた『絶対的議会主義』（parlementarisme absolu）を創設する」。Morabito, M. et Bourmaud, D., *Histoire*

2　共和派オポルテュニスムの展開

　5月16日危機に勝利した共和派は一枚岩ではなかった。中央左派（穏和共和派），ジュール・フェリー（Jules Ferry）率いる共和左派，ガンベッタを指導者とする共和主義同盟，ジョルジュ・クレマンソー（Georges Clemenceau）らの極左派に分裂していた。彼らはマク＝マオンを打倒するために団結していたが，その後の政治運営における現実政策については，その限りではなかった。ところで，ガンベッタはティエールの保守的共和制を継承すべく，「ベルヴィル綱領」[18]における共和主義的な諸政策綱領を放棄する。彼は大資本との提携を構想し，それぞれ上層産業資本・大金融資本と結合した共和左派・中央左派への接近を図る。こうした共和諸派の提携によって，「オポルテュニスム」（opportunisme）と呼ばれる政治路線が成立することになる[19]。

　1880年代の共和派の政策を象徴するオポルテュニスムは，主に共和左派によって主導される。その政策の柱は，対外的には，フェリーによって積極的に推進された海外膨張政策である。他方，内政的には，国内経済の沈滞に対応するための積極的な経済政策が採用されたほかに，一連の共和主義的な改革[20]が実施された。パリ・コミューン関係者の大赦，7月14日の建国祝祭日化，「ラ・マルセイエーズ」の国歌化，帝制派官僚の追放が行われた。さらに，日曜とカトリックの祝日に労働する自由，簡単な届出でもって酒場を開業する自由，事前届出を要件とする公的な集会の開催の自由が認められ

---

　　constitutionnelle et politique de la France (1789-1958), 3e éd., Paris, Montchrestien, 1993, p. 307.
[18]　「ベルヴィル綱領」とは，1869年，パリ北部の労働者の街ベルヴィル（Belleville）において，労働者の組織した選挙委員会により作成された選挙綱領を指す。急進派の候補者ガンベッタはこれを受諾し，その候補者となった。詳しくは，杉原泰雄『人民主権の史的展開』（岩波書店・1978年）357頁以下，クロード・ニコレ著（白井成雄＝千葉通夫訳）『フランスの急進主義』（白水社・1975年）31～32頁などを参照。なお，同綱領には，「非宗教的，無償かつ義務の初等教育」の要求が掲げられていた。
[19]　中木・前掲，247頁。オポルテュニスムとは，反教権主義の徹底を避け，約束された改革を適当な時期まで延期する姿勢をとる穏和共和派に，クレマンソーら左翼急進派が「オポルテュニスム」（日和見主義）だとの非難を浴びせたことに由来する。
[20]　この点については，糠塚康江「第3共和制の確立と共和主義的改革(1)～(5)」関東学院法学4巻1号，4巻2号，5巻1号，5巻2号，11巻2号（1994～2002年）を参照。

(1881年6月30日)，定期刊行物や新聞を印刷・編集・発行する自由が認められた（同年7月29日）。その後も，同一職種の労働者による権利擁護のための組合結成権が承認され（1884年），元老院の改革（1884年）が行われるなどした。

　種々の共和主義的改革のなかでも，とりわけフランス国内に論議と紛争を巻き起こしたのは，公教育に関する改革であった。それは，分裂していた1880年代の共和派が一致して熱情を傾けることができた唯一の原則である「反教権主義」（anticléricalisme）に依拠していた。しかも，共和派による教育改革立法は，近代公教育体制を確立するという点で，重要な意義をもつものであった。

第2章　反教権主義闘争とフェリー教育改革
〜第7条問題と教育のライシテ〜

第1節　「道徳秩序」の教育政策〜「高等教育の自由」の確立

1　「道徳秩序」と教育

　「道徳秩序」の体制の下では，カトリック教会の強化を通じて，国民の道徳的・精神的な秩序の再建を行い，革命精神に対する闘争を展開することが企図された。「道徳秩序」は，カトリックの影響力を利用して農村住民の支配を強化し，将来の王制復古を容易ならしめるための地均しを行うのである。司教などの高位聖職者も，これに同調する。彼らは，既に以前から王党派にコミットし，君主制の復活のため精力的に活動していた。「政治的なプロパガンダと宗教的なプロパガンダは，新たな王権と祭壇の同盟を告げるために結合した」[1]。こうして，第3共和制の初期には，王党派多数の議会の存在や，社会秩序の維持のためには初等教育を聖職者に委ねる用意があると言明していたティエールの政治支配，そして，マク゠マオンの「道徳秩序」の支配が，教育政策にも教権主義的な刻印を深く刻み込んでいた。なるほど，1873年の「道徳秩序」の体制の開始から，共和派による権力支配が完成する1879年までの時期には，一貫して反動的・復古的な措置が採用されたわけではない。しかし，この「共和派の共和制」への転換期に採用された代表的な教育政策には，やはり教権主義の影が色濃く落ちていた[2]。

---

[1]　Weill, G., *Histoire de l'idée laïque en France au XIXe siècle*, Paris, Félix Alcan, 1929, p. 219.

[2]　この点では，「高等教育の自由」の確立のほかに，「公教育高等評議会」（Conseil supérieur de l'instruction publique）の再編にかかる立法において，聖職者に評議会の構成員資格を（ファルー法から引き続き）付与する規定が盛り込まれたことが挙げられる。参照，梅根悟監修＝世界教育史研究会編『世界教育史大系10―フランス教育史Ⅱ』（講談社）122頁〔佐藤英一郎〕。

2 「高等教育の自由」の確立

「高等教育の自由」を制度化したのは，1875年7月12日の法律[3]である。保守派にとって，「高等教育の自由」を確立し「教育の自由」の体系を完全化することが，最も緊要な課題であった[4]。「高等教育の自由」原則の承認という点では合意が見られたものの，その具体化のレベルで問題が生じた。「学位授与」の権限をめぐり，高等教育施設の開設を市民の権利として認める場合，国家が学位授与権を放棄できるかどうかが問題となったのである。ユニヴェルシテ関係者は，国家が学位授与権を放棄することに反対した。他方で，「教育の自由」の支持者は，学位授与権を付与することなくして自由を与えるというのは幻想であり，私立の自由ファキュルテ（facultés libres）を劣位におくものであると主張した[5]。この点で最終的には妥協点が見いだされた。1875年法では，自由ファキュルテの学生は，国立ファキュルテ（facultés d'État）か「混成審査委員会」（jury mixte）に，学位取得の審査を求めることができることになった。同委員会のメンバーは，国立ファキュルテの教授資格保持者と，審査請求者が所属する自由ファキュルテの教授（博士号を有する者）から，公教育大臣が任命するものとされた。

1875年法は，ほとんど教会にのみ役立つものであった[6]ため，共和派からは恐怖と憤慨をもって迎えられた[7]。「自由」に関して，共和派は，出版や集会の権利，思想それ自体に適用されるときはそれを擁護するが，こと教育に関してはそれを与えることを拒否する。これに対して，自由の擁護には非常に消極的な保守派が教育闘争を推進するのは，まさに「自由」の名においてである[8]。保守派の頭目であるオルレアンの司教デュパンルー（Dupanloup）は，この法律の審議において，教育に関する教会の排他的権利の主張を差し

---

3 「高等教育の自由に関する法律」（Loi relative à la liberté de l'Enseignement supérieur）. *Bulletin des lois*, 12 série, t. 11, n° 263, 1875, p. 133 et s.
4 Ozouf, M., *L'École, l'Église et la République (1871-1914)*, Paris, Éd. Cana / Jean Offredo, 1982, p. 36.
5 Chevallier, P., Grosperrin, B., Maillet, J., *L'Enseignement français de la Révolution à nos jours*, Paris, Mouton, 1968, pp. 110-111.
6 *Ibid.*, p. 112.
7 Weill, *op.cit.*, p. 224.
8 Ozouf, *op.cit.*, pp. 36-37.

控えた。この巧妙な戦術は、中央左派のリベローの支持をもたらし、左翼の議員に「高等教育の自由」を受け入れさせることになる。

　もちろん、反対がないわけではない。「高等教育の自由」の原則には好意的であったジュール・フェリーも、学位授与権問題に関しては譲歩しなかった。学位授与権の問題は、穏和共和派が一致して、カトリックに対し強硬な態度を見せる点であった[9]。また、急進派のなかには、ユルトラモンタニスム（教皇権至上主義）を高揚させることを目的とするものだとして、1875年法そのものを糾弾する者もいた[10]。しかし、強硬な反対論が共和派多数の賛同を集めることはなく、学位授与権の問題にしても、結局は「混成審査委員会」という妥協を見いだして、1875年法は可決されたわけである。しかし、一時的な多数派が作った新しい法律は、多数の国民の支持を獲得しなければ持続できない。事実、カトリックの勝利は長続きしない。1875年法から5年としないうちに共和派が権力を掌握すると状況は一変する。一方で、1880年3月18日には混成審査委員会が廃止され、他方では、学生数の不足や資金問題などで、1880年以後、カトリック系ファキュルテの発展は頭打ちとなるのである[11]。

第2節　共和派による反教権主義闘争の展開

1　共和派の反教権主義の背景

　「道徳秩序」の体制は、「教権主義」（cléricalisme）をその政策の基本原理としていた。「1848年6月以来、教会は明らかに『デマゴギー』に対する砦のように見えた。教会は保守主義者を支持し、保守主義者は教会を支持した。共和主義者には、教会が彼らの当然の敵であるということが理解された。その上、〔教皇〕ピウス9世は、共和主義者が新しいレジームの基盤にしようとしていたすべての思想を、断固として非難していた。第3共和制が教権的な権勢と影響力に対抗しなければならないことは明らかであった」[12]。共和

9　*Ibid.*, p. 39 et s.
10　Weill, *op.cit.*, p. 226.
11　Chevallier et al., *op.cit.*, p. 112.
12　Azéma et Winock, *op.cit.*, p. 99.

派は，地方の名望家層の支配力と相乗的に発揮される，公共精神へのカトリック教会の絶大な影響力を，遮断しかつ剥奪することを試みるであろう。

確かに，共和派は最初の劣勢を徐々に克服しつつあり，地方でも共和主義的な世論が浸透を見せていた。5月16日事件における王党派の挫折の結果，決定的な「議会共和制」が確立されるなど，王党派に対する共和派の優位は明らかだった。にもかかわらず，1877年5月にガンベッタが代議院での演説で「教権主義？　それこそが敵だ！」と叫んだように[13]，カトリック教会と教権主義者の威勢は，依然として共和制の決定的な確立に対する桎梏となっていた。ところで，そもそも「政教分離」「反教権主義」は，共和派，そのなかでも特に急進派（radicaux）[14]の明確な政治信条の1つであり，「反教権主義」は，「反君主制主義」と並び，共和派の「伝統」であると言われる[15]。

要するに，共和派は，カトリックを国教の如くに扱おうとする「道徳秩序」を打倒して「議会共和制」を離陸させた後，国家の宗教的な観念を，「ライシテ」（laïcité）[16]と呼ばれる新しい観念に置き換えるとともに，かかる観念を新しいレジームの政治的・社会的秩序の支柱にしようとするのである[17]。しばしば指摘されるように，「ライシテ」こそは，分裂した共和派を1個の政治集団として結束させる政治理念である[18]。しかも，その理念は，

---

[13] *J.O.*, Chambre des députés, 1877, p. 3284.

[14] 「急進派」については，さしあたり，クロード・ニコレ著（白井成雄＝千葉通夫訳）『フランスの急進主義』（白水社・1975年），石原司「急進派とその政治行動―反教権主義と非宗教化＝世俗化政策を中心として―」山本桂一編『フランス第3共和政の研究』（有信堂・1966年）5頁以下を参照。

[15] Girard, L., *La politique intérieure de la Troisième République (1871-1893)*, Paris, C.D.U., 1969, p. 4.

[16] ライシテ（laïcité）は，非宗教性とか政教分離と日本語訳されることがある。この語は，laïque という形容詞から派生し，第3共和制の初めにできたものであると言われる。

[17] Rivero, J., «L'idée laïque et la réforme scolaire (1879-1882)», *R.P.P.*, t. 148, 1931, p. 367.

[18] 「ライシテは，共和主義者を統一する原理であった。すなわち，社会問題に関しては対立する急進派と社会主義者が，共通の危険，つまり教権主義に直面して再び同盟するのであった」。Azéma et Winock, *op.cit.*, p. 168.「すべての共和主義者，すなわち中央左派から急進派までを再び結集するであろう問題こそは……教権主義の問題であ

プチ・ブルジョワジーや労働者階級のみならず，上層ブルジョワジーをも共和派の支持に回らせることができるはずであった。まさに「反教権主義」こそは，左右両派を分ける「分界線」(ligne de partage) であった[19]。

カトリックと右翼勢力は，宗教と政治の完全分離を目指す共和派の宗教政策に脅威を覚えた。右翼が望んでいたのは，1875年の諸制度の枠内で，かつ諸自由を享受しながら，聖職者とカトリックがその影響力を獲得することであった。右翼・カトリックは，自由主義的・議会主義的な秩序を基調とすることを認めながら，国家の諸制度が，例えば，教育に関する特別な権利を教会に付与することによって教会の利益を図るよう機能することを期待するのである。また，国家の完全な非宗教化 (laïcisation) は，社会にとって有害であり，社会的混乱を招く道徳的な混乱に至ると考えられた[20]。宗教（教会）のプレゼンスが失われるならば，社会的な秩序がその基底から掘り崩される。宗教によって社会秩序の維持を図るべきである以上，共和派の追求する「反教権主義」政策は断固非難されるべきものだ，というわけである。カトリック・右翼にあっては，社会の擁護はすなわち宗教の擁護なのであり，その逆もまた可なのであった。

宗教の作用を利用して民衆の馴致を図り，既存の階層化された社会的秩序を防衛しようとする企ては，既に検討したように，7月王制以後の名望家支配体制において，政治支配層が体制維持の教理として採用したものであった。しかし，第3共和制期には，反名望家的な共和主義イデオロギーが広汎に流布し，ガンベッタの言う「新しい社会層」(couche sociale nouvelle)[21]が体制の

る」。Girard, *op.cit.*, p. 74.
19 Azéma et Winock, *op.cit.*, p. 169.
20 Girard, *op.cit.*, p. 75.
21 「新しい社会層」は，ガンベッタが1872年9月のグルノーブルでの演説において用いた言葉である。ガンベッタは，かかる階層を中心とした政治的民主主義の実現を強調した。そこで想定されているのは，上層ブルジョワジーと下層労働者の中間に位置する階層で，例えば，中小産業ブルジョワジー，小土地所有農民，弁護士・医師・教師などの知識層を指す。ここでガンベッタは，革命的な民主主義の伝統を否認し，一定の既存制度の枠内で機能する民主主義を前提している。中木康夫氏によれば，ガンベッタの急進主義は，「下からの不断の運動としての民主主義ではなく，普選と議会制（代表制）による政治秩序としての民主主義であり，そうした制度の枠内に広範な

支柱として政治生活の前面に現れるよう要請されることになる。名望家支配に対抗して共和制の安定性を確保するには、保守王党派の拠点でもある農村におけるカトリック教会の強大な影響力を払拭して、共和制に農民層を取り入れることが特に重要である。共和派オポルテュニスムが「反教権主義」政策を掲げた狙いも、そこにあった[22]。共和制にとって看過すべからざることに、普通選挙制の導入以後も、農村部における農民の識字率は依然として低いままであった[23]。共和派が農民層を完全に掌握し、彼らを共和制の支持者にするためには、教育が必要である。「大衆農民が、一方では教会の、また他方では伝統的な名望家の軛（joug）から解放されるために、教育を施されない限り、共和制は、フランスにおいて継続的に定着することはない」と、共和派は見ていた[24]。

　小農・小市民層を包括して、共和制下の秩序安定を企図する点で、結局ティエール保守共和制路線との対抗は根源的なものではなく、実質的には両者は相互補完関係にあった」とされる。中木康夫『フランス政治史（上）』（未来社・1975年）233頁。

[22] フェリーは農民層の掌握の重要性を次のように説明している。「まさにそれ〔農村の普通選挙が膨大な力をもち、フランス国民の大多数を占める小土地所有者に社会の安全が依存しているということ〕により、わが社会組織は全ヨーロッパで最も堅固なものであり、社会革命から最もよく守られるのである。農村部の住民は、フランス社会の基盤そのものなのである。農村部は、労働や貯蓄の壮大な貯蔵庫（réservoir）にすぎないものではない。それは人間の貯蔵庫でもある。まさに、こうした深い地層にその根を延ばすことによって、ブルジョワジー、都市の労働者、および、かつて支配階級を自称していた人々自体が、絶えず再生されるのである。そこから、我々の兵士、我々の教師、我々の商人、我々の実業家が、輩出するのだ。我々の社会にとって堅固な基盤であり、かつ、共和制にとって花崗岩製の土台（assise en granit）であるもの、それこそが農民の普通選挙である」（ボルドーでの1885年8月30日の演説）。Robiquet, P., *Discours et opinions de Jules Ferry*, t. 7, Paris, Armand Colin, 1898, pp. 41-42.

[23] この点については、Weber, E., *Peasants into Frenchmen, the modernization of rural France 1870-1914*, California, Stanford University Press, 1976 を参照。

[24] Azéma et Winock, *op.cit.*, p. 160. この点につき、喜安朗氏は、「フェリーがその教育政策の支持者としてまた対象として最も重視し、その動向に注意していたのが小農民層であったことは明らかである」とする。喜安「フランス第3共和政の形成と政治支配の論理」歴史学研究350号（1969年）23頁。

ところで,「選挙における勝利のカギを握るのは,カトリックの場合,宗教教育に有利な法律であり,逆に,共和派にとっては,非宗教的な教育に有利な法律である」[25]。かくて,学校教育が反教権主義闘争の舞台として浮上することになる。

2 反修道会闘争の展開〜第7条問題
(1) 第3共和制における教育問題の背景

1871年6月にガンベッタは,「我々を〔普仏戦争の〕敗北に引き込んだものこそ,わが国民教育の劣等性であった」[26]と叫んだが,1870年の敗戦後すぐに,戦勝国であるドイツとの比較において,フランスの教育システムや教師が問題とされるようになった。フランスは,その教育レベルを高めるために抜本的な解決策を採用する必要があるという事実を,多くの人々が自覚するに至る[27]。ところで,保守派のプレスは,ドイツの勝利から自分たちに都合のいい結論を引き出した。それによると,ドイツの勝因は学校の宗教的な性質に求められるのであり,フランスを敗北に導いたのは信仰の欠如である[28]。そこでは,国民の識字能力は問題ではなくなる。これに対して,「無知こそがフランスのすべての災厄の原因である」と考える共和主義的なプレスは,無知を追放するためにあらゆる方策を検討し,フランス人すべての識字能力の向上,および,学校と教会の分離を目指すことで合意する。このように,1870年の敗北から2つの全く異なる帰結が導かれた。一方は,学校に対する教会の権威を増進すべきであるとし,他方は,学校と教会の分離を促進すべきであるとするのである[29]。

教育の普及,学校と教会の分離を掲げる共和主義的運動は,ジャン・マセ(Jean Macé)が指導する「フランス教育連盟」(Ligue Française de l'Enseignement)[30]によっても担われた。ただし,マセは,非宗教的な教育という概念

---

25 Rivero, *op.cit.*, p. 368.
26 ボルドーでの演説。Barral, P., *Les fondateurs de la Troisième République*, Paris, Armand Colin, 1968, p. 206.
27 Chevallier et al., *op.cit.*, p. 113.
28 Ozouf, *op.cit.*, p. 23.
29 *Ibid.*, pp. 24-27.

に馴染んでおらず、反教権主義者であるが自然宗教の信奉者でもあった。そのため、第3共和制発足当初は、教育の義務制と無償制を要求するにとどまっていた。その後、ライシテを求める運動の方向に教育要求運動を傾斜させるのは、共和主義的なプレスである。この傾斜は、無知に対する闘争をライシテの要求に転換するものであったが、それは、民衆が無知な状態にあることに責めを負うべき社会階級、すなわち修道会の存在を前提としていた。ここに至って、共和派の教育改革の方向が、義務・無償・ライシテの3つに定められることになる[31]。

(2) 反修道会闘争の展開

当時の学校教育における教会のプレゼンスの大きさは、確かに、共和派に共和制の将来を危惧させるのに十分であった[32]。『神の人民』(peuple de Dieu) は、カトリック世界の当然の敵対者として現われる共和主義者に反対

30　フランス教育連盟（1866年創設）は、宗教と政治を排除することを綱領として掲げた。この綱領は聖職者の側から非難を受けた。教育連盟が「教権主義者に対する兵器」と評される所以である。Duveau, G., *La pensée ouvrière sur l'éducation pendant la Seconde République et le Second Empire*, Paris, Domat Montchrestien, 1947, p. 41. 教育連盟は、教育の義務・無償・ライシテの制度化のために、大いにその影響力を発揮した。cf. Leif, J. et Rustin, G., *Histoire des institutions scolaires*, Paris, Delagrave, 1954, pp. 180-181; Trotabas, J.-B., *La notion de laïcité dans le droit de l'église catholique et de l'état républicain*, Paris, L.G.D.J., 1961, pp. 170-171.

31　Ozouf, *op. cit.*, pp. 30-35.

32　イゼール県では、1875年頃、男子の公立学校557校のうち53校を、また、女子の学校473校のうち226校を、修道会が経営していた。プロテスタントは、13の公立学校を所有していた。同県には私立初等教育段階の学校が191校あり、（6万7000名のうち）1万1000名以上の生徒を抱えていた。さらに、同県では、中等女子教育において修道会が独占的な地位を占めており、まさにイゼール県の女子はすべて「教会の膝の上で」育てられている状態であった。Cf. Miquel, P., *La Troisième République*, Paris, Fayard, 1989, p. 193. 初等段階の公立・私立学校の生徒数については、1850年に、非宗教的な公立・私立学校の生徒数が236万8627名に対して、修道会系の公立・私立学校の生徒数は、95万3796名であった。これが、1876〜77年になると、前者が264万8562名であるのに対して、後者は206万8373名であった。Briand, J.-P. et al., *L'enseignement primaire et ses extensions, 19e - 20e siècles, annuaire statistique*, Paris, Économica / Institut national de recherché pédagogique, 1987, p. 122.

第 2 章　反教権主義闘争とフェリー教育改革　235

するよう，常に動機づけられる」[33]。カトリックによる教育支配は，修道会によって担われていた。共和派は修道会の排除に乗り出す。ウォディントン（Waddington）内閣の公教育大臣ジュール・フェリーは，1879年3月に，大学の学位授与権の国家独占と無許可修道会の教育権剥奪を目的とする法案を代議院に提出した。学位授与権の奪還には容易に成功したが，無許可教育修道会からの教育権剥奪は，カトリック教会や保守層の激しい反対を招いた。これが，フランス国内を激しい対立の渦に巻き込んだ問題，共和左派のフレシネ（Freycinet）の言によれば，「共和制の味方と敵の決戦場となった」[34]，いわゆる〈第7条[35]問題〉の発端である。

1877年の調査によれば，全国に500もの無許可修道会が存在し，大部分が教育に関与していた2万人近い修道士・修道女がいた[36]。当時の宗教系コレージュの大部分は無許可修道会（イエズス会・マリスト会・ドミニコ会）に属していたが[37]，その活動や影響力によって断然優位な地位を占めていたのは，イエズス会（Jésuites）であった。フェリーは，1879年4月23日のエピナルでの演説において，第7条の意義が特にイエズス会の排除にあることを明言し，次のようにその正当化を試みている。

まず，フェリーは，ファルー法の下で，帝制政府と「道徳秩序」の体制が修道会の増殖に手を貸した結果，「今日のフランスには，アンシャン・レジームにおけるよりも多くの無許可修道会が存在する」[38]ことを確認する。

33　Miquel, *op.cit.*, p. 255.

34　Cité par Reclus, M., *Jules Ferry*, Paris, Flammarion, 1947, p. 166.

35　〈第7条〉は次のような規定であった。「無許可修道会に所属する者は誰であろうと，如何なる教育段階であれ，公立または私立の教育施設を運営すること，および，そこで教育することのいずれも許可されない」。なお，1879年3月にフェリーが議会に提出した法案は2つある。1つは本文で説明した〈第7条〉を含んだもので，もう1つは，公教育高等評議会から教育関係者以外の構成員を排除することを提案するものであった。結局，〈第7条〉は実現しないものの，その他の目的は法の成立によって達成された。

36　Reclus, *op.cit.*, pp. 150-151.

37　Goguel, F., *La politique des partis sous la IIIe République*, 4e éd., Paris, Seuil, 1958, p. 51.

38　Robiquet, *op.cit.*, t. 3, pp. 54-55.

こうした状況に直面して，国家の優越的な権利の名において対抗する必要がある。これは親の自由を侵害するものではないし，国益を害する教育施設を放置しておくほど国家は寛容ではない，とフェリーは言う。

「家父の自由（la liberté des pères de famille）に手がつけられることはないということを，私は明確に認める。我々の法案は，最も完全な方法で，家庭の自由および私生活を尊重するものである。家父は，自分の子どもを育てるのに，禁止された修道会に所属する者であっても，望むならばその者を家庭教師（précepteur）に選ぶことができる。この自由は，神聖で，根源的，絶対的なものである。すべて市民は，自分の家庭において，子どもに，自分の思想に相応しい，自分の信条に応じた教育の体系を自由に与えることができる。第7条は，この点に関して全く明晰かつ明確である。……それは，家父の自由，家庭の自由を，いささかも害するものではない。ただ，家父の自由は家族のなかでは完全であるが，それは委譲可能な（transmissible）自由ではない。家父がそれを委任するとき，国家は介入する権利と義務をもつのである。……国家が最高の権限をもつということは，1850年の法律〔ファルー法〕の著者たちが自ら，自由教育施設に関して，国家の諸法律に反する教育をすべて禁止しようとする監督〔権〕を国家に付与するほど，明晰かつ明確なのである。しかし，無許可修道会によって経営される施設において，我々の公法，国家の諸法律に反することは何ら行われてもいないし，述べられてもいないと信ずるほど素朴な自由主義者は，どれほどいるのだろうか」[39]。

さらに，法案に対しては，「良心の自由」の侵害だとか，カトリック教を脅かすものだとする批判が寄せられた。これに対して，フェリーは，「我々が対象としているのは，無許可修道会だけである。それらのなかでも，単に公認されていないだけでなく，歴史上常に禁止されている修道会，すなわちイエズス会だけを対象としているということを，私は明言する。諸君，我々がフランスの若者の魂を引き離すことを望んでいるのは，まさにイエズス会からなのである」[40]と宣言する。

フェリーは，法案が明確にイエズス会を標的としたものであることを率直に表明したことにより，法案の射程を限定した，と見ることもできよう。「良心の自由」の保障の問題とカトリックへの脅威の問題を，そうしてクリ

39　*Ibid.*, p. 55.
40　*Ibid.*, p. 57.

第 2 章　反教権主義闘争とフェリー教育改革　　237

アしようとしたのである。また，フェリーは，特にイエズス会を攻撃すべき理由を開陳している。その前提には，フェリーが考える国家（＝共和制）の維持・存続の条件として，社会内対立の解消と社会平和の維持が必要であるという思想がある。「共和制への抵抗の牙城（citadelle）」[41]であるイエズス会は，共和制と全く相反する教理を信奉するがゆえに，フランス人を分裂・対立させる契機を不断に提供することになる[42]。これを放置すれば，共和制国家の存立は危うくなるはずである。要するに，フェリーは，イエズス会が，フランス社会において全く立場の異なる階層を拡大再生産することによって，共和制存続の前提である国民統合を危険に曝している，と考えるのである。

(3)　第 7 条問題の結末

　フェリーがイエズス会の狙い撃ちを言明したことで，保守世界の反発は一挙に高まった。フェリーは，あらゆる右翼を敵に回していた。しかも，クレマンソーら急進派が，修道会一般を排除の対象とすることなどを主張し，〈自由の敵から自由を奪う〉ことを求めて，フェリーを攻撃する。左右の批判に対して，フェリーは，次のような反駁を試みる。すなわち，イエズス会は，排除すべき反共和主義的な団体である。カトリシスムは，わが同胞の最大多数の宗教であり，これを尊重しなければならない。イエズス会に自由を委ねること，または，反カトリシスム闘争に身を置くことは，国家がその守護者である国民的な統一性を破壊することであり，フランスを，「フランス革命への崇敬で育てられた人民と，革命を中傷し軽蔑する習慣が身についたエリートとの戦場」にすることである，と[43]。しかし，フェリーは成功しない。自由主義の立場からフェリーの措置に強く反対する中央左派のジュー

41　Chevallier, J.-J. et Conac, G., *Histoire des institutions et des régimes politiques de la France de 1789 à nos jours*, 8ᵉ éd., Paris, Dalloz, 1991, p. 314.

42　フェリーによれば，イエズス会の学校では「反革命の学説が維持され，近代フランスの名誉および存在理由であるあらゆる思想を嫌悪し呪詛するよう」生徒に教えられている。そこで教育された若者は，別の学校で，1789年を解放として，近代社会を理想として尊ぶ，フランスの他の若者と，市民生活のあらゆる場面で対立せざるをえないだろう。「救済策は，黒いインターナショナルの陰謀に，赤いインターナショナルの陰謀を対置させることにあるのではない。それはフランスの終末となるであろう。我々はそれを欲しない」。Robiquet, *op.cit.*, t. 3, pp. 57-58.

43　Gaillard, J.-M., *Jules Ferry*, Paris, Fayard, 1989, p. 439.

ル・シモンの報告を受けて，元老院は第7条を否決したのである。

挫折したフェリーの企図を，共和派は別の手段で追求した。代議院は，イエズス会の解散と他の修道会の許可制の施行を定める1880年3月29日の2つのデクレをもって，フェリーの企図を実行に移すのである。この措置の結果，261の修道院が閉鎖され，5643名の修道士が追放された[44]。

第3節　フェリー教育改革の概要①〜無償制・義務制

初等教育の無償・義務・ライシテの原則を樹立するフェリー教育改革（フェリー法[45]と，その企図を引き継いだ1886年法）のプロセス[46]を概括的に検討することが，ここでの課題である。便宜上，無償制・義務制とライシテを，項を分けて検討する。

---

[44] Chevallier et Conac, *op.cit.*, p. 316. デクレの効果は，しかし，一時的なものにとどまる。デクレの対象となった施設は，後に様々な方法で再建されるのである。cf. Machelon, J.-P., *La République contre les libertés?*, Paris, P.F.N.S.P., 1976, p. 368 et s.; Goguel, *op.cit.*, p. 52.

[45] いわゆるフェリー法とは，①女子中等教育に関する1880年12月21日の法律，②初等教育を無償化する1881年6月16日の法律，③教育義務とライシテを樹立する1882年3月28日の3つの法律を指す。このうち，本書では取り扱わない①の法律は，教育課程のライシテを実現するものであった。

[46] フェリーが教育改革立法の実現に向けて採用した戦術は非常に巧妙であった。彼は，一連の改革を一気呵成に行うのではなく，問題を分割して複数の法案を用意し，連続的に問題に取り組み着実に前進する方法を採った。確かに，個々の改革は部分的であるが，それらの効果を上げるために必要な下位法規の整備を連携させるよう配慮する。その結果，諸法律のパズルの組み合わせから，首尾一貫した改革の全体像が浮かび上がることになる。こうしたプラグマティズムは，改革の背景にある主導原理を維持しつつ，しかも最終的な結果に不足を来さないようにするであろう。実際，1個の法律として改革案が示されれば，代議院で左右両翼の反対同盟を活気づけたであろうし，元老院でも厄介な事態に直面したであろう。フェリーは，断続的に前進を図るという戦術を採ることで，諸精神の漸進的な発展と共和主義的な多数派の持続的な拡大を利用することができたのである。Cf. Gaillard, *op.cit.*, pp. 489-490.

1 初等教育の無償制

　初等教育の無償制を確立したのは，1881年6月16日の第2法律[47]である[48]。これにより，最低限度の教育は，もはや国民への施しではなく，国民の権利として捉えられることになる。教育の無償制法案をめぐる議会審議においては，右翼が無償制反対の論陣を張った。右翼の論客のなかでも特に手ごわいのは，アンジェの司教フレッペル（Freppel）であった。保守主義者にとって，教育は救済事業であるのに対し，共和主義者にとっては，1791年以来，それは権利なのである。フレッペルがそれを忌避するのは，論理的に教育への権利から労働への権利が生じはしないかと危惧するからであった[49]。

　ところで，教育の無償制を社会統合の手段とみなすフェリーの次の指摘が重要である。「この問題において，民主的な観点というのは，どこにあるのだろうか。基礎教育を，何ももたない人々の手の届くところに置くことは，もてる人々の義務に属する，という考慮には，それは特に含まれない。それは，友愛的で慈善的な観点であるから，厳密に言えば民主的な観点ではない。この問題における民主的な観点とは，次のようなものである。つまり，今日のフランスのような社会にとって，近い将来，祖国の旗の下に組み入れられるようになる子どもを学校で一緒にすることが重要だということである」[50]。

　1881年6月16日の法律は全7か条の短いものであるが，その1条は，「公立初等学校および公立幼稚園のいずれにおいても，授業料はこれを徴収しない。師範学校における寄宿舎の費用はこれを廃止する」と規定する。無償制を，通学制の学校のみならず，師範学校における寄宿費にまで拡張することは，革命的なことであった。市町村は教師の報酬を全額負担することを義務づけられていた。6条では，如何なる教師も，法律施行以前の3年間に享受

47　「公立学校における初等教育の完全な無償を確立する法律」（Loi qui établit la gratuité absolue de l'Enseignement primaire dans les écoles publiques）。*Bulletin des lois*, 12 série, t. 22, nº 625, 1881, pp. 767-769. なお，第1法律は初等教育の資格証書に関する法律である。

48　同法の制定過程に関する研究として，梅澤収「フランス初等教育無償法（1881年6月16日法）の成立過程研究」東京大学教育行政学研究室紀要7号（1988年）69頁がある。

49　Gaillard, *op.cit.*, p. 493.

50　Robiquet, *op.cit.*, t. 4, pp. 38-39.

してきた最高報酬額を下回る額を受け取ることはできないと定めていた。なお，無償制が中等教育に拡充されたのは，ようやく1933年のことであり，また第3共和制において高等教育の無償は制度化されなかった[51]。

2　初等教育の義務制

初等教育の義務制を確立したのは，1882年3月28日の法律[52]である。

(1)　フレッペルの義務制批判論

フェリーが，およそ62万4000人もの子どもの識字率向上対策として教育の義務制に関する法案を提出した[53]のは，1880年1月20日のことである。教育義務法案への批判も多かったが，そのなかで最も説得力をもつのはフレッペルの反対論[54]であろう。

フレッペルは，まず，2種類の義務を区別すべきであるとする。「実際，道徳的義務と裁判上・法律上の義務との間には非常に大きい相違が存在する。私は，教育に関して，前者を認めるのと同様に後者を拒絶する」。市町村・国家・教会は，この義務の履行を容易ならしめるために，奨励や説得などあらゆる手段を用いることが必要である。教育を万人の手の届く範囲に置くべきであり，無関心のあらゆる口実を奪い取るべきである。しかし，とフレッペルは注意を促す。「学説をもたないと公言している近代国家が，もし，義務の思想や道徳的な責任の感情に訴える代わりに，家父に強制的な手段を用いるとすればどうだろう。……そのとき，諸君が宣言するのは，道徳的な意味での義務ではもはやない。それは強制であり，……近代国家による教育に関する抑圧および専制に等しい」。

さらに，フレッペルは就学が促進されない理由を次のように指摘する。まず，①「学校が遠いこと」である。農村部の市町村は広大な範囲に散在して

51　Fourrier, C., *L'Enseignement français de 1789 à 1945, précis d'histoire des institutions scolaires*, Paris, Institut pédagogique national, 1965, p. 193.

52　「初等教育を義務化する法律」(Loi qui rend l'Enseignement primaire obligatoire)。*Bulletin des lois*, 12 série, t. 24, n° 690, 1882, p. 381 et s.

53　Ponteil, F., *Histoire de l'enseignement en France, les grandes étapes (1789-1964)*, Paris, Sirey, 1966, p. 287.

54　*J.O.*, Chambre des députés, 15 décembre 1880, p. 12348 et s.

いるので，これが学校へのアクセスを妨げている。②「農村部の人手不足」である。人を雇えないために，子どもを重要な労働力として動員しなければならないという状況がある。③「道路事情の劣悪さ」である。「フランスのいくつもの地方で，1年の一定時期に，ほとんど通行不能になる」道路が存在する。かくて，フレッペルはこのように結論する。「諸君は，たとえいくら法的な強制を宣言しても，この状態を何ら改善しないであろう。それゆえ，私は，諸君の措置は，あらかじめ無効力性や不毛性の刻印を押されている，と述べることができる」と。

(2) フレッペル批判論の評価と共和派の論理

フレッペルによる批判をどのように評価するか。まず，フレッペルが，就学が促進されない「誰もが知っている」理由として挙げた，3点にわたる地理的・社会経済的な現状についてである。学校設置場所の遠隔性という地理的な与件は，学校教育の日常性を考えれば致命的である。また，農村部における児童労働の比重の高さも看過しえない。確かに，第3共和制の展開に応じて，農村部の民衆の教育に対する意識は漸進的に向上する。しかし，貧困に帰される経済的な要請が，その阻害要因となる。この点は無償制の議論の際にも問題となり，フェリー自身が，「農村部においては，なぜ〔学費〕無償の生徒が，しばしば，あまり学校に通わないのであろうか。それは彼らがより貧困だからである」と述べている。とすれば，貧困を解消しない限り，無償が宣言されても就学は促進されないことになる。「学校が無償であると宣言されるだけでは十分ではない。子どもが学校にきちんと通えること，学校に通うために靴を履くこと，学校に顔を出すために衣服を整えること，学校が家から遠い場合は毎日の簡単な食事をもって行くこと，こうしたことが必要である」[55]。これは義務制の問題にも当てはまる。フランスの現状が法律の目的を阻害するということは，明白な事実であった。貧困が解消され，社会資本の整備が促進されない限り，義務制の現実化は見込めないことを，フレッペルは鋭く指摘するのである。

さらに，原理的な問題がある。ライシテが引き起こした世論の熱狂の陰にこそ隠れているが，教育の義務制の実現こそは，共和派の，フランス革命期

---

[55] Robiquet, *op.cit.*, t. 4, p. 51.

に溯る伝統的な方針だったはずである。およそ共和派は、程度の差こそあれ子どもに就学を義務づけることによって、子どもの啓蒙や共和主義精神の涵養を促進しようとしてきた。フレッペルは、「義務の確立こそが政府案の基本思想である」という趣旨の発言をしているが、そうした理解は誤っていない。共和派は、教育の義務制を語るとき、同時に、個人の自由に対する国家理性の優越性を観念していた。教育が義務化され、子どもの教育が促進されれば、新しく樹立された体制の教義が子どもに注入され、体制の保障がそれだけ確実になるであろうし、また、種々の社会的な利益も見込めるであろう。こうした点は義務制反対派に対する反駁に如実に現れている。

例えば、フェリーの協力者であるポール・ベール（Paul Bert）[56]は、国家理性の優位を明確に宣言する。「法律が、家父と子どもの間に割り込むのは、これが初めてだろうか。法律は家父の肉体的な暴力から子どもを保護しないだろうか。法律は、国家の利益と祖国を擁護するために、家庭から子どもを取り上げないであろうか」。他方、フェリーは、家父の自由が侵害されないことを強調し、教育義務の効用を強調する。「家父の自由も、子どもの自由も侵害されないのである。子どもに対しては無知への権利が否認され、家父に対しては搾取の無限定的な自由が拒絶されるのである。……義務は、きわめて多くの場合に、アパシー、非難すべき無関心、ときには貪欲な打算を克服するために必要な武器である」。「義務は、それが一定の年数の間、機能したところはどこでも、公衆の意識に新しい義務の観念を深く根付かせるという効果をもつものである」ともフェリーは述べている[57]。

また、フェリーによれば、就学状況に関して地域的な差異が顕著である。一定の地域では、全く学校に通っていない子どもの数が多すぎる。コート＝デュ＝ノール県では36％、オート＝ヴィエンヌ県では48％である。全体でフランスは15％の非識字者を抱えていた[58]。これは、一体不可分の共和制を志向する共和派にとっては、看過できない事態だったはずである。

---

56 ポール・ベール（1833〜1886年）は、著名な生理学者で政治家であり、長く教育問題に携わった。彼は植民地拡大主義者でもあった。
57 Fourrier, *op.cit.*, pp. 196-197.
58 Gaillard, *op.cit.*, p. 494.

(3) 1882年3月28日の法律における教育義務の特徴

1882年法の骨格は概略次のとおりである。まず，4条で，「初等教育は，満6歳から13歳までの男女いずれの子どもについても義務である。それは，初等または中等教育施設か，公立または私立学校か，家父自身もしくは彼が選ぶ他のすべての人間により家庭においてのいずれかの場所で，与えられることができる」と規定された。この文言からも明らかなように，厳密には1882年法は〈就学義務〉ではなく〈教育義務〉を宣言している。ただし，就学しない子どもについても国の統制は及ぶ。「家庭で教育を受ける子どもは，毎年，義務教育の第2年度の終わりから，高等評議会で下された大臣アレテによって定められた形式およびプログラムに従って，公立学校におけるその年齢に応じた教育の諸科目に及ぶ試験を受けなければならない」(16条1項)。「試験審査委員会」(jury d'examen) は，そうした子どもの試験の結果が十分ではないとするとき，親に対して，公立または私立学校にその子どもを就学させるよう命令する（同3項）。市町村ごとに，就学を監督・奨励するための「市町村学務委員会」(commission municipale scolaire) が設置される（5条）。また，法律に定める就学にかかわる義務の履行を怠った親や後見人，学校関係者は，刑事罰を伴う制裁措置の適用を受けるものとされた（11～14条）。

第4節　フェリー教育改革の概要②～ライシテ

1　教育課程のライシテ

1850年3月15日法（ファルー法）は，初等教育の教育内容につき，道徳教育と並んで宗教教育を盛り込んでいた。王党派と通じながら共和制に敵対する教会権力が，道徳・宗教教育を通じて反動思想を鼓吹するという状況は，共和派をして教育領域におけるライシテに最も熱意を注がしめた。フェリーにとって，初等教育が義務であるとき，公立初等教育が，教育課程・教師に関して非宗教的なものであるということは当然であった。しかも，教育のライシテは，フランス革命とともに開始された非宗教化運動の論理的な到達点にすぎない。「公役務の第1のものである公教育は，遅かれ早かれ，1789年以来，政府・制度・法律がそうされたように，非宗教化されねばならな

い」[59]。換言すれば，教育のライシテは，国家のライシテという非常に重大な法現象の必然的な帰結なのである。しかし，共和派は，ここでカトリックや右翼からの激しい抵抗に遭遇するのであり，その結果，1882年法における教育のライシテは，さしあたり教育課程までがその射程となる。

(1) ライシテ反対論

例えば，ド・バスティエール（de Bastetière）は，労働者や農民の子どもが，非宗教化された学校，すなわち祭祀なし神なしの学校に，不可避的に追い込まれることに憤慨し，かような学校は，やがて神に反対する学校になるだろうと述べる[60]。ヴィリエ（Villiers）は，フェリーとベールの，「信仰なしで祭祀なしの学校を創設しようとする企図」を痛烈に非難する。それによれば，かかる企図は専制となる。なぜなら，宗教に関する統計によれば，如何なる信仰ももたないと述べる8万2000人の人々のために，カトリック教を信仰する3600万人の市民を犠牲にすることになるからである[61]。元公教育大臣アジェノール・バルドゥ（Agénor Bardoux）は，絶対的なライシテには反対の姿勢をとる。バルドゥによれば，道徳は精神主義的なものとなり，司祭が宗教教育を与えるようになるべきである。ヨーロッパのすべての自由主義国家（オランダ・イギリス・スイス・ベルギー）が，すべての宗教に共通の原理，すなわち神と来世への信仰を教育の基盤とするのを認めている。ユニヴェルシテの精神主義的な原理への愛着，市町村学校における修道会系教師の長年のプレゼンスといった与件は，初等教育課程において，道徳が神と来世への信仰に基礎づけられることを要求している。共和制，道徳，民衆教育および自由には神が必要なのだ，とバルドゥは言う[62]。

フレッペルは，次のように言う。「諸君は，次のように言って我々を安心させようとする。諸君が構想しているような学校では，人は厳格な中立性に閉じこもり，宗教に賛成も反対もせず，教会，キリスト，福音書および神自身については口を噤むことに甘んじるのだ，と。……私は，このような中立性がどこかで存在しうるかどうかを諸君に尋ねる。その教育から神を抹殺す

59　Robiquet, *op.cit.*, t. 4, p. 153.
60　*J.O.*, Chambre des députés, 1880, p. 11950.
61　*Ibid.*, p. 12342.
62　*Ibid.*, p. 12434.

ることが，平凡な教師にできるのだろうか。……諸君は，自分が，この人間〔教師〕に不当に残酷な仕打ちをしているのだということに気づかないだろうか。また，このような，光や命のない教育から，また，もはや，神・キリスト・聖書・福音書，人類の名誉や力をもたらす事柄のいずれもが問題とはならない教育からは，より劣った，卑しめられた世代しか出て来ないことに，諸君は気づかないだろうか」[63]。

　ライシテ反対論の論拠を集約すると次のようになろう。すなわち，中立性は実際には不可能であること，ライシテはフランス人の大多数の意向に反することで，その良心の自由を侵害するものであること，ライシテにより公立学校が「無宗教」あるいは「反宗教」の巣窟になること，および社会秩序の軽視や風紀の紊乱などの弊害が生じること，さらに，宗教教育と道徳教育はそれらが教育課程で併存している限りにおいて有効なのであり，宗教教育を廃止することは道徳教育を廃止することに等しいこと，などである。

(2)　ライシテ擁護論の展開

　法案推進派はどのように反駁しただろうか。例えば，ポール・ジョゾン（Paul Jozon）は，ライシテは，良心の自由の防護物であり，「義務の不可避的なコロラリー」であり，学校で「宗教および無宗教のいずれも」教育されないことに不満を述べる権利は誰にもない，とする[64]。急進派のエドゥアール・ロクロワ（Edouard Lockroy）は，教育課程のライシテを，「学校から宗教を追い出すために」利用するよう主張するだけでなく，ライシテを教師にまで拡大し，修道会，特にキリスト教学校修士会修道士の攻撃を要求する[65]。アルテュール・シャラメ（Arthur Chalamet）は次のように言う。すなわち，ライシテの機能は「物事をその通常の状態に戻す」ことにある。つまり，自分の子どもが宗教的な観点からどのように教育されるかを決定するのは家父に，学校は教師に，そして教会は司祭に，という具合である。ところで，ライシテの思想は，フランス革命期にはとっくに共和主義者の視界に入っていたのであり，宗教教育から分離された道徳教育の思想は，当時「いわば流行していた」。革命の諸議会は，「家族の権利と国家の権利に割り当てられる，

63　*Ibid.*, p. 12677.
64　*Ibid.*, p. 12341.
65　*Ibid.*, p. 12487.

真に国民的な教育」を創設しようとした。シャラメはこのように結論する。「我々は，学校から神を追放したいとは思わない。しかし，ファナティスム，不寛容および迷信を追放することを望んでいる」[66]。

ポール・ベールは，既に1879年に，教育義務の不可避的な結果としてライシテを提示することにより，もはや学校における宗教教育は，良心の自由に鑑みて，容認されるものではないと述べていた。「教育義務が，家父の大多数にとって，自分の子どもを公立学校に通わせる必要性をもたらすものである以上，国家は，公立学校では，子どもの良心の自由を侵害する性質をもちうることは何ら教育されないということを，家父に保障しなければならない。それすなわち宗教教育は，わが国の公立学校の教育課程の一部をなすことをやめなければならない」。国家と異なる信仰をもつ人々あるいは信仰をもたない人々から，良心の自由を求める主張が提起された場合，国家は「国教」を樹立することでしか，学校における宗教教育を正当化しえない。しかし，「〔国教の必要性という〕この憎むべき理論を永久に絶滅したことは，まさにフランス革命の最大の栄誉なのである。……公教育に必修として宗教科目を導入することは，その復活以外の何物でもなかった。我々は，良心の自由の名において，それを廃止するのである」[67]。

最後に，フェリーの見解を引いておこう。フェリーは宗教に対する国家の中立性が必要であることを強調する。国家の中立性が維持されることによって担保される良心の自由の尊重は，ライシテの本質的な正当化理由である。フェリーは以下のように言う。

「学校の宗教的な中立性，学校の世俗化は，……我々のおよび政府の目から見て，世俗権力や，1789年以来，我々が生きている体制を構成している社会的な諸制度（例えば家族）の世俗化の帰結である。1789年は，すべての制度を世俗化した。とりわけ，家族の制度がそうされた。なぜなら，それは，結婚を，専ら世俗的な法律に服するもので，宗教的な法律からは完全に独立した民事契約にしたからである。私が諸制度の世俗化と呼ぶものがそれである。諸制度の世俗化は，遅かれ早かれ，必然的に，公立学校の世俗化に到達しなければならなかった」[68]。

66　*Ibid.*, p. 12427 et s.
67　Cité par Rivero, *op.cit.*, pp. 375-376.
68　Robiquet, *op.cit.*, t. 4, p. 116.

「フランスにおいて，公立学校の教理が，カトリック的なものであらねばならないとか，そのようなものでありうるとかいうことは正しくない。それはなぜだ，と諸君は問うだろう。それは，まずもって，教師の良心の自由の尊重による。信仰する宗教が如何なるものであれ，すべてのフランス人がすべての職務に就任することができるよう望む偉大な原理の尊重によるものなのである。その一方で，諸君の原理は，カトリックの信仰告白をしないすべての人々を教育の職務から排除するに至った。私はそこに，近代社会の本質的な諸原理の1つに対して開けられた傷口（brèche）を見るのである」[69]。

(3) 共和派の論理

ライシテを擁護する共和派は，主に教師や親の良心の自由を援用して，ライシテを正当化している。教育が義務であるならば，種々の異なる信仰をもつ子どもたちを受け入れ，また，そのような種々の教師を受け入れるべき公立学校が，特定の宗教・宗派の教義を信奉する態度を見せ，それを強要することは，論理的に見て，明らかに背理である。それに反して，カトリック勢力は，一見，良心の自由を援用するように見えるが，彼らが依拠しているのは明らかに多数派宗教たるカトリック教なのであり，少数者の良心の自由に配慮した主張であるとは言えない。それどころか，彼らは，ライシテによって，公教育領域における教会のプレゼンスの低下を憂慮し，ファルー法で獲得した特権を失うまいとする。彼らが問題としているのは，個人の自由の擁護ではなくて，1個の権力機関としての教会の利益である。

尤も，共和派にしたところで，純粋に個人の良心の自由を保障するためだけに，ライシテを持ち出したわけではない。そこには明らかに政治的な配慮が働いている。この点については次章でやや詳しく敷衍するが，端的に言えば，かかる配慮とは〈国民統合の保障〉なのである。全く異なる教義を信奉する2つの権力が別個に教育システムを掌握するという事態は，国民の精神的な分裂を不可避的に招来するはずである。共和派にとって，「共和主義者の共和制」の堅固な確立のためには，絶えず分裂の契機をもたらし続ける危険分子を，そのまま体制内にとどめておくことはできない。ファルー法以来，教会が握ってきた教育のヘゲモニーを，共和派に奪還すべきである。ファルー法で規定された「道徳・宗教教育」を解体し，「国民統合」の障碍にな

---

[69] *Ibid.*, pp. 120-121.

る教会勢力の，公教育におけるプレゼンスを否認することが必要である。1882年法で初等教育のライシテが法律上規定されたのは，共和派にとって大きな前進であった。

以後のライシテは，このフェリー立法を橋頭堡として展開されることになる。その意味では，フェリー立法の掉尾を飾るライシテの確立は「1789年の革命よりも重大な革命を開始した」[70]というルイ・カペランの評言も，さほど大袈裟ではないのかもしれない。

(4) 1882年法における教育課程のライシテ

初等教育のライシテを規定するのは，1882年3月28日法の冒頭の3カ条である。1条では，「初等教育は，道徳および公民教育（instruction morale et civique）……を含む」とされ，ファルー法の23条が廃止された。この結果，宗教教育は公立学校の教育課程から明確に排除された。この点が法案反対派による最も激しい抗議を招いた。彼らは，神のいない学校は，近い将来，神に反対する学校になるであろうと考えたのである。しかし，同法は，2条で，「公立初等学校は，親が望むならば，学校施設外で，親が自分の子どもに宗教教育を与えることができるように，日曜日のほかに週1日を休業とする」と規定し，子どもに宗教教育を受けさせる親の権利を保障すべく配慮している。3条では，司祭による公立・私立の初等学校の視察・監督・指導の権利が否認され，初等学校の視察・監督が非宗教化されることとなった。

2 教師の世俗化

1882年法では教育課程のライシテが実現したにとどまり，それゆえ，修道士はフェリーの改革後も公立学校の教師であり続けたし，公立学校教師になることもできた。教師のライシテを法制化したのは，1880年代の共和主義的教育改革の到達点をなす1886年10月30日の法律[71]である。1886年法は，フェ

---

[70] Capéran, L., *Histoire contemporaine de la laïcité française*, t. 2, Paris, Marcel Rivière, 1960, p. 255.

[71] 「初等教育の組織化に関する法律」（Loi sur l'organisation de l'Enseignement primaire）。*Bulletin des lois*, 12 série, t. 33, nº 1046, 1886, p. 873 et s. この法律は，まさに「初等教育憲章」（la charte de l'enseignement primaire）というに相応しいものであった。Chevallier et al., *op.cit.*, p. 126.

リーによって準備されたものであるが，フェリーの後任として公教育大臣に就任したルネ・ゴブレ（René Goblet）のときに成立したことから，「ゴブレ法」とも称される。教師の非宗教化は，1882年法で教育課程が非宗教化されたことの当然の帰結である。修道会系の教師に中立な教育を要求することは不可能であった。教師の世俗化を規定したのは，1886年法の17条（「すべての種類の公立学校において，教育は専ら世俗教師に委ねられる」）である。

この点が議会で激しく論議された。右翼は，国家が，法律によって要求される年齢・道徳性・適性の条件を満たしている，あるカテゴリーのフランス人を公職から排除する権利をもつことは認められない，と主張した。また，中央左派のジュール・シモンは，他者の自由を侵害するような法律は，それゆえに非難されるべきであるとした。これに対して，公教育大臣ゴブレは，17条は教育の中立性を課す1882年法の帰結にすぎない，と反駁した。修道士が中立であるとは考えられない，と言うのである。さらに，ゴブレもまたフェリーと同様の政策課題（「国民統合」）を追求する。ゴブレは言う。「我々が，古い影響力から現在の世代を決定的に奪い取るか，または，もう１度，これらの影響力に，これらの世代への支配力を取り戻させてしまうかは，ひとえに，この仕事の成功にかかっている」[72]。

要するに，共和派が初等学校を通じて求めていることは，国民統合を確立することであり，国民統合をこそライシテは目指さなければならなかったのである。

ところで，1886年法以後も，教育の非宗教化はなおその徹底を見なかった。そればかりか，修道会系学校は発展さえした。折しも，1890年代末にフランスを揺るがしたドレフュス事件で，カトリックが王党派などと組んで反ドレフュス同盟を結成するなどしたため，修道会への社会的批判が高まり，1901年法や1904年法など，修道会の勢力削減を図る諸措置が講じられた。最終的には，急進共和派の反教権主義闘争は，教会と国家を分離する政教分離法（1905年）が制定されたことで一応の決着を見る。これらの問題については，第５部第１章で検討することにする。

---

[72] Cité par Monchambert, S., *La liberté de l'enseignement*, Paris, P.U.F., 1983, pp. 208-209.

第3章　フェリー教育改革における国家の論理

　本章では，1880年代の共和派オポルテュニスム路線を主導し，共和主義的教育改革を推進したジュール・フェリー[1]を取り上げる。そして，教育の〈無償・義務・ライシテ〉という公教育の基本原則が法制化された時代背景や政治体制にかかわる諸条件と，フェリーおよび共和派の教育改革との関連性，フェリー教育改革とフランス革命以来の共和主義的な伝統との関連性な

---

[1]　ジュール・フェリー（Jules François Camille Ferry：1832～1893年）は，フランス東部のヴォージュ（Vosges）県サン＝ディエ（Saint-Dié）に生まれた。フェリーが育った家は，地方の典型的なブルジョワジーの家系に属した。フランス革命を信奉し，宗教とは無縁で，保守的な体制には反対の姿勢をとる，そんな家風であった。フェリーは，ルイ＝ナポレオンのクーデタ（1851年12月）の直後，パリで弁護士として出発する。1869年に立法院議員に選出され，政治家人生が始まる。第3共和制において3度にわたり公教育大臣を務め，内閣総理（président du Conseil）も2回経験した。公教育大臣として1882年法を成立させたのは，第2次フレシネ内閣のときである。1883年，第2次フェリー内閣を組閣したとき，拡大する急進主義勢力によって常に脅かされたことから，「危険は左翼にある」との有名な言葉を吐いた。フェリー内閣が倒れる直接のきっかけは，インドシナにおける膨張政策の失敗であった。フェリーは共和国大統領の座を望んでいた。しかし，彼が解散権の支持者であったため，その野望は実現しなかった。死の少し前まで元老院議長を務め，1893年に60歳でこの世を去った。フェリーの人と思想に関する文献は多数に上る。ここでは，さしあたり次のものを挙げておこう。Gaillard, J.-M., *Jules Ferry*, Paris, Fayard, 1989; Furet, F. (dir.), *Jules Ferry, fondateur de la République*, Paris, E.E.H.E.S.S., 1985; Barral, P., *Jules Ferry, une volonté pour la République*, Nancy, Presses Universitaires de Nancy - Éditions Serpenoise, 1985; Brulat, P., *Histoire populaire de Jules Ferry*, Paris, Albin Michel, 1907; Pottecher, M., *Jules Ferry*, Paris, Gallimard, 1931; Rambaud, A., *Jules Ferry*, Paris, Plon-Nourrit, 1903; Reclus, M., *Jules Ferry*, Paris, Flammarion, 1947; Pisani-Ferry, F., *Jules Ferry et le partage du monde*, Paris, Grasset, 1962. フェリーの演説集として，Robiquet, P., *Discours et opinions de Jules Ferry*, t. 1-7, Paris, Armand Colin, 1893-1898; Rudelle, O., *Jules Ferry, La République des citoyens*, t. 1-2, Paris, Imprimerie nationale, 1996 が，書簡集として，*Lettres de Jules Ferry（1846-1893）*, Paris, Calmann-Lévy, 1914 がある。

第 3 章　フェリー教育改革における国家の論理　251

どの観点から検討したい。

第 1 節　ジュール・フェリーの思想的背景

1　フランス公教育体制成立をめぐる評価

　ジュール・フェリーの思想的な基盤（ひいては第 3 共和制の教育改革の背景にある理念的基盤）は，どこにあるのだろうか。

　堀尾輝久氏によれば，フランス公教育体制成立をめぐる評価については，2 つの立場がある。1 つは，第 3 共和制をフランス革命の直系と見なす解釈で，公教育 3 原則（義務・無償・ライシテ）はフランス革命の精神や人権思想の端的実現であると解するものである。もう 1 つは，フランス革命期と第 3 共和制期の社会構造における質的差異を重視し，新しい現実への新しい思想的・制度的対応としてフェリー教育改革を捉える見解であり，社会連帯主義の立場から自然法思想に基づく個人主義的自由を否認し，義務教育制度を人権宣言の精神との断絶として理解する解釈である。堀尾氏自身は，現実認識としては後者の見方が正しいとし，コント実証主義を信奉し，国家の教育権の主張者であるフェリーによる義務教育の制度化は，個人の権利思想の全面的否定において遂行されたものであるとの立場をとる[2]。

　思うに，フランス革命思想（特にコンドルセの思想）とフェリー教育改革を純粋な連続性の観点から捉える見解[3]は，後述するように妥当ではないが，他方で，堀尾氏の定式にも，「一面的理解」ではないかとの批判がある。例えば，成嶋隆氏は，「〔第 3 共和制の公教育法制を〕『近代公教育原則』から全面的に切断された国民教化制度として単純に描き出すことはできない。かかる側面と同時に，教育の私事性原則に連らなる教育の自由法理が，この制度のもう 1 つの重要な側面をなしていることが確認される」と指摘する[4]。フ

---

[2]　堀尾輝久『現代教育の思想と構造』（岩波書店・1971 年）176～177 頁。

[3]　例えば，吉田正晴『フランス公教育政策の源流』（風間書房・1977 年）301 頁以下，原田 = 手塚 = 吉田 = 桑原編『現代フランスの教育』（早稲田大学出版部・1988 年）58 頁〔松島鈞 = 尾上雅信〕などがある。かかる理解の不適切さを強調するものとして，Nique, C. et Lelièvre, C., *La République n'éduquera plus, la fin du mythe Ferry*, Paris, Plon, 1993 がある。

ランス近代公教育法制を〈国家による教育独占〉の具現化として捉えるのだとすれば,それは正しい理解ではない。後述するように,フェリー教育改革は,〈自由〉を駆逐して〈教育の国家独占〉を樹立する,というものではなかった[5]。

しかし,フランス近代公教育法制の成立を「レジームの論理の貫徹」[6]として説明する堀尾テーゼを単純に排斥することも妥当ではない。確かに,近代公教育法制を成立させた要因は多様であり,制度の具体的内包を参照すると親の自由への配慮も窺うことができる。しかし,「教育の自由」は「レジームの論理」に比肩しうる価値理念ではなかったし,実際の制度が「教育の自由」によって強く規定されるということもなかった。むしろ,公教育の具体的制度化の基幹的な要因は「レジームの論理」であり,主に政治的妥協の結果として「教育の自由」が法制度に織り込まれた,と解するのが妥当であろう。それは,フェリーら共和主義者の動向を中心とした公教育の制度化過程の分析から読み取れる。

結局,フランス近代公教育制度は,「教育の自由」(私事性)を否定するものではないが,しかし,基本的には,(仮に制度的にはそうでないとしても,その理念においては)国家を〈教育の主宰者〉として位置づけるところから出発したものであると考えられる。

2 フェリーと実証主義思想

フェリーはコンドルセの思想を称揚していた[7]し,その熱心な読者でも

---

4 成嶋隆「『教育の自由』の前提的諸問題」憲法理論研究会編『精神的自由権』(有斐閣・1982年)268頁以下。

5 教育史家のモナ・オズーフは,フェリー改革の〈自由〉の基底性を強調する。オズーフによれば,フェリーはその目標とする「国民的一体性」(unité nationale),持続的な共和制を個人の〈自由〉の上に構築しようと試みたのであり,その点で革命期の専制的な共和主義者と区別される。Cf. Ozouf, M., *Jules Ferry*, Paris, Bayard, 2005.

6 堀尾・前掲,69頁。

7 「私〔フェリー〕は,コンドルセにおいて,共和主義教育の見事なプランと遭遇したとき,唖然とするしかなかった」。Cité par Fourrier, C., *L'Enseignement français de 1789 à 1945, précis d'histoire des institutions scolaires*, Paris, Institut pédagogique national, 1965, p. 87.

あった。しかし，一般にフェリーのイデオロギー的基盤として最もよく指摘されるのは「実証主義」(positivisme) である[8]。フェリーが，実証主義・近代社会学の祖であるオーギュスト・コント（Auguste Comte）の学説に親しみ，その信奉者となるのは，第2帝制下の1850年代末のことである。当時は，他の若い自由主義者や共和主義者の多くがコント主義（comtisme）の諸原理を信奉するようになった。コントの実証主義につき，行論に必要な範囲で敷衍しよう。

「秩序と進歩」（Ordre et Progrès）は，コント実証主義を要約するスローガンとして知られている。これは時代の影響を強く受けている。産業の発展に伴いプロレタリアが増大すると，もてる人々を苦しめる社会不安が醸成される。ブルジョワジーは，政治的・社会的な秩序を求めると同時に，彼らが社会的混乱の要因であると見ていた経済的な進歩をも欲する。コントは，進歩と秩序，資本主義的な発展と社会平和の間に矛盾は存在しないと考える。その条件はプロレタリアの教育に力が注がれることである。教育の力で，労働者は組合に組織され，雇用者の論理に圧力をかけ，資本家との間の紛争の解決を見いだすことができるようになるだろう。民衆の教育は社会平和を意味することになる。フェリーは，共和制の継続を願い，司祭と革命家の有害な影響から民衆を守る手段について考えるとき，コントにおいて「秩序と進歩」という着想を見いだすであろう。それは〈自由・平等・友愛〉と同様，1880年代の第3共和制のスローガンである[9]。

コントによれば，現代世界の混乱と無秩序の原因の1つは，世俗権力と精神的権力（教権）の融合にある。世俗権力は何よりも，精神的な空間，すなわち，道徳および人類教（religion de l'Humanité）で完了する実証的な科学の空間に対する，如何なる干渉も自制すべきである。逆に，実証的な祭司職は，あらゆる世俗の職務を慎重に回避すべきであろう。それは，管理されることを受け入れてもならず，世俗権力を管理することを望んでもならない。実証主義者にとって，これらの証明の最も明確な帰結の1つは，教会と国家，教

---

[8] フェリーの実証主義については，Legrand, L., *L'influence de positivisme dans l'œuvre scolaire de Jules Ferry*, Paris, Marcel Rivière, 1961; Nicolet, C., «Jules Ferry et la tradition positiviste», in Furet (dir.), *op.cit.*, p. 23 et s. などを参照。

[9] Gaillard, *op.cit.*, p. 136.

会とユニヴェルシテの分離が不可欠だということである。事実，ユニヴェルシテ予算と宗務予算の廃止こそは，1848年にコントが緊急に要求した項目の1つであった[10]。

ところで，コントの関心の出発点は，革命後の無秩序化した社会を再組織化することである。コントにとって，フランス革命は，批判すべき形而上学的精神の表現であった[11]。フランス革命が社会秩序を構築できなかったのは，それが形而上学的な個人主義の観念を発展させたからである。自然法思想に基づく自由や平等の観念が無秩序を促進したのであり，精神的秩序の崩壊をもたらした革命には，終止符が打たれるべきである。「オーギュスト・コントは，革命という事態が，その破壊的な力を汲み尽くされた後で，建設的な力を生ぜしめる能力のないことが明らかになるとき，歴史の混沌とした展開に終止符を打ち，全般的な再建を行うために，『実証的段階』に希望を託すのである」[12]。

コントの3段階の法則の第3番目に来る「実証的段階」では，過去に社会を束縛してきた神学的・形而上学的精神を退け，実証的精神が新しい社会秩序を創り出す。実証的精神によれば，社会の構成は諸個人間の自由な契約という形而上学的な理論で理解すべきものではない。社会は共同体的なものとして捉えられ，人々を結びつける社会連帯の関係が社会秩序を支えるのである。個人は社会の一部分であり，独立した存在ではない。存在しうるのは社会のみである。個人は社会という団体の総体に従属するのであり，個人の権利なるものは認められない。「コントは社会本位主義といってもよく，個人の権利を否定し義務を強調した。個々人は社会のために，あくまで義務を負うのみである。個々人は，生理学上諸々の器官が有機体に従属するように，社会そのものに従属する。コントは，その科学的方法から権利そのものを否定した。ア・プリオリに権利を肯定することは，実証的に容認できないものであった。実証主義の時代にあっては，すべてのひとびとは義務を負い，自己の義務を遂行する以外のいかなる権利をも有しないのである」[13]。

10　Nicolet, *op. cit.*, p. 28.
11　大塚桂『フランスの社会連帯主義』(成文堂・1995年) 329頁。
12　Gaillard, *op. cit.*, p. 134.
13　大塚・前掲, 209頁。

確かに，フェリーの教育政策を考察するときは，実証主義の思想背景を見落とすことはできない。ただし，実証主義の基本的な原理が，フェリーの思想において重要な役割を演じたと言えるとしても，現実の政治運営におけるフェリーの態度がそうした諸原理に忠実であったかは別問題である[14]。

第2節　第3共和制における教育制度改革の背景要因

共和派にとって教育改革は緊急かつ必須の政治課題であった。その理由と

14　ピエール・シュヴァリエは，教育における科学の重要性と教育の統一性をフェリーが称揚した点について，それはコンドルセを源泉とするのだとの見解に対して，それらがいずれもコント実証主義の要請でもあることに注意を喚起する。また，1882年法において，フェリーは，「次の世代に，共和制への愛と崇拝，および，最も純粋な実証主義にしたがった社会道徳を課そうとする意思，要するに，『神なし王なし』のフランス社会を組織しようとする意図」をもっていたと指摘している。Chevallier, P., *La séparation de l'église et de l'école, Jules Ferry et Léon XIII,* Paris, Fayard, 1981, p. 290. しかし，同時に彼が指摘するように，フェリーの教育業績においては，実証主義の思想がそのまま貫徹しているわけではない。フェリーは，啓蒙哲学と革命の遺産の上に，実証主義の体系を重ねたとされる。*ibid.*, p. 289. クロード・ニコレによれば，ガンベッタと同様，フェリーは，政治運営において実証主義以外の伝統を考慮せざるをえないことを自覚していた。実証主義によれば排斥されるが，共和制の観念それ自体とは不可分の関係にある主観的権利を受け入れるのであり，コントが「無政府主義的な定式」との非難を浴びせていた，1789年のシンボルである〈自由・平等・友愛〉を放棄することはない。それゆえに，フェリーが，1870年の教育の平等に関する演説の名において，コントを超えてコンドルセと近似するように見えるのも偶然ではないとされる。Nicolet, *op.cit.*, p. 41. フェリーの教育政策の総括を試みるとき，それが必ずしも思想的に首尾一貫してはいないことを認めなければならない。確かに，基本的な思想的基盤は存在するが，例えば，実証主義の要請である国家と教会の分離を先送りしたり，コンコルダに忠実であったりするフェリーの態度は，彼が，思想家ではなく政治家であったことを如実に物語っている。したがって，ある一定の思想的基盤を前提して，フェリーの教育業績との整合性を厳密に追求することにはあまり利益がないし，かかる前提からフェリー教育改革の含意を単純に引き出すこともできないだろう。結局，「フェリーの業績は，理論家またはイデオローグの業績ではなく，……政府の人間の業績である」（Mayeur, J.-M., «Jules Ferry et la laïcité», in Furet (dir.), *op.cit.*, p. 156) ということであろう。

しては，①普仏戦争の敗北とパリ・コミューンによる内戦の結果，荒廃し威信を失墜した祖国を，教育を通じて再建すること，その際，〈一にして不可分の共和国〉へと国民を統合・包摂すること，②共和制の正当性原理である国民意思の不断の獲得を保障すること，すなわち普通選挙の円滑な実施を確保すること，③民衆の間に高まりつつある教育要求に呼応すること，などが挙げられよう[15]。

1 「祖国」としての共和制と国民統合

1870～71年の混乱の時期を経た後，フランスには，荒廃した国土と，王党派多数の議会をもつ「共和制」が残された。祖国の再建を実現し，その威信を回復する必要がある。既に述べたように，普仏戦争の敗北の責任は従来の教育制度とそれを担う教師の責めに帰された[16]。祖国を再建するためには，教育制度を再編成し，教育の普及を図ることが不可欠である。「より広汎に教育を普及させることは，共和主義者には，祖国の再建を保証する最も効果的な手段の１つであるように思われた」[17]。当時のフランス教育の状況は，芳しいものではなかった。「自由帝制」下でのヴィクトル・デュリュイ（Victor Duruy）による改革にもかかわらず，初等教育は義務でも無償でもなかった。依然として，子どもは工場労働または農業労働に駆り出されたため，就学の状況は芳しくないか，または全く就学が見られないこともあった。1872年，ノール県において，農業労働者の30％，小企業労働者の40％，大企業労働者の66％が識字不能であった。1879年には，フランスの徴兵適齢者の

---

15 なお，フェリー教育改革が，フランスの帝国主義的再編のために行われたとする見解もあるが，本書はこの立場をとらない。フェリー教育改革が遂行された1880年代前半の段階では，本格的な帝国主義的進出ではなく，あくまでも国民的な統合の契機を提供するものとして，「愛国主義」ナショナリズムの昂揚が利用されたと考えられるからである。この点につき，原聡介「国民的連帯に向かうフランス第３共和国」梅根悟監修＝世界教育史研究会編『世界教育史大系38―道徳教育史Ⅰ』（講談社・1976年）220頁を参照。

16 Cf. Ozouf, M., *L'École, l'Église et la République (1871-1914)*, Paris, Éd. Cana/Jean Offredo, 1982, pp. 21-22.

17 Israël, A., *L'école de la République, la grande œuvre de Jules Ferry*, Paris, Hachette, 1931, p. 1.

16.85%がやはり読み書き不能であり、新婦の25%が婚姻証書にばつ印で署名した[18]。しかし、王党派多数の国民議会は問題の解決に努力しなかった。

5月16日事件の勝利以後、権力を掌握した共和派は、傷ついた「祖国」の栄光を取り戻すことを共和制国家の基本目標として掲げる。国民統合を促進するシンボルとしての〈一にして不可分の共和国〉のイメージは、共和主義者が、フランス革命期から様々な手段を用いて追求してきたものである（行政の中央集権化、一元的な法制度の確立、言語的な統一性の確立＝言語革命[19]、度量衡の統一など）。しかし、第3共和制初期のフランスには、近代国民国家を象徴する〈一にして不可分の共和国〉は存在しなかった[20]。第3共和制のイデオローグたちは、〈一にして不可分の共和国〉に象徴されるナショナル・アイデンティティの創出を「学校」に期待する。「地域共同体への帰属意識を包括的共同体としての『一体不可分の共和国』フランスへの帰属意識に置き換えるには、要するにフランス国民としての意識を深めるには、もはや政治制度上の改革だけでは不十分なのであって、一種の文化革命が長期にわたって必要とされる。こうした観点から第3共和政は、《祖国》＝共和国に向けて国民を多様な形で動員する（記念碑・マリアンヌ像などの建立、1889年の革命100周年記念……）ほか、次代を担う青少年育成の場としての教育、とりわけ初等教育を重視したのである」[21]。

2　権力の源泉としての普通選挙

普通選挙を通じて国政に関する意思表示を行う国民の存在を度外視しては、

18　Chastenet, J., *Histoire de la Troisième République*, t. 1, Paris, Hachette, 1952, p. 296.

19　この点につき、田中克彦『ことばと国家』（岩波新書・1981年）100頁以下を参照。

20　例えば、1864年、ロゼール県の視学官は、視察に訪れた学校で、子どもが誰ひとりとして、「あなたはイギリス人かロシア人か」「ロゼール県があるのは何という国か」といった質問に答えられなかったことに激怒した。Weber, E., *Peasants into Frenchmen, the modernization of rural France 1870-1914*, California, Stanford University Press, 1976, pp. 110-111. さらに、1863年の段階では、フランスの全人口の5分の1がフランス語を理解できなかった。*ibid.*, p. 310.

21　田中正人「『2人の子供のフランス巡歴』とその時代―第3共和政初期の初等教育イデオロギー―」谷川稔ほか『規範としての文化』（平凡社・1990年）124頁。

共和派はその政策を貫徹することはできない。まさしく国民は権力の源泉なのである。ガンベッタは「制度民主主義」[22]をもって共和制秩序を確立しようとしたが，それは，普通選挙と議会制という制度的な枠内に国民諸階級を包摂することで，共和制における安定した秩序を保障しようとするものである。このような回路を備えることで，共和制は自身に対する国民の信仰を獲得し，その正当性を認めさせることができる。糠塚康江氏によれば，「『共和制』は制度を受け入れるすべての者に参政の機会を与えることで，あらゆる対立を制度のなかに包摂していく。その参政構造の広範さゆえに，国家構造の凝集力も増している。『共和制』は国家統合のシンボルとして，また権力行使の正当化のシンボルとして機能する」ということになる。しかし，また，「対立を包摂する『共和制』であり続けるために，共和主義的改革を断行し，『共和制』を支える選挙民を創出し続ける必要があった」のであり，その表現こそはフェリーの教育改革であったとされる[23]。

確かに，フェリーは，第2帝制期の1860年代から，デモクラシーと普通選挙の間の分かち難い結びつきを認めており，普通選挙を通じて共和制を創設しようとする態度を固めていた[24]。彼自身の言葉では，「普通選挙はフランスにとって法のなかの法である。それは一種の生けるかつ進歩する憲法 (Constitution vivante et progressive) である」[25]ということになる。フェリーは，普通選挙による共和制は，すべての利益，すべての権利，すべての階級を包摂しなければならないと考えた。共和制は，一方の勢力に対する他方の勢力の支配ではありえない。それは万人に開かれるべきものである。フェリーは言う。「共和制を閉鎖せずに，それを開かねばならない。しかも，すべての善意の人に。……私は，開かれた共和制に，祖国の旗の下での，すべての共和主義者の，それどころか，すべてのフランス人の団結に祝杯をあげるのである」[26]。

---

22 喜安朗「フランス第3共和政の形成と政治支配の論理」歴史学研究350号（1969年）8頁。
23 糠塚康江「『共和制』のシンボル化」ジュリスト1013号（1992年）98頁。
24 Gaillard, *op.cit.*, p. 175.
25 *Ibid.*, p. 176.
26 *Ibid.*, p. 177.

普通選挙による健全なデモクラシーが樹立されるために，また，普通選挙を共和制の継続的な同盟者とするためには，国民に教育を行き渡らせることが不可欠となる。共和派による共和主義的な教育改革の要求が浮上するであろう。

3　民衆の教育要求

共和派の教育改革はまた，民衆の教育要求に応えるものでもあった。確かに，農村部民衆の教育への関心は低かった。地方名望家の圧力もあったが，彼らの多くは貧困ゆえに多かれ少なかれ子どもの稼ぎも当てにしなければならなかった。しかも，自らが教育を受けていないため，教育の意義を理解できなかった。そのため就学率は一向に上昇せず，識字率もなかなか改善されないことになる。たとえ教育が無償化されても，それが農村部の就学率の向上に決定的な影響を与えるわけではなかったのである[27]。農村民衆の教育への無関心には別の理由もあった。学校で教育される技術の利用機会がある都市の民衆とは異なり，かかる技術は農村部の民衆には僅かな利益しかもたらさなかったということである。しかし，このような状態にも変化が訪れる。次第に，民衆の間で，教育は立身出世の手段として有用なものであるとの理解が普及し始める。換言すれば，社会的上昇を果たすために初等教育が重要であるという認識が，民衆によって広汎に共有されるようになるのである[28]。

民衆の教育要求に直面した共和派には2つの選択肢があった。1つは，7月王制下でギゾーがそうしたように，民衆の社会的上昇を遮断し，既存の階層化された社会秩序を固定化するやり方である。もう1つは，民衆の社会的上昇の欲求を満足させることによって，体制への民衆のコミットメントを獲得するやり方である。桜井哲夫氏の指摘によれば，選ばれたのは，能力（業績）主義による社会的上昇の回路を用意しておくやり方であった。かかる社会的上昇を媒介するのは「学校」であった。ただし，立身出世の回路は，それほど広くは開かれていなかった。初等教育は無償化されるが，しかし，それ以上の段階は依然として有償であり，現実には，ある一定の階層の子弟しか上昇の回路を利用することができない状態にあった。だとしても，社会的

---

[27]　Nique et Lelièvre, *op.cit.*, p. 28.
[28]　Weber, *op.cit.*, pp. 325-328.

上昇の可能性をまがりなりにも民衆に保証することで，彼らの欲求に満足を与えるのである。それによって，民衆を体制に包摂することが可能となる。要するに，「〈能力に対して開かれた地位〉（テュルゴー）という神話こそ民主制への忠誠を生みだすものなのであった」[29]。

4　まとめ～フェリー教育改革と「国民統合」

以上のような教育改革の諸要因のいずれについても，「国家」のイメージがつきまとっている。具体的に言えば，それは「共和制」のイメージである。共和派は，初発の段階で「共和制」の基盤を確立し，次いで，その諸制度を通じて体制の継続的な保障を可能ならしめることを望むであろう。そのプロセスに介在する必須の国家装置こそが，学校教育のシステムである。学校教育を媒介することによって，国民の道徳的・精神的同質性が創出され，「共和制」の秩序形態が維持され，その再生産の可能性が担保されることになる。〈国民の道徳的・精神的統一性＝国民統合〉なしには，「共和制」の存立を保障することはできない。それゆえ，フェリー教育改革は，共和制の基盤を固め，その存立を継続的に保障するであろう「国民統合」という政策課題の遂行を目指すものだったと考えられる。

第3節　フェリー教育改革における教育の「平等」と「自由」

ここでは，フェリーの思想において，また，第3共和制の教育制度において，教育の「平等」および「自由」がどのように位置づけられていたかを検討する。

1　「教育の平等に関する演説」

フェリーは，1870年4月10日にサル・モリエール（salle Molière）で行った有名な演説（「教育の平等に関する演説」）[30]において，教育の平等についての見解を明らかにしている。彼は，そのなかで，真のデモクラシーを生み出す

29　桜井哲夫『「近代」の意味』（日本放送出版協会・1984年）58頁。この点に関しては，小田中直樹『フランス近代社会1814～1852』（木鐸社・1995年）356頁以下も参照。

30　Robiquet, *op.cit.*, t. 1, pp. 287-289.

ためには教育の平等が不可欠であるということを強調している。教育の平等は，平等でかつ民主主義的であらねばならない共和主義的な社会の組織化に貢献するはずであった。「前世紀と今世紀初めは，所有権の諸特権，諸階級の諸特権と区別を一掃した。我々の時代の仕事は確かにもう困難ではない。……私はそれを次のように規定しよう。それは，出生に由来する不平等のうちで最後の，最も恐るべきものである，教育の不平等を消滅せしめることである，と。……教育の不平等は，事実，社会的な観点から見て，出生の偶然の最も明白でかつ遺憾な結果の1つである。教育の不平等とともにありながら，諸権利の平等，つまり，理論上の平等ではなく現実の平等を手に入れることはできまい。しかし，諸権利の平等はデモクラシーの基盤そのものであり，精髄である」。

次いで，フェリーは，「別の観点から見ると，教育の不平等は，真に民主的な習俗の創造が遭遇しうる最も大きな障碍である」という見方を示す。かつての非民主的な社会においては，支配と服従の関係が固定され，劣位者と優位者の区別が厳然と存在していた。これに対して，現代の平等で民主的な社会を規定するのは，支配と服従の関係の互換可能性の保証であり，劣位者と優位者の関係を平等の原理で置換するという思想である。尤も，「私は，社会における支配と服従の関係を廃止する社会的な条件の絶対的な平準化という，何だかよく分からないことを説き勧めるものではない。私はそれを廃止しない。修正するのである」。劣位者も優位者もいない社会では，「一致して〔契約を〕締結する2人の人間がいる。そのとき，諸君が主人と召使において見いだすのは，まさに，各々が明確，限られたかつ予想された自分の権利を，各々が自分の義務を，そして，その結果，各々が自分の尊厳をもつ2人の契約当事者である」。ところで，「我々がその曙光を見いだしている平等な習俗が確立されるための，民主的な改革が世界に伝播するための第1条件とは，いったい何であろうか。それは，かつては劣位者（inférieur）と呼ばれていたもの，今なお労働者（ouvrier）と呼ばれているものに自尊心を植えつけるか，または取り戻させるよう，彼にある程度の教育が与えられることである」。

「最後に」とフェリーは次のように言う。「自由を創設する任務を与えられた社会においては，階級の区別を廃止するという大きな必要性がある。私は，

諸君に，ここにいる，様々な段階の教育を受けた諸君すべてに，率直にこう尋ねたい。現実の社会においては，もはや階級の区別は存在しないであろうか，と。私は，それは依然として存在する，と言おう。基本的な区別がある。それは，教育を受けた人々と少しも受けなかった人々の間の区別なので，それを根絶するのはますます困難である。ところで，私は諸君に次のように言おう。もしこれら2つの階級間に，ある学校で富者と貧者を混淆することから生じる，初期の接近と融合がなかったならば，諸君は，これら2つの階級を，平等主義的な国民に，すなわち，真のデモクラシーの力を作る統一の精神と諸思想の友誼とによって突き動かされる国民にすることなどできないのだ，と」。

2 思想と制度における教育の「平等」

フェリー教育改革によって教育の機会均等が樹立された。1881年6月16日法で教育の無償が規定されたことは既に述べた。無償教育に関しては，それがフランス革命期の諸教育立法（例えば，ブキエ法・ラカナル法）に見られたように，共和派の基本的なプログラムの1つをなしていたと思われる。ところが，教育の無償制は，既に1795年のドヌー法において，権利から貧窮者への慈恵へと制度的性格が転換されることで，革命の理想からは乖離することとなる。1816年のオルドナンスや1833年のギゾー法も，かかる慈恵の概念に立脚した部分的な無償を宣言するにとどまった。教育の無償制への傾斜が顕著になるのは，第2帝制の自由帝制期のデュリュイ教育改革においてである。その結果，既に第3共和制の初期には3分の2の生徒が初等教育の無償を享受していたと言われている[31]。フェリー教育法は，その延長線上に位置するものであった[32]。また，無償教育の法制化については，社会主義者の運動や労働者の運動の影響も無視することはできない[33]。

---

[31] Fourrier, *op.cit.*, p. 190.

[32] しかし，無償・義務にかかわるフェリー法は，ギゾーとデュリュイの諸法律によって開始されたプロセスの結果にすぎないとの見方がある。Cf. Nique et Lelièvre, *op. cit.*, p. 28.

[33] Cf. Fourrier, *op.cit.*, p. 184 et s.; Duveau, G., *La pensée ouvrière sur l'éducation pendant la Seconde République et le Second Empire*, Paris, Domat Montchrestien,

健全なデモクラシーを実現するためには、すべての子どもが教育を受ける機会を与えられねばならない。フェリーは、特に私学教育において、学費支弁能力の有無で子どもが差別されていることに注意した。当時、修道士が経営する多くの学校で、貧困家庭の生徒は学費を支弁している生徒と分離されており、与えられる教育において前者と後者の間に同質性は存在しなかった。例えば、ロワール川下流地方では、1875年に多くの教会立学校が、貧困家庭の子どものためのクラスを分離し、彼らを放置していた[34]。フェリーは、「『初等教育に関する国家の義務は絶対であり、国家は万人にそれを負っているのである』。それは、この義務が社会的な利益それ自体によって測られるからであり、最低限の基礎教育が万人によって所有されるということは、我々の社会のような民主的な社会における第一級の利益であるからにほかならない」[35]との立場を明確に宣言していたから、そうした状況を黙認することはできなかった。

しかし、フェリーは同時に、教育の無償は初等教育にのみ及ぶことを明言していた[36]。初等教育は国家が万人に負っている債務である。しかし、中等教育は、それを受けるに値する者、それだけの能力をもつ者だけが享受すべきものであるから有償となる、というのである。だとすれば、フェリーの言う〈能力〉には、学費の負担可能性という資産的な裏づけも予定されているはずであった。そこには、ブルジョワ共和主義者としてのフェリーの限界が露呈していると見ることができよう。先に述べたように、フェリーは、ギゾーのように、階層秩序を完全に固定すべく民衆層の上昇を遮断するというやり方は採用しなかった。第3共和制では、民衆の子どもにも公立初等学校を通じて上昇するチャンスが開かれていたし、それは〈教育の能力主義〉のイデオロギーにも一定の根拠を与えるものであった。しかし、社会的上昇の回路は、限りなく狭隘なものとされていた。それは、既存の社会秩序に致命的な動揺を与えることなしに、体制の民衆の同意を確保することを狙ったものであろう。截然と区別された2つの教育系統（初等および中等教育）の

1947. なお、牧柾名『教育権』（新日本新書・1971年）69頁以下も参照。
34　Weber, *op.cit.*, p. 324.
35　Robiquet, *op.cit.*, t. 4, pp. 53-54.
36　*Ibid.*, p. 54.

「並置」(juxtaposition) に疑問が呈されることはなかったのである[37]。

結局，フェリーら共和主義者が設けるのは，統一学校ではなく民衆の学校なのである。中等段階の教育は，別の特権化された社会階層に留保される。確かに，初等・中等教育の間に移動制度は存在したが，第3共和制の教育制度は本質的に「二元的＝複線型」(dualiste) のそれにとどまっていた。それは体制が援用した民主主義的な諸原理とは明らかに矛盾していた[38]。しかも，不十分な無償制は教育機会の均等化を真剣に志向するものとは言い難いであろう。そのような意味で，フェリーの教育改革のモチベーションとして，教育の平等への配慮や人間を解放する意思のいずれも見いだせないという指摘[39]には，理由がないわけではない。フェリーは，しばしば社会内対立の解消と社会平和の維持を強調するが，彼に言わせると「学校は諸階級間の協調に資するものであらねばならない」[40]ものであり，学校はその役割を果たすことができるであろう。

要するに，フェリーにとって，教育の機会均等の促進や教育の民主化，社会的流動性の保証などは，より本質的な別の目的の前にその地位を譲らねばならなかった。つまり，「国民統合」こそが，フェリーの最大の関心事であったと考えられるのである[41]。

3　1882年法における「教育の自由」
(1)　制度的与件

まず，公立学校と私立学校が併存するという意味において，「教育の自由」は存在するであろうか。1882年法は私立学校のための固有の規定をもたない[42]。しかし，関連するファルー法の規定が変更されていないことから，私立学校の存在が当然の前提とされているのは明らかである。条文上は，「宗

---

[37]　Barral, *op.cit.*, p. 102.
[38]　Raynaud, P. et Thibaud, P., *La fin de l'école républicaine*, Paris, Calmann-Lévy, 1990, p. 33.
[39]　Nique et Lelièvre, *op.cit.*, p. 91.
[40]　Cité par Gaillard, *op.cit.*, p. 190.
[41]　Nique et Lelièvre, *op.cit.*, p. 29.
[42]　私立学校についての詳しい規定をもつのは，1886年10月30日の法律である。

教教育は，私立学校においては任意である」（2条2項）とか，「初等教育は，満6歳から13歳までの男女いずれの子どもについても義務である。その教育は，初等または中等教育施設でも，公立または自由学校でも，家父自身もしくは彼が選ぶあらゆる者により家庭でも，与えられることができる」（4条）などとされている。それ以外にも，7・8・11条などに私立学校が見えている。したがって，私学教育の存在という点では教育は自由である。

　教育義務の履行に関しては，家庭教育を選択することもできる。これは，既に第7条問題の箇所で引用したフェリーの言，「家父は，自分の子どもを育てるのに，禁止された修道会に所属する者であっても，望むならばその者を家庭教師に選ぶことができる。この自由は，神聖で，根源的，絶対的なものである。すべて市民は，自分の家庭において，子どもに，自分の思想に相応しい，自分の信条に応じた教育の体系を自由に与えることができる」という宣言の適用であると見られる。就学そのものを強制されないという点で，より自由な形態の義務制であるが，それは一定の教育レベルの保証を親に要求していた。家庭教育を受ける子どもは，国家が準備する試験を受けねばならず，成績不良の場合は就学を義務づけられる。つまり，家庭教育にも国家の統制権が及ぶ仕組みであった。他方で，就学を選んだ家族にも刑事罰を伴う種々の義務が課せられた。

　なお，親の教育の自由に対する配慮は2条にも見られる。そこで保障されるのは親の宗教教育の自由である。ライシテによって公立学校から宗教教育が排除されたものの，週に1日を休業日とすることで，子どもに宗教教育を受けさせる親の自由が保障されていた。

(2)　「教育国家」と「教育の自由」

　社会的な連帯を重視し，「国民統合」を必須の政治課題とするフェリーの基本姿勢からすれば，「教育の自由」が何らかの制約を被るのは必然的な成り行きであるはずだった。確かに，家庭での教育を認め，私学の存在を肯定することは家族の自由を尊重するものであろう。非妥協的な共和主義者は，往々にして，「子どもは国家のものである」と主張するが，それに対して，法律は，「子どもは祖国のものである前にその家族に帰属する」という考え方を採用している。これは，自然権としての親の教育権を強調し，それを侵害しない範囲で国家が教育を保障することを承認する「教育の自由」の支持

者[43]にも受け入れられるであろう。しかし，既に示唆したように，実証主義の見地からは，「自然権」としての親の教育する権利を承認することはありえないはずである。「フェリーにおいては，権利としての親の『教育の自由』は……国家に対する子どもに『教育を受けさせる義務』を第一義的内容とするものに転化された」[44]。立法者意思においては，親の教育権を自然権として構成することは拒否されていたと見るべきであろう。

また，1882年法の義務教育制は，確かに私学や家庭での教育を認めていたが，実際には「多くの人々にとって教育義務は公立学校への就学義務を意味していた」と指摘される。「私立のカトリック系学校は数が限られていること，私立学校に子どもを入学させることができる親の階層は限られていること，同様に，家庭教師を雇える親はわずかであること」が，その理由である[45]。

フェリーの協力者で1879年から17年間にわたり初等教育局長を務めたフェルディナン・ビュイッソン（Ferdinand Buisson）は，「教育の自由は，権力によってトレースされる制限や条件の下でのみ行使されうる自然権である」とした上で，「子どもは教育への権利をもつ。親は子どもに教育を与える義務を負う。親は，このために選定される者に，この義務を転嫁しうる」と述べる[46]。親の「自然権」の制約は何をもって正当化されるか。「国家は子どもの利益のために介入する。国家は機能不全に陥った家族に代位する。如何なる文明国においても，親の権利を制限し，必要ならばそれを廃止する国家の権利に対する異議は存在しない。……国家は，社会の利益の名において介入しうるし，介入しなければならない。子どもの社会への参加という点で要求すべき最低限の保障を決定するのは，まさに国家の役割である」[47]。

---

[43] Cf. Thomas, A., *La liberté de l'enseignement en France de 1789 à nos jours*, Paris, Sirey, 1911, p. 160 et s.

[44] 曽我雅比児「フランスにおける『教育の自由』概念の歴史的展開に関する考察」岡山理科大学紀要（人文・社会科学）17号B（1981年）17頁。

[45] 高津芳則「フランス国民教育制度成立期における教育義務と中立制」東京大学教育行政学研究室紀要7号（1988年）63頁。

[46] Buisson, F., «Le droit d'enseigner», *R.P.P.*, t. 36, 1903, pp. 457-458.

[47] *Ibid.*, p. 450.

ここには子どもの権利保障の観点が明確に打ち出されている。しかし，同時に，国家と社会が一体として捉えられており，国家の優越的な地位が前提されている。子どもには，教育を受ける権利はあっても，教育を受けない権利はない。それは，国家（＝社会）が，国家のために教育を受けるよう命じるからである。したがって，「国家は，個人と共和制の二重の利益において，教育を保障する責任を負う」[48]というビュイッソンの言葉も，そうした含意をもつものとして理解すべきであろう[49]。

結局，第3共和制の教育義務制は，親の「教育の自由」の要請に部分的には譲歩しつつも，実質的には〈国家の学校〉への就学を促進しようとする共和派の意図に貫かれた制度であったと言えよう。フェリーら共和派は，「国民統合」の推進という国家の要請を，教育義務の制度化という形で象徴的に提示したのである[50]。

第4節 「道徳・公民教育」導入の意義
～教育のライシテを中心に

1 教育のライシテの共和主義的含意

非宗教的な国家（État laïque）と言うとき，それは，イデオロギー的に価値中立の立場をとる自由主義国家が，宗教的領域においてその中立性原理を適用したものである。非宗教的な国家の公役務たる教育は，他のあらゆる公役務と同様に，意見や信条に関する中立性の原則によって支配される。しかし，教育に関しては，精神の形成を指す役務の目的それ自体の重要性を考慮

---

[48] *Ibid.*, p. 451.

[49] ビュイッソンは，子どもが影響を受けやすいことを理由に修道会教育の弊害を強調していたが（*Ibid.*, p. 461），国家には同様の危険はないのであろうか。「国家は，それ自身が教育を行うとき，子どもの知性または意思を隷属せしめることを自らに禁じる」（*ibid.*, p. 459）とされていたが，まさに「国家が自ら教育を行う」とき，理論的にも現実的にも，国家の行う教育が彼の言う弊害を免れうるのだろうか。

[50] 尤も，改革の効果が如何なるものであったかは別問題である。最近の研究では，フェリー立法が家族の自律性に打撃を与えたとは言えないとされている。しかも，フェリー法は就学を必ずしも促進しなかったとされる。Cf. Nique et Lelièvre, *op.cit.*, p. 22 et s.

すれば，中立性原則は，いまだ一般的な領域に妥当していない場合であっても，教育の領域では不可欠なものとされる。公教育のライシテが，1905年の政教分離法による国家のライシテに先行した所以である[51]。教育が義務であるとき（実質的に就学義務だとすればなおさらであるが），学校で宗教教育が行われるならば，それは種々の異なる信仰をもつ子どもの良心の自由を侵害せずにはおかないから，教育課程のライシテが教育の義務化に付帯したのは当然である。この意味で，宗教的中立性は義務の必然的な結果である。教育課程のライシテはまた，自らが信仰しない宗教を教育することを強制されないという意味で，教師の良心の自由をも保障するものであった。

フェリーによれば，教師の宗教的中立性は，信条および信仰の尊重を命じている。したがって，「無宗教的・反宗教的な教育」を与える教師に対しては重い制裁を加えることが必要である[52]。しかし，フェリーは，第7条問題での活躍によって，反教権主義の闘士であると見られていた。彼はそれが〈反宗教〉の立場と同視されることを拒否する。ライシテは反宗教のための闘争を含意してはいないとフェリーは言う。「我々は，宗教的なカトリシスムとはおよそ異なる特定のカトリシスムに対抗する国家の権利を擁護するために任じられている。私は，かかるカトリシスムを政治的カトリシスムと呼ぶであろう。大方のフランス人の信条の表明である宗教的なカトリシスムに関しては，国家と諸宗派を結びつける契約の範囲内で我々の尊重と保護を受ける権利をもつ。……我々が意を決して身を投じたのは，反教権主義闘争なのだ。……我々が望んだのは反教権主義闘争なのであって，決して反宗教闘争ではない」[53]。

こうした，反教権主義闘争と反宗教闘争との区別には，フェリーの冷徹な政治戦略があった。フェリー自身は内心では反宗教的な意図を抱懐していたとしても[54]，国民的な統合と連帯を実現するであろうライシテの法制化を獲

---

[51] Rivero, J., *Les libertés publiques*, t. 2, 6ᵉ éd., Paris, P.U.F., 1997, pp. 351-352.
[52] Cf. Robiquet, *op.cit.*, t. 4, p. 228.
[53] *Ibid.*, pp. 144-145.
[54] この点につき，フェリーは信仰を尊重しており，信仰と教権主義を区別していたとする見解（Gaillard, *op.cit.*, p. 25）と，内心では反宗教だったとする見解（Chevallier, *op.cit.*, p. 291）がある。

第3章　フェリー教育改革における国家の論理　269

得するためには，国民の分裂をできるだけ回避しなければならない。事実，第7条問題の際に，公認修道会の構成員にまで教育の禁止を拡大しようとする急進派の主張に対して，フェリーはそれを得策ではないと主張していた[55]。フェリーがコンコルダを存続させようとしたことも，彼の政治家としての戦略の結果だったのであろう。フェリーは，第2帝制の末期には，国家と教会の完全な分離に賛同していたが，1877年には，ガンベッタと同様，コンコルダの賛成論者となり，第7条闘争の際もそれを表明している[56]。政教分離の実現がすぐには期待できないと考えるフェリーは，コンコルダが国家にもたらす利益を斟酌する。宗教上の平和を維持しつつ，世論の変化を待つのである[57]。

　このように，第3共和制のイデオローグたちは，国家のライシテが教会と国家の完全分離を帰結しないこと，また，非宗教的な学校・中立的な学校は，あらゆる信条を尊重するということを表明していた[58]。にもかかわらず，彼らが，共和制の学校に特定のイデオロギー的な偏差を与えていたことを指摘することができるのである。事実，このことを裏書きするフェリーの示唆的な言葉がある。「我々は宗教的な中立性を約束したのであって，哲学的中立性，そして政治的な中立性も，約束しなかった」[59]。ここで暗示されている

55　Reclus, *op.cit.*, p. 158.
56　Mayeur, *op.cit.*, p. 149.
57　*Ibid.*, pp. 150-151. フェリーは，1889年まで教会と国家の分離の実現を拒否するであろうが，それは熟考された政治的選択の結果である。政教分離は共和制における宗教戦争なしには不可能である，とフェリーは考えたのである。Cf. Nicolet, *op.cit.*, p. 40.
58　1882年法で週1日の休業日が定められたことも，その反映であると言えよう。ところで，当初のフェリー法案は，学校施設内で授業時間外に司祭が宗教教育を行うことを予定していた。「宗教教育は，もはや，初等教育の必修科目とはならない。宗教教育は，親の希望に応じて，種々の宗教の司祭によって，公立初等学校の子どもに，授業時間外に与えられる」というのである。しかも，フェリーは，教師自身が宗教教育を行うことができる（しかしその義務は負わない）としていた。Cf. Prost, A., *Histoire de l'enseignement en France 1800-1967*, Paris, Armand Colin, 1968, p. 215. フェリーが，授業時間外に司祭が学校で宗教教育を行うことを認めていたのは，プロテスタント界の圧力によるものであった。Mayeur, *op.cit.*, p. 151.
59　Robiquet, *op.cit.*, t. 4, p. 353.

のは，教育課程のライシテによって現われるべき「付加形容詞なしの」(sans épithète) 道徳教育と，教師によって教育されるべき諸価値の問題であった[60]。ここでは非宗教的な道徳教育の問題を取り上げよう。

道徳教育のライシテ（非宗教的な道徳教育の創設）の目的を考察する上で，次のような一連の事実は非常に示唆的である。

第1に，非宗教化されたはずの道徳教育課程に，「神への義務」(devoirs envers Dieu) の教育を盛り込むことをフェリーが認めたということである。1882年法の審議の際に，例の第7条の反対者であるジュール・シモンが，初等学校において「神および祖国に対する義務」(devoirs envers Dieu et envers la Patrie) を教えるよう求める修正案を提出した[61]。フェリーは有力になりかかったシモン修正案を否決せしめるべく努力したにもかかわらず，公教育高等評議会が1882年の教育課程に「神への義務」を挿入するのを容認してしまうのである[62]。

第2に，それに象徴されるように，「新しい」はずの道徳教育が，旧態依然とした内容をもつにとどまったということ，換言すれば，非宗教的な道徳は何らの革新的な内容をもつ道徳の概念を提起していないということである[63]。フェリーは，「定義されないときに，より崇高なものとなる」「付加形容詞なしの道徳」[64]の信奉者であったが，かかる道徳とは，人間の良心に基盤をもつものであり，諸々の対立の彼岸にある統一的な道徳を意味する。そこにはすべての道徳の要素が内包される。カント哲学の道徳や非宗教化されたキリスト教道徳のみならず，進化主義的・功利主義的・実証主義的な道徳が同一の道徳と見なされ，〈非宗教的な〉道徳の基幹をなすのである[65]。

60　Mayeur, *op. cit.*, p. 152.
61　シモンの主張については，Prost, *op. cit.*, pp. 214-215 を参照。
62　フェリーは，「神や霊魂の不滅への根強い信仰をもっているフランス人の大多数の良心に，〔道徳教育において神への義務を語ってはいけないという〕そんな教義を強制することは，まず絶対に不可能であろう」と述べている。Robiquet, *op. cit.*, t. 4, p. 359. フェリーにとっては，「神への義務」が法律に書き込まれていないことが肝心なのであった。Mayeur, *op. cit.*, p. 154.
63　初等学校は教会のライバルであったが，実際には，教会の道徳と非常によく似た道徳を擁護した。Cf. Raynaud et Thibaud, *op. cit.*, p. 46.
64　Robiquet, *op. cit.*, t. 4, p. 175.

第3に，フェリーは，1883年11月17日の教師への通達において，以下のように中立的教育の定式を示していた[66]。

　「諸君は，厳密に言えば，新しいことは何も，すべての誠実な人々と同様に諸君にも馴染みの深いものではないことは何も，教えるべきではない。……諸君は，決して新しい福音の伝道者ではない。……私が理解している道徳とは，単に，我々が自分の父母から受け継いだところの，かつ，その哲学的基礎を議論する心配なしに，生活の諸関係において我々がそれに従うことに十分な名誉を感じるところの，古き良き道徳である。諸君は補佐人なのであり，……家父の代理人なのである。それゆえ，その子どもには，諸君が自分の子どもにはこう話してほしいと考えるように話しなさい。異論のない真実や，普遍的な道徳の契機がかかわっているときはいつも，力と権威をもって，また，諸君がその判定者ではない宗教的な感情に触れる危険性があるや否や，最大限の慎重さをもって，そうしなさい。……以下の点が，諸君が従うことのできる実践的な規範である。すなわち，生徒に任意の教訓や格言を提示する場合，諸君が知る限り，諸君が言おうとしていることで傷つけられるかもしれない誠実な人間が1人でもいるかどうか，自問しなさい。……もしウィならば，それを話すのを控えなさい。ノンであれば，大胆に話しなさい。なぜなら，諸君が子どもに伝えようとしていることは，諸君自身の英知ではなく，人類の英知であり，幾世紀にもわたる文明が人類の遺産に含ましめた普遍的な種類の思想の1つだからである。」

　これはかなり厳密なものであると言える。しかし，教師は子どもの精神を陶冶する任務を課されており，あらゆる点で中立性を守ることなどは期待されていなかったから，その創設者の精神において非宗教的な学校は中立ではなかった，との指摘もある[67]。

　以上の事実を踏まえて，次のように言うことができよう。確かに，ライシ

65　Mayeur, *op.cit.*, p. 154. 山下雅之氏によれば，神の存在を認めない「脱宗教化された道徳」が，人々の心を指導しうるだけの力をもたねばならないことから，「ある種のイデオロギー的寛容さが生じてくる」。つまり，たとえ「理神論者や，時には神学的な内容であっても，人々の心をとらえることができ，共和主義政府の精神的権威にとって脅威にならない限り，受け入れられたのである」。山下雅之『コントとデュルケームのあいだ』(木鐸社・1996年) 241頁。

66　Robiquet, *op.cit.*, t. 4, pp. 261-262.

67　Mayeur, *op.cit.*, p. 155.

テが学校での良心の自由の保障を可能ならしめる「自由の仕事」(œuvre de liberté)[68]であることは否定できない。しかし、それは同時に、カトリックの反対者にとっては、「宗教と戦い、かつ魂から宗教を根絶するための武器にすぎないものであった」[69]。さらに非妥協的な人々（特に急進派）にとって、「ライシテは、世俗権力と聖職者の権威の間に適切な境界線を設けるためというよりも、『学校から宗教を駆逐する』ために用いられていた」[70]。共和派からすれば、教会が、近代精神と1789年の諸原理を非難する姿勢で子どもを教育し続けることは、容認できることではなかった。フェリーの言葉を借りれば、「学校に対する教会によって行われる支配」[71]を破壊することが必要なのである。

要するに、共和派にとって、1882年法における（道徳）教育のライシテの主な任務は、カトリックを中心とする宗教勢力が独占していた従来の「教権主義的」な道徳教育を解体し、道徳を共和制国家に奪還すること[72]、すなわち、道徳を自らの手で作り出す権利を手にすること[73]であった。教会に代わり、今度は国家が〈道徳の教師〉として君臨し、学校と教師を通じて共和制の教理を子どもに浸透させ、共和制への国民の同意を調達し「国民統合」を実現すること。これこそがフェリーら共和派の意図なのであった。

---

[68] Agulhon, M., *La République*, t. 1 (1880-1932), Paris, Hachette, 1990, p. 39.
[69] Chevallier, *op.cit.*, p. 286.
[70] Prost, *op.cit.*, p. 202.
[71] Robiquet, *op.cit.*, t. 4, p. 152.
[72] 道徳教育のライシテについて、原聡介氏（前掲、216〜218頁、222頁）は次のように説明する。教育改革を推進した共和派にとって、「多数者の道徳をこそ基調にして、この『平均的意識』の一般化をこそ世俗学校に担当させること」が重要だったのであり、道徳そのものの内容は問われない。「ただ義務的な国民教育の実現のために宗派性を消し去っておきさえすればよい」のである。要するに、「覇権を安定させるべき中産階級の道徳政策は、道徳の内容によりも、それを教権による支配からうばいとり、自己の管理下におくことに主眼があった」ということである。
[73] Ognier, P., *L'École républicaine française et ses miroirs*, Berne, Peter Lang, 1988, p. 82.

2　「公民教育」の導入と「愛国主義」

〈道徳の教師〉としての国家は，様々な徳目のうちでも「愛国主義」(patriotisme)[74]を最も重要視していた。普仏戦争の惨憺たる敗戦がフランスに残したものは，国民的な「精神」「意識」を回復するという重要な課題であり，「共和派にとって，学校とは，道徳的な『再生』という巨大な仕事の決定的な道具である」[75]と考えられた。そこで，新しい共和主義的な公民精神の涵養のための政策が体系的に実施されることになるのであるが，そこにおいて基本的な位置を占めたのは，愛国主義，とりわけ軍事的な愛国主義であった[76]。

愛国主義の発展は「公民教育」によって担われる。ポール・ベールによれば，公民教育においては，フランス革命の優位性が強調されるべきである[77]。また，学校教育には国民の統一性を保障するためのイデオロギーが必要である。「しばしば，国民には宗教が必要であると言われた。……私もまたこう言う。高められた感情，統一的な思想が必要であり，国民にとって共通の信仰が必要である，と。……しかし，この統一的な思想や共通の信仰について，国民は，理性の輝きを支えられずに日ごとに消滅しているドグマのなかに，それらを求めようとしてはならない。国民は，その尊厳，その力，その偉大さ，その栄光，その希望の感情において，自由に生きることと尊敬されることをやめるよりは，むしろ死を選ぶ準備ができているという，その断固たる言葉において，自分自身のなかに，それらを見いだすことが必要なのである。この祖国という宗教，この熱狂的かつ理論的な崇拝と熱情，こうしたものこそが，我々が子どもの心情と精神に根づかせることを望み，骨の髄まで浸透させることを望んでいるものなのである。それは公民教育が行うであろう」[78]。ベールの言葉には，愛国精神の陶冶を通じて「祖国」(＝共和制)へ

---

[74]　Azéma et Winock, *op.cit.*, p. 166.
[75]　Girardet, R., *Le nationalisme français 1871-1914*, Paris, Armand Colin, 1966, p. 70.
[76]　Cf. Dietz, J., «Jules Ferry et les traditions républicaines», *R.P.P.*, t. 161, 1934, pp. 493-494.
[77]　Barral, P., *Les fondateurs de la Troisième République*, Paris, Armand Colin, 1968, pp. 168-169.
[78]　*Ibid.*, pp. 207-208.

の統合を促進せんとする思惑が明確に現われている。

ところで，公民教育と「非宗教的」な道徳教育の関係は，どのように解されるだろうか。非宗教的な道徳教育は，「神のいない学校」をもたらすものとして，カトリック勢力から激しい批判を浴びた。他方，公民教育に対する反発は，子どもの意識を政治化しようとする共和制に危惧がもたれたからである。普通選挙制の存在によって自己の権力基盤を脅かされている名望家層にとって，それは特に深刻であった。イヴ・デロワによれば，共和主義的な公民教育は，伝統的にその行動を命じていた共同体的構造との関係で，未来の市民の自由と解放を促進し，その（公的および私的な）活動の空間を体系化しようとする点に，その独創性を有している[79]。その点で，非宗教的な道徳は公民教育と不可分の関係にある。非宗教的な道徳は，市民の道徳的自律性を本質的な要素と考えるから，教会による支配に代わり，自己支配・自制心・感情のコントロールが重視されることになる。近代的な市民像は，そうした〈徳〉の帯有を前提としているはずである。かくして，非宗教的な道徳が市民権を生み出す条件となるのである[80]。フェリー教育改革において，「道徳・公民教育」の導入が最も強い反対に遭遇した理由は，その辺にもあるだろう。

3　まとめ〜ジュール・フェリーと「国民統合」

フェリー教育改革，特に教育のライシテの意義は，一方で，宗教的カトリシスムとは明確に区別される教権主義＝政治的カトリシスムの影響力を削減しようとする〈反教権主義闘争〉という側面から，他方で，共和制防衛のために「社会共同体に必要な精神的統合性を創設する」意思という側面から把握することができよう[81]。特に後者につき，「社会共同体に必要な精神的統合性」が，国民による不平等の自発的受容の上に成り立つものであることから，ライシテが，共和制を社会経済的・政治的な闘争から救い出すイデオロギーとして機能したことも，見逃してはならないであろう[82]。フェリーに

79　Déloye, Y., *École et citoyenneté*, Paris, P.F.N.S.P., 1994, p. 27.
80　*Ibid*., pp. 144-145.
81　Azéma et Winock, *op.cit*., p. 167.
82　*Ibid*., p. 168.

とって,共和制は,フランスに共通の精神を回復する体制となるべきである。アゼマとヴィノクが指摘するように,「学校は,コンドルセが考えていたように,各人の向上や幸福の手段であるというよりは,むしろ,アンシャン・レジームの崩壊と革命的なプロレタリアの増大によって二重に破砕されたフランス国民を統合する道具であらねばならない」[83]ものであった。

---

[83] *Ibid.*, p. 161.

第4部のまとめ

　第3共和制は、「教会の教育の自由」の下で衰退した国民国家の手直しに着手する。それはフランス革命が提起した課題への取り組みの一環でもあった。「教育は、人民を啓蒙することと人民に就業の準備をさせることを目的としているが、それはまた、全く政治的な機能を有している。多数の個人を国民として定着させる、ということである。……コンドルセからジュール・フェリー、ミラボーからフェルディナン・ビュイッソンまで、1本の同じ糸が、教育に関するすべての連続する改革を導いている。市民を育成するという強迫観念がそれである」[1]。国民国家の再生の任務を担ったのが、ジュール・フェリーである。フェリーは、公教育体制の創出によって、その目的を達成しようとする。

　フェリーによれば、「共和派は3つのことを望んだ。まず、軍隊を再生すること。次に、普通選挙を基盤とする政府、すなわち共和制を再生すること。しかし、共和派はまた、国民学校によって国民的な精神を再生することも望んだ」[2]。かかる国民の精神的統合を、〈自由・平等・友愛〉を掲げる〈一にして不可分の共和国〉のシンボルの下で実現するには、その阻害要因である教会勢力を、公教育の領域から駆逐する必要がある。共和派の反教権主義の根源が、ここにある。フェリー教育改革は、〈無償・義務・ライシテ〉という公教育の基本原理を樹立した。しかし、フランス近代公教育体制を成立せしめたライトモチーフは、個人の自由や権利の尊重よりも、統治政策上の必要という国家の論理に傾斜したものとして捉えるべきであろう。義務制の基本的なスタンスは就学の促進だった。無償制は、国家による公教育の掌握力を強化するものであった。ライシテはどうか。これも、従来、宗教教育と

---

[1] Rosanvallon, P., *L'État en France, de 1789 à nos jours*, Paris, Seuil, 1990, p. 108. なお、Giolitto, P., *Histoire de l'enseignement primaire au XIXe siècle, l'organisation pédagogique*, Paris, Nathan, 1983, p. 10 も参照。

[2] Robiquet, P., *Discours et opinions de Jules Ferry*, t. 7, Paris, Armand Colin, 1898, pp. 230-231.

セットになっていた道徳教育を非宗教化して国家の専管とすることで，国家が〈道徳の教師〉として君臨することを可能ならしめるものであった[3]。

フェリーは，非宗教的な国家は国民的な統一性の守護者であるとし，教育領域におけるその独占的な役割を強調する。「民主的な政府の第1の配慮であり義務であると考えるものは，公教育に対して，不断の，抜かりのない，強力かつ効果的な統制を維持することである。このように確信するから，我々は，この統制が国家の権威以外の権威に帰属することを認めることはできないのである」[4]。フェリーは，その重大な問題関心である「国民統合」を実現すべく努力を傾注する。なるほど，「共和制は，それが機能するためには，絶対的に自由な個人，特に，彼らの思想および意思において自由な個人を必要とする。我々が，……ある教理またはある世界観を押しつける任意の権威を，『精神的な権威』という言葉で理解するならば，その場合，そのような権力は，共和制においては居場所をもたないのである。国家は，それ自体，如何なる点においても，それを行使したり利用したりすることはできない」[5]と言われる。しかし，少なくとも第3共和制の前半期には，特にライシスム（laïcisme）を追求する急進主義者が，カトリック教会を駆逐して教育独占を樹立しようとする。「すべての自由および革命の諸原理の擁護者を自任する人々が，自由そのものや共和制の名において，教育の独占を要求する」[6]のが見られたのである。第3共和制前半期の改革政治における共和制国家の積極的な役割について，山元一氏は以下のように指摘する。

「第3共和制前期の《急進共和派》のレジームは，大革命の精神の継承者として，精神的諸自由を中核的要素とする公権力の抑圧から自由な意見形成と表明の自由の確保を目的とする立憲主義的諸価値の定着化という課題を追求した。しかしながら，その際《教権主義》への対抗という文脈で，－経済的領域における自由主義的政策とは対照的に－，とりわけ，精神的諸自由の土俵そのものを確保し，さ

---

[3] フェリーのライシテは攻撃的・好戦的なライシテであり，それは政治指導や体制の永続性を保障するために学校を利用する手段だったとする見解がある。Cf. Nique, C. et Lelièvre, C., *La République n'éduquera plus, la fin du mythe Ferry*, Paris, Plon, 1993, pp. 51-52.

[4] Robiquet, *op.cit.*, t. 2, p. 254.

[5] Nicolet, C., *La République en France, état des lieux*, Paris, Seuil, 1992, p. 64.

[6] Monod, G., «Contre le monopole de l'enseignement», *R.P.P.*, t. 63, 1910, p. 469.

らにそれを嚮導することを目的として，極めて干渉度の高い《積極国家》としてたちあらわれざるをえなかった。このような脈絡において，まさにこの時期のフランスにおいて，無償性・義務性・世俗性を基本的原理とする公教育体制が基本的に確立されたのであった」[7]。

　第3共和制における公教育体制の創設は，多様な要因によって推進されたと見られる。近代国民国家の「再生」という緊急かつ不可避の政策課題に取り組む必要に迫られていた当時の状況において，「国民統合」を実現するための槓桿として公教育体制が活用されたのは間違いない。しかし，「自由」の論理が全面的に駆逐されていたわけでもない。第3共和制の公教育体制は，「自由」の残骸の上に打ち立てられたものではない。公立学校と私立学校が共存し，「第3共和制の教育立法の著者たちは，義務教育を生み出しはしたが，義務学校を作らないように気を配った」[8]と言われるように，親の教育選択権が承認された。ここで重要なことは，子どもに教育が与えられることであった。「民主化は，教育義務を経由するのである」[9]。そして，ライシテにより，良心の自由が保障される。ゆえに，公教育体制は「自由」を否認してはいないのである。にもかかわらず，「国民統合」を優先する共和派の政治姿勢は，やはり「自由」とは不親和な関係に立つものとならざるをえなかったであろう[10]。

---

[7] 山元一「《法》《社会像》《民主主義》⑶」国家学会雑誌106巻9・10号（1993年）789頁（傍点原著者）。この点につき，第3共和制期の自由主義には，シャルル・ルヌーヴィエのように，「国家は道徳的使命を持ち国家の市民はその道徳的使命を促進する義務がある」という前提から，初等教育の国家独占もまた純粋に自由主義的な立場であるとする思潮が存在していたのであり，「フランス社会では，自由主義が道徳国家という理念との結びつきを完全に断ち切るということは1度としてなかった」との指摘がなされている。参照，ウィリアム・ローグ著（南充彦ほか訳）『フランス自由主義の展開』（ミネルヴァ書房・1998年）107～108頁，346頁。

[8] Dupuy, C., «La liberté d'enseignement», *R.P.P.*, t. 36, 1903, p. 222.

[9] Robert, J. et Duffar, J., *Droits de l'homme et libertés fondamentales*, 7e éd., Paris, Montchrestien, 1999, p. 629.

[10] 例えば，フェリーは，修道会に対して明確に「教育の自由」を否認した。Cf. Robiquet, *op.cit.*, t. 3, p. 86; Reclus, M., *Jules Ferry*, Paris, Flammarion, 1947, p. 173. また，ライシテは「反社会主義」的な方向性を与えられていた。cf. Lelièvre, C., *His-*

実際，ポスト・フェリーの第3共和制は，法律に明言されていない「ライシテ」という表象を機軸として，体制防衛の強烈な意思を結晶化させてゆくのである。

---

toire des institutions scolaires (*1789-1989*), Paris, Nathan, 1990, p. 98 et s.「フェリーは，……教育の自由が，『中立な学校』や宗派学校のそばに革命的な学校を開設するために社会主義者によって利用される可能性を拒否していた」(Poulat, É., *Liberté, Laïcité, la guerre des deux France et le principe de la modernité*, Paris, Éd. du Cerf, 1987, p. 240) とも指摘される。

第5部

フランス公教育法制の現代的展開
～教育改革の歴史と共和国制国家の揺らぎ～

第1章　第3共和制後半期の教育政策
～公教育のライシテを中心に～

第1節　公教育のライシテから国家のライシテへ

1　平穏な時代

　先に述べたように，1880年代，オポルテュニスム共和制によって種々の共和主義的改革が遂行されたが，なかでもジュール・フェリーによる一連の教育改革は，とりわけ重要な意味をもつものであった。共和派にとって，弱体化していた国民国家を立て直し，永続させるための切り札として呼び出された教育改革は，国家による教育の実現を妨げ，国民統合という政治課題を不可能ならしめていたカトリック教会とその学校を標的にして行われるべきであった。公教育のライシテは1882年法と1886年法によって実現される[1]。それらライシテにかかわる諸立法に対しては，そこに「反宗教」「学校からの宗教の駆逐」の意図を感じとった教会や保守勢力から，激しい批判が浴びせられた。しかし，改革立法を主導するフェリーの精神は，「反教権主義的」ではあっても，「反宗教」にまで至るものではない。フェリーにとって，ライシテは，学校から聖職者と宗教的ドグマを排除することを意味するのであって，神を追放することではない。1882年法と1886年法は，かなり緩やかに適用されることになる[2]。

1　教育制度の世俗化は，国家による教師への給与支給を定めた1889年の法律によって完成する。Prost, A., *Histoire de l'enseignement en France 1800-1967*, Paris, Armand Colin, 1968, p. 202.

2　アントワーヌ・プロストによれば，フランス西部のメーヌ＝エ＝ロワール県では，公立学校教師は依然として，生徒にカテキスムを暗唱させることがあり，十字架がすべて消えたわけでもなかった。修道会学校の勢力も顕著に後退することはない。公立学校は非宗教的な教師で占められるようになるが，公立学校から追放された修道士は私立学校を開設するのである。1878～1901年に，修道会系の私立学校の生徒数は，62万3000人から125万7000人に増加した。Prost, *op.cit.*, p. 204.
　　また，モーリス・ゴンタールによれば，1879年1月～1890年末に，非宗教的な学校

反教権主義的な政策は，非宗教的な諸教育立法の成立後は，一時的な休止状態を迎える。共和派は，ブーランジスム（Boulangisme）の高揚による共和制の危機[3]や，社会主義の台頭，無政府主義の運動に直面して，国内の鎮静化を強く願うようになる。他方で，カトリック勢力は，ブーランジスムの挫折以後，共和制へのラリマン（加担）を開始する。「カトリック勢力は，ブーランジェ運動の挫折や王党右翼の弱体化によって，従来の政治的立場の見直しを行なった。すなわち，共和制と妥協して，世俗的教育諸法に見られる第3共和制の反教権主義を和らげることによって教会の利益を守るのが得策であると考えるようになった。それと同時に，パナマ事件と相前後して台頭してきた社会主義の防波堤として，保守的共和制を擁護しようともした」[4]。穏和共和派は，カトリック勢力によるラリマンを受け入れ[5]，新オポルテュ

　　に転換された修道会学校は6418校あった（年平均600校の割合）。1892〜97年には，この数字は1321校に低下する（年平均250〜300校の割合）。1897〜98年には，121校が非宗教化される。1897年には，修道士の経営する男子公立学校の最後の3校が消滅した。しかし，依然，修道女が経営する4901の女子公立学校と483の共学校が残っていた。年200校の閉鎖というペースだと，1886年法の完全適用までには，25年もかかることになる。まして，フェリー法とゴブレ法（1886年法）はしばしば適用が中断された。Gontard, M., *L'œuvre scolaire de la Troisième République, l'enseignement primaire en France de 1876 à 1914*, 2e éd., Toulouse, I.N.R.D.P., 1976, p. 115. さらに，ゴンタールは，1885年の選挙での共和派の敗北について，1882年法の適用の難しさや，「神のいない学校」が一定の地方で不満をもたらしたことが，その原因の一端をなしているものと考えられたため，共和派が法律適用の態度を軟化させざるをえなくなった，とも指摘している。*ibid.*, p. 112.

3　1886年に陸相のポストを得たブーランジェ（Boulanger）は，陸軍の高級将校のなかでは珍しく共和主義者であり，軍隊の民主的改革や炭鉱ストライキでの労働者への同情的発言などにより民衆の人気を博した。オポルテュニスム政府の政治運営に不満を抱き現状打破を訴える動きは，ブーランジェをシンボルとして結集し増幅され，第3共和制転覆をもくろむ運動（ブーランジスム）へと発展した。しかし，結局，ブーランジェ自身のクーデタへの不決断などから，ブーランジスムは挫折した（1889年）。

4　渡辺＝南＝森本『現代フランス政治史』（ナカニシヤ出版・1997年）39頁〔南充彦〕。

5　1893年にフェリーは次のように述べている。「わが共和制は，万人に開かれている。それは，如何なるセクト，如何なる集団の所有物でもない。たとえ，この集団が共和制を創設した人々のそれであったとしても，である。進んでいるラリマンの重大な動

ニスム体制を確立してゆく。新オポルテュニストからは，宗教問題をめぐる政治的和解の表現として，教会に対する共和制の寛容と妥協を旨とする「新しい精神」（esprit nouveau）[6]が説かれるに至った。

　こうした背景をもつ1890年代は，比較的，平穏な時代であった。しかし，実際には，非常に不安定な均衡が保たれていたにすぎない。そうした束の間の平穏は，ドレフュス事件（l'affaire Dreyfus）[7]によって破られることになる。

2　ドレフュス事件と反修道会闘争

　この事件は，1898年8月を契機として，国民世論を二分する深刻な問題となるに至る。ドレフュスの無実を訴えるドレフュス擁護派が「人権擁護同盟」に結集すると，反ドレフュス派はこれに対抗して「フランス祖国連盟」を結成して，激しい論争を展開した。カトリックは，ここで反ドレフュス派に加担する。カトリックの側で，ドレフュスの無罪を信ずる者は稀である。多くは，聖母被昇天会修道会（Augustins de l'Assomption）の機関紙である『十字架』（la Croix）のような出版物の煽動によって，ドレフュスの有罪性を感得した。この事件は，「最終的には，共和制的価値を受け入れるか否か」をめぐる対立だったから[8]，カトリックは再び共和制の敵となる。フランス

　　きは，抗し難い力によって，また，祖国の最も高められた利益によって導かれる」。Cité par Chevallier, J.-J. et Conac, G., *Histoire des institutions et des régimes politiques de la France de 1789 à nos jours*, 8e éd., Paris, Dalloz, 1991, p. 347. なお，フェリーは，機会を捉えて，ライシテの急進化を嘆き，寛容の精神をもつよう呼びかけ，宗教的な対立の鎮静化を強調している。cf. Ozouf, M., *L'École, l'Église et la République 1871-1914*, Paris, Éd. Cana/Jean Offredo, 1982, p. 150.

6　「新しい精神」については，Chevallier et Conac, *op. cit.*, p. 358 et s. を参照。

7　ドレフュス事件を扱った日本語文献として，渡辺一民『ドレフュス事件』（筑摩書房・1972年），ミシェル・ヴィノック著（川上勉＝中谷猛訳）『ナショナリズム・反ユダヤ主義・ファシズム』（藤原書店・1995年）197頁以下などを参照。

8　渡辺ほか・前掲，45頁〔南〕。なお，この点につき，樋口陽一氏は次のように述べている。「ドレフュス派と反ドレフュス派の対立は1人のユダヤ人大尉の運命をこえて，個人主義と国家主義，反軍国主義と軍国主義，反教権主義と教権主義……，総じて，共和派と反共和派の全面的対決を意味していた。この事件をのりこえることによってフランスの共和制は安定〔する〕」。樋口『比較憲法〔全訂3版〕』（青林書院・1992年）152頁。

革命の諸原理と革命に由来する近代社会を拒否するカトリックは，強権発動さえ夢想するようになる。共和制が直面する危機は，修道会にその責任があるように思われた。

破毀院がドレフュス有罪判決を破棄し再審を決定した同じ1899年6月，旧ガンベッタ派のワルデック＝ルソー（Waldeck-Rousseau）が「共和制防衛内閣」を組織する。この内閣は，（穏和共和派から分派した）進歩派・急進派・社会主義者の提携を基盤として成立したものであり，ここから急進共和制の時代が始まる。ワルデック＝ルソーは，共和制の防衛を反修道会闘争と同一視し，非宗教化（laïcisation）政策を推進する。政府はまず，その機関紙で共和制を攻撃していた，「教権主義的プロパガンダの支配者」[9]たる聖母被昇天会修道会に解散を宣告し[10]，次いで，1901年には結社法[11]を制定した。この法律は，修道会の設立を政府による許可制にするという厳しい規制を設けた。また，無許可修道会の構成員には教育する権利を否認していた[12]。

確かに，ワルデック＝ルソーは，修道会からの許可申請に対しては，すべて最大限好意的に検討されることを明らかにして，カトリック教会を安堵させようとする。彼にとって，共和制防衛のためにとられた措置も，攻撃的というよりは，まさに防衛の精神において受け取られるべきものであった。しかし，彼の政府が始めた反教会闘争は，その当初においてのみ，そのようなものであるにすぎない。

---

9 Bourgin, G., *La Troisième République 1870-1914*, Paris, Armand Colin, 1968, p. 133.
10 Morabito, M. et Bourmaud, D., *Histoire constitutionnelle et politique de la France (1789-1958)*, 3e éd., Paris, Montchrestien, 1993, p. 349.
11 Loi relative au contrat d'association. *Bulletin des lois de la République française*, 12 série, t. 63, no 2295, 1902, p. 1273 et s. 1901年結社法については，石原司「急進派とその政治行動」山本桂一編『フランス第3共和制の研究』（有信堂・1966年）63頁以下，浜田豊「1901年法における結社の自由と修道会の規制」明治大学大学院紀要18集（1980年）195頁，徳永千加子「ライシテの一断面」宗教法11号（1992年）48頁以下などを参照。
12 これはフェリーの「第7条」の復活であると言えよう。Chevallier et Conac, *op. cit.*, p. 139.

3 コンブ内閣の教会政策

1901年結社法が争点となった1902年の選挙では「左翼ブロック」(Bloc des Gauches) が圧倒的勝利を収めた[13]。選挙後，ワルデック＝ルソーの後任として，急進派のエミール・コンブ (Émile Combes)[14]が首相の座に着く。コンブは，偏執的とも言える熱意をもって修道会の破壊を促進し，第3共和制の下でも例のない激烈な反教権主義政策を展開した。

まず，1901年法が厳格に適用され，多数の修道会学校・修道会が閉鎖され解散させられた[15]。最後に残ったのは，許可された修道会の経営する学校である。この問題には，1904年7月7日の法律[16]が応答した。同法1条によれば，「修道会は，フランスにおいて，あらゆる種類および性質の教育を禁止される。専ら教育に携わるものとして許可された修道会は，最大10年の猶予期間内に廃止される」。従来，許可修道会と無許可修道会の間で行われた区別は，これで廃止された。如何なる修道会も，もはや私学教育においてさえ，教育することを許可されないのである[17]。

1904年法は，あるカテゴリーの市民に，他の市民に認められている権利を拒否するのであるが，この点について，レオン・デュギーは次のように指摘

---

[13] モナ・オズーフは，1902年の選挙の中心的争点は「教育の自由」だったとする。Ozouf, *op.cit.*, p. 178.

[14] 1835年にフランス南部のタルン県で生まれたコンブは，神学校で学び，聖母被昇天会修道会のコレージュで教授を勤めた経歴をもっていた。コンブは，修道会こそは国家内国家として，特にその教育機能の重大さに鑑みれば，共和制を危殆ならしめる存在であると見て，「私は修道会を解散するためにのみ政権をとったのだ」とさえ述べていた。参照，石原・前掲，74，86～87頁。

[15] コンブによる法の適用状況については，石原・前掲，86頁以下を参照。

[16] Loi relative à la suppression de l'Enseignement congréganiste. *Bulletin des lois de la République française*, 12 série, t. 69, n° 2578, 1904, p. 1689 et s.

[17] 1904年法の適用状況については，石原・前掲，93頁を参照。1904年法は，やがて厳格に適用されなくなる。特に1914年の第1次世界大戦後は，それが顕著である。後にヴィシー政府がこの法律を廃止する立法を行うが（1940年9月3日法），この措置はフランス解放後も無効とされなかった。Cf. Fourrier, C., *L'Enseignement français de 1789 à 1945, précis d'histoire des institutions scolaires*, Paris, Institut pédagogique national, 1965, p. 201.

している。「修道会の構成員は，その他の者と同様に市民である。彼らがなしえた修道誓願は，法律の捕捉を免れる個人的な良心の行為である。……それゆえ，もし修道士または司祭がフランス市民であり，公立教師となるために要求される教育資格をもつのであれば，彼らに特別な無能力を課す理由は何もないのである。にもかかわらず，立法府は一段と度を超してしまった。というのも，……立法府は，無許可修道会の構成員に対して，私立学校においてさえ，如何なる段階の教育を与えることも禁止したからであり（1901年7月1日法の14条），また，1904年7月7日の法律により，許可を受けた修道会を含めたすべての修道会に，教育を与えることを禁じ，専ら教育を行う修道会すべての解散を命じることで，教育の自由の原則と結社の自由の原則を同時に侵害したからである」[18]。

とまれ，コンブ内閣の下で修道会の大規模な弾圧が実施された結果，修道会系の私立学校は，1901～1906年に，生徒数を125万7000人から18万8000人にまで減らしている。19世紀半ばから衰退を続けていた世俗的な私立学校は，逆に69万5000人の生徒を獲得している。全体として，コンブの政策は，宗教的な初等教育から，その生徒の3分の1弱を失わしめたということができる[19]。コンブの政策は，修道会教育を解体することで，フランスにおける学校教育の統一性を確保しようとしたであろうが，しかし実際には，「教育戦争を激化させ，国を分裂させ，非宗教的な公立学校と宗派的な私立学校の間の断絶を治癒不能なものとする。そのとき，フェリーが実現しうると信じていた，学校による若者の統合とは，程遠い状況であった」[20]。

---

[18] Duguit, L., *Traité de droit constitutionnel*, t. 5, 2ᵉ éd., Paris, É. de Boccard, 1925, pp. 404-405. これに対して，エスマンは，修道士については，個人的な権利の侵害が語りうるかどうか疑問があるとし，「修道会員がたてた従順の誓いに鑑みれば，完全な自由や個人的道徳的な責任をもって教育するのは，その修道会員ではない。その名において，かつ修道会員を通じて教育するのは，まさに修道会なのである」と述べている。Esmein, A. et Nézard, H., *Éléments de droit constitutionnel, français et comparé*, t. 2, 7ᵉ éd., Paris, Recueil Siley, 1921, pp. 598-599.

[19] Prost, *op.cit.*, p. 208. しかし，プロストによれば，この展開は共和派に深刻な分裂を生む。修道会教育の排除を正当化する，国家の独占的な教育権力に固執する者と，フェルディナン・ビュイッソンのように，国家の権限を限定的に解する自由主義的な姿勢をとる者との分裂である。*ibid.*, pp. 208-209.

第2節　政教分離法以後の教育をめぐる紛争

　急進共和派の反教権主義闘争は，政教分離法（「諸教会と国家の分離に関する法律」1905年12月9日）[21]の制定によって，一応の決着を見る。同法は，1条で良心の自由を保障するとともに，2条で公認宗教の制度を否認し，原則として宗教に対する公金の支出を禁止した（2条の措置は，1801年にナポレオンとローマ教皇との間で締結されたコンコルダの廃棄を意味する）。フランス革命以来の共和派の懸案であった国家の非宗教化という課題が，ここに完成することになった。政治生活におけるカトリック教会の影響力は大幅に削減され，共和派の反教権主義の熱情も鎮静化してゆく。

　政教分離法に収斂されるライシテに関する諸立法は，カトリック教育には手ひどい打撃であった。しかし，カトリックの家庭の子どもが公立学校に通う例が増加するのを，教会は看過しえない。教会は，一定の範囲で戦略を変更し，公立学校の「中立性」を最優先の要求事項として掲げることになる[22]。そこには，カトリシスムに対する攻撃が強まっており，公立学校の「中立性」が脅かされている，という認識があった[23]。このような状況の下，1905年から1914年にかけて「絶え間のないゲリラ戦」（incessante guérrila）が展開される[24]。特に闘争を活気づけたのは，1909年9月に枢機卿と大司教らが出したメッセージである[25]。そこでは，親には学校を監督する権利と義務があ

20　Nique, C. et Lelièvre, C., *La République n'éduquera plus, la fin du mythe Ferry*, Paris, Plon, 1993, p. 204.

21　政教分離法を論じた日本語文献としては，例えば，大石眞『憲法と宗教制度』（有斐閣・1996年）26頁以下を参照。

22　しかし，教育に関するカトリックの立場の大本には明らかに宗教的な主張が見られる（「宗教は教育に先んじる。ゆえに，教育はまず良きキリスト教徒を育てるべきなのであり，その次に，専ら2次的に，良きキリスト教徒に知識を与えるよう努めるものだ」）から，カトリックにとって中立性原理の援用には相当のジレンマがあった。Lelièvre, C., *Histoire des institutions scolaires (1789-1989)*, Paris, Nathan, 1990, p. 104.

23　この点については，Gontard, *op.cit.*, pp. 173-174 を参照。

24　Prost., *op.cit.*, p. 210.

ると主張されるとともに,「家父協会」(associations de pères de famille)[26]の設立が勧奨された。また,公立初等学校で使用されている14冊の教科書（そのほとんどは道徳・歴史・公民教育の教科書である）が禁書扱いされた（《第2次教科書戦争》の開始[27]）。カトリックのこうした攻勢に対しては,ライシテを擁護する教師からの反撃も見られた。彼らは政府にライシテ擁護の措置を要求する。しかし,カトリックの煽動も有力である。戦線は膠着する。以後,いずれの陣営も決定的な勝利を望むことはできないだろう。

なお,ライシテをめぐる紛争は,政府・教師とカトリックとの間でのみ生じていたわけではない。教育史家のクロード・ルリエーヴルによれば[28],1914年まで繰り広げられた教育戦争の主要な戦線こそは,公立学校における「社会主義的ライシテ」(laïcité socialiste)の前進に反対する闘争であった。社会主義的な教師の大部分は,非宗教的な教育を,共和主義的な市民の育成と捉える。その点で,彼らはフェリーや第3共和制の学校創設者たちの意図を受け継いでいると言えるが,彼らの新機軸は,未来の「社会的共和制」の市民を形成することを考えていることにあった。

第3節　第1次世界大戦後の教育「民主化」運動

1　「統一学校」運動

既に指摘したように,第3共和制の学校制度は,フェリー教育改革における教育の「平等」の理念的限界が投影された結果,民衆のための初等教育系統の学校を,ブルジョワジーのための中等教育系統の学校から分断する,本質的に複線型の制度にとどまっていた。生まれによる不平等を当然視するこの制度を批判し,それに代わる「統一学校」(école unique)の制度が本格的に構想され始めるのは,第1次世界大戦中のことである。コンパニョン

25　Cf. Gontard, *op.cit.*, pp. 178-179.
26　「家父協会」の発展過程については,*Ibid.*, p. 175 et s. を参照。
27　この点については,*Ibid.*, p. 179 et s.; Choppin, A., «Le cadre législatif et réglementaire des manuels scolaires : I. De la Révolution à 1939», *Histoire de l'Éducation*, n° 29, 1986, p. 56 など参照。
28　Lelièvre, *op.cit.*, p. 101.

(Compagnons) と称する団体に結集した人々によって，大戦終結直前の1918年2月に統一学校の構想が発表された。それは，すべてのフランス人に同一の基本的な教育を与えること，統一学校の就学年齢を6歳から14歳までとすること，初等・中等教育における系統 (ordres) というあり方を廃して，連続的な段階 (degrés) に改めることなどが主張された[29]。急進派は，「統一学校」という表現に教育的正義・社会的正義を見いだし，彼らの選挙綱領の第1項目として掲げた。社会党も統一学校の支持に回った。また，1924年の総選挙に際して，統一学校が，社会党と急進社会党を結集した左翼連合の綱領のなかに位置づけられた[30]。これに対して，教権主義的な保守派は，統一学校のスローガンに私立学校の廃止＝独占を読み取り，これに激しく反対した。従来，有償の中等教育に属していたクラスに無償制を拡大する統一学校は，最後には私立中等教育を崩壊させうるであろう巧妙な装置であると位置づけられたのである。彼らはまた，統一学校は肉体労働者を減少させ，農村の過疎化を助長し，社会的・政治的に危険な落伍者を増加させる，などと批判した[31]。

統一学校の支持者たちは，十分な支持を得るに足る明確で一貫したプランをもつに至らなかった。右翼と極左が統一学校に攻撃を加え，教師たちとその組合も分裂してしまう。しかし，「統一学制は，左翼合同内閣の末期から，約10年間に革新的な諸政党，進歩的な文化人や教育学者，さらに国民大衆の支持をえて，なしくずしに実現の方向をたどる」[32]。その後，統一学校の制

---

29 この点を詳しく説明する日本語文献として，梅根悟監修＝世界教育史研究会編『世界教育史大系10 ―フランス教育史Ⅱ』(講談社・1975年) 182頁〔佐藤英一郎〕，桑原敏明「コンパニョンから5月革命まで」長尾十三二編著『教育学研究全集第3巻―国民教育の歴史と論理〔欧米教育史研究序説〕』(第一法規・1976年) 128頁以下などを参照。

30 Lelièvre, op.cit., p. 134.

31 Ibid., pp. 134-135. 保守派は，〈統一学校は共産主義革命の待合室になるだろう〉との見方をとっていた。しかし，当の共産主義者は，統一学校は「瞞着」「民主主義的欺瞞」であり，その真の目的はブルジョワジーに奉仕させるべく労働者階級から知性を奪い取ることだと考えて，統一学校計画に反対していた。ibid., pp. 135-136.

32 梅根監修＝世界教育史研究会編・前掲，184頁〔佐藤〕。例えば，1926年に，リセとコレージュの初等科の教育課程と初等学校の教育課程が同一のものとされるなど，初

度化は，特に人民戦線（Front populaire）の国民教育相で急進派のジャン・ゼー（Jean Zay）の下で，漸進的に実現する[33]。

2 ヴィシー政府の教育政策

1939年にポーランドに侵入して第2次世界大戦の火蓋を切ったドイツは，翌年5月に西部攻勢を開始する。フランスの防御線は脆くも突破され，その翌月，フランスはドイツに降伏の申し入れをして仏独休戦協定が調印された。政府はヴィシーに移り，同年7月に国家元首の地位に就いたペタン（Pétain）が全権を掌握した。議会は停止され，市民的自由は廃止される。ヴィシー体制は，共和制の清算を基本姿勢とする，きわめて権威主義的な体制であった。

この体制の下で，教会に有利な措置が講じられる。修道会教育が再建され，私教育には補助金が支出され[34]，初等学校に宗教的な道徳教育が再び導入された。また，ヴィシー体制は，第3共和制の，特に初等段階の教育と教師への憎悪を示す。「敗戦に責任があるのは，まさに左翼の教師と『初等〔教育〕の精神』である」[35]と考えたからである。ヴィシー体制が，民衆教育，教育に関する平等の思想，「統一学校」に冷淡だったのは，そのためである。

1941年には，中等教育の無償の範囲が狭められた。これは，民衆層の教育

等段階の一元化と中等教育の機会均等が図られた。また，上級初等学校などを併設した一部のリセ・コレージュにおいて，一定数の授業につき，それぞれの生徒を同じ教室に集めて授業を受けさせる試みが行われた。ところが，共通クラスにもかかわらず，リセ・コレージュの生徒は有償だったが，上級初等学校の生徒は無償だった。この明白な差別を解消するために，1927年の財政法律で，共通クラスの全生徒につき教育が無償化された。その後も，財政再建の追い風を受けて，無償制の範囲が拡大され，ついに1933年，中等教育の全課程が無償化されるに至った。

[33] ジャン・ゼーは，1936年8月の法律で，義務教育年齢を14歳に引き上げた。翌年，全面的な教育改革案を提出するが，立法化に至らなかったため，行政措置により改革の実現を図った。

[34] この措置はフランス解放後に停止されるが，私立学校はそれ以後，国家の支援の復活を主に要求するようになる。この要求は，カトリック教会，私立学校生徒の親の団体，教育の自由を要求する団体に結集した保守派によって支持された。Nique et Lelièvre, *op.cit.*, p. 204.

[35] Fourrier, *op.cit.*, p. 229.

アクセスをより難しくするための措置であった[36]。体制は，さらに，初等教育の弱体化をねらって，上級初等学校を廃止し，近代コレージュに転換した。しかし，この措置は，体制側の意図とは全く別の効果をもたらす。「皮肉なことに，従来の民主的な教育要求の1つである単線型学校制度を部分的に推進することになった」[37]のである。

---

[36] *Ibid.*, p. 230.
[37] 梅根監修＝世界教育史研究会編・前掲，205頁〔佐藤〕。

第2章　第4・第5共和制下の教育改革法制の展開

第1節　第4・第5共和制における公教育の変容

1　第4共和制と教育の民主化構想
(1)　第4共和制憲法

　1944年8月のパリ解放後に，連合国によって正式にフランス政府として承認されたフランス共和国臨時政府（ド・ゴール〔de Gaulle〕首相）の下で，フランスは国家の再建に取り組むことになる。1945年10月の国民投票で，戦前の第3共和制への復帰は圧倒的多数の国民によって否定され，新憲法の制定が決定された。新憲法は，1946年10月のレフェレンダムで採択される。これが，1946年10月27日憲法（第4共和制憲法）である[1]。

　この憲法は，第3共和制憲法とは異なり，前文の形ではあるが，憲法の冒頭に権利宣言を置いた。前文は，1789年人権宣言によって確立された人権と，共和国の諸法律によって承認された基本的諸原理を確認した後，「現代に特に必要なものとして，以下の政治的，経済的および社会的諸原理を宣言する」と述べる。そのなかに，「国は，子どもおよび成人の，教育，職業訓練および教養についての機会均等を保障する。すべての段階での無償かつ非宗教的な公教育の組織化は，国の責務である」との規定（13項）が置かれた。

　他方，第4共和制憲法には，「教育の自由」を保障する規定は盛り込まれなかった。憲法草案を審議した第2回憲法制定議会において，人民共和運動（Mouvement Républicain Populaire, MRP）が，憲法前文に「教育の自由」を挿入することを提案したものの，公的助成の付与の可能性を開くことになるとする左翼の強い反対により，僅差でこの提案は退けられたのである。しかし，「教育の自由」を間接的に憲法化しようともくろむ人民共和運動の提案で，

---

[1] 1946年憲法の正文は，Duguit, L. Monnier, H., Bonnard, R., *Les constitutions et les principales lois politiques de la France depuis 1789*, 7ᵉ éd., Paris, L.G.D.J., 1952, p. 554 を参照。

「共和国の諸法律によって承認された基本原理」(les principes fondamentaux reconnus par les lois de la République) が前文に盛り込まれた。その際，人民共和運動は，左翼の疑念を払拭するため，この提案が「教育の自由」の確立を目指すものではないとし，また，「共和国の諸法律によって承認された基本原理」が，1789年以来の共和国の諸法律，特に，第3共和制期の社会領域の諸立法を指すものであることを強調した[2]。とまれ，「教育の自由」は，「共和国の諸法律によって承認された基本原理」の一として，暗黙のうちに憲法原理として確立されることになる[3]。

(2) 教育の民主化へ向けて

第4共和制の下では，教育の民主化（教育の機会均等）を実現するものとして提唱された「統一学校」構想に沿った形での，教育制度の構造改革が模索された。多様な改革案が提案される。そのうち最も有名なもの，「もっとも体系的な，その後のフランス内外の教育にもっとも強い影響を与えたもの」[4]が，ランジュヴァン゠ワロン案 (le plan Langevin-Wallon)[5]である。そこには，2つの思想が見いだされる。教育学的な面では「新しい学校」（新教育）であり，構造面では「統一学校」である[6]。

2　Cf. Genevois, B., «Une catégorie de principes de valeur constitutionnel : les principes fondamentaux reconnus par les lois de la République», *R.F.D.A.*, 1998, p. 479.

3　プランボーニュは，「共和国の諸法律によって承認された基本原理」の挿入は，教育の自由を再導入するための「一種の法的策略」であったとする。Durand-Prinborgne, C., *Le droit de l'éducation*, 2e éd., Paris, Hachette, 1998, p. 30. なお，1977年11月23日の憲法院判決（Déc. 77-87 DC du 23 novembre 1977）は，「教育の自由」を「共和国の諸法律によって承認された基本原理」と認定した。

4　桑原敏明「コンパニョンから5月革命まで」長尾十三二編著『教育学研究全集第3巻－国民教育の歴史と論理〔欧米教育史研究序説〕』（第一法規・1976年）133頁。

5　ランジュヴァン゠ワロン案の日本語訳としては，原田種雄「フランスにおける教育改革の動向と問題」（国立国会図書館調査立法考査局・1960年）48頁以下がある。ランジュヴァン゠ワロン案は，1944年11月に設置された教育改革研究委員会によって作成されたもので，初めコレージュ・ド・フランス教授のポール・ランジュヴァンが委員長を務め，その死後，同じくコレージュ・ド・フランス教授のアンリ・ワロンが後任を務めた。同案は1947年6月，国民教育相に提出された。

6　Prost, A., *Histoire de l'enseignement en France 1800-1967*, Paris, Armand Colin, 1968, pp. 420-421.

前者に関して，初めて公式の文書において，学校が，子どもとその年齢・「能力」を考慮して構想されている。教育再建の基本原理として，例えば，すべての子どもは，その人格を最大限に発達させる平等の権利をもつこと，教育の民主化によって学校に正義を導き入れることなどが述べられている[7]。他方，構造面に関しては，義務教育の最終年齢を14歳から18歳に引き上げ，この義務教育課程を単線化し，公教育のすべての段階を無償化することなどを提案している。

しかし，この案は，結局，実現されないまま終わる。第4共和制は，如何なる構造改革もなしえなかった[8]。

2 第5共和制の成立と初期の教育改革

(1) 第5共和制憲法

1958年5月，アルジェリアで現地軍を中心とする勢力がクーデタを起こした。事態収拾のためにコティ（Coty）大統領がド・ゴールを首相に任命し，

---

[7] この部分は，ランジュヴァン＝ワロン案が「新教育」運動の流れに属するものであることを示している。ランジュヴァンは「新教育」の熱心な協力者だった。「新教育」については，例えば，堀尾輝久＝兼子仁『教育と人権』（岩波書店・1977年）47頁以下〔堀尾〕を参照。

[8] ランジュヴァン＝ワロン改革案で強く打ち出された「統一学校」構想は，第5共和制において，制度的に実現されることになる。すなわち，「諸系統」（初等・中等・技術教育の系統）ごとの学校から，「諸段階」ごとの学校（小学校・コレージュ・諸リセ）への移行である。こうした単線型学校体系への移行は，種々の改革の試みを経て，1975年の改革により完成する。国民教育相ルネ・アビ（René Haby）の名前を冠する，この教育構造改革は，学校体系を小学校・コレージュ・リセの3段階に単純化し，また，コースのない統一コレージュを創設して，原則として，全生徒に共通の教育を行うことなどを内容とするものであった。しかし，これによってもなお，教育機会の不平等が残存することとなり（この点，藤井佐知子「教育と選抜制度」原輝史＝宮島喬編『フランスの社会』〔早稲田大学出版部・1993年〕110頁を参照），1980年代以降も改革が続くことになる。

アビ改革に至る第5共和制下の教育改革を論じた日本語文献として，原田種雄ほか編『現代フランスの教育』（早稲田大学出版部・1988年）を参照。なお，アビ自身による改革の回想録として，村田晃治訳『若きフランス人のための戦い』（東信堂出版・1989年）がある。

同年6月3日の憲法的法律が，政府に憲法草案作成の権限を付与した。9月の人民投票の結果可決されたのが，1958年10月4日憲法（第5共和制憲法）[9]である。

この憲法は，統治機構の側面については，ド・ゴールらの構想に基づき，大統領権限を強化し，議会権限を制約する構造を有する。共和国大統領は諸制度の「要石」であり，7年任期（2000年の憲法改正により5年に短縮）の，1962年の憲法改正以後は直接普通選挙で選出されるその地位は卓越している。大統領は，首相・大臣を任命し，閣議を主宰する。また，政府または両議院の提案する法律案をレフェレンダムに付託し，国民議会を解散し，非常事態権限を行使することができるなど，強力な権限を有する。

大統領と政府の地位と比較するとき，立法権の凋落は明らかである。第3共和制以来の議会中心主義の伝統の下で政治的・法的世界の中心に君臨した議会は，第5共和制の下では，大統領・政府の後塵を拝する地位を与えられる。政治的な決定の権限は実質的に執行権が掌握するようになり，法的な決定についても，憲法上，法律の役割の減少（法律事項の限定）と命令との管轄権の競合という状況が見られる。また，議会立法は合憲性の統制を受けるようになっている。

他方，人権保障の側面では，憲法本文に保障規定は存在しない。憲法前文で，「フランス人民は，1946年憲法前文で確認され補充された1789年宣言によって定められたような，人権および国民主権の原理に対する愛着を厳粛に宣言する」とされているにすぎない。これは，憲法に人権のカタログを組み込むことでその保障を強めようとする考え方との距離があることを示していた。しかし，1971年以降，憲法院が，この簡潔な前文から出発して積極的に違憲審査権を行使するようになり，人権保障機関としての役割を果たしてきた[10]。

第5共和制憲法において「教育」に言及している条項は，法律事項を定め

---

[9] 1958年憲法の最新の条文（原文）については下記を参照。
　http://www.conseil-constitutionnel.fr/textes/c1958web.htm
[10] 憲法院の人権保障機関化については，例えば，辻村みよ子「解説：フランス第五共和国憲法と憲法院」フランス憲法判例研究会編（編集代表・辻村みよ子）『フランスの憲法判例』（信山社・2002年）1頁以下を参照。

る34条である。その4項は，国防の一般組織や地方公共団体の自由な行政などと並んで，教育についても，法律がその基本原則を定めるものとしている。立法府に教育を委ねるという方法は伝統的なものであるが，第5共和制の行き方は，例外的なものでもある。なぜなら，政府と国会の間で責任を分有する仕組みがとられており，立法府は教育の基本的な原則の決定にしか関与できないとされているからである[11]。いずれにせよ，この場合，権限分配の関係で，教育の「基本原則」とは何かの問題[12]を生じることになる。

(2) 公立学校と私立学校の関係の変容

第5共和制は，公立学校と私立学校の長い対立関係に終止符を打った。つまり，国家が私立学校の要求に応じて補助金[13]を支出する制度を設けることで，教育の公役務に私教育を協力させる体制が確立するのである。ヴィシー体制によって先鞭をつけられたこの動きは，第4共和制の下で既に現れていた[14]が，第5共和制下の1959年12月31日にドブレ法（la loi Debré）[15]が制定さ

---

[11] Cf. Durand-Prinborgne, *op.cit.*, p. 31.

[12] この問題について，教育の基本原則を，歴史的に形成されてきた内容の側面と，判例上認められてきた法的価値の側面から検討する論稿として，Lavieille, J.-M., «Les principes fondamentaux de l'enseignement dans le droit positif français», *A.J.D.A.*, 1978, p. 188 et s. がある。

[13] 私立学校への補助金支出の問題について注意すべき点は，「第1に，補助金交付の対象についていえば，中等教育や高等教育に対する公的助成は自由に行われ，とくに問題視されるのは初等教育に対するそれである」こと，「第2に，公的助成の主体に関しては，地方自治体（県・市町村）による助成は厳格に禁止されてきた点で，国によるそれは，時代とともに変化していること」である。大石眞『憲法と宗教制度』（有斐閣・1996年）77頁。

[14] 1951年9月21日の法律（マリ法〔la loi Marie〕）。*J.O.* du 23 septembre 1951, p. 9786. この法律は，私教育施設の生徒が国費の奨学金を受給することを認めるものである。および，1951年9月28日の法律（バランジェ法〔la loi Barangé〕）。*J.O.* du 30 septembre 1951, p. 9971. この法律は，公立・私立を問わず初等学校に通う生徒のいる家庭に援助金を支払うことを内容とするものである。

[15] Loi relative aux rapports entre l'État et les établissements d'enseignement privés. *J.O.* du 3 janvier 1960, p. 66. ドブレ法につき詳しく検討した日本語文献として，中村睦男「フランス1959年私学助成法の制定」北大法学論集31巻3・4号下巻（1981年）257頁以下，同「フランスにおける私学助成をめぐる憲法問題」『公法と経済法の諸問

れるに及んで，この問題に決着がつけられる[16]。

ドブレ法は，補助金を求める私立学校に対して，次の3つのオプションを用意していた。すなわち，第1に，私立学校は公教育への統合を求めることができる（3条）。第2に，私立学校は国家と「公教育への協同契約」（contrat d'association à l'enseignement public）を結ぶことができる（4条）。これは，契約対象学級における教育を，「公教育の諸規則および教育課程」に服せしめる一方で，当該学級の運営費を，対応する公教育の学級と同一の条件で支給するものである。第3に，私立学校は国家と「単純契約」（contrat simple）を結ぶことができる（5条）。これは，教師の給与を国が支払う一方で，私立学校に国が教育的・財政的な監督を及ぼすことを内容とするものである。同法1条では，国と契約を取り結んだ私教育施設は国の統制に服するものとされたが，教育に際しては当該施設がその「固有性」（caractère propre）を保持することも明記された。これは，ドブレ法が私教育施設のなし崩し的な統合・編入をもくろんでいるのではないか，との疑いを払拭するために挿入されたものである[17]。

カトリック系の初等学校の大部分は，補助金の額は少ないものの，相対的に国家の統制が緩和される「単純契約」を選んだ[18]。この契約方式は，当初9年間のみ有効とされていたが，1971年の法改正[19]により，初等教育段階に

題（上）』（有斐閣・1981年）119頁以下を参照。

16　ドブレが《公立学校には公的資金を，私立学校には私的資金を》というスローガンに示された公立＝私立の二元的制度の原理を変更した背景には，増大する教育人口の受け入れに私学を協力させるという目的があったが，それは，「私教育はフェリー時代とは異なり，もはや共和制にとって危険なものではない」という認識に裏打ちされていた。Cf. Nique, C. et Lelièvre, C., *La République n'éduquera plus, la fin du mythe Ferry*, Paris, Plon, 1993, p. 205.

17　他方で，社会主義者は，国家の教育独占を要求する立場から，私立学校の「固有性」を認める法案に反対する。*Ibid.*, p. 206.

18　「1981年までに，1万校にものぼるカトリック系学校の98％が契約を結んだが，そのうち小学校の71％が『単純契約』……を，他方，中学校の99％が『協同契約』を締結した」。J. E. S. ヘイワード著（川崎信文ほか訳）『フランス政治百科〈下〉』（勁草書房・1987年）335頁。

19　1971年6月1日法。*J.O.* du 3 juin 1971, p. 5539.

ついて恒久的なものとされた。また、1977年11月25日の法律[20]は、協同契約を結んだ私学の教師に対して、当該施設の「固有性」を尊重するよう義務づけ、協同契約の下にある施設につき、教師の任命に関する当該施設の長の権限を強化し、国に教師養成のための資金援助を義務づけるなど、私教育施設の自律性を強化した。

(3) 公民教育の衰退

既に述べたように、フェリー(とその協力者)にとって、公民教育は教育政策の最も重要な部分の1つであった。公民教育を通じて愛国精神を喚起することで「国民」としての一体性を創出し、共和制を不断に安定させることが、フェリーの意図であった。その意味では、フェリーが教師に厳密な中立性を要求していたと考えることは難しい。こうした公民教育の観念は、特に1970年代以降、その衰退が顕著になる。この点につき、ニクとルリエーヴルは、概略以下のように指摘している[21]。

フェリー的な公民教育は、教師自身による共和制支持の態度に立脚していた。その結果、公民教育は、彼らの精神状態如何で多かれ少なかれ動態的なものとなるはずであった。この点で1968年以後、教師(特に若手の教師)の間で、公民教育への熱意の衰退・喪失の兆候が現れ始める。彼らは個人主義的な道徳の普及には熱心であるが、愛国主義への理解・関心は次第に減少してゆく。教師の精神においては、国民統合を創出し持続させるものとしての学校の位置づけが、ますます希薄化する。この現象は、1975年のアビ改革における決定で強められる。アビは、中等教育課程の公民教育を廃止し、初等教育における「目覚まし活動」(情操開発活動)にそれを解消したのである[22]。

アビは、教育システムは常に「市民を育成する」ことを任務とするが、そのために特別な教育を準備する必要はない、と考える。アビにとって、市民

---

20 ゲルムール法 (la loi Guermeur)。*J.O.* du 26 novembre 1977, p. 5539.
21 Nique et Lelièvre, *op.cit.*, pp. 211-214.
22 教師の多くは公民教育の廃止に反対しない。「彼らにはそれを受け入れる別の理由があった。すなわち、彼らが、1968年以来前進している個人主義的・快楽主義的な諸価値への同調をますます強めていること、消費者運動を社会生活の本質とする『消費社会』の諸価値によって彼ら自身が捉えられていること、彼らが拡大しつつある平和主義運動に敏感であること、である」。*Ibid.*, p. 215.

を育成することは，祖国を知り愛するよう教えることではない。それは単に，共同体で生きること，その近隣者と良好な関係を保つことを教えることにすぎない。アビにとって重要なのは，公民教育を特別に行うことではなく，共同体での生活を生徒に実践させることである。それは，大統領ジスカール・デスタン（Giscard d'Estaing）がフランスで確立しようとする自由主義的な体制を強固ならしめるべく，自由主義的な諸価値の染み込んだ精神の涵養を目指す営みであった。

第2節　ミッテラン時代のフランス教育

1　サヴァリ法案をめぐる学校紛争[23]

1981年5月，社会党のミッテラン（Mitterrand）が，保守中道の現職ジスカール・デスタンを破って大統領に就任した。第5共和制の下で初めて誕生した左翼の大統領である。ところで，大統領選挙の際のミッテランの選挙公約のなかに，「国民教育の統一された非宗教的な大公役務」（grand service public unifié et laïque de l'éducation nationale）の創設が含まれていた。選挙では大きな争点とはならなかったが，ライシテに執着するフランス左翼の伝統を受け継ぐ内容をもっていた。左翼は，ドブレ法で樹立された体制を修正して，このプログラムの実現を図ろうとするが，国民は私学への補助金支出に馴染んでおり，厳格にライシテを貫くことへの支持は年々減少していた。

国民教育相のアラン・サヴァリ（Alain Savary）は，無用な教育紛争を避けるために，ライシテ支持派および私教育の支持者（特にカトリック）と慎重に交渉を重ねた。その結果，私教育の支持者の間で，公役務たる公教育に私教育を統合するというプランへの反対が強いことが判明したため，それを放棄して両者の漸進的な接近と調和を図る方向へと方針が転換される。

1984年4月18日に閣議決定された法案[24]は，その方針に従い，教育の自由

---

[23] サヴァリ法案問題を含む，ミッテラン政権下の私立学校改革について検討した日本語文献として，岩橋恵子「フランスにおける私立学校改革の動向」教育457号（1985年）106頁以下がある。

[24] *J.O., Documents parlementaires, série Assemblée Nationale*, 7e législature, 2e session ordinaire 1983-1984, nº 2051.

を認め，公立＝私立学校を法的に統一するのではなく，漸進的に両者を近づけるための措置を規定する。サヴァリは，あらかじめカトリック司教団と交渉し，法案へのおおよその同意を得ていた。しかし，果たしてライシテ支持派から，カトリックに対する政府の譲歩に不満が示され，国民議会での審議において，学校の二元的システムの解消を主張する非宗教活動全国委員会（Comité national d'action laïque : CNAL）[25]の着想した修正案が，社会党の多数派の賛成を得て可決された。これはカトリックの反発を招き，サヴァリ法案の撤回を要求する，100万人を集めた大抗議集会がパリで開かれた。結局，ミッテランが独断で法案を撤回し，サヴァリは辞任，政府も総辞職した。

　このサヴァリ法案をめぐるフランス社会の動きについて，〈ライシテをめぐる伝統的な対立の根強さが浮き彫りになった〉という図式化は，妥当ではないと見られる。この点につき，少々長い引用になるが，アントワーヌ・プロストの見方を紹介しよう。

　「地方によっては宗教的な理由が関係したであろう。しかし，それは全体的に見れば決定的なものではなかった。宗教はもはやフランス社会でかつてと同様の役割を果たすものではない。1986年，日曜のミサにきちんと出席するのは，フランス人のわずか11％にすぎない。また，生徒のうちの16％が私教育施設に通学しているだけである。しかし，〔世論調査によれば〕フランス人の半数以上がサヴァリ法に反対した。明らかに，宗教的信条をもたない多数のフランス人が，自分の子どもを入れていない学校を支持したのである。公教育の生徒の親のうち，47％が当該法案に不同意であった。逆に，子どもを私教育に委ねている親がそれと同様の態度をとるのは，宗教的な理由からではなかった。……もはやカトリックが自己の信仰を守るために立ち上がるというのではない。

　実のところ，まさに親が自分の子どもの将来を擁護するのである。1982年4月の調査は，この点で雄弁である。公教育の生徒の親のうち85％が，子どもが通う教育施設の選択可能性に好意的であり，58％が私教育のうちに頼りにできる可能性を見いだしている。……第5共和制の諸改革によって，教育システムは，その

---

[25] 非宗教活動全国委員会は，1949年に結成され，全国教育連盟や公立学校の生徒の父母会議全国連盟，全国教員組合，教育連盟などを結集していた。Cf. Bedouelle, G. et Costa, J.-P., *Les laïcités à la française*, Paris, P.U.F., 1998, p. 95. なお，フランスにおける父母団体の組織・活動等については，小野田正利『教育参加と民主制－フランスにおける教育審議機関に関する研究』（風間書房・1996年）257頁以下が詳しい。

秘密を知らない人々にとっては冷厳な，巨大な官僚制となった。部門化と進路指導は，この初等学校，次いでこのコレージュ，さらには，多かれ少なかれ魅力的な就職口のあるこんなセクションへというふうに，子どもの割り振りをその親に強制するのである。硬直した拘束的なシステムに多くの親が不満を抱いている。そのとき私立学校は，〔親から〕拒否される割り振りまたは進路指導に対して，第2の機会の，より良く頼れる，また，往々にして唯一の学校となる。……教育の官僚制によって引き起こされ拡散し，当時の反国家的な自由主義によって増幅された不満は，〔この事件で〕脅かされることはなかった教育の自由に好意的な群衆を動員した本質的な理由を説明するものである。これは規制緩和への要求であった。」[26]

この指摘からは，学校が生徒の選別強化装置として機能していることへの不満が，私学の独自性を擁護する国民の要求の背景にあることが分かる。この点で，1980年代から現在にかけてなお，教育の「平等」を実現するための教育制度改革が進んでいる。特に，「すべての子どもが成功する学校」を掲げ，子どもの能力の多様性に即した教育を目指すと同時に，能力評価の尺度を画一化せずに平等を追求しようとする1989年の教育基本法（ジョスパン法）[27]の理念[28]が注目に値する。

さて，1984年にサヴァリによってもたらされた紛争の鎮静化は，後任のシュヴェーヌマン（Chevènement）によりもたらされる。1985年1月25日の法律[29]による1977年11月25日法の部分的廃止により，「当初のドゥブレ法の枠組みに立ち帰〔る〕」[30]立法措置が講じられるのである。第3共和制では反

26　Prost, A., *Éducation, société et politiques, une histoire de l'enseignement en France de 1945 à nos jours*, Paris, Seuil, 1992, pp. 172-173.

27　1989年7月10日の法律（Loi d'orientation sur l'éducation）。*J.O.* du 14 juillet 1989, pp. 8860-8863. 1989年教育基本法は，この法律を成立させた国民教育相リヨネル・ジョスパン（Lionel Jospin）の名前を冠して「ジョスパン法」と呼ばれる。

28　参照，藤井佐知子「戦後教育政策におけるジョスパン改革の位置と意義」小林順子編『21世紀を展望するフランス教育改革』（東信堂・1997年）79頁以下。ジョスパン法に関する総合的な研究として，上記『21世紀を展望するフランス教育改革』が重要である。

29　*J.O.* du 26 janvier 1985, pp. 1088-1096.

30　大石・前掲，80頁。なお，中村英「フランス『私学助成法』改正経過一覧」東北学

教権主義のイデオロギーとして用いられたライシテの概念も，第4・第5共和制の下で，そのような性格をますます弱めている。そもそも，左右両翼の分界線としての反教権主義イデオロギーという位置づけそのものが，もはや現代のフランスでは通用力を失っているように見える。第3共和制での主戦場であった学校教育も，その例外ではない。

確かに，1994年の学校紛争の再燃について，これを伝統的な対立の表出と見る向きもある。これは，1993年に，初等・中等教育の私学に対する公的補助に制限を設けていたファルー法（1850年）の規定（69条）を廃止する法案が上下両院で可決された[31]ため，これに反対する公立学校の教師や父母によって，全国規模でデモやストライキなどの抗議行動が行われたというものである（1994年1月）。しかし，ここでは，ライシテの擁護よりはむしろ，公立学校の劣悪な人的・物的条件を据え置いた上での私立学校への助成増額構想に対する怒りや，教育のプライヴァタイゼーションへの流れが形成されつつあることへの抵抗という側面があったことを重視すべきであろう[32]。

2 公民教育の復興？

ジスカール・デスタン体制で衰退した公民教育は，1981年の左翼政権の発足で蘇生するように見える。左翼は，学校が市民の育成という任務を再び遂行するよう努力する。社会党のなかで，共和主義的諸価値を復活させる必要性を最も強く主張する人物であるシュヴェーヌマンが，1984年に国民教育相に就任すると，1975年のアビ改革で廃止された公民教育の再建に乗り出すのである。

尤も，フェリーの着想したこの公民教育を「復興」するという意思は，教

院大学論集（法律学）29号（1986年）132頁以下も参照。

[31] この法律の違憲性を理由に付託を受けた憲法院は，ファルー法の規定を廃止する法律の主要な部分につき，平等原理を侵すものであるなどとして違憲の判断を下した。Déc. 93-329 DC du 13 janvier 1994. この判決に関しては，Luchaire, F., «L'abrogation de la loi Falloux devant le juge constitutionnel», *R.D.P.*, 1994, p. 609 et s., 小泉洋一「地方公共団体の私学助成—ファルー法改正違憲判決」フランス憲法判例研究会編・前掲，183頁以下を参照。

[32] 小野田正利「フランス私学助成法の成立とその違憲無効判決—学校抗争か学校平和か—」教育575号（1994年）120頁。

師の側の熱意を引き出すことができず、十分な結果をもたらせなかった。しかし、1970年代末に確認された公民精神への無関心は、もはやそれほど強くない。経済危機の存続や失業問題、極右の台頭などの要因は、市民的な連帯・統一性・義務の観念に再び意味を与えた。公民教育の正当性は揺るぎないもののように見える。問題は、それを理解する方法に関するコンセンサスが存在しないという点にある——と、ニクとルリエーヴルは指摘する[33]。

彼らが示唆するように[34]、現代の公民教育において、第3共和制期のように、剥き出しの愛国主義的イデオロギーの宣揚や、「文明化」を先導するフランスの「使命」の唱導[35]が、再び現われる可能性は少ないだろう。その意味では、フェリーの共和制と現代の共和制との間には断絶が認められよう。しかし、その一方で、「共和制は、それ自体、それが容易ならしめ、かつその構成員に与えるところの教育から創出されるのである。共和制は、教育をするかしないかのいずれかである」[36]との指摘がある。これは、《教育者たる国家》のフェリー的観念を旧時代の遺物とする思考へのアンチテーゼなのだろうか。

幾分か理想化されたフェリー的な共和主義的教育モデルは、現代でも基本的な理念として遇されることがあるように見える[37]。共和制を共和制たらし

33　Nique et Lelièvre, *op.cit.*, p. 215 et s.

34　*Ibid.*, p. 220.

35　この点については、例えば、菅原聖喜「フランス植民地思想の形成とナショナリズム（上）」法学（東北大学）46巻4号（1982年）20頁、平野千果子「フランスにおける学校教育と植民地問題—第3共和政前期の教科書をめぐって—」ユスティティア2（ミネルヴァ書房・1991年）175頁などを参照。

36　Nicolet, C., *La République en France, état des lieux*, Paris, Seuil, 1992, p. 63.

37　「フランスの共和制は、その確立と永続化の手段として学校を築いたのである。共和制は、そうして自ら伝え教育することをその主要な任務の1つとした。今日でも共和制は、それを忘れることはできないだろう。1985年の通達には次のように明記されていた。『学校生活およびそこで与えられる教育において、文明化された民主的な社会の基礎をなす諸徳性が陶冶される』。その徳性として、『真理の探究および人間理性への信頼』『自由・平等・友愛への愛着と混じり合うフランスへの愛』が挙げられた」。Frelat-Kahn, B., *Le savoir, l'école et la démocratie*, Paris, C.N.D.P. / Hachette, 1996, p. 13.

めるものこそが，その教育機能であるとすれば，フェリーの観念はこれからも信仰され続けることになろう。

3 中央集権化の終焉

ミッテラン政権は，国有化など重要な課題を掲げて改革を推進してきたが，なかでも，政権発足以来，着実に進められた分権化（décentralisation）改革[38]が重要である。それは，〈一にして不可分の共和国〉のジャコバン主義的理念に底礎され，地方制度を画一化し中央集権化を進めてきた[39]フランスにとって，重大な方向転換であった。公教育体制も分権化の例外ではない。

7月王制下，教育制度は，ギゾーによって国家支配の刻印を深く刻み込まれた。国家は，以後一貫して教育支配を継続する。もちろんフェリーも，その意思を共有する。学校教育を共和制以外の他者の手に委ねれば，体制に敵対的な諸価値を伝達するために学校が使われる，とフェリーは考えた。教会の影響と社会主義の影響とを回避する唯一の手段が，共和制国家に学校の監督を委ねることにあった。したがって，「中央集権化は，共和制の学校の創設の本質的な条件である」[40]。

しかし，中央集権的な教育体制は，1982年から始められる分権化改革によって動揺させられるようになる。ここに1つのアポリアが生じた。社会党政府は，地方分権による公役務の活性化をもくろんでいたが，国民教育を

---

[38] 分権化について紹介・分析を行う日本語文献は多数にのぼる。ここでは，大津浩「フランス地方分権制と単一国主義」宮島喬＝梶田孝道編『現代ヨーロッパの地域と国家』（有信堂・1988年）44頁，大山礼子「フランスの地方制度改革―分権化とデモクラシー―」公法研究56号（1994年）91頁を挙げておく。なお，地方自治の拡充に関する近時の憲法改正（2003年）に関する紹介として，例えば，大津浩「『地方分権化された共和国』のためのフランス憲法改正」法律時報75巻7号（2003年）99頁がある。

[39] 「フランスでは，国家はなんとかしてひとたび絶対主義化に成功すると，最高権力の地位を守るにいたった。ユーグ・カペーからルイ14世まで，またフランス革命からナポレオン3世それからドゴール体制まで，国家は絶えず市民社会に対する支配を拡大し，自己の自律化を進め，そしてついに全周辺の支配に適した巨大な閉鎖的行政機構を築き上げた」。バディ＝ビルンボーム著（小山勉訳）『国家の歴史社会学』（日本経済評論社・1990年）173頁。

[40] Nique et Lelièvre, *op.cit.*, p. 222.

トータルに分権化することは難しい。なぜなら、憲法は「すべての段階での無償かつ非宗教的な公教育の組織化は、国の責務である」ことを確認しているし、また、社会党政府は、学校の前の市民の平等を消滅させることを望んではいないからである。分権化と国家による国民教育への配慮とを両立させるため、政府は、国家が教育の公役務について責任を負うことを前提に、国家と自治体との間での新たな権限分配を実施した[41]。

また、分権化と同時に、教育施設に対する国家の教育的後見監督が緩和される。なるほど、教育施設は従来通り全国的な教育目標と教授要目（programmes）に服するが、目標への到達や教授要目の活用に関する方法については広汎な自律性を付与されるのである。「国家は変わらず到達すべき進路を決定するが、もはや、各教師がなすべきことを国家自身が規定する必要があるとは考えない。国家は、その教育機能の一部を放棄した。諸教育施設に付与された教育的自律性は、明らかに、フェリー時代の終焉を特徴づけている」[42]。

4　学校自治の法制化と教育の現代化

ミッテラン社会党政権の下で、教育における旧来的な「国家による画一化」の伝統が打ち破られ、多様性を認める方向で改革が展開されることとなった。分権化と連動しつつ、学校教育行政に如何なる変化がもたらされたのかを、藤井佐知子氏の一連の研究[43]に依拠して、簡略にまとめてみる。

多様性原理の政策的な表現として重要なのが、1980年代初頭にサヴァリ国民教育相によって構想され、1989年教育基本法（ジョスパン法）に受け継がれた、学校自治政策である。1989年教育基本法は、学校の自主性を尊重した

41　この点については、小橋佐知子「フランスの〈新権限配分法〉下における教育行政の分権化志向」日本教育行政学会年報12号（1986年）220頁を参照。

42　Nique et Lelièvre, *op.cit.*, pp. 224-225.

43　藤井佐知子「戦後フランス教育改革の理念とその変容―『機会の平等』から多様性重視、そしてアカウンタビリティへ―」黒沢惟昭＝佐久間孝正編『世界の教育改革の思想と現状』（理想社・2000年）59頁以下、同「フランスの教育改革の潮流と課題―〈現代化〉による教育と教育行政システムの刷新―」アソシエ8号（2002年）62頁以下、同「反市場主義の教育改革―フランス公教育の伝統と変容―」教育制度学研究10号（2003年）36頁以下。

地方分権的な学校経営の促進という見地から，各学校に「学校教育計画」（projet d'établissement）の策定を義務づけていた。これは，国が定めた教育目標や課程を尊重しつつ，各学校が独自にそれを実現していくための活動計画である。その策定には，教師が中心となりながらも，学校にかかわる者（生徒・父母・地方自治体・経済界・有識者・各種団体）によって構成される「教育共同体」（communauté éducative）が関与するものとされた。これは，地域の特色や学校教育にかかわる人々の意向に基礎づけられた個性的な学校づくりの，法律による奨励を含意するものである。このような，学校教育計画の作成の義務づけは，中央集権的な行政手法の抜本的見直しへの方向性を明瞭に打ち出すものでもあった。

その一方で，ここに「効率性」の観点を導入し，公教育の質的転換を図る動きが現れてきている。これは，1989年2月にミシェル・ロカール（Michel Rocard）首相が打ち出した公役務の刷新政策（renouveau du service public）に基づく行政活動の「現代化」（modernisation）[44]に連なるものである。

国民教育の現代化は，国家的目標の尊重と多様性のある生徒への適合という重要な要素を基礎に，生徒個々人の教育水準の向上という学校の基本任務を達成するため，当事者による計画—実践—評価のサイクルを取り入れ，もって，役務の質の向上と外部へのアカウンタビリティを考慮する，という構造をもっている。こうした仕組みは，サッチャー政権下のイギリスに起源をもつ「新しい行政経営」（New Public Management：NPM）の特徴を備えている。

この点につき，藤井氏は，フランスの場合，トップダウン的な目標設定・業績評価を通じて厳格な「業績／成果によるマネジメント」を行う〈イギリス＝ニュージーランド型〉のモデルは当てはまらない[45]とし，英米流の剥き出しの新自由主義的教育改革との違いに注意を喚起しつつ，国家・公教育に関するフランスの伝統的な思想を背景に，「平等や公正の論理を競争や選択の論理に明け渡すことなく」，学校システムの刷新が図られている点を強調

---

[44] 近年の行政現代化政策の展開とその特質を検討する日本語文献として，中沼丈晃「フランス行政改革における分散化と品質管理(1)～(3)」早稲田政治公法研究58号（1998年），59号（1998年），62号（1999年）がある。

[45] 藤井「反市場主義の教育改革」44頁。

している[46]。

---

[46] 藤井「フランスの教育改革の潮流と課題」71頁。

第3章 共和制の揺らぎと学校教育の役割
～最近の教育改革とその傾向～

第1節 共和制／共和主義的学校モデルの揺らぎ

1 フランス的な国家モデルの変容

　樋口陽一氏[1]によれば，フランスの近代国家は，解放された諸個人と集権的国家が対峙する二極構造モデルで示される典型的な国民国家として，「ルソー＝ジャコバン型」国家と名づけられる。「ルソー＝ジャコバン型」国家モデルは，中央集権的な議会中心主義の構造をとるものであるが，1980年代における憲法院による違憲審査の活性化と地方分権化政策の展開を通じて変容を遂げつつある。すなわち，違憲審査制の活性化による権利保障と地方分権システム，自発的結社の積極的容認を基礎とした多元主義的国家モデル（「トクヴィル＝アメリカ型」国家）への変容である。これは，「フランスの例外性の終り」を示すものとして捉えられることがある[2]。

　他方で，特に1990年代以降，フランス国民国家の強固な普遍主義的共和制像・人間像の正統性に対して，多文化主義的傾向をもつ議論が深刻な挑戦をつきつけるなど，〈一にして不可分の共和国〉モデルの「揺らぎ」が看取されるようになっている[3]。

---

[1] 例えば，樋口陽一『自由と国家』（岩波新書・1989年）などを参照。なお，樋口氏の2つの国家モデルについては，岡田信弘「『フランス憲法』と戦後憲法学」樋口陽一編『講座憲法学・別巻〔戦後憲法・憲法学と内外の環境〕』（日本評論社・1995年）90～91頁が疑問を呈している。

[2] 樋口陽一『近代国民国家の憲法構造』（東京大学出版会・1994年）105頁。

[3] 山元一「《一にして不可分の共和国》の揺らぎ―その憲法学的考察―」日仏法学22号（1999年）1頁以下。この点についてはほかに，中野裕二『フランス国家とマイノリティ―共生の「共和制モデル」』（国際書院・1996年），三浦信孝編『普遍性か差異か―共和主義の臨界，フランス』（藤原書店・2001年），三浦信孝「問われるジャコバン共和国―フランスにおける共和主義と多文化主義」中央大学人文科学研究所編『民族問題とアイデンティティ』（中央大学出版部・2001年）121頁以下，長谷川秀樹『コ

さらに、経済的なグローバリゼーションの世界的席捲を受けて、フランスの伝統的な強い国家のモデルにも、新自由主義的な改革戦略の影響が見られる[4]。

そのような国家モデルに見られる変容は、中央集権化を通じて公共性を独占し市民社会から自律した国家が、自ら教育の主宰者として公教育制度を創設し、共和主義的価値理念の普及を図るという形で図式化される[5]、フランス近代の公教育モデルのありようにも、影響を及ぼさずにはおかない。

2 共和主義的学校モデルの揺らぎ？

ヨーロッパ統合の動きは、絶対的な国家主権に依拠する伝統的な国民国家モデルを不可逆的に相対化するものであるから、普遍主義的理念を標榜して卓越した同化・統合機能を営むフランスの共和主義的学校モデル[6]も変容を迫られる。特に、外国人（移民）の子どもの教育[7]をめぐっては、「差異への権利」（droit à la différence）概念に基づく多文化主義的なモデルが強調されている。その立場からは、原理・理念を機軸とした同化・統合を志向するフランス的な学校教育モデルは、否定的に捉えられることになる。

この点ともかかわるが、現代の教育のライシテは、公立学校でのイスラム

ルシカの形成と変容―共和主義フランスから多元主義ヨーロッパへ』（三元社・2002年）、三浦信孝編『来るべき〈民主主義〉―反グローバリズムの政治哲学』（藤原書店・2003年）も参照。

4 経済の計画化や国有化によるディリジスム（国家主導主義）が戦後フランスの経済政策の中核をなしていたが、ミッテラン政権の下でその限界が露呈し、緊縮財政と市場主義の復権、国際競争力の向上へと180度の政策転換が行われた。1990年代後半のジョスパン左翼内閣の下でも、企業優遇、民営化、規制緩和といった政策が展開された。尤も、かかる政策動向は単なる市場原理主義路線とは異なる。市場原理を補正する国家関与の織り込みや社会連帯の強調などには、「フランス的例外」の残影がある。参照、野内美子「EU経済のグローバル化とフランスの変貌」土地制度史学175号（2002年）44頁以下。

5 樋口陽一編『ホーンブック憲法〔改訂版〕』（北樹出版・2000年）135～136頁〔石川健治〕。Cf. également Rosanvallon, P., *L'État en France de 1789 à nos jours*, Paris, Seuil, 1992, pp. 108-110.

6 Cf. Schnapper, D., *La communauté des citoyens*, Paris, Gallimard, 1994, pp. 66-68.

7 参照、池田賢市『フランスの移民と学校教育』（明石書店・2001年）。

教徒の生徒によるスカーフ着用の問題のように,「文化多元主義」「異質との共存」「差異への権利」の主張と,〈一にして不可分の非宗教的な共和国〉という定式に現れた「フランス的例外」とのせめぎ合いという形で問題化してきた。発端となったイスラム・スカーフ事件[8]では,生徒側の信仰の自由と文化的独自性を尊重するか,それとも,宗教的中立性としてのライシテ原理の公立学校での貫徹,すなわち,教育の公共性を強調する共和制国家による価値の強行を認めるかで,議論が鋭く対立した[9]。

1990年代に,イスラム・スカーフをめぐる学校での紛争は数多くの裁判を生んだが,行政裁判所は宗教的な表現の自由に好意的な判断を示してきた。すなわち,1989年11月27日のコンセイユ・デタ意見の方針に従い,生徒の宗教的標章の着用それ自体は退学の正当化事由となりえず,生徒(および・またはその親)の行為によって校内秩序の現実的な妨害があった場合にのみ,宗教的自由の制限が正当化されるという判断である[10]。このような判例の傾

---

[8] 一連の事件の発端となり,フランス社会を激震させたこの1989年の事件は,パリ郊外の公立コレージュでイスラム教徒の女子生徒がスカーフをかぶったまま授業に出席したところ,ライシテの原理を重視する校長がこれをやめさせようとして問題となったものである。当時のジョスパン国民教育相は,教育を受ける権利を奪うことはできないとして生徒側に好意的であったが,レジス・ドブレやアラン・フィンケルクロートらの知識人が校長の判断を支持して論陣を張った。この事件の憲法上の意義等については,特に,樋口『近代国民国家の憲法構造』の第Ⅲ章が参照されるべきである。

[9] この点につき,樋口陽一氏は,次のように図式化して説明する。「『一にして不可分の共和国』という憲法自身による定義のもとで,しかし多民族・多文化を統合する働きを学校に求めつづけようとするとき,『原理主義(l'intégrisme)を統合(intégrer)することはできない』として排除に傾かざるをえない一方で,『学校という統合的社会からの排除はかえって原理主義の勢力に論拠を与えることになる』,というディレンマに直面する。こうして,『良心の表明への寛容の点で開放性のより少ない』……フランスの『国民国家,ライックな国家,公立学校』という考え方を維持するのか,『宗教的多元主義の枠組での寛容という現代的な主張』により傾いてゆくのか,いま分岐点にある」。樋口『近代国民国家の憲法構造』123〜124頁。

[10] Cf. Durand-Prinborgne, C., «Le port des signes extérieurs de convictions religieuses à l'école : une jurisprudence affirmée..., une jurisprudence contestée», *R.F.D.A.*, 1997, p. 151 et s.; Turpin, D., *Libertés publiques et droits fondamentaux*, Paris, Seuil, 2004, p. 279. また,この点に関する日本語文献として,小泉洋一『政教分離と宗教的自由』

向は相当程度受け入れられ、定着したかに見えた。しかし、後述するように、最近この問題につき、行政判例の傾向とはおよそ異なるように見える立法的解決が与えられた。

第2節　市場主義と教育改革

　既に述べたように、フランス国民教育制度の最も普遍的な特性である中央集権的構造は、ミッテラン政権下での地方分権化改革以降、大幅に修正されてきた。特に、学校制度改革の側面では、1989年の教育基本法における、多様性原理の承認に底礎された学校自治の法制化の促進が注目される。また、これも既に見たように、公役務の「現代化」政策の展開は、フランスの教育行政システムの変容をもたらしている。

　ところで、教育行政システムの改革をめぐっては、特に、NPMの特徴を備えた改革の方向性が、新自由主義的教育改革の危険性・問題性を強調する立場からの批判を招いている。すなわち、かような改革動向は、イギリスやアメリカに倣って、民間企業の経営モデルを教育に導入して教育の市場化・プライヴァタイゼーションに道を開き、公正と平等を重視する伝統的な公教育の基盤を破壊することになるのではないか、という批判である[11]。

　こうした懸念には、理由がないわけではない。確かに、「改革」の言説と力学が新自由主義イデオロギーにより専有される傾向が見られ[12]、自由競争・選択・市場化による解決策が、現代の学校が抱える病理的な問題状況に対する《万能薬》として受け止められているという背景もある[13]。ネオリベラルの政治の影響力は、到底無視できるものではない。その点に鑑み、徹底的に市場主義的改革の矛盾を明らかにしてこれを批判しつつ、なお、国民教育システムのポテンシャルに期待して、〈フランス的〉な改革を模索する論

　　（法律文化社・1998年）206頁以下を参照。

[11] Cf. Laval, C., *L'école n'est pas une enterprise, le néo-libéralisme à l'assaut de l'enseignement public*, Paris, La Découverte, 2003; Careil, Y., *École libérale, école inégale*, Paris, Nouveaux regards/Syllepse, 2002.

[12] Laval, *op.cit.*, p. 6.

[13] *Ibid.*, p. 12.

調が有力であると見られる。実際にも、市場主義が公教育を席捲し、野放図な《学校の企業化》が顕現する可能性は、極めて低いだろう。

フランスでも、他の欧米諸国や日本などと同様、国家の基本的な役割、国家の公共性のありようが問題とされてきている（「福祉国家の危機」）が、基本的に、フランス的公役務への信頼を基礎に、その危機的状況の打開が目指されている[14]。教育の公役務は、憲法の要請に基づく国家的公役務であり、これはフランス社会および共和制国家の支柱の１つであると見なされている[15]。要するに、フランスでは、公教育制度の整備・維持・発展にかかわる国家の義務が明確に憲法的要請として理解されているだけに、教育のプライヴァタイゼーションは望ましくもなければ現実的でもない、ということになる。

教育行政・学校システムの改良は今後も続けられ、新しいガバナンスの形態をめぐる議論・施策も発展するであろうが、それは、フランス近代国家の基底に存する共和主義的総合（Republican synthesis）の枠組みに強く規定されたものになると見られる[16]。

第３節　最近の教育改革の傾向〜共和主義的価値の宣揚

1　改革の背景

1989年教育基本法の意欲的な目標設定とシステムの整備にもかかわらず、10数年を経た現在でも、フランスの教育状況は必ずしも改善されていない。むしろ、全体としてみれば、一層その困難の度合いを増しているとも言える。国民教育が直面している課題は、いずれも解決の難しいものばかりである。教育の民主化のパラドクスとしての学業失敗（échec scolaire）、依然解消されない無資格離学者、校内暴力・秩序を乱す行為（incivilité）といった問題

---

[14] 参照、晴山一穂「フランス—『福祉国家の危機』とフランス的公役務の行方」法律時報70巻３号（1998年）38頁以下。

[15] Schwartz, R., «Éducation : une confluence de libertés publiques», A.J.D.A., numéro special 20 juillet/20 août, 1998, p. 177 et s.

[16] Cf. Cole, A., «The New Governance of French Education?», Public Administration, vol. 79, no. 3, 2001, p. 707 et s.

行動の深刻化，セクト（secte）の危険性，公立学校での宗教的標章（特にイスラム・スカーフ）の着用等の問題が挙げられる。多くの論者によって，学校は危機にある，という診断がなされる。かかる《学校の危機》は，多くの部分で，共和制の衰退，その正統性の危機，および社会の変容と密接な関係がある。

共和制国家の危機は，随所に現れている。例えば，ヨーロッパ統合による「国民主権」原理の動揺，経済的・政治的なグローバリズムの圧力，新自由主義思想の影響力の拡大と「福祉国家」の危機，移民とフランス社会の多民族化をめぐる過激なナショナリズムの台頭，この極右ナショナリズムに同調するように見える共和主義の右傾化（「共和主義のナショナリズム化」）[17]が目撃される。また，フランス社会の変容も指摘される。国民的一体性ないし社会的共同性の衰退を示すものとして，フランス社会における個人主義，個人的な価値の上昇が観察される。個人と共同体は，共和主義的コンセンサスに含まれた普遍性の要求に優越するかに見える[18]。さらに，学校秩序の揺らぎを表徴する校内暴力や秩序を乱す行為は，移民を多く抱える大都市「郊外」（banlieues）が直面している深刻な社会的・経済的困難[19]，身体的暴力と犯罪の増加に結びついた非安全（insécurité）の感情の上昇[20]などの社会問題と不可分である。

このような現状に鑑み，弛緩した学校教育秩序の再構築，および，解体さ

17　参照，三浦信孝「フランスはどこへ行く？―グローバル化・欧州統合・移民問題に揺れるジャコバン共和国」同編『普遍性か差異か』9頁以下。

18　Cf. Hadas-Lebel, R., «L'État de la République», *Pouvoirs*, nº 100, 2002, p. 105. なお，2004年3月まで国民教育大臣を務めた哲学者のリュック・フェリーは，今日の学校教育の危機の原因を，1960年代以降の「個人主義」（個人を超えた共通の価値よりも生徒の人格の開花を重んじる考え方を指す）の深化に求めている。参照，上原秀一「新しい教育基本法と哲学者＝国民教育大臣リュック・フェリー」フランス教育学会紀要16号（2004年）81頁。

19　Cf. Boyer, J.-C., *Les banlieues en France, territoires et sociétés*, Paris, Armand Colin, 2000.

20　この点については，今野健一＝高橋早苗「犯罪のリスクと個人のセキュリティー―イギリスとフランスを中心に」山形大学法政論叢28号（2003年）88頁以下で，フランスの議論を簡略に検討している。

れつつある社会的紐帯を再建し，弱体化した共和制の骨組みを強化することが，喫緊の課題として意識されることになる。学校の意味づけまたは役割の再定義が進められてきている背景には，そのような事情が伏在していよう。こうして，現代の共和制の学校は，危機に瀕する共和制を救うために，特に，共和主義的な価値の喚起・宣揚を積極的に担う役回りを与えられることになる。この点を次に検討する。

2 改革の展開

近年の教育法制改革のうち行論にかかわりのあるものとして，1998年の義務教育監督強化法，2004年の宗教的標章着用禁止法，および，2005年の新教育基本法を取り扱う。

(1) 1998年義務教育監督強化法

フランスの義務教育は，既に述べたように，「就学義務」ではなく「教育義務」として把握され，法律上，家庭教育の自由が認められている。ところが，1998年12月18日の法律（義務教育監督強化法）[21]の制定により，就学義務的な義務教育制に接近する傾向が見られる。同法の内容的な特徴としては，教育義務の履行における教育機関の優先性と家庭教育の例外性の強調，家庭での教育義務の履行に関する手続面・実体面での監督の強化，さらに，家庭教育内容の詳細化が挙げられる。義務教育への国の監督を強化する立法の背景には，次第に勢力を増しつつあるセクトから子どもを保護するという目的がある。セクトは子どもの良心の自由を侵害し，批判精神の形成を阻害するものだからである。子どもに自由と人格の十分な発展を保障するのは共和国の学校であり，共和国の基本価値をそれら子どもたちに教え込むことで，子どもらの社会への統合が可能になる，というわけである[22]。

(2) 2004年宗教的標章着用禁止法

先に述べたように，1989年以降，公教育のライシテとのかかわりで，公立学校での宗教的標章（特にイスラム・スカーフ）の着用の可否が争われてき

---

[21] Loi n° 98-1165 du 18 décembre 1998 tendant à renforcer le contrôle de l'obligation scolaire.

[22] 参照，藤井穂高「フランスにおける義務教育の問題構成」比較教育学研究27号（2001年）159頁以下。

た。この問題につき，2004年3月，一定の立法的解決がもたらされた。公立学校における宗教的帰属を示す標章または衣服の着用を禁止する法律（2004年3月15日法）[23]が制定されたのである[24]。

先に見たように，学校での宗教的標章の着用をめぐる裁判では，1989年のコンセイユ・デタ意見に示されたリベラルな判断が行政裁判所の判例を形作ってきた。しかし，強硬な共和主義者から激しい批判が投げかけられ，厳格なライシテ概念を信奉する現場の教師や，紛争への対処に苦慮する学校長からも，この問題に対する明確な立法的介入が求められていた[25]。2003年12月，ライシテの現状分析と共和国大統領への意見具申を任務とするスタジ（Stasi）委員会の答申[26]を受け，シラク（Chirac）大統領は，公立学校での宗教的標章等の着用を法律で禁止する意向を示した。2004年2月に国民議会に提出された法律案は，国民議会・元老院の双方で圧倒的多数の賛成を得て可決された[27]。

---

[23] Loi n° 2004-228 du 15 mars 2004 encadrant, en application du principe de laïcité, le port de signes ou de tenues manifestant une appartenance religieuse dans les écoles, collèges et lycées publics. *J.O.* du 17 mars 2004, p. 5190.

[24] 立法の背景や制定過程，憲法解釈論上の論点の分析などを行う日本語文献として，小泉洋一「フランスにおける宗教的標章法とライシテの原則」甲南法学45巻3・4号（2004年）319頁以下（後に，同『政教分離の法—フランスにおけるライシテと法律・憲法・条約—』〔法律文化社・2005年〕に収録）を参照。

[25] Cf. Durand-Prinborgne, C., «La loi sur la laïcité, une volonté politique au centre de débats de société», *A.J.D.A.*, 2004, pp. 704-705.

[26] Commission présidée par Bernard Stasi, *Laïcité et République, Rapport de la Commission de réflexion sur l'application du principe de laïcité dans la République remis au président de la République le 11 décembre 2003*, Paris, Documentation française, 2004. この長文の報告書は，特に学校での宗教的標章の着用問題に言及し，ライシテと共和主義的諸価値の擁護のために立法を行う必要性を結論づけていた。

[27] この法律は，憲法院に付託されなかったため，その合憲性の審査は行われなかった。事後的な合憲性審査の余地はなくなったが，ヨーロッパ人権条約との適合性はコンセイユ・デタの審査対象となる。この点につき，2004年5月18日の通達（後出）の条約適合性が争われた事案で，コンセイユ・デタは，公教育施設でのライシテの保護という一般的利益を有する目的に鑑み，宗教的標章着用の禁止は宗教を表明する自由（人権条約9条）を過度に制限するものではない，と判断した（C. E., 8 octobre 2004）。

4か条と短いこの法律の中心的な規定は、1条である。同条は、教育法典 (le code de l'éducation) に「公立の学校、コレージュおよびリセにおいて、生徒が宗教的帰属をこれ見よがしに (ostensiblement) 示す標章または衣服を着用することは、これを禁止する」等の文言を挿入するよう定める。具体的に禁止される標章は、同年5月18日の通達[28]によれば、その名称の如何を問わず、イスラム・スカーフ、キッパ（ユダヤ教徒が被る帽子）、または明らかに行過ぎた大きさの十字架である。ただし、スタジ報告書[29]などで言及されていた、着用を許される「控え目な」標章（メダル、小さな十字架、ダビデの星、ファティーマの手〔＝イスラム教徒のお守り〕または小さいコーラン）について、同通達は、その例示もしていないし、判断基準も明らかにしていない[30]。

この法律に関するフランス社会の受け止め方は、もとより一様ではない。イスラム教徒の団体はもとより、市民団体や学者、学校現場からも、法律への批判や懸念が示された。他方、公立学校でのスカーフ着用の禁止は、個人の自由や「差異への権利」に藉口したイスラム原理主義と共同体の論理の瀰漫に対する断固とした応答であると、肯定的に評価する向きも多い。実際、シラク大統領は、2003年12月17日の演説で、「コミュノタリスムはフランスの選択たりえない」とし、「宗教的自由の保護の下で、共和国の諸法律および諸原理に異議が唱えられることを黙認することはできない。ライシテは共和国の最大の獲得物の1つである。それは社会的平和および国民的一体性の

コンセイユ・デタは、通達の条約適合性を審査することで、実質的に、法律にも審査を加えたことになる。参照、小泉『政教分離の法』88～89頁。また、憲法院はヨーロッパ憲法条約の合憲性審査（Déc. 2004-505 DC du 19 novembre 2004）の際に、実質的に、宗教的標章着用禁止法の合憲性につき判断した（同法を合憲とする判断）と見られる。Cf. Camby, J.-P., «Le principe de laïcité : l'apaisement par le droit?», *R.D.P.*, 2005, p. 11; 小泉『政教分離の法』133～134頁。

[28] Circulaire du 18 mai 2004 relative à la mise en œuvre de la loi n° 2004-228 du 15 mars 2004 encadrant, en application du principe de laïcité, le port de signes ou de tenues manifestant une appartenance religieuse dans les écoles, collèges et lycées publics. *J.O.* du 22 mai 2004, p. 9033.

[29] *Laïcité et République*, p. 129, 150.

[30] 小泉「フランスにおける宗教的標章法とライシテの原則」335頁。

決定的な要素である」と述べていた[31]。

　法律が施行された2004年9月の新学期には，スカーフをとることに応じず退学処分とされた女子生徒は40人を数えたが，フランス全体のイスラム人口を考えれば問題生徒はごく一部である，というのがフランス政府の立場だという[32]。しかし，その「ごく一部」の問題生徒を締め出すために，共和主義的な諸原理を尊重しつつ自らの信仰を持っている，その他多くのイスラム教徒までも法規制に服させることは，過剰な介入ではないかとの疑いも払拭できない[33]。

　問題は，ほかにもある。確かに，法律の制定は，一般的に適用される「規範」を定義するという点で，画一的な適用という否定しがたいメリットがある[34]。しかし，実際の法適用の場面では，宗教的帰属を「これ見よがしに示す」ものかどうかの判断は，結局，学校長に委ねられるため，実際上の困難がつきまとうという点では，以前の状態と変わりがないことになる[35]。

　立法的な介入の硬直性というデメリットにも注意すべきである。なるほど，ライシテの意義を重んじる立場からは，伝統的に理解されてきたライシテよりも良心の自由の尊重を重く見る行政判例の立場は，社会の多元主義化やあらゆる宗教的な信条の表明に道を開き，共和主義的な統合の障碍になると危惧されるかもしれない。しかし，立法的介入は，社会的対立をむしろ悪化させる危険性がある。意見の複数性を基礎とする民主主義と，国民的一体性を機軸とする共和主義の論理との融合を図るとするなら，裁判官によるケースバイケースの解釈判断こそが，「分離された諸共同体への共和制の稀釈化（dilution）に対する最良の保障または防壁」であると考える余地もあろう[36]。

31　*Application du principe de laïcité dans les écoles, collèges et lycées publics*（Aux sources de la loi, n° 1937）, Paris, Journaux Officiels, 2004, p. 1 et s.

32　2005年1月12日付『朝日新聞』掲載の記事「スカーフ貫き退学40人，仏の宗教シンボル禁止法」を参照。

33　Cf. Delsenne, L., «De la difficile adaptation du principe républicain de laïcité à l'évolution socio-culturelle française», *R.D.P.*, 2005, p. 444.

34　Cf. Camby, *op.cit.*, p. 7.

35　Delsenne, *op.cit.*, p. 461.

36　*Ibid.*, pp. 457-458.

さらに，この法律は，公立学校という公的空間を宗教共同体という私的空間＝私益の論理による簒奪から救出するための装置であるが，そこには「排除」の契機が常に附帯している。スカーフ着用が一の宗教的実践であるとき[37]，その禁止は棄教か退校かの深刻な選択を生徒につきつけることになるからである。このとき，信仰を優先し，教育課程からの退出を余儀なくされるイスラムの少女たちが，過激なイスラム集団の影響の下に深く踟蹰してしまう危険性がある[38]。かかる帰結を認めることは，共和主義的統合の理念を一定程度断念することを意味しよう。また，「排除」の公定によっても，共和制を呻吟させる諸問題が霧消するわけではないことに注意を喚起する見解もある[39]。

とまれ，2004年3月15日法は既に施行されており，再定義された非宗教的な学校の仕組みが起動し始めている。留意すべきは，政府が，この法律を通じた排除の手続を整備することのみならず，共和主義的価値の宣揚に向けて学校教育活動を強化する決意をも示していることである。事実，国民教育省は，同法の施行に合わせて，公民教育を通じた学校での共和主義的価値理念の普及・徹底に取り組むことを明らかにしていた[40]。また，2004年5月18日

---

[37] 例えば，ジュヌヴィエーヴ・クビは，「スカーフは，個人的にこれ見よがしに身につけられる他のすべてのシンボルのように，基本的に，宗教共同体への帰属の標章ではない。それは，宗教的信条の表現および表明の方法であり，個人的な選択を明らかにするものである」とする。C.E., 20 mai 1996, Ministre de l'Éducation nationale, de l'Enseignement supérieur et de la Recherche c / M. Ali, *A.J.D.A.*, 1996, p. 711, note Koubi, G. このような見方に対して，前出・スタジ委員会のメンバーでもあるパトリック・ヴェイユは，委員会メンバーのほぼ一致した見解として次のように考えられた，と述べている。「スカーフを着けること，または，他者にそれを強いることは，個人的な自由の主題ではなく，その主戦場として公立学校を利用する諸集団によって調整された戦略の主題となっていた」。Weil, P., *La république et sa diversité*, Paris, Seuil / La République des Idées, 2005, p. 68.

[38] 少女たちが教育よりもスカーフを選択するという状況は，「何ら国家の統制が及ぼされることのない，最も急進的なモスクの影響下にある『イスラム地下室講座』の発展に至らないであろうか？」。Delsenne, *op.cit.*, pp. 459-460.

[39] ライシテは，イスラム・スカーフよりも，貧困とそれに起因する差別によって脅かされているとの指摘がある。Cf. Brizard, C., «Voile : le débat continue», *Le Nouvel Observateur*, 27 mai-2 juin 2004, nº 2064, p. 47.

通達は，公立学校の基盤の1つであり憲法原理たるライシテは，良心の自由の尊重と，国民的統一性を基礎づける共通価値の確認とに立脚するものであるとし，学校の任務は，あらゆる人間の平等な尊厳，両性の平等および各人の自由を含む共和国の諸価値を子どもに伝達することである，と宣言していた。

かくして，現在，宗教的・文化的共同体の跋扈による共和政体の弱体化・空洞化を防ぐために，共和主義的価値の教え込みという学校の任務がますます重視されていると言える。

(3) 2005年新教育基本法（2005年4月23日法）

1989年教育基本法（ジョスパン法）に代わる新しい教育基本法を制定すべく，ラファラン（Raffarin）保守内閣の下で準備が進められていたが，2005年3月に国民議会・元老院で法案が可決された。この法律は，合憲性審査を付託された憲法院での審査[41]を受けた後，違憲とされた条項が削除された上で，大統領によって公布された。

この新しい教育基本法（「学校の未来のための基本・計画法」）[42]は，すべての生徒の成功を保証するという理念に基づき，意欲的な取り組みをすることを明らかにしている。義務教育段階での基礎的な知識・能力の保証，教師の資質向上を目指した教師教育の充実と現職教育の強化，さらに，教員間の連携のための調整や教育活動の評価，学校教育計画の教育指導領域の立案に携わる「教育指導会議」（conseil pédagogique）の設置などが盛り込まれている[43]。

---

40 フェリー国民教育相が学校における公民教育の充実・刷新をもくろむ「手引き」の刊行を表明していたが，フィヨン国民教育相のときに *Guide républicain, l'idée républicaine aujourd'hui*, Paris, Scérén / CNDP et Delagrave, 2004 の刊行を見た。

41 Déc. 2005-512 DC du 21 avril 2005. 憲法院は，同法の12条と7条Ⅱを違憲とした。12条は同法の附属報告書（rapport annexé）の目標と指針を承認するものであったが，附属報告書は経済的・社会的性格を備えた企画法律（lois de programme）（憲法34条7項）であるから，憲法70条により経済社会評議会に付託されるべきところ，その手続がなされなかった点が憲法に反するとされた。また，7条Ⅱは，学校の任務を定義しようとするものであったが，その内容の不明確性が問題とされ，規範的効力を欠くものと判断された。

42 Loi d'orientation et de programme pour l'avenir de l'école. *J.O.* du 24 avril 2005. この法律は，制定時の国民教育相の名前をとってフィヨン法（la loi Fillon）と呼ばれる。

ところで，2005年教育基本法は，学校の第1の任務は，知識の伝達に加えて，共和国の諸価値を生徒たちに共有させることである，と定めている（2条）。この規定が設けられた背景には，社会的・道徳的価値観を身につけさせることで，校内暴力や秩序を乱す行為に対処しようとする意図がある[44]。また，上昇しつつあるコミュノタリスムの影響を排し，揺らぎの見える〈一にして不可分の共和国〉を擁護するために，学校が果たすべき役割を改めて定義したものと解することができる[45]。

他方，同法26条では，初等学校における公民教育の一環として，国歌（hymne national）（＝ラ・マルセイエーズ〔La Marseillaise〕）とその歴史の学習を必修とする規定を教育法典に盛り込むこととされた[46]。今回の立法措置は，従来，体系的には行われてこなかった国歌の歌詞とその歴史の教育を義務づけるものである。国民共同体への帰属感情を植えつけるという意味で肯定的に受け止める向きもあるが，教師や教員組合の間からは，歌詞の暴力性の問題や，ナショナリズムを助長するものであるとする批判も出されている[47]。

3 小 括

フランスにおいて，「閉鎖的ゲットーの論理」と見なされるコミュノタリスム（共同体主義 communautarisme）に対する嫌悪感・警戒感は，相当に根強い[48]。今回の宗教的標章の着用を禁止する立法措置も，共和主義的な諸原理と共和制国家それ自体を危殆に瀕せしめる危険性のある，宗教原理主義とコミュノタリスムに対する応答という側面を有している[49]。新教育基本法に

---

43 参照，藤井佐知子「共通基礎学力の確実な習得を目指して―フランスで新しい教育基本法制定―」内外教育2005年5月27日号2頁以下。

44 同上，4頁。

45 参照，藤井佐知子「『学校の未来に関する国民討論』を展開―フランスで教育基本法改正の動き始まる―」内外教育2004年2月20日号4頁。

46 これは，当初の法案にはなく，国民議会での審議において，与党・民衆運動連合（UMP）の議員の修正提案により導入された。

47 2005年8月31日付『朝日新聞』掲載の記事「フランス国歌，小学校で必修に」を参照。

48 三浦「問われるジャコバン共和国」164頁。

49 先に紹介したシラク大統領の演説を参照。また，2004年5月18日通達は，決定的に

第3章　共和制の揺らぎと学校教育の役割　323

も，同様の意図が包蔵されている。

　他方で，国歌（ラ・マルセイエーズ）の必修化や，植民地支配の美化であり歴史研究・教育への介入であると批判を浴びている立法の問題[50]など，ナショナリズムの喚起に結びつく政策の導入も目立っている。保守政権の下で，右派の発言力が増しているということなのかもしれないが，共和制国家の危機に接してナショナリズムに走るというのでは，右派も共有しているはずの共和主義的な統合の理念に悖ることになろう。これは右派だけの問題ではなく，左派の共和主義者にも言えることである（「共和主義のナショナリズム化」）。

　こうした現象は，三浦信孝氏のいう「共和主義のコミュノタリザシオン」なのかもしれない。「共和主義という普遍性原理が，いまやグローバル化の中でナショナル・アイデンティティを追求するあまり，それ自体1つのコミュノタリスムになっているのではないか。フランス人が自分の言語と自分の文化と自分の生活習慣を守り，ナショナル・アイデンティティを守ろうとすればするほど，普遍主義的な共和国原理がフランスという国民共同体防衛のコミュノタリスムに転化しているのではないか」[51]というわけである。

　フランスの共和主義が，思想的にも現実政治の上でも，如何に分析されるべきか，また，今後如何なる展開を遂げるかの問題の考察[52]は，本書の守備

　　　重要な役割を負わされる「学校を共同体の要求から保護すること」に注意を喚起する。
50　2005年2月23日の法律。この法律は，アルジェリアやモロッコなどの旧植民地でフランスが成し遂げた事業に携わった人々に国は感謝を捧げると宣言するなど，アルジェリアからの帰還者や旧植民地独立に反対してフランスへの亡命を余儀なくされた地元住民の名誉を回復する内容をもつ。特に問題視されているのは，〈学校教育課程は植民地（特に北アフリカ）でフランスが果たした肯定的な役割を確認するものとする〉との規定（4条）である。この点につき，アルジェリアやフランス国内でも「抑圧の正当化」，「歴史研究や教育への政治的介入」などとする批判が噴出している。2005年8月22日付『朝日新聞』掲載の記事「フランスの『新法』，アルジェリア反発」を参照。
51　三浦「問われるジャコバン共和国」165頁。
52　この点につき，政治学の領域からのアプローチとして，北川忠明『現代フランス「国家」の変容と共和主義・市民社会論争』〔平成11～12年度科学研究費補助金研究成果報告書〕（2001年），宇野重規『政治哲学へ―現代フランスとの対話』（東京大学出

範囲外であるし，そもそも筆者の能力を超えるものである。ただ，これまでの叙述から少なくとも言えることは，フランス的な学校モデルの困難は，一連の教育法制改革を経てもなお，解消されるには至っていない，ということである。むしろ，学校における宗教的標章着用の問題解決を図る2004年法の制定により，ライシテ原理が厳格化の方向で再定義されたことに象徴されるように，共和主義的な学校の特性である柔軟性ないし可鍛性を限局する傾向が見られる。このことが，重畳するアポリアの解決とどのように結びあうのかは，今後の展開を待って判断するほかはない。

　共和主義的学校の将来は，再構築を迫られているフランス共和主義の今後の展開と密接に結びついている。共和制国家の枠組みに固執し，統合を解体する共同体の要求を峻拒しながら，それでもなお普遍に開かれた国家・社会を創造するための，理論上・実践上の営みが注目される。

　　版会・2004年）が重要である。

結　論

「国民教育権」の再定位と「教育の自由」

~日本の憲法学説の再検討~

1　フランス教育史の捉え方をめぐって

　ここでは，序論3で提起した問題（歴史認識と「教育の自由」概念の捉え直し）につき，次の手順で論じる。まず，本研究で注目した，《フランス＝近代国民国家の典型》という定式の意味を，「国民統合」という鍵概念を軸に明らかにする。次いで，本書の歴史研究のエッセンスを要約的に提示し，しかる後に，先の問題への応答を行うことにする。

(1)　国民国家と教育

　「国民国家」(nation-state, État-Nation)[1]とは，すぐれて西欧近代の産物であり，フランスがその範型を提供した[2]ということができる。西欧の近代国家は，ある一定領域を国境で閉鎖し，その領域内に存在する住民を囲い込み，国家の内部的な一体性を確保することで，対外的・対内的に独立・最高の権力である国家主権を確立した。国家に囲い込まれた，しばしば複数の民族は，近代国家による多様な「国民化」政策を通じて「国民」(nation)としてのアイデンティティ (national identity) を注入され，「国民国家」という《想像の共同体》[3]を構成するものとなる。

　このように，国民国家における「国民」とは，それ自体，作為性の強い虚構の観念であった。「国民国家は，さまざまな実質的差異性をもつ諸個人を同質のネイションの一員へと抽象化し，仮構することによって初めて成り立ちえたフィクション以外の何物でもなかった」[4]。それゆえ，このフィクションとしての国民国家を実体化するには，多様な歴史的条件が満たされる必要

---

[1] 参照，福田歓一「国民国家の諸問題」思想623号（1976年）1頁以下，加藤節『政治と人間』（岩波書店・1993年）104頁以下，木畑洋一「世界史の構造と国民国家」歴史学研究会編『国民国家を問う』（青木書店・1994年）3頁以下，加藤哲郎『国民国家のエルゴロジー』（平凡社・1994年）など。

[2] バディ＝ビルンボーム著（小山勉訳）『国家の歴史社会学』（日本経済評論社・1990年）173頁。

[3] B. アンダーソン著（白石隆＝白石さや訳）『想像の共同体』（リブロポート・1987年）。

[4] 加藤節・前掲，106頁。

があった[5]。特に《想像の共同体》としての「国民」を如何に形成するかが，国民国家の存立にとって枢要な位置を占める課題となった。人間のうちに層化されたさまざまな差異性を普遍象徴としてのネイションの観念のなかに埋没させる[6]ものとしての，すなわち，個別的な差異性が捨象された同質的・均質的な国民的アイデンティティを個人に注入するという意味での国民の形成とは，別言すれば，「国民統合」[7]ということである。

「国民がナショナリズムを創るのではなく，ナショナリズムが国民を創る」[8]と言われるように，「国民」形成はナショナリズムの鼓吹・涵養を通じて高められるが，その際に最も威力を発揮したのが学校（教育）制度である。換言すれば，教育制度の整備は国家形成の重要かつ不可欠な条件である。そのために，文字どおり「国民教育」制度が国家の手によって創出されることになる。「国民教育制度の創設への主要な起動力は，国家に訓練された管理者，技術者，軍人を供給すること，支配的な文化を普及し，人々の意識を国民としてイデオロギー的に教化すること，拡大する国民国家の政治的文化的統一を作り出すこと，そして，支配階級のイデオロギー的ヘゲモニーを堅固にすることなどなどの必要性にあった」[9]。また，「国民教育は，地方を全国に，個別を普遍に同化する，統合の強力なエンジンであった」[10]。

さて，「国民国家」の形成を促進する要因は多様であるが，フランスの場合，1789年の革命が決定的なインパクトを与えた。フランス革命は，絶対王制による特権的・身分制的な支配統治構造を解体して，集権的な国家構造を構築した。その結果，アンシャン・レジームの身分制から解放された個人は，自律的な存在として集権国家と対峙することになった[11]。しかし，アンシャ

---

5 同上，107頁。
6 同上，113頁。
7 参照，木畑・前掲，6頁，伊藤定良「『国民国家』体系の成立」歴史学研究会編『講座世界史3―民族と国家』（東京大学出版会・1995年）130頁。
8 Déloye, Y., *École et citoyenneté*, Paris, P.F.N.S.P., 1994, p. 23.
9 Green, A., *Education, Globalization and the Nation State*, London, Macmillan, 1997, p. 35. 訳文は，アンディ・グリーン著（大田直子訳）『教育・グローバリゼーション・国民国家』（東京都立大学出版会・2000年）56頁による。
10 *Ibid.*, p. 134. 同上訳書，178頁。
11 この点で最も精力的に議論を展開している樋口陽一氏は，「身分制的社会編成の網

ン・レジーム期の「社団」的身分編成原理が破壊されたため，各個人をつなぐ紐帯は失われ，彼らは分解状態にある。これを克服し，強力な国民的統合を実現することが，革命後の必須かつ緊急の課題であった。「近代国民国家」の樹立こそが，フランス革命の中心的課題だったのである[12]。そのために，革命のイデオローグたちは，〈一にして不可分〉という共和制イメージを掲げ，統合された国民からなる国民国家を確立することに努力を傾けた。分解した諸個人を統合するには，強力な統合イデオロギーと，それを注入するための国家のイデオロギー装置が必要である。ここで学校教育が現れるのであり，国家と，アンシャン・レジームの支配的なイデオロギー装置であったカトリック教会との，教育をめぐる熾烈なヘゲモニー争奪戦が，19世紀末の第3共和制に至るまで展開されることになる。

(2) フランス近代史のなかの国家と教育
① フランス革命期の国家と教育

フランスは，革命を通じて政治的な民主化を図ると同時に，中間団体を破壊して個人を解放した。そのとき，原子化した諸個人を，国家の支配的イデオロギーによって社会的に統合する必要が生じる。国民教育の創設がそれに解決を与える。それは，アンシャン・レジームの支配的なイデオロギー装置であったカトリック教会とその学校から，教育のヘゲモニーを奪う作業とパラレルである。共和主義者たちは，聖職者からの教育権剥奪や，私教育の監督の厳格化などを構想した。また，国民統合のための価値理念として，タレイランは新しい体制の機軸としての憲法に着目した。自由主義思想の持ち主であるコンドルセも，「祭典」の国民教化機能を重視していた。ジロンド派公会期には，市民を有徳な「公民」たらしめる「義務教育＝共通教育」の意義が強調された。モンターニュ派公会期のルペルチエ計画案の審議や，総裁

の目をいったん破砕して個人を析出するためには，個人的〔対？〕国家の二極構造を徹底させることは，どうしても必要な歴史的経過点だったはずである」（樋口『近代国民国家の憲法構造』〔東京大学出版会・1994年〕64頁）とし，「中間団体の敵視のうえにいわば力づくで『個人』を析出させたルソー＝ジャコバン型モデルの意義を，そのもたらす痛みとともに追体験すること」（同上，68頁）が必要だとする。

12 西川長夫「国民（Nation）再考」人文学報70号（1992年）3頁。

政府期の立法府での議論でも、それが見られた。

　立法・教育政策のレベルでは、モンターニュ派公会期において、教師に対する人物証明書（「公民精神証明書」「公民精神証明書および良俗証明書」）取得の義務づけ（ブキエ法）、「人権、憲法、英雄的かつ高潔な諸行為」を内容とする公定教科書の使用義務（ブキエ法）、「共和主義道徳」の喚起（ラカナル法・ドヌー法）が設けられたことを指摘できる。また、総裁政府期には、共和暦6年ブリュメール27日（1797年11月17日）のアレテが、公職就任の際の要件として公立学校への就学を規定し、同年プリュヴィオーズ17日（1798年2月5日）のアレテが、私立の教育施設に対する監督を強化していた。

　しかし、革命期の教育再編事業は、そもそも確固たる基礎を築くことはなかったし、強硬な共和主義者が望んでいたような教育独占の制度も構築されることはなかった。むしろ、共和暦2年フリメール29日（1793年12月19日）のデクレ（ブキエ法）が《教育は自由である》と宣言し、この法文の趣旨は1795年憲法によって確認されていた[13]。ここから確認できることは、革命の公教育制度構築作業は、教育の「独占」と「自由」をそれぞれ支持する諸勢力のせめぎ合いのなかで、分裂を余儀なくされたということである。

② ナポレオンの教育装置

　フランス革命の諸懸案に解決を与え、アンシャン・レジームに終止符を打ったのは、ナポレオン・ボナパルトである。ナポレオンは、ユニヴェルシテ・アンペリアルを創設して教育の「独占」を図るという手法をとった。ナポレオンのユニヴェルシテ独占は、私立学校を廃止するのではなく、国家的な機関であるユニヴェルシテに統合するものである。この独占は、教育施設の開設を事前の許可にかからしめるものであった。学校の開設を望む者は、事前に教育の許可をユニヴェルシテから取得しなければならない。ここには「自由」の介在する余地はない。ユニヴェルシテの主要な要素である、中等教育施設のリセとコレージュは、軍隊的な規律に支配されており、その教育方法や教育内容は画一化され、さらに、帝制の宣揚を教育の基礎においていた。そこには、ナポレオンの教育システムの全体主義的な特性が現れている。

---

[13] この事実に鑑み、革命は自由への運動を開始し、かつその基礎を作ることに寄与した、とする見方がある。Cf. Passelecq, O., «La liberté d'enseignement», in Clément, J.-P. et al. (dir.), *Liberté, Libéraux et constitutions*, Paris, Économica, 1997, p. 62.

「ナポレオンに独占の解決を決意させたのは，……政治的なコンフォーミスムへの関心であり，教育を権力に仕える道具にする意思である」[14]。ユニヴェルシテは，体制保障のための強力なイデオロギー装置であった。ナポレオンは，フランス革命期の共和主義者たちが，その政治目的の教育制度による貫徹という行き方を，いわば極限的な形にまで純化したと言えるだろう。その意味で，ユニヴェルシテは，革命期に（そしてその前夜から）追求された政治目的の，極端ではあるが，1つの具体的な制度的実現にほかならないと言える。

③ カトリック教会と国家

復古王制は，ユニヴェルシテを維持し，それを体制支配のための制度装置にしようとした。ところで，第1帝制から復古王制の末期に至るまで，カトリックは「教育の自由」をあえて求めなかった。彼らは実質的にそれを享受していたからである。第1帝制下では，ユニヴェルシテは教権的に編成されていた。それは，ナポレオンにとって，宗教の利用可能性を認めたうえでの戦略によるものであった。復古王制の場合は，体制そのものの教権的な性格の投影であった。復古王制におけるユニヴェルシテの維持は，国家のためであると同時に，教会のために行われた。

7月王制期には，独占が部分的に解除される。これは，7月王制の自由主義的な性格の反映であり，リベローとカトリックによる「教育の自由」要求運動の結果でもある。しかし，教育制度化への国家の配慮が放棄されるわけではない。ギゾーは，多様な分裂の契機を内包していた国家を統合し，統一された社会秩序と普遍的な体制価値を維持するために，教育を利用する。1833年法（ギゾー法）は，「初等教育の自由」を樹立するが，しかし総体としては，自由を認めるものというよりはむしろ，国家干渉の論理を貫くものであった。

1850年法（ファルー法）に基づく教育体制においては，宗教のみが社会を防衛するとの確信の下で，教会の特権的な立場が決定的なものとされたかに見えた。しかし，それは帝制国家の利益と合致する範囲で認められたにすぎず，皇帝ナポレオン3世には，教会に教育権力を全面的に委譲する考えはな

---

14 Rivero, J., *Les libertés publiques*, t. 2, 6e éd., Paris, P.U.F., 1997, p. 331.

かった。「国家は常に教育指導を牛耳り続けた」[15]。

④ 近代公教育制度の成立

カトリック中心主義の立場からは，ナショナル・アイデンティティの基礎となるのはカトリシスムであり，それを擁護するものは教会である。統合理念としてのカトリシスムを普及させるために，教会は教育システムをその支配下に置くべきである，ということになる[16]。しかし，宗教は「近代的な国民性の確立に十分な基礎を提供することはできない」[17]と考えられ，実際にも，教会の教育支配を特権化するファルー法体制の下で，「国民」形成は犠牲にされた。第3共和制は，それゆえ，国民国家の確立と共和制の定着を課題とすることになる。ジュール・フェリーの主導で，教会の福音書に代わり，共和主義国家の新しい支配的価値理念を強行するために，国民教育制度の創設が図られる[18]。

フェリー教育改革で樹立された公教育の基本原理（義務・無償・ライシテ）には，国家の論理が内蔵されている。義務制によって，共和制の学校への就学を促進し，無償制によって，国家による公教育の掌握力を強化することが目指された。ライシテは，一方で，親および教師の良心の自由に配慮するものであるが，他方で，従来，宗教教育とセットになっていた道徳教育を非宗教化して国家の専管事項とし，〈道徳の教師〉たる国家の地位を確立した。「フェリーと当時の共和主義者の精神においては，ライシテとは，もはや単に……『諸宗教の間の中立な国家』であるばかりではない。それはまた，新しい教理大全，すなわち，カトリックのクレドに取って代わるべき道徳である」[19]。さらに，市民を形成して，国家に対するその忠誠と政治参加を促進

15　Nique, C. et Lelièvre, C., *La République n'éduquera plus, la fin du mythe Ferry*, Paris, Plon, 1993, p. 221.

16　Cf. Déloye, *op.cit.*, pp. 116-117.

17　E. ルナン「国民とは何か」E. ルナンほか著（鵜飼哲ほか訳）『国民とは何か』（インスクリプト・1997年）58頁。

18　「1880年代から，初等学校は，ナショナル・アイデンティティの支配的な諸表象がそこから普及するところの特権化された場所となる」。Déloye, *op.cit.*, p. 106.

19　Gaillard, J.-M., *Jules Ferry*, Paris, Fayard, 1989, p. 184. Voir aussi, Nicolet, C., *L'idée républicaine en France (1789-1924), essai d'histoire critique*, Paris Gallimard, 1982, p. 268.

するために公民教育を設け，また，教育装置を全面的に国家が掌握するために必要な教育行政の中央集権化を強化することで，共和主義国家は「教育国家」としての地歩を固めた[20]。

(3) フランス教育史の捉え方と「教育の自由」
① 歴史認識の問題
以上の趣旨をさらに要約すると次のようになる。
──フランス革命が中間団体を破壊したことにより誕生した集権国家は，公共性を独占し，一般的利害の唯一の体現者として現れた。強大な国家は，従来の社会的紐帯を失い分解状態にあった諸個人を統合し，「国民」を生み出さねばならなかった。そのため，行政機構の中央集権化や言語・度量衡の統一と並んで，国民教育制度の創出が試みられることになる。しかし，革命期には成功せず，教育制度の整備は革命を終わらせたナポレオンの手で行われる。ユニヴェルシテ・アンペリアルによる教育の国家独占である。1833年法（ギゾー法）は「初等教育の自由」を樹立するが，同時に，公役務としての公教育の組織化を開始するものであった。それは，国家による教育支配を目的とするものである。そして，ギゾーの事業を完成させるのが，第3共和制のジュール・フェリーである。──

概略このように描かれるフランス近代の教育の歴史は，教育法学の通説とされる「19世紀の私教育法制から20世紀の公教育法制へ」「〔教育に関する〕消極国家から積極国家へ」という定式とは，必ずしも接合しない。その意味では，イギリスの「自由教育」との対比で，フランスの教育を「国家教育」と理解する内野正幸氏の認識[21]が，より適切であると言えそうである。なお，念のために言えば，フランスの共和制国家を公教育の主宰者として認識することは，日本の「国家教育権」論に見られる，《公教育における自由の全面的な否定》という粗放な認識・主張に直結するものではない。

② 「教育の自由」の捉え方
内野正幸氏は，フランスにおける「教育の自由」の概念をめぐり，「近代的な"教育の自由"と現代的な"教育の自由"（教育における自由）との関係

---

20 Nique et Lelièvre, *op.cit.*, pp. 196-197.
21 内野正幸『教育の権利と自由』（有斐閣・1994年）の特に186頁以下。

については，両者の連続性より異質性に重点をおいたかたちで，とらえなおす必要があろう」とする[22]。この点については，どのように考えられるだろうか。

19世紀における教会勢力を中心とした「教育の自由」の要求については，内野氏も引用する次のような見方がある。「私教育の自由に帰着した〔教育の自由の〕要求は，公教育の隷属に反対するものではなかった。……まさに，公教育に自由が取り入れられたとき，カトリックの運動が激しく行われたのは，教師がもはや自分の言動に気を配らず，教会の教義に同調しなかった学校に，自分の子どもを通わせない権利を保有するためであった。……教育の自由が要求されたのは，教育における自由に反対してのことであり，かつ，教育の自由を抑制するためにほかならなかった。」[23]

また，このような指摘もある。「教会または教会に由来する同業者団体の〔教育に対する〕独占的な特権」が，革命によって破壊された「国々では，……教育の自由は，その〔教育〕独占が破壊されたか，または脅かされた人々によって要求された。自由の外見の下で，本質的には権限がかかわっていた。互いに争われていたものは，教育する観念的な権利ではなく，すべての段階の若者の教育をほぼ完全に支配することを可能ならしめる強力な組織であった。すべての自由の公然たる反対者によって，非常に高圧的に，また往々にして非常に雄弁に要求された教育の自由とは，国家と対等になり，さらには国家になり代わり，対等性の名において紛れもない特権を維持し，教会の時代遅れの諸特権を既得権の口実の下で永続させる自由であった。」[24]

以上の指摘によるなら，19世紀における「教育の自由」の要求は，カトリック教会にとっては，近代的人権としての「自由」を求めるものではなく，教会のための「特権」の獲得を目指すものであったと考えられる。実際，本書の歴史研究からも，そうした事情を読み取ることができる。尤も，この時期の「教育の自由」の主張は，特権の要求に尽きるというものではない。リ

---

22 同上，188頁。

23 Petit, A., *L'évolution de la législation française en matière d'enseignement*, Paris, Arthur Rousseau, 1924, pp. 223-224.

24 Buisson, F.（dir.）, *Dictionnaire de pédagogie et d'instruction primaire*, t. 2, Paris, Hachette, 1887, p. 1576.

ベローはもとより，自由主義的なカトリック穏健派（ラムネーやラコルデールら）にとっても，教育組織が国家による監督・指導を受けることは，個人的な諸権利の筆頭に位置する，自分らの子どもに対する親・家族の自然的な権利の見地から，拒否されるべきものと考えられていたからである[25]。その立場からの「教育の自由」の要求は，国家の教育関与を斥け，「自治としての自由」(liberté-autonomie) を獲得することを意味するものであった[26]。この点は留意されるべきであろう。

2 憲法学説のなかの《教育の公共性》と「教育の自由」

(1) 《教育の公共性》と憲法学説の最近の傾向

「構造改革」に連なる「教育改革」の政治が展開されるなか，教育の公共的な性格の理解をめぐり議論が活性化している。従来，通説的な教育法学説は，憲法・教育基本法に基礎をもつ教育人権の保障に底礎された公共性論を擁護してきた[27]。これは，社会的協同の事業としての教育の組織化を模索する市民的・社会的公共性論であると言える[28]。かかる捉え方は，教育の私事性の否定と国家による公共性の独占を内実とする国家的・統治的公共性論に対置されてきた。国家的・統治的公共性論は，教育を統治的行為と捉え，「教育の自由」の余地を否定する考え方であり，「国家教育権」論に結びつくものである。ところで，市民的・社会的公共性論は，別な形での挑戦を受けている。これは，市場の役割を重視する立場から，政府の介入を極力排除し（規制緩和），自由な競争と個人の選択を称揚する，教育の市場化（民営化）論である。

---

[25] Passelecq, *op.cit.*, p. 65.
[26] Fourrier, C., *L'Enseignement français de 1789 à 1945, précis d'histoire des institutions scolaires*, Paris, Institut pédagogique national, 1965, p. 125.
[27] 参照，成嶋隆「教育と憲法」樋口陽一編『講座憲法学4―権利の保障(2)』（日本評論社・1994年）106頁以下。
[28] この立場に立つ教育学者の堀尾輝久氏は，人権論との内在的結びつきと民衆的基盤への立脚を特徴とする教育の公共性論として，「人権論的・民衆的公教育論」を提唱している。堀尾『教育を拓く―教育改革の2つの系譜』（青木書店・2005年）などを参照。

《教育の公共性》をどう捉えるかの問題に踏み込むことは，本書の守備範囲を超えるものである。この点は，3で，現在進行中の「改革」の孕む問題点を検討するなかで言及するにとどめたい。ここで問題とするのは，近時の有力な憲法学説の主張の傾向である。ヴァリエーションはあるが，その主張内容は，支配的な「国民教育権」論への批判，市民的・社会的公共性論への懐疑，および，「国家教育権」論とは一定の距離をとりつつも国家の公共的役割を重く見る態度と要約できる。筆者は以前別稿で，このような性質を有する議論を〈共和主義的公教育観〉と位置づけ，若干の疑問を呈したことがある[29]。本書では，それとは異なる角度から，より明確にそれらの議論の問題点を指摘したい。ここで取り上げるのは，「強い国家モデル」に依拠した樋口陽一氏の見解，永井憲一氏の「主権者教育権」説，および，「たたかう民主制」的な行き方を肯定する戸波江二氏の説である。

ところで，憲法学説は，国家への期待を高める一方で，従来から，教師の教育の自由を冷遇する傾向を強くもっていた。これは，「国民教育権」論への批判として展開されてきたものであるが，ここでは西原博史氏の学説を取り上げ，教師の教育の自由への憲法学説の応接の仕方について，若干の批判的検討を試みたい。

(2) 教育の共和主義モデルへのコミットメント〜樋口説の検討
① 樋口説の特徴

私見によれば，樋口氏の見解の特徴は，「国家」を教育の主宰者として（教育への正当な干渉の主体として）位置づけ，国家の支配する公教育を通じた「自由への強制」（国家による自由）に力点を置くとともに，公教育からの

---

[29] 〈共和主義的公教育観〉という呼称は，国家的・社会的要請に応えることを公教育の最も重要な目的と解し，同質の国民を産出するための国家の教育内容介入を原理的に正当なものと見なす立場を指すものとして用いている。参照，今野健一「教育権と教育基本法改正問題」『教育法制の変動と教育法学』〔日本教育法学会年報32号〕(2003年) 46〜47頁。なお，内野正幸氏は，近代公教育の枠組みのなかで被教育者の公民的資質の養成を公教育の重要な内容とする教育観という意味で，「公民的教育観」という言葉を用いている。参照，内野「教育権から教育を受ける権利へ」ジュリスト1222号 (2002年) 104頁。〈共和主義的公教育観〉も，それとほぼ同じ内容をもつものである。

結 論 「国民教育権」の再定位と「教育の自由」 337

自由（国家からの自由）に注意を喚起するものになっている点にある。この点に関わる樋口氏の論述部分は序論でも紹介したが，改めて以下に引用することにする。

「〔フランスの〕政教分離政策は，何より，旧王党派的勢力と結びついていたカトリック勢力の影響力を駆逐して共和制の理念にもとづく公教育をおし進めようとする，学校＝教育政策のかたちをとり，反・政教分離派は，親の『教育の自由』を盾にとってそれに抵抗する。この対抗図式のなかで，国家による共和制理念の貫徹という旗じるしの方が，『教育の自由』の主張よりも，より"自由"親和的シンボルであったことは，注意に値する。一般に，欧米文化圏では，公教育の成立そのものが，国家からの・親の（＝宗教の）教育の自由に対して，国家による・自由への強制という含意を強烈に含むものなのであった。」[30]

「日本の多くの教育関係訴訟では，『国民の教育権』＝親や教師の教育の自由は，国家からの自由を本気で主張するというよりは，『国家の教育権』の内実を国民によって充填しようという論理構造をもつものだった。そこでは，親が彼自身の価値に従って本当に公教育の理念から『自由』に子女に教育を施すべきかどうか，が争点となっているのではなく，戦後公教育の理念から離れてゆく国にかわって，親や教師がそれに代位しようとする構図がえがかれているのである。公教育の理念が親や教師の『自由』という定式によって主張されているために，場合によっては親の信念に反してまでも国家が『自由への強制』をつらぬく，という公教育の本質的性格が，いちじるしくあいまいになっている。」[31]

憲法思想のレベルで共和制の理念を支持する[32]樋口氏の議論は，公教育の理解についても共和主義的なモデルに依拠するものと見られる。このモデルを擁護するフランスの政治史家クロード・ニコレによれば，私益の追求を本旨とする市民社会の諸要求は公平なものではなく，それらは常に一般的・集団的な目的を特殊的・個別的な利害に従属させるから不当であるが，そうだからこそ，公益の唯一の体現者である国家だけが，公教育の組織化を行うべ

---

30 樋口陽一「自由をめぐる知的状況」ジュリスト978号（1991年）15〜16頁（後に，同『近代国民国家の憲法構造』に収録）。
31 樋口『近代国民国家の憲法構造』134頁。
32 この点は，愛敬浩二氏も指摘する。愛敬「リベラリズム憲法学における『公共』」森英樹編『市民的公共圏形成の可能性―比較憲法的研究をふまえて』（日本評論社・2003年）64頁。

きものとなる[33]。樋口氏の議論も，これと同様に，公共性を独占し社会から自律した国家によって強行されるもの，というありようこそが「公教育」の原型なのだ，との前提に立っている。そのとき，日本の問題は，「近代国家が共通に前提とすべき普遍的な価値理念に仕える公教育を支えるはずの公権力が，まだ成立していない」[34]ことに求められる。その結果，公教育に対抗するものとしての（親の）「教育の自由」（「国家からの自由」）を選択するという行き方が示唆される[35]。

② 樋口説の批判的検討

以上のように把握される樋口説については，幾つか疑問が生じる。

第１に，フランス公教育法制にかかる歴史的事実の認識・評価の問題である。例えば，氏の公教育理解を支える歴史的事実の点で，本当に国家は親の自由を抑圧してまでも「自由への強制」を貫いたのか（貫こうとしたのか）という素朴な疑問がある。本書の歴史研究は，この疑問を裏づける例証を見出している。例えば，フェリー改革により近代公教育制度が成立した際には，親の教育の自由（信仰の自由）に配慮する措置が講じられたし，義務教育制も就学を強制しなかったはずである。だからこそ，これに不満な急進的な共和主義者からは，「国家理性の優越」，「親のものである以前に共和制に属するものとしての子ども」という主張がなされ，甚だしくは「教育独占」すら求められていたのである。また，この点ともかかわるが，氏の断定にもかかわらず，共和派による共和主義的価値理念の強制（＝国家干渉による自由の確保）は，必ずしも「"自由"親和的」であったとは言えないのではないかとの疑問がある。確かに，カトリック教会による教育の反近代性は顕著であり，革命以来の共和制理念の貫徹は〈個人の解放〉や民主主義的価値理念の社会への定着に寄与した[36]という事情が認められる。しかし，共和制理念の

---

[33] Nicolet, C., *La République en France, état des lieux*, Paris, Seuil, 1992, pp. 67-68.

[34] 「シンポジウム・最高裁と教科書裁判」法律時報64巻１号（1992年）12頁〔樋口発言〕。

[35] 樋口『近代国民国家の憲法構造』136頁。この点にかかわって，内野正幸氏は「公教育からの自由」留意説を説く。参照，樋口陽一編『ホーンブック憲法〔改訂版〕』（北樹出版・2000年）228頁〔内野〕。

[36] 樋口陽一『三訂　憲法入門〔補訂版〕』（勁草書房・2005年）90頁。

結　論　「国民教育権」の再定位と「教育の自由」　　339

貫徹は，一面では，体制保障を目的とする国民教化の過程であったと見ることができる。強力な宗教団体からの〈個人の解放〉は，精神的な権威からの個人の良心の解放である反面，国家の価値理念の内面化を個人に強制するという側面を含んでいた。しかも，教会の権威のみならず，勃興しつつあった社会主義の教理をも排斥するという意味で，共和制国家のイデオロギー性は顕著であった。

　第 2 に，樋口氏が，日本の教育裁判での「教育の自由」の現われ方について，フランスとは対照的に，〈国家からの自由〉を本気で追求するものではないという意味で「独特」[37]と評する部分が問題となる。これは，「国民教育権」論による「自由」の主張がフランス的な文脈に沿うものでなく，しかも，かかる議論が「自由への強制」を貫くべき本来的な近代国家の役割に代位しようとする点で，「自由」の概念を混乱させ，国家干渉による自由を含意する「公教育の本質的性格」を「いちじるしくあいまいに」すると批判するものであろうか。しかし，氏が前提するフランスの図式は，端的に，19世紀末の近代公教育体制確立期の問題状況を写し取ったものであり[38]，日本の問題状況との直截な対比が可能かは疑わしい。氏も認めるように，正当な公共的役割を引き受けることのできる国家権力が未成立（「公教育の本質的性格」が貫徹不能）で，「強固な宗教的伝統を背景にした争いの場面を持たない日本」[39]において，「教育の自由」の争われ方が「独特」である[40]としても，それは，ある意味，当然と言うべきであろう。そもそも，「国民教育権」の側に立つ人々は，教育領域での〈国家干渉による自由〉という定式そのものに

37　樋口『近代国民国家の憲法構造』133頁。

38　既に検討したように，〈公教育からの自由〉としての「教育の自由」は，フランスにおいて意味変容を遂げており，かかる伝統的な含意がそのまま現代に承継されているわけではない。むしろ，イスラム・スカーフ事件を含めて，ライシテの適用をめぐる親と学校当局との紛議の際も，〈公教育そのものからの自由〉が問題となる事例は稀であろう。

39　樋口陽一『国法学－人権原論』（有斐閣・2004年）155頁。

40　「独特」と断ずる樋口氏の見方は，教育法学が争点化してきた「公教育における自由」，殊に，教師の教育の自由への，氏の関心の低さと無関係ではない。これは憲法学に共通の傾向である。後に言及するように，教師の教育の自由（教育権）に対する憲法学の冷遇ぶりは際立っている。

懐疑的であると言える。2つの立場は,「公教育の本質的性格」の理解をめぐって,かなり異なる位相にある。

　第3に,第2点とも関連して,「国民教育権」論の特質を批判的に図式化してみせた部分にも疑問がある。樋口氏によれば,「国民教育権」論は,「『国家の教育権』の内実を国民によって充填しようという論理構造をもつもの」であり,「戦後公教育の理念から離れてゆく国にかわって,親や教師がそれに代位しようとする」ものであるとされる。しかし,氏が「国民の教育権」と呼ぶ学説が具体には如何なる立場を指すのかは,必ずしも明らかではない。氏の言う「代位」される〈国家〉は,正当な教育内容決定権力を有する,公共性を独占した存在であるはずだが,「国民教育権」論に分類される学説一般がそのような想定を共有していたとは思われない。批判する学説の対象化が十分ではないとするなら,生産的な議論を展開することは難しい。尤も,樋口氏は別な箇所で手がかりとなる指摘を示している。それによれば,「国民の教育権」は,「あるべき『国家』ならばそう決定すべき教育内容を,現在の『国家』にかわって主張しているのである。教育基本法が民主・平和・真理という価値を掲げていることのなかに,教育内容保障の意味を読みとろうとする場合,それは何よりはっきりあらわれる」[41]とされる。この指摘の後半部分は,既に述べたように,憲法教育論や《教育による憲法保障》を期待する議論に当てはまるものであろう。特に,永井憲一氏の有力学説が想起されるが,すぐ後に見るように,「国民教育権」論に立つ論者の間でも永井説への批判は厳しかったはずである。とするなら,樋口説の図式化は,その外見的な切れ味の鋭さにもかかわらず,実質的には部分的に妥当性を有するにすぎないことになる。

　③　樋口説の意義と限界

　問題は,まだある。国家的公共性を原理的に承認する樋口説にあっては,国家の教育内容介入の限界が常に曖昧なものとなる危険性を抱え込まざるをえない。特に,「自由への強制」に伴う国家による価値注入の正当性が,親の教育の自由・子どもの信条形成の自由との関係で問題となりうる。しかし,これらの点に関する明示的な言及は見当たらない。確かに,樋口説は,従来,

---

41　樋口『憲法〔改訂版〕』(創文社・1998年) 282頁。

専ら公教育の枠内で論じられていた「教育の自由」が，公教育それ自体と対抗関係に立ちうる場面があることに注意を喚起した点で，一定の意味がある。しかも，憲法思想史的アプローチを通じて，従来，意識されてこなかった憲法問題の争点を対象化する手法は鮮やかである。だが，そこには限界もある。問題解決へ向けた具体の思索は，争点性の明確化で終わるわけではなく，むしろ争点性が明確化したところから始まるはずである。樋口説では，国家の公共性の徹底に公教育の本質的性格が投影されるが，日本の現状の変革を展望しうるような新しい公教育モデルへの示唆がないために，結論は相当に曖昧であり，問題は中空に取り残されたままとなっている[42]。

(3) 「主権者教育権」説の復権？〜永井説をめぐる議論
① 永井説の特徴

「国民教育権」論の流れに連なる憲法教育論および《教育による憲法保障》を志向する議論は，既に序論で指摘したように，その主観的意図はどうあれ，憲法的価値を教育的価値と同視して，被教育者にそれを教え込むことを基本とする思考法であったと見られる。これは，フランスの共和主義的学校モデルを貫流する考え方と酷似している。共和主義国家は，学校での公民教育を梃子にして国家の価値理念の普及を図り，国民と公民を創出して共和制の基盤を固めた。これに対して，日本の憲法教育論は，国家から自由に憲法教育を行いうることを前提にしているとされる[43]が，果たしてそうであろうか。樋口氏が指摘するように，戦後，体制価値であるはずの憲法から離れてゆく

---

[42] 本書が指摘する樋口説の特質については，林知更氏からも同趣旨の見方が示されている。それによると，「樋口陽一の問題提起による，わが国における国家論の再生は，解釈論とは必ずしも直接的な結びつきを持たない立憲主義論のレベルを本拠地として行われたように思われる。ここでは国制史的・思想史的な観点に依拠することによって，現状に対する批判のための距離を獲得する点に固有の意味があったと考えることができようが，その分，かような国家論と解釈論との具体的関係については不分明な部分が大きく残されたように感じられる」とされる。林「国家論の時代の終焉？―戦後ドイツ憲法学史に関する若干の覚え書き」法律時報77巻11号（2005年）72頁注(91)を参照。

[43] 船木正文「憲法教育と国民の憲法意識」永井憲一編『戦後政治と日本国憲法』（三省堂・1996年）55頁。

国になり代わり、あるべき国家ならばそうするものとして、「国民」が憲法教育を実施するという図式が、そこでは描かれていたのではなかろうか。

このことは、憲法教育の重要性を強調する永井憲一氏の所論に明らかである。永井氏は、憲法に定める「教育を受ける権利」は、主権者として育成されるに相応しい教育内容を国家に対して要求する権利である、と規定した。

「日本国憲法の26条が保障する国民の教育を受ける権利は、教育をうける機会均等の保障（そういう意味での国民教育）に尽きるものではない。たしかに憲法自体は、わが国の教育の理念なり指導原則について具体的な明文規定をおいてはいない。しかし、だからといって、わが国の教育が、どのような方向にでも、ときの権力の恣意によっておこなわれてよい、というものではない。……国政も教育もすべて、憲法がわが国の進展の方向を指示する"平和主義"と"民主主義"を実現する方向にすすめられなければならない。とすれば、国民主権の憲法が国民に保障する『教育を受ける権利』は、当然に、そのようなわが国の（平和で民主的な国の）将来の主権者たる国民を育成するという方向の、そうした内容の教育、つまり主権者教育を受けうる権利であるはずである。社会権としての教育基本権とは、まさに、そういう内容の教育を要求しうる権利だと考えられなければならないのである。」[44]

② 永井説への批判

民主主義を基幹原理の一とする日本国憲法の下では、成熟した政治的判断能力を備えた賢明な市民が求められるし、さらには、能動的に政治（公事）に参加する市民のありようが理想とされよう。その意味で、良き市民、良き主権者を育てることは、公教育の重要な内容と観念されることになる。しかし、公教育の主たる目的を「主権者教育」に見出し、教育基本法の教育目的規定（1条）を梃子に国民の具体的な教育活動を法的に拘束する立論を展開するに及んで、永井説は、「国民教育権」論に立つ論者から激しい批判を浴びることとなった。永井説に対しては、その権力的関与が排除されるべきところの行政権力に対して教育内容要求を行うことが矛盾・背理であることや、憲法であっても法規範による教育内容の拘束を是認するならば、教育内容への権力的介入に歯止めを設けることが困難になることなどの批判が提起され

---

[44] 永井『憲法と教育基本権』（勁草書房・1970年）250〜251頁。

た[45]。また、永井説を含めて、教育内容の基準を憲法や教育基本法に求める立場に対しては、「憲法を基準として教育を考えるのは倒錯した考えであり」、かかる考え方は、「教育の基準を法に求める、日本に伝統的なあやまれる法治主義におちいる危険を含んでいる」との批判も出された[46]。

同調する議論もないわけではなかったが、総じて厳しい批判を浴びた永井氏の所説は、教育法学説の主流を占めるには至らなかった。確かに、氏の学説は、憲法・教育基本法的価値の重視と、剥き出しの権力支配からの公教育の擁護という点で、「国民教育権」論の基本的な立場を共有できるものであった。しかし、憲法および立憲主義の擁護への堅固なコミットメントを背景に、憲法教育の推進・充実を精力的に訴え、教育活動に対する立憲主義的統制とこれを通じた憲法価値の実現を強力に志向する氏の態度は、自由主義的な教育法学説の主流[47]とは、些か以上の距離があったと思われる。特に、既に見た樋口氏の指摘にも示唆されているように、永井説には「国家教育権」論に通底する論理が含まれており、この点は論者の意図を超えて決定的な弁別標識となりうる。

③　永井説の復権？

このように、教育法学説の間で特異な議論と理解された永井説は、しかし近時、憲法学説において再評価され、復権を遂げつつあるように見える。理念的なレベルでの永井説への同調を読み取れる見解[48]のほか、明示的に永井説への支持を表明する見解も現われている。例えば、内野正幸氏は、従来の

45　永井説への批判については、成嶋隆「教育目的の法定および教育の『法律主義』について（２・完）」法政理論（新潟大学）14巻１号（1981年）21〜25頁、57〜62頁が、学説の整理を含めて詳しい検討を行っている。

46　渡辺洋三『憲法と法社会学』（東京大学出版会・1974年）229頁。

47　ここでは主として、教育を非権力的作用と措定する兼子仁氏の学説を念頭に置いている。

48　例えば、坂田仰氏の見解がある。同氏は、教育の憲法保障機能を積極的に捉え、義務教育段階での共同体的価値の教え込みを正面から肯定し、教育を通じて「国民統合」を成し遂げるという点に学校教育の主たる役割を見出そうとする。参照、坂田仰＝田中洋『補訂版教職教養・日本国憲法』（八千代出版・2001年）〔坂田氏執筆部分〕、坂田「地方分権・自治の可能性と教育基本法改正問題」前掲『教育法制の変動と教育法学』65頁以下。

見解を改め、「〔永井氏の教育内容要求権説は〕提唱者の主観的意図を離れていえば、それが国家教育権を一定程度まで認めるものになるという点も含めて、積極的に評価されるべきであろう」[49]とまで述べている[50]。これと同様に永井説への支持を明らかにしつつ、独自の見解を打ち出すものとして注目されるのが、戸波江二氏の見解である。次にこの見解を検討する。

(4) 教育における「たたかう民主制」？〜戸波説の検討
① 戸波説の特徴

戸波氏は、「国民教育権」論への批判を通じて、自らの立場を明らかにしている。その最も顕著な特徴は、「教えられるべき特定の教育内容が存在すること」を正面から認め、特に憲法的価値の教え込みを強調する点にある[51]。

戸波氏によれば、特に重要な教育内容として「政治・社会に関する基本的

---

[49] 内野「教育権から教育を受ける権利へ」ジュリスト1222号（2002年）105頁。また、同「学校で人間主義を押しつけるのは違憲か」藤田宙靖＝高橋和之編『憲法論集〔樋口古稀記念〕』（創文社・2004年）147頁以下も参照。

[50] 内野氏は、憲法的価値の注入の正当性を論じるのに、本文で検討する戸波氏の見解のほか、西原博史氏の見解も引用している（同上、105〜106頁）。西原氏は、教育の受け手の思想・良心の自由の保障によって教育内容の中立性を確保しようとするが、公立学校での価値選択に関して国家の信条的中立性原則に一定の例外領域を設けることを承認する。「国家が同一化する理念体系としての憲法秩序は、ある程度まで、学校教育の価値観に関わる中立性が当てはまらない例外領域を構成する」。公権力の活動を規制する「憲法上の方向設定」は、「義務教育制度に基づく公権力作用である公立学校の授業」などにも及ぶことになるが、「特定価値観に基づく影響を排除できない学校教育の内容が、国家が前提にできる価値として唯一公認された憲法価値を指向することは、避けられないし、むしろ望ましい」とする。西原「思想・良心の自由と教育課程」日本教育法学会編『講座現代教育法1―教育法学の展開と21世紀の展望』（三省堂・2001年）226頁。西原氏の立場は、永井説や戸波説とは異なるが、共通する問題を含んでいるように見える。例えば、憲法教育が国家の正当な権限として措定されていることから、価値選択にかかる国家の権限への歯止めが問題とならざるをえない点などである。

[51] これ以外にも、戸波氏は、私事の組織化論の批判や、内外事項区分論の否定（教育の内的事項の法律事項化）など、論争誘発的な主張を幾つも展開している。それらの詳しい検討は、機会を改めて行いたい。

結　論　「国民教育権」の再定位と「教育の自由」　345

な原理や価値」（個人の尊重，他者への寛容，差別の克服，自由な思想・表現，民主的な意思決定，民主政治，平和への志向）があり，これらが日本国憲法の基本原理として取り込まれている以上，「教育は日本国憲法の価値を子どもたちに教えるものであるべき」とされる。逆に，戦争の美化・肯定，人権侵害，非民主的な政治を推奨する教育は禁じられるべきである[52]。「教育の自由を基本価値に優先させる国民教育権論は，基本価値を否定する教育をも是認せざるをえないが，表現の自由一般においてならともかく，教育の場では不適切といわなければならない。子どもたちに必ず教えるべき基本価値は存在するのであり，むしろ，その価値に反する内容の教育はしてはならない」とされる[53]。

さらに，戸波氏は，学校の任務として憲法的価値の普及を正面から掲げ，「基本価値を社会に広めるなど，積極的な基本価値の擁護をめざすという意味での『闘う民主制』」の必要性を強調するに至っている[54]。

② 戸波説への疑問

従来，憲法学説では一般に，「たたかう民主制」的な行き方が否定的に捉えられてきたが，近時これを見直そうとする傾向も現れている。戸波氏は，この行き方を明示的に支持する最も有力な論者の１人であると見られる。日本国憲法における「たたかう民主制」の可能性ないし問題性が改めて議論されることには，それなりの背景があるのかもしれない[55]。憲法の平和主義に由来する平和教育と「たたかう民主制」的なものとの結びつきが意識される場合もあろう[56]。しかし，戸波説のように，国家による憲法的価値の教育を

52　同様の見解として，内野「教育権から教育を受ける権利へ」105頁を参照。

53　戸波「国民教育権論の展開」前掲『講座現代教育法１―教育法学の展開と21世紀の展望』114～115頁。

54　戸波「戦後憲法学における立憲主義」憲法問題14（2003年）87頁。

55　この点については，渡辺洋「憲法の戦闘性―内外の今日的状況にみる―」神戸学院法学30巻３号（2000年）719頁以下，同「『たたかう民主制』批判の対象と方法―『戦闘性』の諸相」憲法問題15（2004年）45頁以下を参照。

56　例えば，浦田一郎氏は，平和教育プログラムを推進するコスタリカの経験に接して，「『闘う民主制』批判のあり方のほうをもう少し考えなければいけないのかもしれない」と述べている。参照，浦田一郎＝山元一「平和主義と立憲主義」井上典之ほか編『憲法学説に聞く―ロースクール・憲法講義』（日本評論社・2004年）261～262頁。

当然視する見解には、やはり疑問を感じる。

　第1に、憲法的価値（戸波説にいう「基本価値」）の具体の内容を確定するのは、いったい誰なのであろうか。「国民教育権」論が教師の教育の自由を優先させてきたと難ずる戸波氏は、「あるべき教育が存在することを前提に、
・・・・・・・・・・・・・・・・・・・・・
その内容を確定し教えていくことこそがめざされるべき」[57]とするが、日本国憲法に含まれる基本価値の内容を誰が「確定」するのかは明らかにしていない。「たたかう民主制」の文脈で言うなら、内容を決定し、その実施を監督するのは、当然、国家だということになるが、その場合、教育の自由の保障との調整はどのようになされるのだろうか。

　第2に、「あるべき教育」の想定は、一義的に具体の教育内容を導き出すことにつながるのだろうか。戸波説では、教えられるべき基本価値の内容は必ずしも明確にされておらず、むしろ相当に漠然としている。憲法的価値といえども、教育的価値として相応しいように予め内容を確定された価値が、所与のものとしてどこかにあるわけではない。もしかすると、基本価値の内容は（その性質上）異論を許さない当然の前提とされているのかもしれないが、そのような特異な前提は果たして可能であろうか。そもそも、近時の情勢に鑑みれば、憲法は、国民的コンセンサスの対象であるというよりはむしろ、国民を対立させる政治的闘争の対象と化している。戸波説の言う「基本価値」は、それが議論の対象とならない場合にのみ、基本的であるにすぎないのではないか。

　第3に、仮に国家の正当な役割として価値の教え込みを措定するとしても、その限界を画する基準は如何なるものであろうか。戸波説では、この点が明らかにされていない。国家による恣意的な定義・解釈の危険性が常につきまとうなかで、国家の介入権限に合理的な歯止めを設けられないとするなら、それは反立憲主義的な議論である。フランスのように、共和主義の伝統的な理念へのコミットメントが政府の正当性を支え、また、公教育における自由の観念が疑問に付されることのない社会では、何が正しいことであり、何が教育されるべきかのコンセンサスは、比較的容易に得られるのかもしれない[58]。そのような背景をもたない日本において、しかも、現状のレジームの

57　戸波「国民教育権論の展開」121頁。傍点筆者。
58　しかし、第5部第3章で述べたように、伝統の力では解決困難な問題も生じている。

振る舞いに鑑みれば,立憲主義的価値の擁護や,まして反立憲主義的な教育の排除の役回りを国家に期待することは,とうてい妥当なものとは言いがたい[59]。

(5) 憲法学説と教師の「教育の自由」～憲法学説の問題点

以上に見てきたように,憲法学説における国家的公共性への志向は根強いものがある。国家的公共性とはいっても,「国家教育権」論における剥き出しの〈国家の論理〉や,保守的・復古的な国家観に依拠する教育(改革)論とは,もちろん何らの共通項もない。しかし,国家の公共的役割を重視し,国家への期待を募らせる有力憲法学説の姿勢は,「教育の自由」を機軸とする市民的・社会的公共性の方向で議論展開を図ろうとする教育法学説との間で,ますます溝を深めている。

溝の深まりは,特に,教師の教育の自由の理解をめぐって決定的となっている。この点で憲法学説の理解を象徴するのが西原博史氏の見解である。西原氏の立場は,「国民教育権」論への痛烈な批判を機軸としているが,これは1980年代から一貫して憲法学説によって共有されてきた立場に立脚するものである。つまり,教師の教育の自由(教育権)に教育人権の側面を承認することに対する徹底した懐疑・批判である。

西原氏は,奥平説や今橋説の批判を継承しつつ,「国民教育権」論が擁護する教師の「教育の自由」は,つまるところ「教育に関する教師の権力独占を基礎づける道具」でしかなく,また,「〈国民の教育権〉論は,授業内容に対する他者の介入を招くことを恐れて,授業中における教師によるイデオロギー的教化(インドクトリネイション)の危険を意識的に等閑視した」と断罪する[60]。そして,教師の教育活動の権力性を前提に,国家・教師によるイ

そこに現在のフランスの苦悩がある。

[59] 戸波氏は,「国民教育権」論を批判する際,この議論が反憲法的・反立憲主義的な教育実践を行う教師の摘発に有効に取り組めない点を問題にするようである。しかし,これに対しては,イデオロギー教育に耽るごく僅かな「問題教師」の取締りにいそしむよりも,行政権の介入による網羅的な〈精神の支配〉こそ真に懸念すべきなのではないか,との疑問がありえよう。

[60] 西原「〈社会権〉の保障と個人の自律」早稲田社会科学研究(1996年)140頁の注(15)

デオロギー的教化に対抗するものとして，子どもの良心形成の自由と親の教育の自由（教育権）を組み合わせてその保障の重要性を強調する，という理論構成をとっている[61]。

公務員たる教師の教育実践が権力行使にほかならないとする議論は，奥平説の登場以来，憲法学説では広く流布している。教師の教育活動の〈権力性〉を専ら問題とする思潮は，教師を直ちに国家権力と同一視し，日常的な教育実践が即時的に権力行使になるという前提をとるはずであるが，そのような前提は妥当なのだろうか。この前提に立って，教育行政による「不当な支配」に典型的に該当する権限行使（例えば，国旗・国歌の強要）については教師の人権行使による対抗可能性を認めても，それ以外の日々の教育実践の場面では，「不当な支配」の潜在的主体たる教育行政権と教師を一体化して捉えるのであろうか[62]。しかし，教師にとって最も重要な専門的職能が発揮される場面で，行政権への対抗論理としての教育人権を否定ないし等閑視しながら，「国家からの自由」を語ることはできないのではないか。

「国家からの自由」を貫こうとしない立場の典型は，子どもへの（正当な）価値注入を国家の任務と措定する議論である。それは，選択された価値の教育に関する教師の教育裁量性を否定するばかりか，教師に対して，国家が推進する特定価値へのコミットメントすら要求するものだからである。そこでは，当然ながら，〈教育行政からの教師の自由〉は問題になりにくい。かかる議論は，国家権力の教育権能を（合理的な歯止めなしに）拡大する一方で，教師の専門的職能の範囲を切り詰める結果になっているように見える。そのような帰結は，果たして望ましいのであろうか。

西原説を含めた憲法学説による「国民教育権」論への批判や教師の教育の自由（教育人権）の否定に対しては，近時，教育法学説から厳しい批判が寄せられている[63]。本書は，かかる批判の妥当性を基本的に承認する。ただ，

---

(16)を参照。

61　例えば，西原「思想・良心の自由と教育課程」，同『良心の自由〔増補版〕』（成文堂・2001年），同『学校が「愛国心」を教えるとき』（日本評論社・2003年）などを参照。

62　かかる捉え方は，佐々木弘通「『人権』論・思想良心の自由・国歌斉唱」成城法学66号（2001年）65～66頁にも見られる。

憲法学説による応答は限定的であり，教育法学説と憲法学説との対話は依然として過少であるように思われる。残念なことに，憲法学説による教育法学説の理解は往々不正確であるが[64]，これも対話の過少さが影響しているのであろうか。本書は，憲法学に軸足を置きつつ，憲法学説の傾向に対して一定の問題提起をもくろむ試みであった。今後の対話の可能性に期待したい。

3　教育改革をめぐる政策と議論～公教育制度の将来像のために

(1)　教育改革と教育の公共性

既に言及したように，教育改革の展開に伴い，教育の公共的な性格や国家の役割の理解をめぐり議論が活性化している。議論の位相を大雑把に捉えれば，「国家教育権」論に現われた国家的・統治的公共性論，「国民教育権」論の説く市民的・社会的公共性論，そして，自由競争と個人の選択を称揚する教育の市場化（民営化）論が三つ巴の状態にあると言ってよい。尤も，実際の教育政策・教育改革の文脈では，国家的・統治的公共性の側面（新国家主義的側面）と規制緩和・市場化の側面（新自由主義的側面）とが併存・結託している。いずれの側面も，憲法・教育基本法に根拠をもつ教育人権の保障には極めて冷淡であるばかりか，しばしば攻撃的ですらある[65]。これらは，教育基本法の改正，さらには，将来的な憲法改正までを視野に入れた政治動向と，深く結びついている。

教育改革の新国家主義的な側面としては，近時ますます顕著な国旗・国歌（日の丸・君が代）の強制，道徳教育の強化・奉仕活動の義務化構想，「愛国心」の宣揚を通じた〈心の支配〉の強化，などが挙げられる[66]。こうした動

63　例えば，市川須美子「教育基本法改正と子どもの人権」法律時報73巻12号（2001年）18頁以下，同「Book Review 西原博史著『学校が「愛国心」を教えるとき』」法律時報75巻11号（2003年）104～105頁を参照。

64　参照，市川「Book Review 西原博史著『学校が「愛国心」を教えるとき』」105頁。

65　「教育改革」政治の特質と，教育を受ける権利へのその破壊的な影響については，今野「教育権と教育基本法改正問題」40頁以下で簡略に検討している。

66　これらの問題に関する分析・批判は，数多出されている。例えば，「国旗・国歌」の強制，「愛国心」教育の問題については，既に引用した西原博史氏の一連の著作が参照されるべきである。また，教育基本法「改正」論の新国家主義的な側面を批判す

きは，斎藤純一氏の言葉を借りれば，ナショナリズムの喚起による「国民共同体の再-想像（re-imagination）」を志向する立場に立つものと言える[67]。他方，新自由主義的な側面としては，義務教育公費負担の見直し・義務教育のスリム化，市場原理の導入としての学校選択の自由化，教育サービスの市場化などが挙げられる。新自由主義的な教育改革は，単なる民営化・市場丸投げの論理ではなく，市場の維持・管理にあたる強力な国家機能を前提とする。それは，国家が普遍的な教育保障の任務を免れて自由に教育目標を設定し，これに基づく特定教育内容の実現を政府資金提供の根拠とし，さらに，教育機関の目標達成度の事後的評価を通じて，強力な教育内容統制を継続する態様のものである[68]。

第5部第3章で見たように，フランスでも現在，共和制の危機に対処するため，共和主義的価値の注入とナショナリズムの喚起が学校教育の役割とされる傾向にある。確かに問題はあるとしても，自由を基底とする国家の公共的役割の重視に存する共和主義のフランス的伝統への準拠こそが，危機への対処の正統性に関する広汎な社会的合意を生み出すという状況に変わりはない。しかし，日本の場合，政府・支配層は，社会的統合の求心性の中核に位置するはずの現行憲法の価値理念に敵対的か，または十分なコミットメントをしていない。そのため，標榜される「国家的公共性」は，個人の自由・精神的自律性の尊重の契機を欠落させた剥き出しの〈国家の論理〉として顕現する。その一方で，市場の論理を機軸とする新自由主義改革の野放図な展開を抑制するどころか，むしろ，国家の教育条件整備義務の解除とその自由裁

　　る最近の著作として，広田照幸『《愛国心》のゆくえ―教育基本法改正という問題』（世織書房・2005年）が重要である。
[67]　斎藤純一「現代日本における公共性の言説をめぐって」佐々木毅＝金泰昌編『公共哲学3―日本における公と私』（東京大学出版会・2002年）104～106頁。
[68]　新自由主義教育改革の特質とその批判として，世取山洋介「教育改革および教育基本法改正論の新自由主義的側面の批判的検討―学校制度法定主義再考」日本教育法学会編『教育基本法改正批判』〔法律時報増刊〕（日本評論社・2004年）14頁以下が重要である。また，佐貫浩『新自由主義と教育改革―なぜ，教育基本法「改正」なのか』（旬報社・2003年）の特に161頁以下，堀尾輝久＝小島喜孝編『地域における新自由主義教育改革―学校選択，学力テスト，教育特区』（エイデル研究所・2004年）なども参照。

量的教育内容介入の肥大化という形で，これを促進しさえする。このように把握される「国家的公共性」は，そもそも「公共性」の呼称を与えうべきものかも疑わしい[69]。

先に検討したように，近時の有力な憲法学説は，公教育に加えられる新国家主義改革・新自由主義改革という2つの暴力性に対抗する契機を，あくまで国家の正当な公共的役割に求めようとするものであった[70]。しかし，それらの議論は，必ずしも，公教育の領野で国家が担うべき公共的な価値を積極的に再定義するものではなかった。むしろ，理想化された国家への期待が些か素朴に語られることが多い。そうした議論は，欧米の「普通の国」では可能な議論がこの国ではおよそ不可能であるという事情によって，挫折を余儀なくされることになる。「現在の日本において国家の教育内容への介入を是認することは，かえって社会的多数派による少数派の抑圧を導く危険が大きい」[71]と考えるべきであろう。

結局，新国家主義・新自由主義が相互補完的に展開されている目下の教育改革政治に対抗し，望ましい公教育のありようを求めるとするなら，剥き出しの〈国家の論理〉と破壊的な〈市場の論理〉とに抵抗しようとする市民的・社会的公共性論の内容を深化・発展させる試みが不可欠であると思われる。

(2) 公教育制度の将来像のために～変革の課題

教育が公共的な性格を有するということの意味は，「教育を受ける権利」の憲法的保障の意義，および，教育基本法の前提する公共性の枠組みの理解を通じて，明らかにすべき事柄である[72]。市民的・社会的公共性を前提に，

---

69 斎藤純一氏によれば，「国民共同体の『公共性』は，非－排除性（公開性）という点でも，非－等質性（複数性）という点でも公共性の条件を完全に欠いている」。斎藤・前掲，108頁。

70 ただし，憲法学説の主要な関心は，先行して実施されてきた新国家主義的な改革とそれに対する批判に集まっており，新自由主義的な側面についてはあまり論じられていない。

71 長谷部恭男「私事としての教育と教育の公共性」ジュリスト1022号（1993年）80頁。

72 この点に関わる学説の整理と一定の私見を示したものとして，今野「教育人権保障と教育統治（ガバナンス）論」日本教育法学会編『講座現代教育法3―自治・分権と

如何なる公教育制度の将来像を描きうるかの課題は，憲法学・教育法学の領域を越境し，包括的・多面的な検討を要するものであり，現時点ではそのための準備はない。ここでは，重要と思われる幾つかの要素または課題を挙げ，一定の見通しを示すにとどめたい。

① 教育の自主性，教育の自由の保障

教育に対する「不当な支配」を禁止する教育基本法10条1項は，教育行政によるものを典型とする「不当な支配」からの教育の自主性を保障する趣旨と解されている。憲法23条・13条等に基づく自由の保障と併せて，国家の権力的介入からの教育の自由が規範的に導き出される。現在，教育の自由の見地からの，政府による教育内容統制の批判と教育基本法の精神の再確認が，ますます求められていよう。

教育の自由の担い手は分節化して論じられるが，特に，教師や親の自由が問題となる。教師の教育の自由保障の意義と必要性については，既に述べた。問題となるのは，親の教育の自由に属するものとされる「学校選択の自由」である。

1980年代の臨時教育審議会において，〈教育の自由化〉に連なるものとして学校選択の自由が語られていたが，近時の「改革」政治の下，規制緩和策の一環として学校選択制の導入が積極的に位置づけられ，実際にも，東京都品川区を始め幾つかの自治体で公立学校の選択制が導入されている。教育委員会の指導制を基本とする学校選択制による公立学校改革を構想する学説[73]もある[74]が，学校選択制が新自由主義改革の文脈で導入されている現実に鑑

教育法』（三省堂・2001年）35頁以下，同「教育権と教育基本法改正問題」40頁以下を参照。

[73] 教育行政学者の黒崎勲氏の見解である。黒崎氏によれば，教育の市場化＝私事化が公共性を解体するとの批判は，私事性と公共性を対抗関係にあるものと見なす点で誤っている。私事性と公共性は，二者択一的な対抗関係にあるのではなく，社会的存在たる教育の「共同性を実現する『分化した』（したがって共同的な）関係」と位置づけられる。黒崎氏は，このような認識を基礎に，「抑制と均衡の原理に立つ学校選択制度」にこそ「新しい公共性」の概念を見出すことができると主張する。黒崎「学校選択の理念と教育の公共性」藤田英典ほか編『教育学年報9―大学改革』（世織書房・2002年）457頁以下。

[74] 学校選択制や「国民教育権」論批判などの黒崎氏の見解を憲法学の立場から紹介・

み，この政策動向を厳しく批判する学説が有力である[75]。特に，学校統廃合と結びついた学校選択制が，「教育の地方自治」原則を具体化するための不可欠な条件である地域コミュニティの共同性を危殆ならしめる恐れがあるとの指摘[76]は重要である。

② 国家の公共的役割の再定義

教育基本法10条2項によれば，教育行政の任務は教育条件の整備確立である。教育法学説は，教育行政の条件整備義務の対象を教育の外的事項（教育施設・設備の整備等）にかかるものと捉える一方，教育の内的事項（教育の内容・方法等）については「学校制度的基準」という枠組みで教育行政介入の限界を理論的に画定してきた。しかし，新自由主義改革は，先に見たように，国家の条件整備義務からの解放と教育内容統制の強化を帰結するものであり，教育基本法10条の歯止めを取り払う内容を有している。このとき必要なのは，政府による価値注入の正統性を基礎づけることでも，公権力とのパートナーシップによる予定調和的な改良の夢想に耽ることでもあるまい。現在進みつつある状況に鑑みて，教育における国家の公共的な役割とは何かを考え直すことが不可欠である。

子どもが真に自律した主体へと十分に成長・発達しうるように，教育の自由と実質的な平等性を確保する義務を不断に引き受けることこそが，国家の公共的な役割と言うべきであろう。また，その実現に向けて国家を嚮導し拘束する法制的な仕組みを整えることも重要である。教育法学の理論的営為は，まさに，この課題に向けられたものであった。新自由主義教育改革の影響は深刻であるが，「人間の人格的自律に至るプロセスを可能とするそれに不可欠な普遍的な条件があり，かつそれは民主的な討議を経て決定されるべきなのだという考え方－学校制度法定主義－がどの程度広く，強く共有されるのかが，今後の推移を決定するであろう。」[77]

　検討した論稿として，横田守弘「教育を受ける権利と学校選択」ジュリスト1244号（2003年）116頁以下がある。

75　例えば，堀尾＝小島編・前掲書所収の諸論稿，藤田英典『義務教育を問いなおす』（ちくま新書・2005年）などを参照。

76　山本由美「新自由主義教育改革の現段階と小さな学校を守るとりくみ」教育2005年9月号14頁以下を参照。

③ 学校自治の実質化の課題

教育内容編成への国家介入を原則的に否認する場合，教育内容編成・教育価値選択は，如何なるルートで行われるべきだろうか。この点については，「教育の内的事項の決定は，個人的自由の領域に属する事柄であり，その編成はあくまでも教育界における自由な討議を基本とする文化的自治のルートによるべきである」[78]との指摘が基本的に首肯されるであろう。この「文化的自治のルート」は，国家干渉から自由な領域として確保されるべきことが要請される。各教育当事者が国家による強制や干渉を排して自律的に協議を行う「場」が確保される必要がある。国家や自治体に回収されない教育共同体ないし教育的な公共圏が設定・創出されるべきであろう。このことは，教育の地方自治原則に含まれる教育の文化的地域自治の理念[79]からも要請される。つまり，「子どもの発達段階と地域の実情に即したきめ細かい教育を実現するために，学校を中心に教師と父母・子ども，地域住民の集団的な協力により教育内容の創造を図るべきことが要請される」[80]のである。

教師・親（子ども）・地域住民の参加と協働による，地域に開かれた学校づくり，「学校自治（教育自治）」の必要性は，学説上も夙に指摘されてきたところであり，実践レベルでも既に幾つもの先進的な取り組みが行われてきた[81]。ところで，近年，教育行政当局の側から，親・地域住民等の学校参加の仕組みを法制上も奨励する動きが現われている。学校支援ボランティア制度，学校評議員制度，学校運営協議会（地域運営型学校）などである。これをもって，開かれた学校づくり・学校自治の取り組みの価値が公定され，教

---

77 世取山・前掲，20頁。
78 成嶋隆「『教育の自由』の前提的諸問題」憲法理論研究会編『精神的自由権』（有斐閣・1982年）288～289頁。
79 参照，安達和志「分権改革と教育の地方自治」市川＝安達＝青木編『教育法学と子どもの人権』（三省堂・1998年）54頁以下。
80 今野「教育人権保障と教育統治（ガバナンス）論」44頁。
81 ただし，父母等による教育・学校参加につき，優れた種々の実践に対して参加の理論化が立ち遅れていると指摘されることがある。黒崎勲氏は，「学校参加の理論に内容を与える教育のプロセスについての研究が必要なのではないか」とし，わが国の教育行政理論が学校参加の制度化を支える理論を提出してこなかったとの批判を提起している。参照，黒崎『学校選択と学校参加』（東京大学出版会・1994年）172頁以下。

育における参加と自治が促進されると判断するなら，それは早計に過ぎるであろう。かかる政策動向の背後には，「学校教育に"市民社会"ではなく"市場"の論理を持ち込ませようとする力や，保護者・市民の参加を通して"民主主義"を促進するのではなく，むしろ管理職以外の教職員を学校教育の決定過程から排除しようとする力も働いている」[82]と見られるからである。

　他方，参加や自治の構想に懐疑的な見方もある。憲法学者の水島朝穂氏は，「親の『教育の自由』の『復権』に期待しつつも，現実の親の状況には悲観的たらざるをえない」とし，親の学校参加についても，「日本の地域社会の現状に対するリアルな認識」を前提すべきことに注意を喚起する[83]。また，教育社会学者の広田照幸氏は，教育基本法の改定論議に現われた〈家庭・地域・学校の積極的協働・連携〉という謳い文句に疑念を差し挟む。「果たして，こういう『連携・協力』のシステムは望ましいといえるのだろうか。オウム真理教排斥運動やアジア系外国人に対する不信のまなざしなどを見ても，地域がまとまる時には，ひとつの価値観に収斂しがちである。多様性や異質性を認めない傾向が強い現在の日本社会では，学校・家庭・地域が一体になった教育体制というものは，危険なものになるのではないかという懸念が拭えない」[84]。広田氏は，日本社会に伏在する同調・同一化圧力の強さと，価値の多元性が否定される危険性を危惧する。

　確かに，参加・自治の求心力と象徴性が権力によって利用される危険はある。したがって，参加・自治の，権力による濫用的使用に断固抵抗する一方で，それらを社会過程のなかで実質化する市民の努力が必要になる。これは容易な業ではない。そもそも，大衆民主主義・消費社会と言われる現代社会において，民主主義の危機は，「人々の公共的領域からの逃避」や「人々が自足化し内部指向化して私的領域に跼蹐すること」から生じている[85]。また，親や地域住民を含めた地域社会の現況を冷静に観察するなら，理念との乖離は覆うべくもない事実のように見える。社会的専制の危険性は，この国では

82　平塚眞樹「学校づくり－誰が何を決めるのか！」教育2005年8月号71頁。
83　水島「戦後教育と憲法・憲法学」樋口陽一編『講座憲法学・別巻〔戦後憲法・憲法学と内外の環境〕』（日本評論社・1995年）174頁。
84　広田・前掲，122頁。
85　間宮陽介「自由と公共性」世界607号（1995年）62頁。

今なお特別な注意の対象であり続けている。

　しかし，学校自治の実質化を構想するとするなら，慎重な配慮を重ねつつ，参加・協働の理念を軸とした実践の可能性に期待するほかはあるまい。教育関係当事者の理性的協議の可能性を全否定するのでない限り，参加と自治の価値は依然として公共性を考える上で重要な準拠基準の一であり続けよう。とはいえ，協議の結果を予定調和的に解することはできない。その場合，教育当事者間の合意の調達をどのように実現するか，また，合意の内容の正当性を如何なる基準で判定するかの問題は残ることになる。また，部分的に法制的な具体化を見ているとはいえ，参加・自治・協議の実体的・手続的な構造化は，なお大きな理論課題として残されていると思われる。

　教育改革をめぐっては，このほかにも，地方分権改革の展開に伴い現われつつある「地方集権化」の問題[86]など，論ずべき点は多い。いずれにせよ，現状のシステムを変革する必要があることは否定できない。この変革は，新国家主義的なものでも，新自由主義的なものでもありえない。あくまでも子どもの学習・成長・発達の権利を機軸として，親・教師・その他の市民の権利・自由，義務・責任の関係を整序してゆくことが必要となる。

　公教育の現状の構造は抜本的に組み立て直されなければならない。それは全く新しい試みとなる。新しい公教育，〈教育の公共性〉の新しいイメージを，「どこにもない」ものとしてのユートピアに終わらせないためには，今後も着実で綿密な研究と実践を積み重ねるしかないという，些か平凡な事理を確認することで，本書の記述を終えたいと思う。

---

[86] 参照，藤田・前掲書。

主要参考文献一覧

I 議事録・法令集

Archives Parlementaires, 1re série (1787-1799), 2e série (1800-1860).

Duguit, L., Monnier, H., Bonnard, R., *Les constitutions et les principales lois politiques de la France depuis 1789*, 7e éd., Paris, L.G.D.J., 1952.

Duvergier, J.-B., *Collection complète des lois, décrets, ordonnances, règlements et avis du Conseil d'État*, 1788-1949, 149 vols., 1824-1949.

Guillaume, M. J., *Procès-Verbaux du Comité d'Instruction publique de l'Assemblée Législative*, Paris, Imprimerie nationale, 1889.

Guillaume, M. J., *Procès-Verbaux du Comité d'Instruction publique de la Convention nationale*, t.1-7, Paris, Imprimerie nationale, 1891-1958.

II 外国語文献

Agulhon, M., *La République*, t.1 (1880-1932), Paris, Hachette, 1990.

Ashworth, A., «L'école républicaine», in *Mélanges Jacques Robert, Libertés*, Paris, Montchrestien, 1998.

Aulard, A., *Napoléon Ier et le monopole universitaire, origines et fonctionnement de l'Université impériale*, Paris, Armand Colin, 1911.

Aulard, A., *Histoire politique de la Révolution française, origines et développement de la démocratie et de la République (1789-1804)*, 5e éd., Paris, Armand Colin, 1921.

Azéma, J.-P. et Winock, M., *La Troisième République (1869-1940)*, Paris, Calmann-Lévy, 1976.

Baczko, B., *Une éducation pour la démocratie, textes et projets de l'époque révolutionnaire*, Paris, Garnier, 1982.

Barral, P., *Les fondateurs de la Troisième République*, Paris, Armand Colin, 1968.

Barral, P., *Jules Ferry, une volonté pour la République*, Nancy, Presses Universitaires de Nancy/Éditions Serpenoise, 1985.

Bastid, P., *Doctrines et institutions politiques de la Seconde République*, t.2, Paris, Hachette, 1945.

Bastid, P., *Sieyès et sa pensée*, Genève, Slatkine Reprints, 1978.

Bedouelle, G. et Costa, J.-P., *Les laïcités à la française*, Paris, P.U.F., 1998.

Berthélemy, H., *Traité élémentaire de droit administratif*, 13e éd., Paris, Arthur Rousseau, 1933.

Bouloiseau, M. et Soboul, A., *Œuvres de Maximilien Robespierre*, t.10 (Discours), Paris, P.U.F., 1967.

Bourgeois, E., *La liberté d'enseignement, histoire et doctrine*, Paris, É. Cornély, 1902.

Bourgin, G., *La Troisième République 1870-1914*, Paris, Armand Colin, 1968.

Briand, J.-P. et al., *L'enseignement primaire et ses extensions, annuaire statistique, 19e-20e siècles*, Paris, I.N.R.P./Économica, 1987.

Brulat, P., *Histoire populaire de Jules Ferry*, Paris, Albin Michel, 1907.

Buisson, F., «Le droit d'enseigner», *R.P.P.*, t.36, 1903.

Buisson, F. (dir.), *Dictionnaire de pédagogie et d'instruction primaire*, t.1-2, Paris, Hachette, 1887.

Buisson, F. (dir.), *Nouveau dictionnaire de pédagogie et d'instruction primaire*, Paris, Hachette, 1911.

Burdeau, G., *Les libertés publiques*, 3e éd., Paris, L.G.D.J., 1966.

Capéran, L., *Histoire contemporaine de la laïcité française*, t.2, Paris, Marcel Rivière, 1960.

Capitant, R., «Régimes parlementaires», in *Mélanges R. Carré de Malberg*, Paris, Edouard Duchemin, 1977.

Carnot, P., *Hippolyte Carnot et le ministère de l'instruction publique de la IIe République (24 février - 5 juillet 1848)*, Paris, P.U.F., 1948.

Chanet, J.-F., *L'École républicaine et les petites patries*, Aubier, 1996.

Charvin, R. et Sueur, J.-J., *Droits de l'homme et libertés de la personne*, 3e éd., Paris, Litec, 2000.

Chastenet, J., *Histoire de la Troisième République*, t.1-2, Paris, Hachette, 1952, 1954.

Chevallier, J.-J. et Conac, G., *Histoire des institutions et des régimes politiques de la France de 1789 à nos jours*, 8e éd., Paris, Dalloz, 1991.

Chevallier, P., *La séparation de l'église et de l'école, Jules Ferry et Léon XIII*, Paris, Fayard, 1981.

Chevallier, P., Grosperrin, B., Maillet, J., *L'Enseignement français de la Révolution à nos jours*, Paris, Mouton, 1968.

Chevallier, P. et Grosperrin, B., *L'Enseignement français de la Révolution à nos jours*, t.2 (Documents), Paris, Mouton, 1971.

Clément, J.-P., Jaume, L., Verpeaux, M. (dir.), *Liberté, libéraux et constitutions*, Paris, Économica, 1997.

Colliard, C.-A., *Libertés publiques*, 7e éd., Paris, Dalloz, 1989.

Cogniot, G., *La question scolaire en 1848 et la loi Falloux*, Paris, Éditions Hier et Aujourd'hui, 1948.

Crozier, M., *Le phénomène bureaucratique*, Paris, Seuil, 1963.

Crubellier, M., *L'école républicaine 1870-1940*, Paris, Christian, 1993.

Debidour, A., *Histoire des rapports de l'Église et de l'État en France de 1789 à 1870*, Paris, Félix Alcan, 1898.

Delfau, A., *Napoléon Ier et l'instruction publique*, thèse pour le doctorat, Paris, Albert Fontemoing, 1902.

Déloye, Y., *École et citoyenneté*, Paris, P.F.N.S.P., 1994.

Demnard, D. et Fourment, D., *Dictionnaire d'histoire de l'enseignement*, Saint-Amand-Montrond, Jean-Pierre Delarge, 1981.

Dietz, J., «Jules Ferry et les traditions républicaines», *R.P.P.*, t.161, 1934.

Dudon, P., «Le Centenaire de la fondation de l'Université», *Études*, t.117, 1908.

Duguit, L., *Traité de droit constitutionnel*, t.5, 2e éd., Paris, É. de Boccard, 1925.

Dupuy, C., «La liberté d'enseignement», *R.P.P.*, t.36, 1903.

Durand-Prinborgne, C., *L'Administration scolaire*, Paris, Sirey, 1989.

Durand-Prinborgne, C., *L'Éducation nationale, une culture, un service, un système*, 3e éd., Paris, Nathan, 1994.

Durand-Prinborgne, C., *La laïcité*, Paris, Dalloz, 1996.

Durand-Prinborgne, C., «Le port des signes extérieurs de convictions religieuses à l'école : une jurisprudence affirmée..., une jurisprudence contestée», *R.F.D.A.*, 1997.

Durand-Prinborgne, C., *Le droit de l'éducation*, 2e éd., Paris, Hachette, 1998.

Durand-Prinborgne, C., «La loi sur la laïcité, une volonté politique au centre de débats de société», *A.J.D.A.*, 2004.

Duveau, G., *La pensée ouvrière sur l'éducation pendant la Seconde République et le Second Empire*, Paris, Domat Montchrestien, 1947.

Duvergier de Hauranne, J.-M., *Histoire du Gouvernement parlementaire en France (1814-1848)*, t.9, Paris, Michel Lévy Frères, 1869.

Esmein, A. et Nézard, H., *Éléments de droit constitutionnel, français et comparé*, t.2, 7e éd., Paris, Recueil Siley, 1921.

Faguet, E., *Le liberalisme*, Paris, Société française d'imprimerie et de librairie, 1912.

Falloux, *Mémoires d'un royaliste*, t.1, 2e éd., Paris, Perrin, 1888.

Favoreu, L., «La reconnaissance par les lois de la République de la liberté de l'enseignement comme principe fondamental», *R.F.D.A.*, 1985.

Favoreu, L. et Philip, L., *Les grandes décisions du Conseil constitutionnel*, 11e éd., Paris, Dalloz, 2001.

Favoreu, L. et al., *Droit des libertés fondamentales*, 2e éd., Paris, Dalloz, 2002.

Fourrier, C., *L'Enseignement français de 1789 à 1945, précis d'histoire des institutions scolaires*, Paris, Institut pédagogique national, 1965.

Fourrier, C., *Dynamique institutionnelle de l'enseignement, d'où vient et où va l'enseignement français d'aujourd'hui ?*, Paris, L.G.D.J., 1971.

Frelat-Kahn, B., *Le savoir, l'école et la démocratie*, Paris, C.N.D.P./Hachette, 1996.

Furet, F. (dir.), *Jules Ferry, fondateur de la République*, Paris, Éditions de l'école des hautes études en sciences sociales, 1985.

Furet, F. et Ozouf. J., *Lire et écrire, l'alphabétisation des français de Calvin à Jules Ferry*, t.1, Paris, Les Éditions de Minuit, 1977.

Gaillard, J.-M., *Jules Ferry*, Paris, Fayard, 1989.

Gaillard, J.-M., *Un siècle d'école républicaine*, Paris, Seuil, 2000.

Girard, L., *La politique intérieure de la Troisième République (1871-1893)*, Paris, C.D.U., 1969.

Girardet, R., *Le nationalisme français 1871-1914*, Paris, Armand Colin, 1966.

Godechot, J., *Les institutions de la France sous la Révolution et l'Empire*, 3e éd., Paris, P.U.F., 1985.

Goguel, F., *La politique des partis sous la IIIe République*, 4e éd., Paris, Seuil, 1958.

Gontard, M., *L'enseignement primaire en France, de la Révolution à la loi Guizot (1789-1833)*, Paris, Les Belles Lettres, 1959.

Gontard, M., *Les écoles primaires de la France bourgeoise (1833-1875)*, 2ᵉ éd., Toulouse, I.N.R.D.P., 1976.

Gontard, M., *L'œuvre scolaire de la Troisième République, l'enseignement primaire en France de 1876 à 1914*, 2ᵉ éd., Toulouse, I.N.R.D.P., 1976.

Gontard, M., *L'enseignement secondaire en France de la fin de l'Ancien Régime à la loi Falloux (1750-1850)*, La Calade, Édisud, 1984.

Gouault, J., *Comment la France est devenue républicaine, les élections générales et partielles à l'Assemblée nationale 1870-1875*, Paris, Armand Colin, 1954.

Gréard, O., *La législation de l'instruction primaire en France depuis 1789 jusqu'à nos jours*, t.1, 2ᵉ éd., Paris, Delalain Frères, 1893.

Guchet, Y., *Histoire constitutionnelle française (1789-1958)*, 2ᵉ éd., La Garenne-Colombes, Éditions Européennes ERASME, 1990.

Guizot, F., *Mémoires pour servir à l'histoire de mon temps*, t.3, Paris, Michel Lévy Frères, 1860.

Israël, A., *L'école de la République, la grande œuvre de Jules Ferry*, Paris, Hachette, 1931.

Johnson, D., *GUIZOT, aspects of French history 1787-1874*, London : Routledge & Kegan Paul / Toronto : University of Toronto Press, 1963.

Lachaume, J.-F., Boiteau, C., Pauliat, H., *Grands services publics*, 2ᵉ éd., Paris, Armand Colin, 2000.

Lebreton, G., *Libertés publiques et droits de l'homme*, 5ᵉ éd., Paris, Armand Colin, 2001.

Leif, J. et Rustin, G., *Histoire des institutions scolaires*, Paris, Delagrave, 1954.

Lelièvre, C., *Histoire des institutions scolaires (1789-1989)*, Paris, Nathan, 1990.

Lelièvre, C., *L'école «à la française» en danger ?*, Paris, Nathan, 1996.

Liard, L., *L'Enseignement supérieur en France (1789-1893)*, t.2, Paris, Armand Colin, 1894.

Louis-Grimaud, *Histoire de la liberté d'enseignement en France*, t.1 (L'Ancien Régime), Grenoble-Paris, B.Arthaud, 1944.

Louis-Grimaud, *Histoire de la liberté d'enseignement en France*, t.2 (La Révolution), Grenoble-Paris, B.Arthaud, 1944.

Louis-Grimaud, *Histoire de la liberté d'enseignement en France*, t.3 (Le Consulat), Paris, Arthur Rousseau/Grenoble-Paris, B. Arthaud, 1946.

Louis-Grimaud, *Histoire de la liberté d'enseignement en France*, t.4 (L'Empire), Paris, Arthur Rousseau/Grenoble-Paris, B. Arthaud, 1946.

Louis-Grimaud, *Histoire de la liberté d'enseignement en France*, t.5 (La Restauration), Paris, Rousseau, 1951.

Louis-Grimaud, *Histoire de la liberté d'enseignement en France*, t.6 (La Monarchie de Juillet), Paris, Apostolat de la presse, 1954.

Machelon, J.-P., *La République contre les libertés ?*, Paris, P.F.N.S.P., 1976.

Mathieu, B. et Verpeaux, M. (dir.), *La République en droit français*, Paris, Économica, 1996.

Mayeur, J.-M., «Jules Ferry et la laïcité», in Furet, F. (dir.), *Jules Ferry, fondateur de la République*, Paris, Éditions de l'école des hautes études en sciences sociales, 1985.

Michel, H., *La Loi Falloux, 4 janvier 1849 - 15 mars 1850*, Paris, Hachette, 1906.

Miquel, P., *La Troisième République,* Paris, Fayard, 1989.

Monchambert, S., *La liberté de l'enseignement*, Paris, P.U.F, 1983.

Monod, G., «Contre le monopole de l'enseignement», *R.P.P.*, t.63, 1910.

Morabito, M. et Bourmaud, D., *Histoire constitutionnelle et politique de la France (1789-1958)*, 3ᵉ éd., Paris, Montchrestien, 1993.

Morange, J., *Les libertés publiques*, 6ᵉ éd., Paris, P.U.F., 1995.

Morange, J., *Droits de l'homme et libertés publiques*, 5ᵉ éd., Paris, P.U.F., 2000.

Mougniotte, A., *Les débuts de l'instruction civique en France*, Lyon, P.U.L., 1991.

Nicolet, C., «Jules Ferry et la tradition positiviste», in Furet, F. (dir.), *Jules Ferry, fondateur de la République*, Paris, Éditions de l'école des hautes études en sciences sociales, 1985.

Nicolet, C., *L'idée républicaine en France (1789-1924)*, *essai d'histoire critique*, Paris, Gallimard, 1982.

Nicolet, C., *La République en France, état des lieux*, Paris, Seuil, 1992.

Nique, C., *Comment l'École devint une affaire d'État*, Paris, Nathan, 1990.

Nique, C. et Lelièvre, C., *La République n'éduquera plus, la fin du mythe Ferry*, Paris, Plon, 1993.

O'Connor, A.C. et Arago, M.F., *Œuvres de Condorcet*, t.VII, Paris, Firmin Didot Frères, 1847.

Ognier, P., *L'École républicaine française et ses miroirs*, Berne, Peter Lang, 1988.

Ozouf, M., *L'École, l'Église et la République* (*1871-1914*), Paris, Éd. Cana/Jean Offredo, 1982.

Palméro, J., *Histoire des institutions et des doctrines pédagogiques par les textes*, Paris, S.U.D.E.L., 1958.

Pelloux, R., «Sur quelques aspects de la liberté d'enseignement», in Pelloux (dir.), *Essais sur les droits de l'homme en Europe* (*2ᵉ série*), Paris, L.G.D.J., 1961.

Petit, A., *L'évolution de la législation française en matière d'enseignement*, Paris, Arthur Rousseau, 1924.

Ponteil, F., *Histoire de l'enseignement en France, les grandes étapes* (*1789-1964*), Paris, Sirey, 1966.

Poulat, É., *Liberté, Laïcité, la guerre des deux France et le principe de la modernité*, Paris, Cerf, 1987.

Prost, A., *Histoire de l'enseignement en France 1800-1967*, Paris, Armand Colin, 1968.

Prost, A., *Éducation, société et politiques, une histoire de l'enseignement en France de 1945 à nos jours*, Paris, Seuil, 1992.

Raynaud, P. et Thibaud, P., *La fin de l'école républicaine*, Paris, Calmann-Lévy, 1990.

Reboul-Scherrer, F., *La vie quotidienne des premiers instituteurs* (*1833-1882*), Paris, Hachette, 1989.

Rémond, R., *La vie politique en France depuis 1789*, t.1 (1789-1848), Paris, Armand Colin, 1965.

Renan, E., *La réforme intellectuelle et morale*, Paris, Calmann-Lévy, 1884.

Rivero, J., «L'idée laïque et la réforme scolaire (1879-1882)», *R.P.P.*, t.148, 1931.

Rivero, J., *Le Conseil constitutionnel et les libertés*, Paris, Économica, 1987.

Rivero, J., *Les libertés publiques*, t.2, 6ᵉ éd., Paris, P.U.F., 1997.

Robert, J. et Duffar, J., *Droits de l'homme et libertés fondamentales*, 7ᵉ éd., Paris, Montchrestien, 1999.

Robiquet, P., *Discours et opinions de Jules Ferry*, t.1-7, Paris, Armand Colin, 1893-1898.

Rohr, J., *Victor Duruy, Ministre de Napoléon III, essai sur la politique de l'instruction publique au temps de l'Empire libéral*, Paris, L.G.D.J., 1967.

Rosanvallon, P., *Le moment Guizot*, Paris, Gallimard, 1985.

Rosanvallon, P., *L'État en France, de 1789 à nos jours*, Paris, Seuil, 1990.

Rosanvallon, P., *La monarchie impossible, les Chartes de 1814 et de 1830*, Paris, Fayard, 1994.

Rudelle, O., *Jules Ferry, La République des citoyens*, t.1-2, Paris, Imprimerie nationale, 1996.

Schnapper, D., *La communauté des citoyens, sur l'idée moderne de nation*, Paris, Gallimard, 1994.

Schrameck, O., «Laïcité, neutralité et pluralisme», in *Mélanges Jacques Robert, Libertés*, Paris, Montchrestien, 1998.

Taine, H., *Les origines de la France contemporaine*, t.11, Paris, Hachette, 1899.

Thibaudeau, A.-C., *Mémoires sur le Consulat（1799 à 1804）*, Paris, Chez Ponthieu, 1827.

Thomas, A., *La liberté de l'enseignement en France de 1789 à nos jours*, Paris, Sirey, 1911.

Tulard, J., *Napoléon, ou le mythe du sauveur*, Paris, Fayard, 1987.

Tulard, J.（dir.）, *Dictionnaire Napoléon*, Paris, Fayard, 1989.

Turpin, D., *Libertés publiques et droits fondamentaux*, Paris, Seuil, 2004.

Wachsmann, P., *Libertés publiques*, 4e éd., Paris, Dalloz, 2002.

Weber, E., *Peasants into Frenchmen, the modernization of rural France 1870-1914*, California, Stanford University Press, 1976.

Weil, P., *La République et sa diversité*, Paris, Seuil/La République des Idées, 2005.

Weill, G., *Histoire de l'idée laïque en France au XIXe siècle*, Paris, Félix Alcan, 1929.

Ⅲ　日本語文献

青木宏治「教育法における権利・自由の存在形態」市川須美子＝安達和志＝青木宏治編『教育法学と子どもの人権』（三省堂・1998年）

青木宏治「『規制緩和』『分権』と教育人権」ジュリスト1133号（1998年）

石川健治「承認と自己拘束」『岩波講座・現代の法1―現代国家と法』（岩波書店・1997年）

石原　司「急進派とその政治行動―反教権主義と非宗教化＝世俗化政策を中心として―」山本桂一編『フランス第3共和政の研究』（有信堂・1966年）

井田洋子「フランスにおける国家と宗教—特にコンコルダ（政教条約）制度を中心として—」経営と経済68巻4号（1989年）
市川須美子「子どもの人権と教育法」法の科学20号（1992年）
市川須美子「教育基本法改正と子どもの人権」法律時報73巻12号（2001年）
市川須美子「Book Review 西原博史著『学校が「愛国心」を教えるとき』」法律時報75巻11号（2003年）
今橋盛勝『教育法と法社会学』（三省堂・1983年）
今橋盛勝「学校父母会議（父母組合）の結成を！」世界541号（1990年）
内野正幸『教育の権利と自由』（有斐閣・1994年）
内野正幸「教育権から教育を受ける権利へ」ジュリスト1222号（2002年）
内野正幸「学校で人間主義を押しつけるのは違憲か」藤田宙靖＝高橋和之編『憲法論集〔樋口古稀記念〕』（創文社・2004年）
梅根悟監修＝世界教育史研究会編『世界教育史大系9—フランス教育史Ⅰ』（講談社・1975年）
梅根悟監修＝世界教育史研究会編『世界教育史大系10—フランス教育史Ⅱ』（講談社・1975年）
浦田一郎『シエースの憲法思想』（勁草書房・1987年）
大石　眞『憲法と宗教制度』（有斐閣・1996年）
大塚　桂『フランスの社会連帯主義』（成文堂・1995年）
大山礼子「地方自治と分権化改革」奥島孝康＝中村紘一編『フランスの政治』（早稲田大学出版部・1993年）
大山礼子「フランスの地方制度改革—分権化とデモクラシー—」公法研究56号（1994年）
岡田信弘「『フランス憲法』と戦後憲法学」樋口陽一編『講座憲法学・別巻〔戦後憲法・憲法学と内外の環境〕』（日本評論社・1995年）
奥平康弘「教育を受ける権利」芦部信喜編『憲法Ⅲ—人権(2)』（有斐閣・1981年）
小田中直樹『フランス近代社会1814〜1852』（木鐸社・1995年）
小野田正利『教育参加と民主制—フランスにおける教育審議機関に関する研究—』（風間書房・1996年）
小野田正利「フランスの1990年代における教育改革立法の背景と方向」『教育参加と子どもの権利条約』〔日本教育法学会年報25号〕（1996年）
小野田正利「教育参加制度の展望—日本とフランス」市川須美子＝安達和志＝青木宏治編『教育法学と子どもの人権』（三省堂・1998年）

小山　勉『教育闘争と知のヘゲモニー』（御茶の水書房・1998年）
加藤　節『政治と人間』（岩波書店・1993年）
兼子　仁『教育法〔新版〕』（有斐閣・1978年）
兼子仁＝市川須美子編著『日本の自由教育法学』（学陽書房・1998年）
木畑洋一「世界史の構造と国民国家」歴史学研究会編『国民国家を問う』（青木書店・1994年）
喜安　朗「フランス第3共和政の形成と政治支配の論理」歴史学研究350号（1969年）
桑原武夫編『フランス革命の研究』（岩波書店・1959年）
黒崎　勲『学校選択と学校参加』（東京大学出版会・1994年）
黒崎　勲「教育と教育行政」森田尚人ほか編『教育学年報3・教育のなかの政治』（世織書房・1994年）
黒崎　勲「教育の政治経済学」佐伯胖ほか編集『岩波講座・現代の教育9―教育の政治経済学』（岩波書店・1998年）
黒崎　勲「学校選択の理念と教育の公共性」藤田英典ほか編『教育学年報9・大学改革』（世織書房・2002年）
小泉洋一『政教分離と宗教的自由』（法律文化社・1998年）
小泉洋一『政教分離の法―フランスにおけるライシテと法律・憲法・条約―』（法律文化社・2005年）
小橋佐知子「フランスの〈新権限配分法〉下における教育行政の分権化志向」日本教育行政学会年報12号（1986年）
小林亜子「フランス革命における〈公教育〉と〈祭典〉」教育史学会紀要29集（1986年）
小林順子編『21世紀を展望するフランス教育改革』（東信堂・1997年）
今野健一「憲法保障と教育」一橋研究19巻1号（1994年）
今野健一「フランス第3共和制における共和主義教育の確立と国民統合」一橋論叢112巻1号（1994年）
今野健一「フランス公教育制度の史的形成における自由と国家(1)〜(7)」山形大学紀要（社会科学編）26巻2号，27巻1号，山形大学法政論叢8，9，11〜13号（1996〜98年）
今野健一「教育人権保障と教育統治（ガバナンス）論」日本教育法学会編『講座現代教育法3―自治・分権と教育法』（三省堂・2001年）
今野健一「教育権と教育基本法改正問題」『教育法制の変動と教育法学』〔日本教育

法学会年報32号〕（2003年）
今野健一「フランス公教育法制の歴史的展開とその現代的変容—憲法学の視点から—」フランス教育学会紀要15号（2003年）
齋藤純一『公共性』（岩波書店・2000年）
齋藤純一「現代日本における公共性の言説をめぐって」佐々木毅＝金泰昌編『公共哲学３—日本における公と私』（東京大学出版会・2002年）
坂田　仰「地方分権・自治の可能性と教育基本法改正問題—憲法的価値と国民統合の視点—」『教育法制の変動と教育法学』〔日本教育法学会年報32号〕（2003年）
桜井哲夫『「近代」の意味』（日本放送出版協会・1984年）
佐貫　浩『新自由主義と教育改革—なぜ，教育基本法「改正」なのか』（旬報社・2003年）
柴田三千雄『近代世界と民衆運動』（岩波書店・1983年）
杉原泰雄『人民主権の史的展開』（岩波書店・1978年）
杉原泰雄『国民主権の史的展開』（岩波書店・1985年）
鈴木英一『現代日本の教育法』（勁草書房・1979年）
鈴木英一＝川口彰義＝近藤正春編『教育と教育行政—教育自治の創造をめざして』（勁草書房・1992年）
曽我雅比児「フランスにおける『教育の自由』概念の歴史的展開に関する考察」岡山理科大学紀要（人文・社会科学）17号Ｂ（1981年）
高野真澄「フランスにおける教育の自由—憲法学の観点から—」奈良教育大学教育研究所紀要８号（1972年）
只野雅人『選挙制度と代表制—フランス選挙制度の研究』（勁草書房・1995年）
田中正人「『２人の子供のフランス巡歴』とその時代—第３共和政初期の初等教育イデオロギー—」谷川稔ほか『規範としての文化』（平凡社・1990年）
遅塚忠躬『ロベスピエールとドリヴィエ』（東京大学出版会・1986年）
辻村みよ子『「権利」としての選挙権』（勁草書房・1989年）
辻村みよ子『フランス革命の憲法原理—近代憲法とジャコバン主義』（日本評論社・1989年）
坪井由実「教育自治と生徒参加」『教育参加と子どもの権利条約』〔日本教育法学会年報25号〕（1996年）
徳永千加子「第１帝制・復古王政下の教会中等学校問題」早稲田政治公法研究33号（1991年）〔斎藤千加子『行政争訟と行政裁判権』（成文堂・2004年）に収録〕
徳永千加子「ライシテの一断面—フランスの修道会規制について—」宗教法11号

（1992年）〔斎藤千加子『行政争訟と行政裁判権』（成文堂・2004年）に収録〕
戸波江二「国民教育権論の展開」日本教育法学会編『講座現代教育法1―教育法学の展開と21世紀の展望』（三省堂・2001年）
戸波江二「戦後憲法学における立憲主義」憲法問題14（2003年）
永井憲一『憲法と教育基本権〔旧版〕』（勁草書房・1970年）
永井憲一『憲法と教育基本権〔新版〕』（勁草書房・1985年）
永井憲一「憲法教育の変移と憲法学への期待」法律時報61巻8号（1989年）
永井憲一『主権者教育権の理論』（三省堂・1991年）
中木康夫『フランス政治史（上・中・下）』（未来社・1975年）
中谷　猛『近代フランスの思想と行動』（法律文化社・1988年）
中谷　猛『近代フランスの自由とナショナリズム』（法律文化社・1996年）
中西新太郎＝乾彰夫「90年代における学校教育改変と教育運動の課題」渡辺治＝後藤道夫編『講座現代日本4―日本社会の対抗と構想』（大月書店・1997年）
中野　光「戦後における憲法教育の目的と方法」永井憲一編『学校の憲法教育』（勁草書房・1975年）
中村睦男「フランスにおける教育の自由法理の形成(1)(2)」北大法学論集23巻2号，24巻1号（1972～73年）
中村睦男「教育の自由」奥平康弘＝杉原泰雄編『憲法学2―人権の基本問題Ⅱ』（有斐閣・1976年）
中村睦男『社会権の解釈』（有斐閣・1983年）
成嶋　隆「フランスにおける公教育法制の成立(1)～(3)」法政理論（新潟大学）11巻2号，12巻1号，12巻2号（1978～79年）
成嶋　隆「教育目的の法定および教育の『法律主義』について(1)(2)」法政理論（新潟大学）13巻3号，14巻1号（1981年）
成嶋　隆「『教育の自由』の前提的諸問題」憲法理論研究会編『精神的自由権』（有斐閣・1982年）
成嶋　隆「教育と憲法」樋口陽一編『講座憲法学4・権利の保障(2)』（日本評論社・1994年）
成嶋　隆「国家の教育権と国民の教育権」ジュリスト1089号（1996年）
西川長夫「国民（Nation）再考」人文学報70号（1992年）
西原博史『良心の自由〔増補版〕』（成文堂・2001年）
西原博史「思想・良心の自由と教育課程」日本教育法学会編『講座現代教育法1―教育法学の展開と21世紀の展望』（三省堂・2001年）

西原博史『学校が「愛国心」を教えるとき』(日本評論社・2003年)
西原博史「愛国主義教育体制における『教師の自由』と教育内容の中立性」『教育法制の変動と教育法学』〔日本教育法学会年報32号〕(2003年)
西原博史「教育基本法改正と教育の公共性」『教育における公共性の再構築』〔日本教育法学会年報34号〕(2005年)
日本教育法学会編『教育法学辞典』(学陽書房・1993年)
日本教育法学会編『教育基本法改正批判』〔法律時報増刊〕(日本評論社・2004年)
糠塚康江「『共和制』のシンボル化」ジュリスト1013号 (1992年)
糠塚康江「第3共和制の確立と共和主義的改革(1)〜(5)」関東学院法学4巻1号, 4巻2号, 5巻1号, 5巻2号, 11巻2号 (1994〜2002年)
野村敬造『フランス憲法・行政法概論』(有信堂・1962年)
長谷部恭男「私事としての教育と教育の公共性」ジュリスト1022号 (1993年)
服部春彦=谷川稔編著『フランス近代史』(ミネルヴァ書房・1993年)
原 聡介「国民的連帯に向かうフランス第3共和国」梅根悟監修=世界教育史研究会編『世界教育史大系38—道徳教育史Ⅰ』(講談社・1976年)
原田=手塚=吉田=桑原編『現代フランスの教育』(早稲田大学出版部・1988年)
播磨信義「憲法運動と憲法理論」ジュリスト515号 (1972年)
播磨信義「憲法研究者と『憲法教育』」『地域住民と教育法の創造』〔日本教育法学会年報4号〕(1975年)
樋口陽一『憲法〔改訂版〕』(創文社・1998年)
樋口陽一『比較憲法〔全訂3版〕』(青林書院・1992年)
樋口陽一『近代国民国家の憲法構造』(東京大学出版会・1994年)
樋口陽一『国法学—人権原論』(有斐閣・2004年)
樋口陽一『三訂憲法入門〔補訂版〕』(勁草書房・2005年)
樋口陽一編『ホーンブック憲法〔改訂版〕』(北樹出版・2000年)
平野千果子「フランスにおける学校教育と植民地問題—第3共和政前期の教科書をめぐって—」ユスティティア2 (ミネルヴァ書房・1991年)
広田照幸『《愛国心》のゆくえ—教育基本法改正という問題』(世織書房・2005年)
藤井佐知子「教育と選抜制度」原輝史=宮島喬編『フランスの社会』(早稲田大学出版部・1993年)
藤井佐知子「戦後フランス教育改革の理念とその変容」黒沢惟昭=佐久間孝正編『世界の教育改革の思想と現状』(理想社・2000年)
藤井佐知子「フランスの教育改革の潮流と課題—〈現代化〉による教育と教育行政

システムの刷新─」アソシエ8号（2002年）
藤井佐知子「反市場主義の教育改革─フランス公教育の伝統と変容─」教育制度学研究10号（2003年）
藤井穂高「フランスにおける義務教育の問題構成」比較教育学研究27号（2001年）
藤田英典『教育改革』（岩波新書・1997年）
藤田英典「学校選択か学校づくりか」『岩波講座・現代の教育9─教育の政治経済学』（岩波書店・1998年）
藤田英典『義務教育を問いなおす』（ちくま新書・2005年）
船木正文「憲法教育と国民の憲法意識」永井憲一編『戦後政治と日本国憲法』（三省堂・1996年）
星野安三郎「日本国憲法と教育内容─教育による憲法の保障と破壊─」日本教育法学会編『講座教育法3・教育内容と教育法』（エイデル研究所・1980年）
堀尾輝久『現代教育の思想と構造』（岩波書店・1971年）
堀尾輝久『日本の教育』（東京大学出版会・1994年）
堀尾輝久『新版・教育の自由と権利』（青木書店・2002年）
堀尾輝久『教育を拓く─教育改革の2つの系譜─』（青木書店・2005年）
堀尾輝久＝兼子仁『教育と人権』（岩波書店・1977年）
堀尾輝久＝小島喜孝編『地域における新自由主義教育改革─学校選択，学力テスト，教育特区』（エイデル研究所・2004年）
牧　柾名『教育権』（新日本新書・1971年）
牧　柾名『教育権と教育の自由』（新日本出版社・1990年）
松浦義弘「フランス革命と〈習俗〉」史学雑誌92編4号（1983年）
松浦義弘「ロベスピエールと最高存在の祭典」史学雑誌97編1号（1988年）
松島　鈞『フランス革命期における公教育制度の成立過程』（亜紀書房・1968年）
間宮陽介「自由と公共性」世界607号（1995年）
三浦信孝「問われるジャコバン共和国─フランスにおける共和主義と多文化主義」中央大学人文科学研究所編『民族問題とアイデンティティ』（中央大学出版部・2001年）
三浦信孝編『普遍性か差異か─共和主義の臨界，フランス』（藤原書店・2001年）
三浦信孝編『来るべき〈民主主義〉─反グローバリズムの政治哲学』（藤原書店・2003年）
水島朝穂「戦後教育と憲法・憲法学」樋口陽一編『講座憲法学・別巻〔戦後憲法・憲法学と内外の環境〕』（日本評論社・1995年）

森田　明「教育を受ける権利と教育の自由」法律時報臨時増刊『憲法30年の理論と展望』（1977年）
山元　一「《法》《社会像》《民主主義》(3)」国家学会雑誌106巻9・10号（1993年）
山元　一「《一にして不可分の共和国》の揺らぎ―その憲法学的考察―」日仏法学22号（1999年）
吉田正晴『フランス公教育政策の源流』（風間書房・1977年）
世取山洋介「アメリカ公立学校と市民的自由」市川須美子＝安達和志＝青木宏治編『教育法学と子どもの人権』（三省堂・1998年）
世取山洋介「教育改革および教育基本法改正論の新自由主義的側面の批判的検討―学校制度法定主義再考」日本教育法学会編『教育基本法改正批判』〔法律時報増刊〕（日本評論社・2004年）
渡辺和行＝南充彦＝森本哲郎『現代フランス政治史』（ナカニシヤ出版・1997年）
渡辺洋三『憲法と法社会学』（東京大学出版会・1974年）

Ⅳ　翻　訳

B. アンダーソン著（白石隆＝白石さや訳）『想像の共同体』（リブロポート・1987年）
M. ヴィノック著（川上勉＝中谷猛監訳）『ナショナリズム・反ユダヤ主義・ファシズム』（藤原書店・1995年）
O. オブリ編（大塚幸男訳）『ナポレオン言行録』（岩波文庫・1983年）
M. デュヴェルジェ著（時本義昭訳）『フランス憲法史』（みすず書房・1995年）
G. デュプー著（井上幸治監訳・武本＝本池＝井上共訳）『フランス社会史―1789～1960―』（東洋経済新報社・1968年）
バディ＝ビルンボーム著（小山勉訳）『国家の歴史社会学』（日本経済評論社・1990年）
F. ビュルドー著（大津浩訳）「ジャコバン国家とフランス政治文化」法政理論（新潟大学）22巻4号（1990年）
F. フュレ＝M. オズーフ著（河野健二ほか監訳）『フランス革命辞典』1・2巻（みすず書房・1995年）
J.E.S. ヘイワード著（川崎＝岩本＝古川＝田口訳）『フランス政治百科（上・下）』（勁草書房・1986～87年）
E.-J. ホブズボーム著（安川悦子＝水田洋訳）『市民革命と産業革命』（岩波書店・

1968年)
E. ルナン「国民とは何か」E. ルナンほか著（鵜飼哲ほか訳）『国民とは何か』（インスクリプト・1997年）
W. ローグ著（南充彦ほか訳）『フランス自由主義の展開』（ミネルヴァ書房・1998年）

事項・人名索引

〈あ 行〉

愛国主義　132, 256, 273, 300
旭川学テ事件　7〜8
新しい社会層　231
アビ　296, 300〜301
家永教科書検定訴訟　7〜8, 17
イエズス会　31, 120〜121, 122〜124, 159, 235〜238
イスラム・スカーフ　312, 316, 318〜320
一にして不可分の共和国　257, 276, 306, 310, 322
一般意思　74
ヴァクスマン　14
ヴァティムニル　121, 122, 124
エスマン　288
NPM（新しい行政経営）　308
オポルテュニスム　225

〈か 行〉

学位授与権　30, 229, 235
学習指導要領　13
学校自治　307〜308, 354, 356
学校制度的基準　6, 353
学校選択の自由　352〜353
家庭教育　16, 48, 50, 265, 316
カトリシスム　81, 237, 268
カルノー　177〜184, 188〜189
ガンベッタ　220, 225, 230, 233, 258
議院内閣制　111, 143, 224
ギゾー　113, 141, 155, 158〜162, 168〜173, 178
義務教育　16〜17, 159, 164, 266, 292, 316
急進派　230, 291
教育基本法（日本）　342, 349, 352〜353, 355
教育基本法（フランス）　→教育立法
教育義務　44, 160, 165, 243
教育権　4
教育国家　94, 333
教育裁判　7
教育人権　8〜9, 335, 347〜348
教育独占　→教育の国家独占
教育による憲法保障　3〜6, 340〜341
教育の機会均等　262〜264, 295
教育の義務（制）　16, 240
教育の公共性　312, 335, 349
教育の国家独占　32, 90, 94, 98, 252
教育の自由　6〜7, 9〜10, 11〜16, 17〜18, 21, 33, 36〜37, 39, 43, 45, 52, 56〜58, 63〜65, 70〜71, 85, 98, 100, 106, 116, 124, 144〜145, 148〜149, 159, 168〜169, 171, 182〜183, 184〜187, 191, 196〜198, 228〜229, 252, 264〜267, 294〜295, 333〜335, 339, 347, 352
教育の自由化　352
教育の中立性　13〜15, 245, 267〜269, 289
教育の平等　260〜264, 303
教育のプライヴァタイゼーション　304, 313〜314
教育の無償（制）　85〜87, 160, 165, 185, 194, 211, 239〜240, 262〜264, 292
教育への権利　16〜17, 185

事項・人名索引

教育法学（説）　9, 19, 333, 335, 343, 348, 353
教育立法
　1793年12月19日デクレ（ブキエ法）
　　51〜54, 90
　1794年11月17日デクレ（ラカナル法）
　　55〜56
　1795年10月25日デクレ（ドヌー法）
　　57〜58, 71, 82
　1802年5月1日法　86〜87, 89
　1806年5月10日法　91
　1808年3月17日デクレ　92, 98, 101
　1808年9月17日デクレ　93, 97
　1811年11月15日デクレ　101
　1815年2月17日オルドナンス　113
　1815年8月15日オルドナンス
　　114〜115
　1816年2月29日オルドナンス
　　126〜128
　1821年2月27日オルドナンス　117
　1824年4月8日オルドナンス　119, 128〜129
　1824年8月26日オルドナンス　119
　1828年4月21日オルドナンス　129
　1828年6月16日オルドナンス
　　122〜124
　1830年2月14日オルドナンス　126
　1833年6月28日法（ギゾー法）
　　156〜158, 164〜165, 168, 213
　1850年1月11日法（パリュ法）
　　195〜196
　1850年3月15日法（ファルー法）
　　189〜194, 212, 214, 304
　1852年3月9日デクレ　208
　1854年6月14日法　208
　1867年4月10日法　211
　1875年7月12日法　228〜229
　1881年6月16日法　239
　1882年3月28日法　240, 243, 248
　1886年10月30日法　248〜249
　1951年9月21日法（マリ法）　298
　1951年9月28日法（バランジェ法）
　　298
　1959年12月31日法（ドブレ法）
　　12〜13, 298〜299
　1977年11月25日法（ゲルムール法）
　　300
　1989年7月10日法（教育基本法、ジョスパン法）　303, 307〜308
　1998年12月18日法　316
　2004年3月15日法　317〜320
　2005年4月23日法（新教育基本法、フィヨン法）　321〜322
教育を受ける権利　48, 342, 351
教権主義　60, 118, 227, 229
教師の教育権　8〜10
教師の自律性　14
共通教育　44, 45, 48, 50〜51, 63〜64, 69〜70, 183
共和国の諸法律によって承認された基本原理　11, 295
共和主義　47, 65, 183, 223, 315, 319, 323, 350
共和主義的学校（教育）モデル　305, 311, 341
共和主義的公教育観　336
共和主義道徳教育　60
キリスト教学校修士会　30, 89, 101, 103
近代国民国家　→国民国家
クーザン　154〜155, 163, 165
結社法（1901年法）　286〜287
憲法

事項・人名索引　375

1791年憲法　　34〜35
1793年憲法　　45
1795年憲法　　54, 56〜57
1799年憲法　　80
1802年憲法　　80
1804年憲法　　80
1814年憲章　　109, 139
1830年憲章　　142〜143, 148〜149
1848年憲法　　184〜187
1852年憲法　　202〜204
1875年憲法　　222〜223
1946年憲法　　294〜295
1958年憲法　　297
憲法院判決
　1977年11月23日　　11, 295
　1984年12月29日　　12
　1985年1月18日　　12
　1994年1月13日　　304
　2005年4月21日　　321
憲法教育　　3〜6, 37〜38, 340〜343
憲法的価値　　5, 341, 344〜346
公役務　　13, 44, 155, 173, 267, 301, 314
公教育における自由　　13, 346
公共性　　→教育の公共性
公的自由　　107, 200
公民教育　　169〜170, 178, 182, 273〜274, 300〜301, 304〜305, 322
公民宣誓　　33〜34
国民教育権　　6〜10, 339〜340
国民教化　　339
国民国家　　67, 71, 108, 257, 276, 278, 327〜329
国民祭典　　→祭典
国民統合　　67, 70〜71, 133, 172, 186, 214〜216, 237, 247, 249, 260, 264, 274, 277〜278, 328〜329

国民の再生　　72
国家干渉による自由　　338〜339
国家干渉の論理　　173
国家教育権　　17, 333, 335, 343, 347
国家のイデオロギー装置　　30, 67, 69, 329
国家の教育監督　　186
子どもの権利条約　　17
ゴブレ　　249
コミュノタリスム　　318, 322〜323
コンコルダ　　82〜83, 88, 269
ゴンタール　　54, 104, 206
コント　　253〜254
コンドルセ　　38〜41, 49, 68, 252
コンブ　　287〜288

〈さ　行〉

祭典　　58, 68〜69
差異への権利　　311, 318
サヴァリ法案　　301〜303
シエース　　46, 79
私教育の自由　　11, 101, 186
司祭党　　120, 124, 206
市場主義　　311, 313〜314
施設付司祭　　15, 89, 117
実証主義　　253〜255, 266
シモン　　105, 223, 270
社会主義　　187, 284
社会主義的ライシテ　　290
社会的上昇　　161, 166〜168, 259
ジャコバン主義　　20, 61, 63
シャプタル　　83〜86
就学義務　　48, 56, 63, 266
宗教教育　　86, 161, 193, 205, 246, 248, 269
宗教的標章着用禁止法（2004年3月15日法）　　→教育立法

事項・人名索引

自由主義　121, 127, 168〜169, 278
習俗　38, 50, 54, 60, 66, 69〜70, 81
主権者教育権　5, 342
シュヴェーヌマン　303〜304
純理派　114, 166, 168
上級初等学校　148, 157, 192, 292〜293
消極国家　19〜20, 333
植民地　181, 323
ジョスパン　14, 303, 312
ジョスパン法（1989年7月10日法）
　→教育立法
職務権限　10
初等教育協会　153
新国家主義　349
新自由主義　311, 313, 350, 352〜353
人権宣言（1789年）　33
人民共和運動　294〜295
スカーフ　→イスラム・スカーフ
スカーフ禁止法（2004年3月15日法）
　→教育立法
政教分離　15, 57, 269
政教分離法（1905年法）　268, 289
セクト　315〜316
積極国家　19〜20, 278, 333
1904年7月7日の法律　287〜288
相互教授法　153

〈た　行〉

第7条問題　235〜238
多元主義　186, 310
たたかう民主制　345
タレイラン　35〜38
ダントン　70
秩序党　184, 194, 200
中央集権化　168〜169, 208, 306

忠順証　136, 150, 181, 191, 193
中立性　→教育の中立性
ティエール　140, 187〜188, 195〜196, 219〜221
帝国カテキスム　99
デステュット・ド・トラシ　104
デュギー　35, 287〜288
デュリュイ　211〜212
統一学校　290〜291, 295〜296
道徳・公民教育　15, 170, 248, 274
道徳・宗教教育　15, 157, 161, 170, 193
道徳秩序　220〜221, 227
徳育　47, 50
ドヌー法（1795年10月25日法）
　→教育立法
ドブレ法（1959年12月31日法）
　→教育立法
ドレフュス事件　285

〈な　行〉

ナショナリズム　132, 315, 322〜323, 328, 350
ナポレオン　79〜81, 88, 99, 102〜108, 131〜135
ナポレオン3世　→ルイ＝ナポレオン
ニク　127
ニクとルリエーヴル　300, 305
ニコレ　337
能力主義　166, 259, 263

〈は　行〉

パリ・コミューン　219
パリュ法（1850年1月11日法）
　→教育立法

事項・人名索引　377

反教権主義　122, 149, 226, 230〜233, 268, 284, 287〜289, 304
反修道会闘争　234, 286
ピウス7世　81〜82
ピウス9世　229
非宗教活動全国委員会　302
ビュイッソン　266〜267
ファルー　188〜189, 193
フィヨン法（2005年4月23日法）
　→教育立法
フェリー（ジュール）　225, 229, 235〜237, 246, 250〜253, 255, 258, 260〜264, 268〜272
フォルトゥル　208
ブキエ法（1793年12月19日法）
　→教育立法
普通選挙　80, 175, 176, 179, 181, 186〜187, 200〜201, 203, 257〜259
不当な支配　348, 352
ブーランジスム　284
フランス教育連盟　233
フレシヌー　118
フレッペル　239〜242, 244
プレビシット　105, 132, 203
プロシア　165
プロスト　288, 302
文化的自治のルート　354
分権化改革　306
ベルヴィル綱領　225
ベール　242, 246, 273

〈ま　行〉

ミラボー　73
モンタランベール　151, 195

〈や　行〉

ユゴー　196〜197
ユニヴェルシテ　111〜113, 116〜118, 128, 173, 197, 205, 216
ユニヴェルシテ・アンペリアル　90〜92, 93〜96, 113, 133〜134
ユニヴェルシテ独占
　→教育の国家独占

〈ら　行〉

ライシテ　15, 165, 183, 230, 243〜248, 267〜272, 290, 301〜302, 312
ラカナル　53
ラカナル法（1794年11月17日デクレ）
　→教育立法
ラ・シャロテ　31
ランジュヴァン＝ワロン案　295〜296
立憲主義　3, 343
リベロー　115, 124, 148〜149
リヴェロ　35
良心の自由　157, 236, 246〜247, 289, 319
ルイ＝グリモー　34, 56, 65, 91, 94, 148
ルイ＝ナポレオン（ナポレオン3世）　199, 201, 203, 206
ルイ＝フィリップ　140〜142
ルブルトン　14, 16
ルペルチエ　46〜48, 70
ルリエーヴル　290
ローザンヴァロン　166〜167
ロベスピエール　49, 68
ロベール　14
ロワイエ＝コラール　113

〈著者紹介〉

今野健一（こんの・けんいち）

1967年　岩手県生まれ
1990年　新潟大学法学部卒業
1992年　新潟大学大学院法学研究科修士課程修了
1995年　一橋大学大学院法学研究科博士後期課程単位取得退学
1999年　博士（法学）の学位取得（一橋大学）
現在　　山形大学人文学部助教授
専攻　　憲法学

〈主要論文〉
「フランス公教育制度の史的形成における自由と国家(1)～(7)」
　山形大学紀要（社会科学編）26巻2号，27巻1号，山形大学
　法政論叢8，9，11～13号（1996～98年）
「P・ローザンヴァロンの福祉国家論」山形大学法政論叢19号
　（2000年）
「教育人権保障と教育統治（ガバナンス）論」日本教育法学会
　編『講座現代教育法3―自治・分権と教育法』（三省堂・
　2001年）
「教育権と教育基本法改正問題」『教育法制の変動と教育法学』
　〔日本教育法学会年報32号〕（2003年）
「アメリカにおける犯罪のリスクと個人のセキュリティ」山形
　大学法政論叢31号（2004年）（共著）
「フランスにおける暴動――都市暴力・若者・セキュリティ政
　策」山形大学法政論叢36号（2006年）（共著）

教育における自由と国家
　　――フランス公教育法制の歴史的・憲法的研究

2006年（平成18年）7月15日　　初版第1刷発行

著者　　今　野　健　一
発行者　今　井　　　貴
　　　　渡　辺　左　近
発行所　信　山　社　出　版

〒113-0033　東京都文京区本郷6-2-9-102
　　　　　　電　話　03（3818）1019
　　　　　　ＦＡＸ　03（3818）0344

印刷　松　澤　印　刷
製本　大　三　製　本

Printed in Japan.

©2006，今野健一．　　落丁・乱丁本はお取替えいたします．

ISBN4-7972-2458-4　C3332

法解釈・法理解の方法を実務的に解明
――香城法学の集大成――

香城敏麿著作集 全3巻 完結！

本論文集は、第Ⅰ巻は「憲法解釈の法理」、第Ⅱ巻は「刑事訴訟法の構造」、第Ⅲ巻は「刑法と行政刑法」と題し、別個の法領域を取り扱っていますが、私としては、法解釈、法理解の方法という共通した目標を追い求めてきたつもりです。その際、ロナルド・ドゥウォーキン教授が提唱して広く用いられるようになった法原理（プリンシプル）という用語を用いている場合がありますが、それは法領域の如何を問わず法の構造を明らかにするには明示黙示の基本的な法の根拠に立ち返り、その優劣関係を解明することによって可能となるという年来の理解と通じており、分析の共通用語としても優れているからです。

もとより、法原理の性質や内容は法領域によって異なります。憲法の場合は、規定の内容が抽象的であるばかりか、相互の優劣関係が外見上明瞭ではありません。そのため、憲法に内在する隠れた法原理を発見する作業が特に重要になると思われます。

これに対し、刑事訴訟法や刑法の場合には、憲法と比較しますと、規定の分析で法原理を発見することは容易ですが、それでも解釈においてこの点は重要な争点になります。例えば、刑事訴訟法において、強制処分法定主義、令状主義、訴因制度、当事者処分権主義等の重要な原則は、重畳的な法原理の総体ですから、それらを解きほぐして初めて全体の構造が明らかになると考えられます。刑法においても、罪刑法定主義、責任主義等の原則については伝統的にほぼ共通した理解がありますが、それでも細部にわたれば理解が分かれていますし、法益論、特に結果や危険が果たす限定機能については今日でも見解に差異が見られます。

私は、こうした基本問題を実務の具体例を通して及ばずながら追究してきました。（「はしがき」より）

第Ⅰ巻 憲法解釈の法理
1 憲法解釈における法原理／2 表現の自由の法原理／3 労働基本権に関する法原理／4 黙秘権に関する法原理／5 裁判官から裁判を受ける権利に関する法原理

第Ⅱ巻 刑事訴訟法の構造
1 刑事訴訟法の法原理と判例／2 実体的真実主義／3 適正手続主義／4 当事者追行主義と補正的職権主義／5 当事者処分権主義／6 強制処分法定主義と令状主義／7 検察官起訴独占主義／8 訴因制度／9 自白法則と伝聞法則／10 判決と上訴／11 決定と上訴／12 法廷警察権

第Ⅲ巻 刑法と行政刑法
1 刑法総論の展開／2 行政罰則と刑法総論との交錯／3 刑法罰則の解釈／4 行政罰則の解釈

上製・函入　各巻600頁前後　　各巻本体：12,000円（税別）

ISBN4-7972-3236-6 C3332

◇男女共同参画社会へのフランスの挑戦◇

なぜそこに女性がいないのか?の問いかけに答える新しい提案。

パリテの論理
―男女共同参画の技法―

糠塚康江 著
関東学院大学法学部教授
2005年11月刊行

フランスに導入され実施過程に入っている「パリテ(男女同数制)」とは何か。その背景を探り、憲法改正過程、パリテを具体化する法制度、選挙の実施状況について分析し、パリテの理論的位置づけを試みる。

本体3,200円(税別)

フランスは人権の母国として知られ、その歴史は1789年の人権宣言にさかのぼる。日本において本来的な人権思想が実定法化されたのは、1946年の現行憲法の制定を待たなければならなかった。ところが、こと女性に限って言えば、権利主体として憲法上認知され、実際に主権者として政治参画を果たしたのは、ほぼ同時期の、第二次世界大戦後のことである。両国の男女の現実の不平等は根強く社会に残存した。しかし今やフランスは、女性の政治参画を積極的に促すために、選挙制度にパリテを導入した。それにとどまらず、パリテの論理をさまざまな領域に及ぼそうとしている。

ISBN4-7972-3236-6 C3332

◇第一線の執筆者による最先端の憲法論◇

憲法の現在

自由人権協会 編　本体3,200円(税別)
2005年11月刊行

はしがき		紙谷 雅子
第1章	最近の憲法をめぐる諸問題	奥平 康弘
第2章	平等権と司法審査―性差別を中心として	君塚 正臣
第3章	今、憲法裁判所が熱い―欧流と韓流と日流と	山元 一
第4章	憲法と国際人権条約―イギリスと日本の比較	江島 晶子
第5章	憲法を改正することの意味―または、冷戦終結の意味	長谷部 恭男
第6章	現在の憲法論―9条を中心に	愛敬 浩二
第7章	国家と宗教の周辺	齊藤 小百合
第8章	憲法の想定する自己決定・自己責任の構想	中島 徹
第9章	表現の自由の公共性	毛利 透
第10章	思想良心の自由と国歌斉唱	佐々木 弘通
第11章	外国人の人権保障	近藤 敦
第12章	立憲主義の展望―リベラリズムからの愛国心	阪口 正二郎
まとめ		川岸 令和

皇室典範（昭和22年）
芦部信喜・高見勝利編著　36,893円

皇室経済法
芦部信喜・高見勝利編著　48,544円

明治皇室典範　上・下（明治22年）
小林宏・島善高　編著　35,922円/45,000円

労働基準法［昭和22年］
（1）四三六八九円　（2）五七七五〇円
（3）㊤三六七五〇円　（4）㊦三五七〇〇円

渡辺章 編集代表　　研究会員 土田道夫・中窪裕也・野川忍・野田進・和田肇

スポーツ六法
小笠原正・塩野宏・松尾浩也編　3360円

刑事法辞典
三井誠・町野朔・曽根威彦・中森喜彦・吉岡一男・西田典之編　6615円

中嶋士元也先生還暦記念
労働関係法の現代的展開
土田道夫・荒木尚志・小畑史子編集　10500円

信山社
http://www.shinzansha.co.jp/